KB260045

하느님들의 유일한 스승 석가모니불

卍成 (金宗成)

부처님의 원음이 담긴 니까야와 아함경의 내용을 토대로
모든 신들의 왕인 하느님들을 교화하는 내용을 담고 있다.
부처님의 원음을 그대로 옮겨 놓아 부처님의 진리의 가르침과
자비로운 숨결을 그대로 느낄 수 있다.

한진출판사

하느님들의
유일한스승
석가모니불

2013년 5월 10일 초판인쇄
2013년 5월 15일 발   행

저   자 : 만성(卍成) 김 종 성(宗成)
8484ee@naver.com
펴낸이 : 한 해 룡
펴낸곳 : 한진출판사
등록번호 : 제2-43호(1993. 9. 6)
주소 : 대구광역시 북구 노원1가 415번지
전화 : (053) 351-3137~8
E-mail : hanjinad@chol.com

구입문의 010-2465-1357
정가 _ 27,000원
우 체 국 311274-02-020384
예금주 _ 김 종 성

잘못된 책은 바꾸어 드립니다.

석가모니 부처님
찬탄 기도 수행 성취 문

중생이 복덕을 짓고 행복하고 안락하며,
지혜로운 길로 인도 되는 쉬운 방법은,
각자 스스로 자신의 몸으로 짓는 행위와
　　　　자신의 입으로 짓는 행위와
　　　　자신의 뜻으로 짓는 행위의
이 세 가지 업을 맑고 밝게 하는 것이다.

생명은 무상한 실상(實相)이며 공상(空相)이니,
행위와 취미가 업보(業報)가 되어
사람도 되고 축생도 되고
선신도 되고 악마도 되느니라.
부처의 행위를 하면 부처님이요,
사람의 행위를 하면 사람이요,
축생의 행위를 하면 축생이라.

우주의 만법은 행위에 따라 취미가 생기고
취미에 따라 행위가 연속되니 업인(業因)과
업보(業報)와 업력(業力)이 연속되는,
이것이- 인과(因果)의 법칙이며,

업력의 보존법칙이며,
관성의 법칙이며, 만유인력의 법칙이니라.

천당과 지옥은 본래부터 있는 것이 아니며
행위와 취미에 따라 천당 지옥이 생기는 것이니라.

천당, 아수라, 인간, 축생, 아귀, 지옥의 육도는
취미에 따라 생기므로 육취(六趣)라 하느니라.
천당 가는 것도 취미요,
지옥 가는 것도 취미니라.

오지 말라고 굳게 닫힌 지옥문에 들어가는 것도,
업력에 따른 특별한 취미의 업보이며,
어서 오라고 활짝 열린 천당에 못 들어가는 것도
모두다 업력에 따른 취미의 결과니라.

석가여래가 세상에 나투심은 이러하니라.
석가여래는 오랜 겁 전에 수행을 성취하셨고.
도솔천 내원궁에서 중생들을 제도하기 위하여
방편으로 강림하실 것을 결심하고,
삼천대천 우주세계에 인연을 살필 때,
카필라국의 정반왕과 마야왕비의 청정한
행실에 인연이 있음을 살피시고,

입태(入胎)하여 세상에 강림하시니
이것이 도솔내의상(兜率來儀相)이니라.

마야왕비가 만삭이 되어, 친정인 콜리성으로
가실 때에 꽃이 만발한 아름다운 룸비니동산에서
태자를 출산하니, 하늘에선 꽃비가 내리고,
천룡들은 물을 대어 목욕을 시키니,
이것이 비람강생상(毘藍降生相)이니라.
성은 고타마이고 이름은 싣타르타였다.
천상천하유아독존(天上天下唯我獨尊)이라.
외치니 '오직 존귀한 것은 각자 스스로라'는
뜻이니라.

동문으로 유람 하실 때 출생의 고통을 관찰하시고
남문으로 유람 하실 때 늙음의 고통을 관찰하시고
서문으로 유람 하실 때 병듦의 고통을 관찰하시고
북문으로 유람 하실 때 죽음의 고통을 관찰하시고
수행자의 해탈행에 감탄하여 출가를 결심하시니.
이것이 사문유관상(四門遊觀相)이니라.

사색의 나날은 깊어지고 인생의 고뇌를 살필 때,
부왕은 태자를 결혼시키니, 부인은 인품과

절세의 미모를 지닌 '야소다라' 공주이니라.
출가를 결심할 무렵 아들을 낳으니
이름이 '라훌라'니라. '라훌라'라는 뜻은
장애이니, 출가에 장애가 될 것이라 생각하시고,
외마디 외침이 그대로 이름이 되었네.
고요한 새벽 마부 '찬다카'와 성문을
나서 출가하시니,
이것이 유성출가상(踰城出家相)이니라.

히말라야의 눈 덮인 설산에 들어가, 온갖 고통을
여의고 수행을 하실 때, 처음엔 '박가바'라는
선인을 만나 수행을 고행으로 하는 것을 보고
이것이 아님을 깨달아 길을 떠났고,
다음에 '아라라칼라마'를 만나 명상 수행을 하다가,
다음엔 '웃다카 라마뿟따'를 만나 비비상처
천의 삼매를 공부마치고, 이것도 아님을 깨달아,
길을 떠나 홀로 수행을 하시니,
이것이 설산수도상(雪山修道相)이니라.

온갖 고통과 역경 속에 수행과 삼매는 날로
깊어져, 체력은 한계에 도달하여 기진하셨을 때,
소치는 여인 '수자타'가 이를 발견 유미죽으로

기력을 회복시키니, 보리수 밑에 앉아
온갖 유혹을 물리치고 21일간 깊은 삼매에
들어 정각을 이루어 부처님이 되시니,
이것이 수하항마상(樹下降魔相)이니라.

수행의 도반이요 최초의 전법자인 '교진여' 등
5비구를 제도하시고, 장자의 아들 '야사'와
그의 친구들 54명과 다른 30명을 제도하시고,
지혜와 신통의 제일인 사리자와 목건련과
그의 동료들 250명을 제도하시고,
불의 신을 모시는 '깟사빠' 3형제와 그의
제자들 1,000명도 함께 제도하셨으니,
1340인이라. 이들은 대아라한이 되었고,
그 외에 수많은 비구들과 비구니들을 제도하시니,
수많은 비구니들도 아라한이 되었네,
49년간 중생교화.
이것이 녹원전법상(鹿苑轉法相)이니라.

'구시나가라' 사라쌍수 아래에서 열반에
드시니 대지는 고요로 적막하고 달빛은 교교하여
나뭇잎 반짝일 때, 부처님은 오른쪽 옆구리를
땅에 대시고, 고요히 선정에 들려할 때

‘아난’은 슬피 울고
많은 신들과 하느님들도 슬퍼하였다.
부처님께서 마지막 유훈을 남기시니
‘법을 등불 삼고, 법에 귀의하며
자신을 등불 삼고, 자신에 의지하라.’
의문이 나면 나의 가르침을 잘 살펴라하시고,
멸진정에 드시니 대지가 진동하고
달빛이 흐리니라.

멀리 외지에서 돌아온 상수제자 ‘깟사빠’는
관속에 계신, 부처님을 뵙고자 생각하니,
관에서 두발이 저절로 내보이니,
열반이란 삶도 아니요, 죽음도 아닌 초월된 것.
이것이 위대한 곽시쌍부(槨示雙趺)이니라.
화광삼매에 드셔 불이 절로 지피니
사리가 8가마 4말이 나왔으니,
이것이 쌍림열반상(雙林涅槃相)이니라.

부처님은 욕계·색계·무색계의 큰 스승이시며,
난생·태생·습생·화생의 자비로운 아버지니라,
화생은 신들과 귀신들, 천신인 하느님도
화생이므로 신들이나 하느님도

부처님자식이며 제도 받을 자,
만유의 스승이며 만생의 자비로운 아버지이니라.
부처님의 은혜는 바닷물을 모두 마시고 우주를
헤아린다 해도 그 공덕을 다 말할 수 없네.
부처님의 수명은 한량없는 것,
열반 또한 중생 교화를 위한 방편인 것을,
하늘 위나 하늘 아래 부처님과 비교할 자 없으니,
오직! 부처님 법 유일하며 깨달음이 유일하네.

나무석가모니불 나무석가모니불
나무 시아본사 석가모니불
sadhu!(사두) (3회)

온도량이 깨끗하여 티끌없으니
삼보님과 천룡님들 강림하소서
제가이제 참된진리 실천하오니
크신자비 베푸시어 가호하소서
지난동안 제가지은 모든악업은
시작없는 탐진치로 말미암아서
몸과말과 뜻으로＿ 지었사오니
제가이제 그모두를 참회합니다.
　　　나무석가모니불(3회)

살생한 죄 참회하고 방생합니다.
도적한 죄 참회하고 보시합니다.
사음한 죄 참회하고 정행합니다.
거짓말 죄 참회하고 진실합니다.
잡담한 죄 참회하고 침묵합니다.
이간한 죄 참회하고 화합합니다.
욕설한 죄 참회하고 애어합니다.
탐애한 죄 참회하고 소멸합니다.
성질낸 죄 참회하고 자애합니다.
미련한 죄 참회하고 숙고합니다.

백겁천겁 쌓인죄업 한생각에 없어져서
마른풀을 불태운듯 흔적조차 사라지네.

죄의자성 본래없어 마음따라 일어난것
마음한번 없어지면 죄업또한 사라지네.
죄도업도 없어지고 마음또한 공하여야
이것모두 이름하여 진실한길 참회라네.

심히깊은 마음으로 참회하면서
지극하게 부처님께 귀의하오면
천룡팔부 신장님들 보호하오며
천신들과 하느님도 보호하리니

크고작은 어려운일 사라지리라

부처님께 한맘으로 큰원세우니
모든공덕 성취위해 봉사합니다.
수승한복 장엄위해 효도합니다.
인색한맘 닦기위해 보시합니다.
모든중생 불법믿길 원하옵니다.

삼악도가 없어지길 발원합니다.
탐진치를 속히끊길 실천합니다.
삼보이름 듣기위해 포교합니다.
계정혜를 닦기위해 정진합니다.
부처님법 늘배우려 독경합니다.

보리심에 머물기를 수행합니다.
부처님을 친히뵙길 간청합니다.
열반락을 성취위해 명상합니다.
모든중생 성불하길 축원합니다.
우주평화 실현위해 자비합니다.

네 가지 큰 서원을 **폅니다.**

한없는 법문을 다 배우오리다.

끝없는 번뇌를 다 끊으오리다.
위없는 불도를 다 이루오리다.
가없는 중생을 다 건지오리다.

마음속의 법문을 배우오리다.
마음속의 번뇌를 끊으오리다.
마음속의 불도를 이루오리다.
미혹한맘 중생을 건지오리다.

발원을 마치고 삼보님께 귀의합니다.

거룩한 부처님께 귀의합니다.
거룩한 가르침에 귀의합니다.
거룩한 스님들께 귀의합니다.
sadhu!(사두)(3번)

[이 찬탄 수행 기도 성취 문을 열심히 읽으면
마음이 열리고 깨달음의 길로 안내됩니다.]

sadhu!(사두)는 부처님께서 가장 많이 사용한 빠알리 어
(語)로 매우 좋다, 매우 잘한다, 매우 훌륭하다는 뜻으로
영어의 very good에 해당된다고 합니다.

목 차

목차

서 문

상윳따 니까야. 삭까 경. Sakka-sutta(S.40:10)

1. 이와 같이 들었다. 어느 때 마하목갈라나 존자는 사왓티에서 제따 숲의 아나타삔디까[급고독원]에 머물렀다.

2. 그때 마하목갈라나 존자는 마치 힘센 사람이 구부렸던 팔을 펴고 폈던 팔을 구부리는 것처럼 제따 숲에서 사라져서 삼십삼천의 신들 앞에 나타났다.

3. 그때 **신들의 왕** 삭까가 오백 명의 신들과 함께 마하목갈라나 존자에게 다가갔다. 가서는 목갈라나 존자에게 **절을 올리고** 한 곁에 섰다. 한 곁에 서있는 신들의 왕 삭까에게 마하목갈라나 존자는 이렇게 말했다.

"신들의 왕이여, 부처님께 귀의하는 것은 참으로 장한 일입니다. 신들의 왕이여, 부처님께 귀의 한 인연으로 여기 어떤 중생들은 몸이 무너져 죽은 뒤에 좋은 곳 천상에 태어납니다. 신들의 왕 삭까여, 법에 귀의하는 것은 참으로 장한 일입니다. … …

4. 그러자 신들의 왕 삭까는 육백 명의 신들과 함께…

5. 7백 명의 신들과 함께…

6. 8백 명의 신들과 함께…

7. 신들의 왕 삭까는 **8만 명의 신**들과 함께 마하목갈라나 존자에게 다가갔다. 가서는 목갈라나 존자에게 **절을**

올리고 한 곁에 선 신들의 왕 삭까에게 마하목갈라나 존자는 이렇게 말했다.

"신들의 왕이여, 부처님께 귀의하는 것은 참으로 장한 일입니다. 신들의 왕이여, 부처님께 귀의 한 인연으로 여기 어떤 중생들은 몸이 무너져 죽은 뒤에 좋은 곳 천상에 태어납니다. 신들의 왕 삭까여, 법에 귀의하는 것은 참으로 장한 일입니다. … ……"

☞ 신들의 왕은 천신(天神)들의 왕이니, 바로 하느님이다. 삭까(Sakka, Sakra：인드라)는 중국에서 제석(帝釋) 혹은 석제(釋帝)로 음역되었고, 천주(天主)로 번역되기도 한다. 즉 하느님이다

삼십삼천은 욕계의 제2천인 도리천(忉利天：)이다. 하느님이 부처님의 제자인 목갈라나 존자에게 절을 올리고 있고, 부처님의 제자인 목갈라나 존자는 하느님께 설법을 하고 있다.

☞ 천주(天主)는 하늘의 주인이니 하느님이고, 천왕(天王)은 하늘의 왕이니 하느님이고, 천존(天尊)은 하늘에서 가장 높은 분이니 하느님이고, 천제(天帝)는 하늘의 황제이니 하느님이고, 천신(天神)도 하늘의 신이니 하느님이고, 천황(天皇)도 하늘의 임금이니 하느님이다. 천왕(天王) 천주(天主) 천존(天尊) 등의 단어는 불경에만 나오는 불교의 고유용어이다.

☞ 유교의 사서삼경, 도교의 도장경(道藏經), 천주교(기독교)의 바이블, 등에도 나오지 않는 불교의 고유용어이다.

유교에서는 그냥 천(天)이고, 도교에서는 하느님을 옥황상제 혹은 상제(上帝)라고 불렀으며, 천주교(기독교)의 신의 이름은 그냥 '여호와(야훼)'이다. 이슬람의 신은 '알라'이다.

아버지를 부친(父親) 엄친(嚴親) 엄부(嚴父) 가친(家親) 어떻게 부르던 같은 분인 것과 같이 어떻게 부르던 하느님임에 틀림없다.

☞ 이 대목에서 보듯이 수많은 신들은 모두 부처님께 제도 받을 대상이고 귀의할 대상이다. 부처님께 귀의한 신들은 힌두교에 나타나는 모든 신들로서 하느님이다. 이 신들은 실재하는 막강한 힘을 가진 하느님들이다.

☞ 서구의 신앙은 신에 의하여 접신(接神)신접(神接)된 상태에서 일어나는 일을 신의 계시(啓示)로 착각하여 미화시켜 받아들임으로서 존재여부에 대한 의심보다는 맹신으로 일관하고 있다.

인도의 신들은 불교가 발생하기 이전부터 깊은 명상(瞑想)과 삼매 등을 통하여 확인된 하느님들이다. 이 하느님들은 부처님께 귀의하므로 대승(大乘)권에 와서 보살로 자리매김하고 신앙의 대상이 된다.

☞ 앞으로 이 책의 예문이나 내용은 오로지 부처님의

원음(原音)이 담겨 있는 니까야[전재성박사 역(譯)과 각묵스님, 대림스님 역(譯)과 아함경[동국역경원 역]의 내용을 전적으로 참고한 것이다. 니까야 매 경(經)마다 일일이 전재성 박사와 각묵스님 대림스님의 이름을 게재하지 않더라도 세 분이 번역한 경을 그대로 옮겨 놓았다고 보면 된다. 디가니까야는(D) 상윳따니까야는(S) 앙굿따라니까야는(A) 맛지마니까야는 (M)으로 번호가 매겨진다.

끝으로 부처님의 원음이 담긴 초기불전을 번역해 준, 전 재성 박사님과 각묵스님과 대림스님께 그리고 빠알리 경전을 역편 해준 일아스님께 찬탄과 찬사를 보내며 정말 존경하는 마음으로 고개 숙여 절하며 감사드린다. 니까야를 읽게끔 안내해준 근본불교 수행도량 홍원사 주지 자항성오스님께도 감사드린다.

이 책이 나오기까지 바쁜 와중에 교정과 검열에 힘써 주신 담원혜경스님, 능관스님, 법조거사님 노구(老軀)에 힘써 주신 신정휴 거사님, 덕원거사님, 문제철 거사님, 그리고 출판에 힘써준 출판사 사장님과 모든 분께 감사 드린다.

만성(卍成) 합장

우주에 한 분 뿐인 부처님

한 사람 품. Ekapuggala-vagga(A1:13:1~5)

1, "비구들이여, 한 사람이 세상에 태어날 때, 그는 많은 사람들에게 이익이 되고, 많은 사람들에게 행복이 되고, 세상을 연민하고, 많은 신과 인간들에게 이로움이 되고, 이익이 되고, 행복이 되기 위해 태어난다. 누가 그 한 사람인가? 여래·아라한·정등각이시다.

비구들이여, 이 분은 많은 사람들에게 이익이 되고, 많은 사람들에게 행복이 되고, 세상을 연민하고, 많은 신들과 인간들에게 이로움이 되고, 이익이 되고 행복이 되기 위해 태어난다."

2, 비구들이여 한 사람의 출현은 세상에서 아주 얻기 어렵다. 어떤 한 사람인가? 여래·아라한·정등각이시다. 비구들이여, 참으로 이 한 사람의 출현은 세상에서 아주 얻기 어렵다.

3. "비구들이여, 한 사람이 세상에 태어날 때 그는 비범한 사람으로 태어난다. 누가 그 한사람인가? 여래·아라한·정등각이시다. 비구들이여, 참으로 이 한 사람이 세상에 태어날 때 그는 비범한 사람으로 태어난다.

4. "비구들이여, 한 사람이 죽을 때 많은 사람들이 슬퍼한다. 어떤 사람인가? 여래·아라한·정등각이시다. 비

구들이여, 참으로 이 사람이 죽을 때 많은 사람들이 슬퍼한다.”

5. “비구들이여, 한 사람이 세상에 태어날 때 그는 유일하고, 동등한 자가 없으며, 대등한 자가 없고, 닮은 자가 없으며, 상대가 없고, 필적할 자가 없으며, 같은 자가 없고, 비길 자가 없으며 두발 가진 자 가운데 최상이다. 누가 그 한사람인가? **여래·아라한·정등각**이시다.”

불가능품. Atthana-vagga(A1:15:10)

10. 비구들이여, 이것은 있을 수 없고 불가능한 일이다. 하나의 우주에서 동시에 두 분의 아라한 정등각이 출현하신다는 것은 있을 수 없는 일이다. 그러나 비구들이여, 이것은 가능한 일이다. 하나의 우주에 한 분의 아라한 정등각이 출현한다는 것은 가능한 일이다.

막갈리 품. Makkhali-vagga(A1:18:1)

1. “비구들이여 한 사람이 세상에 태어날 때, 그는 많은 사람에게 손해가 되고, 많은 사람들에게 불행이 되고, 많은 신(神)과 인간들에게 해로움이 되고 괴로움이 되기 위해 태어난다. 누가 그 한 사람인가? 삿된 견해를 가진 사람이다. 전도된 견해를 가진 그는 많은 사람들을 정법에서 물러나서 삿된 법에 머물게 한다.”

석가모니부처님 찬탄
기도수행 성취문 해설

❖ 중생이 복덕을 짓고 행복하고 안락하며,
지혜로운 길로 인도 되는 쉬운 방법은
각자 스스로,

✽ 중생 경. Satta-sutta(S23:2)

1. 이와 같이 들었다. 한때 세존께서는 사왓티에서 제다 숲의 아나타삔디까[급고독원]에 머무셨다.

2. 그때 라다 존자가 세존께 다가갔다. 가서는 세존께 절을 올리고 한 곁에 앉았다. 한 곁에 앉은 라다 존자는 세존께 이렇게 여쭈었다.

3. "세존이시여, '중생, 중생'이라고들 합니다. 도대체 어떤 것이 중생입니까?"

"라다여, 물질[색色]에 대한 욕구, 탐욕, 즐김, 갈애가 있나니, 거기에 붙고 거기에 달라붙는다고 해서 중생이라 한다. 느낌[수受]에 대한 욕구, 탐욕, 즐김, 갈애가 있나니, 거기에 붙고 거기에 달라붙는다고 해서 중생이라 한다. 인식[상想]에 대한 욕구, 탐욕, 즐김, 갈애가 있나니, 거기에 붙고 거기에 달라붙는다고 해서 중생이라 한다. 심리현상들[행行]에 대한 욕구, 탐욕, 즐김, 갈애가 있나니, 거기에 붙고 거기에 달라붙는다고 해서 중생이라 한다. 알음알이[식識]에 대한 욕구, 탐욕, 즐김, 갈애가 있나니, 거기에 붙고 거기에 달라붙는다고 해서 중생이라 한다."

4. "라다여, 예를 들면 사내아이들이나 여자아이들이 모래 성을 지으면서 노는 것과 같다. 그들이 모래성에 대해서 탐욕을 여의지 못하고 욕구를 여의지 못하고 애정을 여의지 못하고 갈증을 여의지 못하고 열기를 여의지 못하고 갈애를 여의지 못하는 한 그들은 모래성을 소중히 여기고 그것으로 장난치고 귀하게 여기고 내 것으로 삼는다.

라다여, 그러나 사내아이들이나 여자아이들이 모래성에 대해서 탐욕을 여의고 욕구를 여의고 애정을 여의고 갈증을 여의고 열기를 여의면 그들은 손이나 발로 뭉개버리고 흩어 버리고 부숴버리고 놀이를 끝내버린다."

5. "라다여, 그와 같이 그대들도 물질을 뭉개버리고 흩어버리고 부숴버리고 놀이를 끝내버리고 갈애의 멸진을 위해서 도를 닦아라. 느낌을… 인식을… 심리현상들을… 알음알이를 뭉개버리고 흩어버리고 부숴버리고 놀이를 끝내버리고 갈애의 멸진을 위해서 도를 닦아라. 갈애의 멸진이 바로 열반이기 때문이다."

✱ 게송이 있는 경. Sagatha-sutta(S14:16)

1. 〈사왓티의 아나타삔디까 원림[급고독원]에서〉

"비구들이여, **중생들은** 요소에 따라 함께 모이고 함께 어울린다. 저열한 의향을 가진 중생들은 저열한 의향을 가진 자들과 함께 모이고 함께 어울린다.

비구들이여, 과거에도 미래에도 현재에도 중생들은 요소에 따라 함께 모이고 함께 어울린다. 저열한 의향을 가진 중생들은 저열한 의향을 가진 자들과 함께 모이고 함께 어울린다."

"비구들이여, 예를 들면 똥은 똥과 함께 모이고 함께 어울린다. 오줌은 오줌과 … 침은 침과 … 고름은 고름과 … 피는 피와 함께 모이고 어울린다."

세존께서는 게송으로 설하셨다.

"교제하기 때문에 오염원의 숲이 생기고
　교제하지 않으면 잘라지노라
　작은 널빤지에 올라 서 있는 자는
　큰 바다에 가라앉듯이
　게으른 자를 만나면
　좋은 사람도 가라앉고 말리라.
　게으르고 정진하지 않는 자를
　멀리하고 한거하고 스스로
　독려하고 참선을 하며
　항상 열심히 정진하는
　현자들과 함께 머물지어다."

✱ 사밋디 경. Samidi(S35:66)

1. 이와 같이 나는 들었다. 한때 세존께서는 라자가하에서 대나무 숲의 다람쥐 보호구역에 머무셨다.

2. 그때 사밋디 존자가 세존께 다가갔다. 가서는 세존께 이렇게 절을 올리고 한 곁에 앉았다. 한 곁에 앉은 사밋디 존자는 세존께 이렇게 여쭈었다.

3. "세존이시여, '중생, 중생'이라고들 합니다. 도대체 어떻게 해서 중생이 있으며 혹은 중생이라는 개념이 있습니까?"

4. "사밋디여, 눈이 있고 형색이 있고 눈의 알음알이가 있고, 눈의 알음알이로 알아야 하는 법들이 있는 곳, 거기에 중생이 있고 혹은 중생의 개념이 있다.

귀가 있고, 소리가 있고, 귀의 알음알이가 있고, 귀의 알음알이로 알아야 하는 법들이 있는 곳, 거기에 중생이 있고 혹은 중생의 개념이 있다.

코가 있고, 냄새가 있고, 코의 알음알이가 있고, 코의 알음알이로 알아야 하는 법들이 있는 곳, 거기에 중생이 있고 혹은 중생의 개념이 있다.

혀가 있고, 맛이 있고, 혀의 알음알이가 있고, 혀의 알음알이로 알아야 하는 법들이 있는 곳, 거기에 중생이 있고 혹은 중생의 개념이 있다.

몸이 있고, 감촉이 있고 몸의 알음알이가 있고, 몸의 알음알이로 알아야 하는 법들이 있는 곳, 거기에 중생이 있고 혹은 중생의 개념이 있다.

마노[의意:의식]가 있고, 법이 있고, 마노의 알음알이가 있고 마노의 알음알이로 알아야 하는 법들이 있는 곳, 거기에 중생이 있고 혹은 중생의 개념이 있다."

✽ 중일아함경. 제4권 호심품 [7]

이와 같이 들었다. 어느 때 부처님께서 사위국 기수급고독원에 계셨다.

그때 세존께서 모든 비구들에게 말씀하셨다.

"너희들은 복(福)의 과보를 두려워하지 말라. 왜냐하면 복은 즐거움을 누리는 원인으로 매우 사랑하고 공경할 만한 일이기 때문이다. 그것을 **복**이라고 부르는 까닭은 이 큰 과보가 있기 때문이다. 너희는 마땅히 복이 없음을 두려워해야 한다.

왜냐하면 그것은 괴로움의 근본으로서 근심과 괴로움을 이루 다 말할 수 없으며 즐거움이 전혀 없기 때문이니, 이것을 일러 복이 없는 것이라 말한다.

비구들아, 나는 기억한다. 옛날에 7년 동안 자애로운 마음[慈心]을 닦았고, 7겁(劫)을 지내도록 이 세상에 오지 않았으며, 또 7겁 동안은 광음천(光音天)에 태어났었고, 또 7겁 동안은 공범천(空梵天)에 태어나서 대범천(大梵天:큰 하느님)이 되어, 아무도 그와 짝할 이가 없었으며, 백 천세계를 통솔하였다. 서른여섯 번이나 되풀이하여 제석천(帝釋天:하느님)이 되었었고, 수없이 많은 세상에 전륜성왕이 되었었다.

그런 까닭에 모든 비구들아, 너희들은 복 짓기를 게을리 하지 말라."

☞ 부처님께서 전생에 보시를 많이 하여 복을 많이 지은 관계로 하느님도 되고 전륜성왕이 되었다는 말씀이다.

✻ 자애 경. Metta-sutta(A7:58-2)
(공덕에 두려워하지 않음 경.) (전)

"비구들이여, 공덕을 두려워하지 말라, 비구들이여 공덕이라는 것은 행복과 같은 말이다. 나는 오랜 세월을 지어온 공덕으로 오랜 세월동안 원하고 좋아하고 마음에 드는 과보를 누렸다. 나는 7년을 자애의 마음을 닦은 뒤 우주가 일곱 번의 수축하고 팽창하는 겁(劫) 동안 이 세상에 다시는 돌아오지 않았다.

비구들이여, 세상이 수축할 때 나는 광음천(光音天)에 가 있었으며 세상이 팽창할 때 텅 빈 하느님 궁전에 태어났다.

비구들이여, 거기서 나는 하느님이었으니 큰 하느님이었고 지배자였고 지배되지 않는 자였고, 전지(全知)자였고, 전능(全能)자였다.

비구들이여, 다시 나는 서른여섯 번을 신들의 왕인 삭까였다. 그리고 나는 여러 일곱 번의 전륜성왕이었으니, 정의롭고 법다운 왕이었으며 사방을 정복한 승리자여서 나라를 안정되게 하고 일곱 가지 보배를 두루 갖추었다.

비구들이여, 그런 나에게는 이러한 일곱 가지 보배들이 있었으니, 그것은 윤보, 상보, 마보, 보배보, 여인보, 장자보, 그리고 주장신보가 일곱 번째이다. 천명이 넘는 나의 아들들은 용감하고 훤칠하며 적군을 정복하였다. 그는 바다를 끝으로 하는 전 대지를 몽둥이와 칼 없이 법으로서 승리하여 통치하였다.

"행복을 찾는 자들이여, 유익한 과보의 공덕을 보라. 비구들이여, 나는 7년을 **자애의 마음을** 닦은 뒤 일곱 번의 수축하고 팽창하는 겁 동안 이 세상에 돌아오지 않았다.

세상이 수축할 때 나는 광음천에 가 있었으며, 세상이 팽창할 때 텅 빈 하느님의 궁전에 태어났도다. 거기서 일곱 번을 큰 하느님이었고 지배자였으며, 서른여섯 번을 신들의 지배자였고, 신들의 왕이었노라.

그리고 전륜성왕이 되어 잠부 숲의 통치자였나니, 관정(灌頂)한 끄샤뜨리야, 인간들의 권력자였노라.

몽둥이와 칼 없이 이 땅을 다스렸으며 폭력이 없고 평등한 법으로 지도를 하였노라.

이처럼 법으로 전 대지를 통치한 뒤
큰 재물과 큰 재산과 큰 번영을 가졌으며
모든 즐길 거리와 일곱 가지 보배를
구족한 가문에 태어났도다.
부처님은 세상을 연민하나니
그들에 의해 이것은 설해졌노라.

이것은 위대함의 원인이니 그것으로 인해
땅의 주인, 왕, 존엄한 자,
많은 재산과 저장품을 가진 자,
번영을 가진 자, 명성을 가진 자,
잠부 숲의 지배자라 불렀노라.
이를 듣고서 비천한 태생일지라도
누가 청정한 믿음을 가지지 않겠는가?
그러므로 이로움을 추구하고 위대함을 바라는 자
부처님들의 교법을 기억하면서 정법을 존중할지라.”

☞ 우주의 팽창과 수축은 우주의 성주괴공(成住壞空)을 말하는 것이다. 태양계와 은하계의 우주가 몇 번의 성주괴공을 하는 동안 우주에서 일어난 사건의 일말을 **보시와 자애**(慈愛)을 닦은 힘으로 되었다는 말씀이다.

✳ **중일아함경.** 138

(복이 있으면 즐겁다.)

복이 있으면 즐겁고 복이 없으면 괴롭다.
복은 불로 태우지 못하고, 바람도 날리지 못한다.

큰물이 땅덩어리를 무너트려도
그 복은 떠내려 보내지 못한다.
만일 큰 복을 구하고자 한다면
마땅히 부처님을 공경하고
부처님의 가르침인 법을 공경하고
부처님 법을 늘 생각하라

✱ 중일아함경. 제31권 38. 역품(力品)[5]

부처님께서 사위성 기원정사에 계실 때였다.

아나율 존자는 잠을 자지 않고 수행하다가 눈병이 생겨 실명하게 되었다. 아나율이 옷을 기우려고 했으나 바늘에 실을 펠 수가 없었다.

그래서 아나율은 세상에 복을 구하려는 사람은 나를 위해 실을 꿰어 달라고 말했다. 이 소리를 들으신 부처님께서 아나율에게 말씀하셨다.

"네 바늘을 가져오라. 내가 꿰어 주리라.

이 세상에서 복을 얻고자 나보다 더 노력하는 사람은 없다. 그래서 나는 여섯 가지 일에 게을리 하지 않는다. 여섯 가지는.
    ① 남에게 베푸는 것이요,
    ② 남을 가르침이며,
    ③ 억울함을 참아 견딤이요,
    ④ 계율 가르침이요,
    ⑤ 중생을 감싸고 보호함이요,
    ⑥ 위없는 깨달음을 구하는 것이다.
나는 이 여섯 가지 일에 만족함이 없이 항상 힘쓴다."

부처님께서는 이렇게 게송으로 말씀하셨다.
"이 세상에서 닦은 힘 가운데
천상에서나 인간에서 안락하게 하는 것.
복의 힘이 가장 훌륭하나니
그 복의 힘으로 불도를 성취하리라."

✻ 마하나마경. Mahanama-sutta(A.11:12)

3. "마하나마여, 여기 그대는 다음과 같이 여래를 계속해서 생각한다. 그분 세존께서는 아라한[응공應供]이시며, 완전히 깨달은 분이시며[등정각等正覺], 영지와 실천을 구족하신 분이시며[명행족明行足], 피안으로 잘 가시는 분이시며[선서善逝], 세간을 잘 알고 계신 분이시며[세간해世間解], 가장 높은 분이시며[무상사無上士], 사람을 잘 길들이시는 분이시며[조어장부調御丈夫], 하늘과 인간의 스승이시며[천인사天人師], 깨달은 분[불佛]이시며, 세존(世尊)이시다. 라고,--

마하나마여, 성스러운 제자가 이와 같이 여래를 계속해서 생각할 때 그의 마음은 탐욕에 얽매이지 않고, 성냄에 얽매이지 않고 어리석음에 얽매이지 않는다. 그때 그의 마음은 여래를 의지하여 굳건해 진다. 마하나마여, 여래를 의지하여 올곧은 마음을 가진 성스러운 제자는 주석서에 의지하여 생긴 희열과 환희를 얻고, 성전을 의지하여 생긴 희열과 환희를 얻으며, 법과 관계된 환희를 얻는다.

환희하는 자에게 희열이 생기고, 희열을 느끼는 자는 몸이 경안하며, 몸이 경안한 자는 행복을 느끼고, 행복한 자는 **삼매**에 든다.

4. 여기 성스러운 제자는 다음과 같이 법(法)을 계속해서 생각한다. 법은 세존에 의해서 잘 설해졌고, 스스로 보아 알 수 있고, 시간이 걸리지 않고 와서 보라는 것이고 향상으로 인도하고 지자들이 각자 알아야 하는 것이다. 라고--

마하나마여, 여기 성스러운 제자는 다음과 같이 승가를 계속해서 생각한다.----

마하나마여, 여기 성스러운 제자는 다음과 같이 자신의 계(戒)를 계속해서 생각한다. -----

마하나마여, 여기 성스러운 제자는 다음과 같이 자신의 보시(布施)를 계속해서 생각한다. -----

마하나마여, 여기 성스러운 제자는 다음과 같이 천신(天神)을 계속해서 생각한다. 사대천왕의 신들이 있고, 삼십삼천의 신들이 있고, 야마천들의 신들이 있고, 도솔천들의 신들이 있고, 화락천(化樂天:창조하고 기뻐하는 하늘나라의) 신들이 있고, 타화자재천(他化自在天 :남이 만든 것을 지배하는 하늘나라)의 신들이 있고, 하느님의 권속인 하느님 세계의 신들이 있다.

이런 신들은 믿음을 구족하여 여기서 죽은 뒤 그곳에 태어났다. 나에게도 그런 믿음이 있다. 이런 신들은 **계**(戒)를 구족하여 여기서 죽은 뒤 그곳에 태어났다. 나에게도 그런 계가 있다. 이런 신들은 배움을 구족하여 여기서 죽은 뒤 그곳에 태어났다. 나에게도 그런 배움이 있다. 이런 신들은 **보시**를 구족하여 여기서 죽은 뒤 그곳에 태어났다. 나에게도 그런 **보시**가 있다. 이런 신들은 지혜를 구족하여 여기서 죽은 뒤 그곳에 태어났다. 나에게도 그런 지혜가 있다. 라고

마하나마여, 성스러운 제자가 이와 같이 천신들의 믿음, 계

행, 배움, 보시, 지혜에 대하여 새김을 확립하면, 그때에 탐욕
에 사로잡힌 마음이 없어지고 성냄에 사로잡힌 마음이 없어
지고 어리석음에 사로잡힌 마음이 없어진다.

　-----성스러운 제자는 주석서에 의지하여 생긴 환희를 얻고
성전을 의지하여 생긴 환희를 얻으며 법과 관계된 환희를 얻
는다. 환희하는 자에게는 희열이 생기고, 희열하는 자는 몸이
가볍고 편안하며, 몸이 가볍고 편안한자는 지극한 행복을 느
끼고, 행복을 느끼는 자는 마음이 삼매에 든다.”

　☞ “환희하는 자에게는 희열이 생기고, 희열하는 자는 몸이
가볍고 편안하며, 몸이 가볍고 편안한자는 지극한 행복을 느
끼고, 행복을 느끼는 자는 마음이 **삼매에** 든다.”고 부처님께
서 위와 같이 말씀하셨다.

　그러므로 행복하고 안락하며 지혜로운 길로 인도되는 쉬운
방법은 각자 스스로 짓는 행위인 업을 깨끗하고 맑게 하는데
달려 있다.

**❈ 자신의 몸으로 짓는 행위와
　자신의 입으로 짓는 행위와
　자신의 뜻으로 짓는 행위의
　이 세 가지 업을 맑고 밝게 하는 것이다.**

　☞ 자기 자신이 짓는 행동이 습관이나 훈습이 되어 다시 행
동으로 이어질 때 이를 행위라고 한다. 이 행위를 업(業)이라
고 한다. 업이란 행위이다.

　인도 말로는 카르마 한문으로는 업(業) 우리말로는 훈습

된 행위이다.

초등하교 6년 중학교 3년 고등학교 3년 대학교 4년의 소정의 과정을 마치면 즉 행위의 과정을 마치면 졸업장(卒業狀)을 준다. 졸(卒)이란 마쳤다는 뜻이다. 죽으면 삶을 마감한 것이다. 그래서 사람이 죽으면 졸(卒)했다고 한다.

업(業)을 마친 것이 졸업이다. 행위를 마친 것이 졸업이다. 모든 중생들은 죽는 순간까지 행위를 하게 되므로 업은 쉴 수가 없다.

이 행위인 업은 크게 3가지로 나누고, 대략적으로는 10가지, 세부적으로는 8만 4천이 되는 것이다. 8만4천 번뇌나 8만 4천 법문이라는 것이 결국 행위인 업을 정화하는 것을 가르친 말씀이 8만4천 법문이 되는 것이다.

크게 3가지는 몸(행동)과 입(말)과 뜻(생각)이며, 몸으로 짓는 큰 행위는 살생(殺生) 도적(盜賊) 음행(淫行)인데, 죽이고 훔치고 삿된 음행은 나쁜 행위인 악행(惡行)으로 악업(惡業)이 되고, 살리고, 베풀고, 바른 행위는 좋은 행위인 선행(善行)으로 선업(善業)이라 한다.

몸으로 짓는 행위인 업도 세분화하면 헤아릴 수없이 많다고 볼 수 있으나 3가지로 말한 것이다.

입으로 짓는 행위인 구업(口業)은 거짓말인 망어(妄語), 잡담과 발림 말인 기어(綺語), 이간질인 양설(兩舌), 욕설인 악구(惡口)로 4가지이다.

뜻 즉 생각이나 마음으로 짓는 행위인 업은 탐욕(貪慾)과 성냄[진에瞋恚]과 어리석음[우치愚癡]이다. 이를 탐(貪) 진(瞋) 치(癡)라고 하며, 삼독(三毒)이라고 한다.

탐내고 성내고 어리석음에서 살생도 하게 되고 도적질도 하게 되고 삿된 음행도 하게 되는 것이기에 3가지 독이라고 하는 것이다.

탐욕도 어리석음에서 비롯되고 성냄도 어리석음에서 비롯되고, 몸으로 짓고 입으로 짓고 생각으로 짓는 모든 것이 어리석음에서 비롯되는데, 이 어리석음을 무명(無明)이라고 하는 것이다.

무명을 없애는 방법은 부처님의 가르침을 잘 관찰하고 살피는데서 비롯된다.

어리석음이라는 한자를 치(痴)로도 쓰고, 치(癡)라고도 쓴다. 병질 녁(疒)에 알 지(知)의 합자인 치(痴)는 '아는 것을 잘못 알았다'는 것이며, '아는 것이 병들었다'는 뜻의 어리석음이 치(痴)이고, 병질역(疒)에 의심할 의(疑)자의 합자로, '맹목적인 믿음에서 오는 의심이 병들었다'는 뜻의 어리석음이 치(癡)이다.

믿음이 만행의 공덕의 어머니라고 하지만, 잘 못 믿는 맹신(盲信, 猛信)은 무명(無明)으로 번뇌의 근본이며 모든 악행의 근본이 되는 것이다.

부처님 당시에 〈앙굴리말라〉도 스승을 잘 못 만나 99명의 사람을 죽여 그 손가락으로 목걸이를 하였지만 부처님을 만나 참회하고 열심히 공부하여 아라한이 되지 않았는가?

사리 분별 못하고 이치에도 맞지 않는 맹목적인 믿음은 온 인류를 병들게 하는 무서운 전염병이며 치유가 매우 어려운 고질병이다. 서양의 양대 종교인 기독교와 이슬람교의 전쟁은 지구가 산산조각이 나도 그칠 줄 모르고 그들은 지옥에 가서도 계속 싸울 것이다. 죽음을 신성시 하고 전쟁을 성스럽다고 하는 성전(聖戰), 자살폭탄테러는 서양에서만 일어나는 특유의 맹신전쟁으로, 맹신의 독(毒)은 세계를 언젠가 잿더미로 변하게 할 것이다. 자신의 조상이 일구어낸 문화재를 잿더미로 만들고 자신의 조상인 단군상(檀君像)의 목을 자르고 불상을 부수고 절을 불태우는 만행을 자랑스럽게 생각하는 어리석음인 치(癡)는 가장 무서운 것이다.

불교가 세계에 정착되지 않는다면 인류는 불행해 진다. 지금도 미신전쟁과 미신으로 인한 정치테러는 쉬질 않고 그칠 줄 모르고 있지 않는가!

그래서 행복하고 안락하며 지혜로운 길로 인도되는 가장 정확하고 빠른 길은 누구에게 빌 것이 아니라, 자신의 몸으로 짓는 행동과 입으로 짓는 말과 마음으로 짓는 생각인 3가지 업을 맑고 밝게 정화하는 것이다.

행복에 모양이 있던가? 행복이 눈으로 보이고 소리로 들리던가, 스스로 느끼는 희열과 기쁨과 환희에서 오는 안락만이 진정한 행복인데, 이것은 마음을 고요히 하는 수행의 방법인 부처님의 가르침을 실천하는데 있는 것이다.

✽ 가마솥 경. Udda-sutta(S20:4)

3. "비구들이여, 아침에 백 개의 가마솥으로 음식을 보시하고 점심에 백 개의 가마솥으로 음식을 보시하고 저녁에 백 개의 가마솥으로 음식을 보시하는 것보다 소젖을 짜는 정도의 짧은 시간이라도 아침에 자애(慈愛)의 마음을 닦고 소젖을 짜는 짧은 시간이라도 점심에 자애의 마음을 닦고 소젖을

짜는 정도의 짧은 시간이라도 저녁에 자애의 마음을 닦는다
면 이것이 더 큰 결실이 있다."

4. "비구들이여, 그러므로 그대들은 참으로 이와 같이 공부
지어야 한다. '우리는 **자애를 통한 마음의 해탈을** 닦고 많이
공부 짓고 수례로 삼고 기초로 삼고 확립하고 굳건히 하고
부지런히 정진하리라.'라고 그대들은 이와 같이 공부지어야
한다."

✽ 몸에 대한 마음챙김 경. Kayagatasati-sutta(S43:1)

1. 이와 같이 나는 들었다. 한때 세존께서는 사왓티에서 제
따 숲의 아나타삔디까 원림[급고독원]에 머무셨다.

2. "비구들이여, 그대들에게 무위(無爲)와 무위에 이르는
길을 설하리라.

3. "비구들이여, 그러면 무엇이 무위인가? 비구들이여, 탐욕
의 멸진, 성냄의 멸진, 어리석음의 멸진이다. 비구들이여, 이
를 일러 무위라 한다.

"비구들이여, 그러면 무엇이 무위에 이르는 길인가? 몸에 대
한 마음챙김이다. 비구들이여, 이를 일러 무위에 이르는 길이라
한다. 이렇게 나는 그대들에게 무위에 이르는 길을 설하였다."

4. "비구들이여, 항상 제자들의 이익을 기원하며 제자들을
연민하는 스승이 마땅히 해야 할 바를 이제 나는 연민으로
그대들에게 하였다.

비구들이여, 여기 나무 밑이 있다. 여기 빈집이 있다. 참선
을 하라. 비구들이여, 방일하지 마라. 나중에 후회하지 마라.
이것이 그대들에게 주는 나의 간곡한 당부이다."

✻ 사마타와 윗빳사나 경. Samathavipassana(S43:2)

2. "비구들이여, 그대들에게 무위와 무위에 이르는 길을 설하리라."

3. "비구들이여, 그러면 무엇이 무위인가? 탐욕의 멸진, 성냄의 멸진, 어리석음의 멸진이다. 비구들이여, 이를 일러 무위라 한다.

비구들이여 그러면 무엇이 무위에 이른 길인가? 사마타와 윗빳사나이다. 비구들이여, 이를 일러 무위에 이르는 길이라 한다.

비구들이여, 이렇게 나는 그대들에게 무위와 무위에 이르는 길을 설하였다."

4. "비구들이여, 항상 제자들의 이익을 기원하며 제자들을 연민하는 스승이 마땅히 해야 할 바를 이제 나는 연민으로 그대들에게 하였다.

비구들이여, 여기 나무 밑이 있다. 여기 빈집이 있다. 참선을 하라. 비구들이여, 방일하지 마라. 나중에 후회하지 마라. 이것이 그대들에게 주는 나의 간곡한 당부이다."

✻ 어떤 비구 경. Annatarabhikhu-sutta(S45:6)

2. 그때 어떤 비구가 세존께 다가갔다. 가서는 세존께 절을 올리고 한 곁에 앉았다. 한 곁에 앉은 그 비구는 세존께 이렇게 여쭈었다.

3. "세존이시여, '청정범행, 청정범행'이라고들 합니다. 세존이시여, 도대체 어떤 것이 청정범행입니까? 도대체 어떤 것이 청정범행의 완성입니까?

"비구여, 바로 이 여덟 가지 구성요소를 가진 성스러운 도[팔지성도八支 聖道]가 청정범행이니, 그것은 바른 견해[정견正見] 바른 사유[정사유正思惟] 바른 말[정어正語]바른 행위[정업正業] 바른 생계[정명正命] 바른 정진[정정진正精進] 바른 마음챙김[정념正念] 바른 삼매[정정正定]이다. 비구여, 그리고 탐욕의 멸진, 성냄의 멸진, 어리석음의 멸진이 바로 청정범행의 완성이다."

✽ 분석 경. Vibhanga-sutta(S45:8)

2. "비구들이여, 그대들에게 여덟 가지 구성요소를 가진 성스러운 도를 설하고 분석하리라. 이제 그것을 들어라. 듣고 마음에 새겨라. 나는 설할 것이다."

"그렇게 하겠습니다. 세존이시여," 라고 비구들은 세존께 응답했다. 세존께서는 이렇게 말씀하셨다.

3. "비구들이여, 어떤 것이 여덟 가지 구성요소를 가진 성스러운 도인가?

그것은 바른 견해, 바른 사유, 바른 말, 바른 행위, 바른 생계, 바른 정진, 바른 마음집중, 바른 삼매이다."

4. "비구들이여, 그러면 무엇이 바른 견해인가?

비구들이여, 괴로움에 대한 지혜, 괴로움의 일어남에 대한 지혜, 괴로움의 소멸에 대한 지혜, 괴로움의 소멸로 인도하는 도닦음에 대한 지혜-이를 일러 바른 견해라 한다.

5. "비구들이여, 그러면 무엇이 바른 사유인가?

비구들이여, 출리(出離)에 대한 사유, 악의 없음에 대한 사유, 해코지 않음에 대한 사유, 이를 일러 바른 사유라 한다."

6. "비구들이여, 그러면 무엇이 바른 말인가?

비구들이여, 거짓말을 삼가고, 중상모략을 삼가고 욕설을 삼가고 잡담을 삼가는 것이 , -이를 일러 바른 말이라 한다.”

7. “비구들이여, 그러면 무엇이 바른 행위인가?

비구들이여, 살생을 삼가고, 도둑질을 삼가고 삿된 음행을 삼가는 것이 , -이를 일러 바른 행위라 한다.”

8. “비구들이여, 그러면 무엇이 바른 생계인가?

비구들이여, 성스러운 제자는 삿된 생계를 제거하고 바른 생계로 생명을 영위한다. 비구들이여, 이를 일러 바른 생계라 한다.”

9. “비구들이여, 그러면 무엇이 바른 정진인가?

비구들이여, 여기 비구는 아직 일어나지 않은 사악하고 해로운 법들을 일어나지 못하게 하기 위해서 열의를 생기게 하고 정진하고 힘을 내고 마음을 다잡고 애를 쓴다.

이미 일어난 사악하고 해로운 법들을 제거하기 위하여 열의를 생기게 하고 정진하고 힘을 내고 마음을 다잡고 애를 쓴다. 아직 일어나지 않은 유익한 법들을 일어나게 하기 위하여 열의를 생기게 하고 정진하고 힘을 내고 마음을 다잡고 애를 쓴다. 이미 일어난 유익한 법들을 지속시키고 사라지지 않게 하고 증장시키고 충만하게 하고 닦아서 성취하기 위해서 열의를 생기게 하고 정진하고 힘을 내고 마음을 다잡고 애를 쓴다. 비구들이여, 이를 일러 바른 정진이라 한다.”

10. “비구들이여, 그러면 무엇이 바른 마음집중인가?

비구들이여, 여기 비구는 몸에서 몸을 관찰하며[신수관身隨觀] 머문다. 세상에 대한 욕심과 싫어하는 마음을 버리면서 근면하게, 분명하게 알아차리고 마음챙기면서 머문다. 느낌에서 느낌을 관찰하며[수수관受隨觀]머문다. 세상에 대한 욕심과 싫어하는 마음을 버리면서 근면하게, 분명하게 알아차리고 마음챙기면서 머문다. 마음에서 마음을 관찰하며[심수관心隨觀]머문다. 세상에 대한 욕심과 싫어하는 마음을 버리면서 근면하게, 분명하게 알아차리고 마음챙기면서 머문다. 법에서 법을 관찰하며[법수관法隨觀]머문다. 세상에 대한 욕심과 싫어하는 마음을 버리면서 근면하게, 분명하게 알아차리고 마음챙기면서 머문다.

비구들이여, 이를 일러 바른 마음집중이라 한다."

11. "비구들이여, 그러면 무엇이 바른 삼매인가?

비구들이여, 여기 비구는 감각적 욕망들을 완전히 떨쳐버리고 해로운 법들을 떨쳐버린 뒤, 일으킨 생각과 지속적인 고찰이 있고 떨쳐버렸음에서 생긴 희열과 행복이 있는 초선(初禪)에 들어 머문다.

일으킨 생각과 지속적인 고찰을 가라앉혔기 때문에 자기 내면의 것이고 확신이 있으며, 마음의 단일한 상태이고, 일으킨 생각과 지속적인 고찰은 없고, 삼매에서 생긴 희열과 행복이 있는 제2선에 들어 머문다.

희열이 빛바랬기 때문에 평온하게 머물고, 마음챙기고 알아차리며 몸으로 행복을 경험한다. 이 선 때문에 '평온하고 마음챙기며 행복하게 머문다.'고 성자들이 묘사하는 제3선에 머문다.

행복도 버리고 괴로움도 버리고, 아울러 그 이전에 이미 기쁨과 슬픔이 소멸되었으므로 괴롭지도 즐겁지도 않으며, 평온으로 인해 마음챙김이 청정한[사념청정捨念淸淨]제4선에 들어 머문다.

비구들이여, 이를 일러 바른 삼매라 한다."

✻ **무자식경.** Aputtaka(S3:20)

2. 그때 빠세나디 꼬살라왕은 한낮에 세존께 다가갔다. 가서는 세존께 절을 올리고 한 곁에 앉았다. 한 곁에 앉은 빠세나디 꼬살라 왕에게 세존께서는 이렇게 말씀하셨다.

"대왕이여, 그런데 이 한낮에 그대는 어디서 오는 길입니까?"

3. "세존이시여, 여기 사왓티에서 금융업을 하던 어떤 장자가 죽었습니다. 그에게는 자식이 없으므로 그의 모든 소유물을 궁전으로 운반해놓고 왔습니다.

세존이시여, 그에게는 천만의 금이 있었으니 은은 말해서 무엇 하겠습니까? 그런데도 그 금융업을 하던 장자는 시큼한 죽과 함께 뉘가 섞인 싸라기 쌀로 만든 음식을 먹었으며 세 조각을 기워서 만든 대마 옷을 입었으며 나뭇잎을 씌운 낡은 수레를 타고 다녔습니다."

4. "참으로 그렇습니다. 대왕이여, 참으로 그렇습니다. 대왕이여, 옛날에 그 금융업을 하던 장자는 딱가라식카라는 벽지불에게 탁발음식을 공양하였습니다. 그는 '사문에게 음식을 주시오.'라고 말한 뒤 자리에서 일어나 나갔습니다. 그런데 베풀고 나서는 '차라리 이 탁발음식을 하인들이나 일꾼에게 먹였으면 좋았을 것을'이라고 나중에 후회를 하였습니다. 그리고 그는 소유물 때문에 동생의 외아들 목숨을 빼앗았습니다."

5. "대왕이여, 그 금융업을 하던 장자는 딱가라식카라는 벽지불에게 탁발음식을 공양하였기 때문에 그 업의 과보로 일곱 번을 좋은 곳 천상세계에 태어났습니다. 그리고 그 업의 과보로 일곱 번을 이 사왓티에서 금융업을 하였습니다.

대왕이여, 그 금융업을 하던 장자는 베풀고 나서는 '차라리

이 탁발음식을 하인들이나 일꾼에게 먹였으면 좋았을 것을'
이라고 나중에 후회를 하였는데, 이런 그의 업의 과보로 그는
맛있는 음식을 즐기는 데 마음을 기울이지 못했고, 아름다운
옷을 입는데 마음을 기울이지 못했으며, 멋진 수레를 타는데
마음을 기울이지 못했고, 빼어난 다섯 가닥의 감각적 욕망을
즐기는데 마음을 기울이지 못했습니다."

6. "대왕이여, 그 금융업을 하던 장자가 소유물 때문에 동
생의 외아들의 목숨을 빼앗은 그 업의 과보로 여러 해 동안
여러 백 년 동안, 여러 천 년 동안, 여러 백 천년 동안 지옥에
서 고통을 받았습니다.

그리고 그 업의 과보가 남았기 때문에 그는 이번 일곱 번
째의 생에서도 자식이 없어서 그의 소유물은 왕의 창고로 들
어갔습니다. 대왕이여, 그런데 그 금융업을 하던 장자가 지은
이전의 공덕은 모두 다하였고 새로운 공덕을 쌓지 않았기 때
문에 오늘 그 금융업을 하던 장자는 대규환지옥에서 고통을
받고 있습니다.

7. "그렇습니까? 세존이시여, 정말 금융업을 하던 장자는
대규환지옥에 떨어졌습니까?"

"그렇습니다. 대왕이여, 금융업을 하던 장자는 대규환지옥
에 떨어졌습니다."

8. "곡식, 재물, 은도, 금도, 그 외 어떤 소유물도
　　하인, 일꾼, 심부름꾼, 자기 식솔까지도
　　이 모든 것 다 가지고 떠나가지 못하며
　　이 모든 것 다 버리고 가야만 하노라.
　　몸과 말과 마음으로 지은 것이 자신의 것

그는 오직 이것만을 가지고 가도다.

그림자가 그를 따라 가는 것처럼
이것만이 그를 따라 함께 가도다.
그러므로 유익함을 지어야 하나니
이것이 존재들의 미래의 자신이라
살아있는 모든 생명 모든 존재에게는
공덕이 저 세상에서의 기반이로다."

✱ 증일아함경. 제27권 35. 사취품(邪聚品)

여래가 세상에 출현할 때 반드시 5가지 일을 한다.
① 법륜(法輪)을 굴리는 일이요.
② 부모를 제도하는 일이며,
③ 믿음이 없는 사람을 믿음의 땅에 세우는 일.
④ 보살의 마음을 내게 하는 일.
⑤ 미래에 올 부처님을 예언하는 일이다.

✱✱ 생명은 무상한 실상(實相)이며, 공상(空相)이니, 행위와 취미가 업보(業報)가 되어,

☞ 생명의 시작은 어디에서 되었는가? 조물주인 창조주가 있어서 생명을 탄생시켰는가? 생명이 어찌 영원한가? 태어나면 반드시 죽고, 죽으면 반드시 또 태어나는데, 영원이란 없다. **변화**의 연속성이 무상(無常)이며, 원인과 조건이 형성되면 생명은 언제 어디서나 생기는 것이다.

42

이 원인과 조건이 인연(因緣)이며, 생명의 시작이며 끝이며, 죽음의 시작이며 죽음의 끝이다. 이것이 인연과 조건에 의한 결과(結果)로, 인과(因果)는 계속 반복되며 끝없이 전개되므로 영원하다고 하는 것이다. 고정불변의 영원이 아니다.

그러므로 생명은 실상(實相)이며 공상(空相)인 것이다. 법화경에서는 제법실상(諸法實相)이라 했고, 반야경에서는 제법공상(諸法空相)이라 했다. 생명은 색즉시공(色卽是空)이고 공즉시색(空卽是色)이다.

색즉시공은 실상에서 공상(空相)으로 가는 것이요, 공즉시색은 공상에서 실상으로 가는 것이니, 생멸(生滅)의 연속인 것이다. 생명이 탄생하는 것은 팽창이고, 늙고 죽는 것은 수축이다. 이것을 생로병사(生老病死)라하고, 우주의 팽창과 수축이 성주괴공(成住壞空)의 과정으로 실상과 공상이라 한다.

생멸의 연속은 원인과 조건에서 비롯되기에 원인과 조건의 소멸(消滅)이 열반으로 가는 것이다. 하지만 우리의 행위가 조건이 되어 취미가 생기고, 취미가 계속 행위를 조작하게 하여 연속되므로 이것이 행위의 과보인 업보(業報)가 되는 것이다.

생명의 발생적 원인과 조건에 의하여 생기는 과정을 불교에서는 4가지로 분류해서 말한다.

알에서 태어나는 난생(卵生), 태에서 태어나는 태생(胎生) 습기에서 생기는 습생(濕生), 변화해서 생기는 화생(化生)이다.

✽ 풀과 나무 경. Tinakattha-sutta(S15:1)

1. 이와 같이 들었다. 한때 부처님께서 사왓티 제따 숲의 아

나타삔디까(급고독원)에 머무셨다.

2. 거기서 세존께서는 "비구들이여,"라고 비구들을 부르셨다. "세존이시여,"라고 비구들은 세존께 응답했다. 세존께서는 이렇게 말씀하셨다.

3. "비구들이여, 그 시작을 알 수 없는 것이 바로 윤회이다. 무명에 덮이고 갈애에 묶여서 치달리고 윤회하는 중생들에게 처음의 시작은 결코 드러나지 않는다.

4.--비구들이여, 이와 같이 오랜 세월 그대들은 괴로움을 겪었고 혹독함을 겪었고 재앙을 겪었고 무덤을 증가시켰다. 비구들이여, 그러므로 형성된 것들[제행諸行]은 모두 염오(厭惡)해야 마땅하며 그것에 대한 탐욕이 빛바래도록 해야 마땅하며 해탈해야 마땅하다."

✳ 무상(無常)경. Anicca-sutta(S23:13)

2. 한 곁에 앉은 라다 존자는 세존께 이렇게 여쭈었다.

3. "세존이시여, '무상, 무상'이라고들 합니다. 도대체 어떤 것이 무상입니까?"

"라다여, 물질은 무상하다. 느낌은 무상하다. 인식은 무상하다. 심리현상들은 무상하다. 알음알이는 무상하다.

라다여, 이렇게 잘 배운 성스러운 제자는 좋은 가문의 아들들이 집에서 나와 출가하는 목적인 그 위없는 청정범행의 완성을 지금, 여기에서 스스로 최상의 지혜로 알고 실현하고 구족하여 머물렀다. '태어남을 다했다. 청정범행은 성취되었다. 할 일을 다 해 마쳤다. 다시는 어떤 존재로도 돌아오지 않을 것이다.'라고 꿰뚫어 안다."

✱ **무더기**[온(蘊)]**경. Khandha-sutta(S25:10)**

3. "비구들이여, 물질은 무상하고 변하고 다른 상태로 되어 간다. 느낌은 무상하고 변하고 다른 상태로 되어간다. 인식은 무상하고 변하고 다른 상태로 되어간다. 심리현상들은 무상 하고 변하고 다른 상태로 되어간다. 알음알이는 무상하고 변 하고 다른 상태로 되어간다."

4. "비구들이여, 이러한 법들에 대해서 이와 같이 믿고 이 와 같이 확신을 가지는 자를 일러 믿음을 따르는 자라고 한 다. 그는 올바른 정해진 행로에 들어가고, 참된 사람의 경지 에 들어가고, 범부의 경지를 넘어섰다. 그가 지옥이나 축생이 나 아귀의 영역에 태어나게 되는 그러한 업을 짓는다는 것은 있을 수 없고, 예류과[수다함]를 실현하지 못한 채로 임종한 다는 것도 있을 수 없다."

5. "비구들이여, 이와 같이 통찰지로 충분히 사색하여 이러 한 법들을 인정하는 자를 일러 법에 따르는 자라 한다. 그는 올바른 정해진 행로에 들어가고, 참된 사람의 경지에 들어가 고, 범부의 경지를 넘어섰다. 그가 지옥이나 축생이나 아귀의 영역에 태어나게 되는 그러한 업을 짓는다는 것은 있을 수 없고, 예류과를 실현하지 못한 채로 임종한다는 것도 있을 수 없다."

6. "비구들이여, 이러한 법들을 이와 같이 알고 보는 자를 흐름에 든 자[예류자]라 하나니, 그는 악취에 떨어지지 않 는 법을 가졌고 해탈이 확실하며 완전한 깨달음으로 나아 간다."

✽ 업에 대한 작은 분석의 경. Culakammavibhailga-sutta(M.135)

1. 이와 같이 나는 들었다. 한 때 세존께서는 싸밧티 시의 제따 숲에 있는 아나타삔디까 승원에 계셨다.

2. 그 때 바라문 청년, 또데이야의 아들 쑤바가 세존께서 계신 곳을 찾아갔다. 가까이 다가가서 세존께 인사를 드리고 안부를 서로 주고받은 뒤에 한 쪽으로 물러나 앉았다. 한 쪽으로 물러나 앉은 바리문 청년 또데이야의 아들 쑤바는 세존께 이와 같이 여쭈었다.

[쑤바]“존자 고따마여, 어떠한 원인과 어떠한 조건 때문에 인간의 모습을 한 인간들 사이에 천하고 귀한 차별이 있습니까? 존자 고따마여, 참으로 인간들은 목숨이 짧기도 하고 목숨이 길기도 하고, 질병이 많기도 하고 질병이 없기도 하고, 용모가 추하기도 하고, 용모가 아름답기도 하고, 권세가 없기도 하고, 권세가 있기도 하고, 빈궁하기도 하고, 부유하기도 하고, 비천하기도 하고 고귀하기도 하고, 우둔하기도 하고 현명하기도 합니다.

존자 고따마여, 어떠한 원인과 어떠한 조건 때문에 인간의 모습을 한 인간들 사이에 천하고 귀한 차별이 있습니까?”

3. [세존]“바라문 청년이여, 중생들은 자신의 업을 소유하는 자이고, 그 업을 상속하는 자이며, 그 업을 모태로 하는 자이며, 그 업을 친지로 하는 자이며, 그 업을 의지처로 하는 자입니다. 업이 중생들을 차별하여 천하고 귀한 상태가 생겨납니다.”

[쑤바]“저는 존자 고따마께서 간략하게 말씀하셨을 뿐 상세한 의미를 말씀하시지 않은 것에 대하여 상세하게 그 의미를

알지 못합니다. 존자 고따마께서는 저에게 간략하게 말씀하셨을 뿐 상세한 의미를 말씀하시지 않은 것에 대하여 상세하게 그 의미를 알 수 있도록 설명 해 주시면 감사하겠습니다.”

5. 세존께서는 이와 같이 말씀하셨다.

“바라문 청년이여, 세상에 어떤 여자나 남자는 살아있는 생명을 죽이는데, 잔인하여 손에 피를 묻히고 살육에 전념하고 중생에 대하여 자비심이 없습니다. 그는 그 행동과 그와 같은 행동의 결과로 몸이 파괴되고 죽은 뒤에 괴로운 곳, 나쁜 곳, 타락한 곳, 지옥에 태어납니다. 그가 몸이 파괴되고 죽은 뒤에 괴로운 곳, 나쁜 곳, 타락한 곳, 지옥에 태어나지 않고 만약에 인간으로 태어난다면, 어떠한 곳에 재생하더라도 목숨이 짧습니다.

바라문 청년이여, 살아있는 생명을 죽이고 잔인하여 손에 피를 묻히고 살생에 전념하고 중생에 대하여 자비심이 없는 바로 이와 같은 행위는 목숨이 짧은 운명으로 이끕니다.

6. 바라문 청년이여, 세상에 어떤 여자나 남자는 살아있는 생명을 죽이는 것을 떠나고 살아있는 생명을 죽이는 것을 삼갑니다. 그는 몽둥이를 버리고, 칼을 버리고 부끄러워하고, 자비로워서, 모든 중생을 가엾게 여깁니다. 그는 그 행동과 그와 같은 행동의 결과로 몸이 파괴되고 죽은 뒤에 좋은 곳, 하늘나라에 태어납니다. 그가 몸이 파괴되고 죽은 뒤에 좋은 곳, 하늘나라에 태어나지 않고 만약에 인간으로 태어난다면, 어떠한 곳에 재생하더라도 목숨이 깁니다.

바라문 청년이여, 살아있는 생명을 죽이는 것을 떠나고 살아있는 생명을 죽이는 것을 삼가고 몽둥이를 버리고, 칼을 버리고 부끄러워하고 자비로워서, 모든 중생을 가없게 여기는 바로 이와 같은 행위는 목숨이 긴 운명으로 이끕니다.

7. 바라문 청년이여, 세상에 어떤 여자나 남자는 손으로써 또는 흙덩이나 몽둥이나 칼로써 중생을 해칩니다. 그는 그 행동과 그와 같은 행동의 결과로 몸이 파괴되고 죽은 뒤에 괴로운 곳, 나쁜 곳, 타락한 곳, 지옥에 태어납니다. 그가 몸이 파괴되고 죽은 뒤에 괴로운 곳, 나쁜 곳, 타락한 곳, 지옥에 태어나지 않고 만약에 인간으로 태어난다면, 어떠한 곳에 재생하더라도 질병이 많습니다.

바라문 청년이여, 손으로써 또는 몽둥이나 칼로써 중생을 해치는 바로 이와 같은 행위는 질병이 많은 운명으로 이끕니다.

8. 바라문 청년이여, 세상에 어떤 여자나 남자는 손으로써 또는 흙덩이나 몽둥이나 칼로써 중생을 해치지 않습니다. 그는 그 행동과 그와 같은 행동의 결과로 몸이 파괴되고 죽은 뒤에 좋은 곳, 하늘나라에 태어납니다. 그가 몸이 파괴되고 죽은 뒤에 좋은 곳, 하늘나라에 태어나지 않고 만약에 인간으로 태어난다면, 어떠한 곳에 재생하더라도 질병이 없습니다. 바라문 청년이여 손으로써 또는 몽둥이나 칼로써 중생을 해치지 않는 바로 이와 같은 행위는 질병이 없는 운명으로 이끕니다.

9. 바라문 청년이여, 세상에 어떤 여자나 남자는 화를 잘 내고 우울해서, 사소한 말에도 화내고 성내고 노하여 저항하고, 분노, 미움, 불만을 나타냅니다. 그는 그 행동과 그와 같은 행동의 결과로 몸이 파괴되고 죽은 뒤에 괴로운 곳, 나쁜 곳, 타락한 곳, 지옥에 태어납니다. 그가 몸이 파괴되고 죽은 뒤

에 괴로운 곳, 나쁜 곳, 타락한 곳, 지옥에 태어나지 않고 만약에 인간으로 태어난다면, 어떠한 곳에 재생하더라도 용모가 추합니다.

바라문 청년이여 , 성내고 화를 잘 내고 우울해서, 사소한 말에도 화내고 성내고 노하여 저항하고, 분노, 미움, 불만을 나타내는 바로 이와 같은 행위는 용모가 추한운명으로 이끕니다.

10. 바라문 청년이여, 세상에 어떤 여자나 남자는 화를 잘 내지 않고 우울하지 않아서, 많은 말에 도 화를 내지 않고 성내지 않고 노하지 않아, 저항하지 않고 분노, 미움, 불만을 나타내지 않습니다.

그는 그 행동과 그와 같은 행동의 결과로 몸이 파괴되고 죽은 뒤에 좋은 곳, 하늘나라에 태어납니다. 그가 몸이 파괴되고 죽은 뒤에 좋은 곳, 하늘나라에 태어나지 않고 만약에 인간으로 태어난다면, 어떠한 곳에 재생하더라도 용모가 아름답습니다.

바라문 청년이여, 화를 잘 내지 않고 우울하지 않아서, 많은 말에도 화를 내지 않고 성내지 않고 노하지 않아, 저항하지 않고 분노, 미움, 불만을 나타내지 않는 바로 이와 같은 행위는 용모가 아름다운 운명으로 이끕니다.

11. 바라문 청년이여, 세상에 어떤 여자나 남자는 질투가 심하여 다른 사람이 이득을 얻고, 존중받고, 존경받고, 공경받고, 예경받고, 공양받는 것에 질시하고 악의를 품고 질투합니다. 그는 그 행동과 그와 같은 행동의 결과로 몸이 파괴되고 죽은 뒤에 괴로운 곳, 나쁜 곳, 타락한 곳, 지옥에 태어납니다.

그가 몸이 파괴되고 죽은 뒤에 괴로운 곳, 나쁜 곳, 타락한 곳, 지옥에 태어나지 않고 만약에 인간으로 태어난다면, 어떠한 곳에 재생하더라도 권세가 없습니다.

바라문 청년이여, 질투가 심하여 다른 사람이 이득을 얻고, 존중받고, 존경받고, 공경받고, 예경받고, 공양받는 것에 질시하고 악의를 품고 질투하는 바로 이와 같은 행위는 권세가 없는 운명으로 이끕니다.

12. 바라문 청년이여, 세상에 어떤 여자나 남자는 질투가 없어 다른 사람이 이득을 얻고, 존중받고, 존경받고, 공경받고, 예경받고, 공양받는 것에 질시하지 않고 악의를 품지 않고 질투하지 않습니다. 그는 그 행동과 그와 같은 행동의 결과로 몸이 파괴되고 죽은 뒤에 좋은 곳, 하늘나라에 태어납니다.

그가 몸이 파괴되고 죽은 뒤에 좋은 곳, 하늘나라에 태어나지 않고 만약에 인간으로 태어난다면, 어떠한 곳에 재생하더라도 권세가 있습니다.

바라문 청년이여, 질투가 없어 다른 사람이 이득을 얻고, 존중받고, 존경받고, 공경받고, 예경받고, 공양받는 것에 질시하지 않고 악의를 품지 않고 질투하지 않는 바로 이와 같은 행위는 권세가 있는 운명으로 이끕니다.

13. 바라문 청년이여, 세상에 어떤 여자나 남자는 수행자나 성직자에게 음식, 옷, 수레, 꽃다발, 향료, 크림, 처소, 집, 등불을 보시하지 않습니다. 그는 그 행동과 그와 같은 행동의 결과로 몸이 파괴되고 죽은 뒤에 괴로운 곳, 나쁜 곳, 타락한 곳, 지옥에 태어납니다. 그가 몸이 파괴되고 죽은 뒤에 괴로운 곳, 나쁜 곳, 타락한 곳, 지옥에 태어나지 않고 만약에 인

간으로 태어난다면, 어떠한 곳에 재생하더라도 빈궁합니다.

바라문 청년이여, 수행자나 성직자에게 음식, 옷, 수레, 꽃다발, 향료, 크림, 처소, 집, 등불을 보시하지 않는 바로 이와 같은 행위는 빈궁한 운명으로 이끕니다.

14. 바라문 청년이여, 세상에 어떤 여자나 남자는 수행자나 성직자에게 음식, 옷, 수레, 꽃다발, 향료, 크림, 처소, 집, 등불을 보시합니다. 그는 그 행동과 그와 같은 행동의 결과로 몸이 파괴되고 죽은 뒤에 좋은 곳, 등 하늘나라에 태어납니다. 그가 몸이 파괴되고 죽은 뒤에 좋은 곳, 하늘나라에 태어나지 않고 만약에 인간으로 태어난다면, 어떠한 곳에 재생하더라도 부유하게 태어납니다.

바라문 청년이여, 수행자나 성직자에게 음식, 옷, 수레, 꽃다발, 향료, 크림, 처소, 집, 등불을 보시하는 바로 이와 같은 행위는 부유한 운명으로 이끕니다.

15. 바라문 청년이여, 세상에 어떤 여자나 남자는 완고하고 오만하여, 인사하더라도 인사 받지 않고, 일어나 환영하더라도 일어나 맞이하지 않고, 자리를 양보하더라도 자리를 내어주지 않고, 길을 양보하더라도 길을 제공하지 않고, 존중해야 할 사람을 존중하지 않고, 존경해야 할 사람을 존경하지 않고, 공경해야 할 사람을 공경하지 않고 공양해야 할 사람을 공양하지 않습니다. 그는 그 행동과 그와 같은 행동의 결과로 몸이 파괴되고 죽은 뒤에 괴로운 곳, 나쁜 곳, 타락한 곳, 지옥에 태어납니다. 그가 몸이 파괴되고 죽은 뒤에 괴로운 곳, 나쁜 곳, 타락한 곳, 지옥에 태어나지 않고 만약에 인간으로 태어난다면, 어떠한 곳에 재생하더라도 비천한 가문에 태어

납니다.

바라문 청년이여, 완고하고 오만하여, 인사하더라도 인사 받지 않고 일어나 환영하더라도 일어나 맞이하지 않고 자리를 양보하더라도 자리를 내어주지 않고 길을 양보하더라도 길을 제공하지 않고 존중해야 할 사람을 존중하지 않고 존경해야 할 사람을 존경하지 않고, 공경해야 할 사람을 공경하지 않고, 공양해야 할 사람을 공양하지 않는 바로 이와 같은 행위는 비천한 가문에 태어나는 운명으로 이끕니다.

16. 바라문 청년이여, 세상에 어떤 여자나 남자는 완고하지 않고 오만하지 않아 인사하면 인사를 받고, 일어나 환영하면 일어나 맞이하고, 자리를 양보하면 자리를 내어주고, 길을 양보하면 길을 제공하고 존중해야 할 사람을 존중하고 존경해야 할 사람을 존경하고, 공경해야 할 사람을 공경하고, 공양해야 할 사람을 공양합니다. 그는 그 행동과 그 같은 행동의 결과로 몸이 파괴되고 죽은 뒤에 좋은 곳, 하늘나라에 태어납니다. 그가 몸이 파괴되고 죽은 뒤에 좋은 곳, 하늘나라에 태어나지 않고 만약 인간으로 태어난다면, 어떠한 곳에 재생하더라도 고귀한 가문에 태어납니다.

바라문 청년이여, 완고하지 않고 오만하지 않아 인사하면 인사를 받고, 일어나 환영하면 일어나 맞이하고, 자리를 양보하면 자리를 내어 주고, 길을 양보하며 길을 제공하고, 존중해야 할 사람을 존중하고 존경해야 할 사람을 존경하고 공경해야 할 사람을 공경하고 공양해야 할 사람을 공양하는 바로 이와 같은 행위는 고귀한 가문에 태어나는 운명으로 이끕니다.

17. 바라문 청년이여, 세상에 어떤 여자나 남자는 수행자나

성직자를 찾아서 '존자여, 착하고 건전한 것들이 무엇입니까? 악하고 불건전한 것들이 무엇입니까? 죄악은 어떠한 것입니까? 죄악이 아닌 것은 어떠한 것입니까? 섬겨야 할 것은 어떠한 것입니까? 섬겨서는 안 될 것은 어떠한 것입니까? 내가 행하여 오랫동안 불이익과 괴로움을 가져오게 하는 것은 무엇입니까? 그러나 내가 행하여 오랫동안 이익과 행복을 가져오게 하는 것은 무엇입니까?'라고 이와 같이 질문하지 않습니다. 그는 그 행동과 그와 같은 행동의 결과로 몸이 파괴되고 죽은 뒤에 괴로운 곳, 나쁜 곳, 타락한 곳, 지옥에 태어납니다. 그가 몸이 파괴되고 죽은 뒤에 괴로운 곳, 나쁜 곳, 타락한 곳, 지옥에 태어나지 않고 만약에 인간으로 태어난다면 어떠한 곳에 재생하더라도 우둔하게 됩니다.

바라문청년이여, 수행자나 성직자를 찾아서 '존자여, 착하고 건전한 것들이 무엇입니까? 악하고 불건전한 것들이 무엇입니까? 죄악은 어떠한 것입니까? 죄악이 아닌 것은 어떠한 것입니까? 섬겨야 할 것은 어떠한 것입니까? 섬겨서는 안 될 것은 어떠한 것입니까? 내가 행하여 오랫동안 불이익과 괴로움을 가져오게 하는 것은 무엇입니까? 그러나 내가 행하여 오랫동안 이익과 행복을 가져오게 하는 것은 무엇입니까?'라고 이와 같이 질문하지 않는 바로 이와 같은 행위는 우둔한 자의 운명으로 이끕니다.

18. 바라문 청년이여, 세상에 어떤 여자나 남자는 수행자나 성직자를 찾아서 '존자여, 착하고 건전한 것들이 무엇입니까? 악하고 불건전한 것들이 무엇입니까? 죄악은 어떠한 것입니까? 죄악이 아닌 것은 어떠한 것입니까? 섬겨야 할 것은 어

떠한 것입니까? 섬겨서는 안 될 것은 어떠한 것 입니까? 내가 행하여 오랫동안 불이익과 괴로움을 가져오게 하는 것은 무엇입니까? 그러나 내가 행하여 오랫동안 이익과 행복을 가져오게 하는 것은 무엇입니까?'라고 이와 같이 질문합니다. 그는 그 행동과 그와 같은 행동의 결과로 몸이 파괴되고 죽은 뒤에 좋은 곳, 하늘나라에 태어납니다. 그가 몸이 파괴되고 죽은 뒤에 좋은 곳, 하늘나라에 태어나지 않고 만약에 인간으로 태어난다면, 어떠한 곳에 재생하더라도 현명하게 됩니다.

바라문 청년이여, 수행자나 성직자를 찾아서 '존자여, 착하고 건전한 것들이 무엇입니까? 악하고 불건전한 것들이 무엇입니까? 죄악은 어떠한 것입니까? 죄악이 아닌 것은 어떠한 것입니까? 섬겨야 할 것은 어떠한 것입니까? 섬겨서는 안 될 것은 어떠한 것입니까? 내가 행하여 오랫동안 불이익과 괴로움을 가져오게 하는 것은 무엇입니까? 그러나 내가 행하여 오랫동안 이익과 행복을 가져오게 하는 것은 무엇입니까?'라고 이와 같이 질문하는 바로 이와 같은 행위는 현명한 자의 운명으로 이끕니다.

19. 바라문 청년이여, 이와 같이 목숨을 짧게 만드는 행위는 목숨을 짧은 운명으로 이끌고, 목숨을 길게 만드는 행위는 목숨이 긴 운명으로 이끌고, 질병이 많게 만드는 행위는 질병이 많은 운명으로 이끌고 질병이 없게 만드는 행위는 질병이 없는 운명으로 이끌고 용모가 추하게 만드는 행위는 용모가 추한 운명으로 이끌고 용모가 아름답게 만드는 행위는 용모가 아름다운 운명으로 이끌고 권세가 없게 만드는 행위는 권

세가 없는 운명으로 이끌고, 권세가 있게 만드는 행위는 권세가 있는 운명으로 이끌고, 빈궁하게 만드는 행위는 빈궁한 운명으로 이끌고, 부유하게 만드는 행위는 부유한 운명으로 이끌고, 비천한 가문에 태어나게 만드는 행위는 비천한 가문에 태어나는 운명으로 이끌고, 고귀한 가문에 태어나게 만드는 행위는 고귀한 가문에 태어나는 운명으로 이끌고, 우둔하게 만드는 행위는 우둔한 자의 운명으로 이끌고, 현명하게 만드는 행위는 현명한 자의 운명으로 이끕니다.

20. 바라문 청년이여, 이와 같이 중생들은 자신의 업을 소유하는 자이고, 그 업을 상속하는 자이며, 그 업을 모태로 하는 자이며, 그 업을 친지로 하는 자이며, 그 업을 의지처로 하는 자입니다. 업이 중생들을 차별하여 천하고 귀한 상태가 생겨납니다.”

21. 이처럼 말씀하시자 바라문 청년 또데이야의 아들 쑤바는 세존께 이와 같이 말씀드렸다.

“세존이신 고따마여, 훌륭하십니다. 세존이신 고따마여, 훌륭하십니다. 세존이신 고따마여, 마치 넘어진 것을 일으켜 세우듯, 가려진 것을 열어 보이듯, 어리석은 자에게 길을 가리켜주듯, 눈 있는 자는 형상을 보라고 어둠 속에 등불을 들어 올리듯, 세존이신 고따마께서는 이와 같이 여러 가지 방법으로 진리를 들려주셨습니다. 그러므로 이제 세존이신 고따마께 귀의합니다. 또한 그 가르침에 귀의합니다. 또한 그 수행승의 모임에 귀의합니다. 세존이신 고따마께서는 재가신자로서 저를 받아주십시오. 오늘부터 목숨 바쳐 귀의하겠습니다.”
　업에 대한 작은 분석의 경이 끝났다

∴ 사람도 되고 축생도 되고
   선신도 되고 악마도 되느니라.
   부처의 행위를 하면 부처님이요,

✻ 공양받아 마땅함 경. Ahuneyya-sutta(A.6:1)

1. 이와 같이 나는 들었다. 한때 세존께서는 사왓티에서 제따 숲의 급고독원에 머무셨다. 거기서 세존께서는 "비구들이여,"라고 비구들을 부르셨다. "세존이시여,"라고 비구들은 세존께 응답했다. 세존께서 이렇게 말씀하셨다.

2. "비구들이여, 여섯 가지 법을 구족한 비구는 공양 받아 마땅하고, 선사받아 마땅하고, 보시받아 마땅하고 합장받아 마땅하며, 세상에 위없는 복밭[福田]이다 무엇이 여섯인가?"

3. "비구들이여, 여기 비구는 눈으로 형상을 볼 때 마음이 기쁘지도 괴롭지도 않고 마음챙기고 알아차리면서 평온하게 머문다. 귀로 소리를 들을 때… 코로 냄새를 맡을 때… 혀로 맛을 볼 때… 몸으로 감촉을 닿을 때… 마노[의意]로 법을 알 때 기쁘지도 괴롭지도 않고 마음챙기고 알아차리면서 평온하게 머문다.

"비구들이여, 여섯 가지 법을 구족한 비구는 공양 받아 마땅하고, 선사받아 마땅하고, 보시받아 마땅하고 합장받아 마땅하며, 세상에 위없는 복밭[福田]이다."

✻ 공양받아 마땅함 경. Ahuneyya-sutta(A.6:2)

1. "비구들이여, 여섯 가지 법을 구족한 비구는 공양 받아

마땅하고, 선사받아 마땅하고, 보시받아 마땅하고 합장받아
마땅하며, 세상에 위없는 복밭[福田]이다 무엇이 여섯인가?"

  2. "비구들이여, 여기 비구는 여러 신통변화[신족통神足通]를
나툰다. 하나인체 여럿이 되기도 하고 여럿이 되었다가 하나
가 되기고 한다.

  나타났다 사라졌다 하고 벽이나 담이나 산을 아무런 장애
없이 통과하기를 마치 허공에서처럼 한다. 땅에서도 떠올랐
다 잠겼다 하기를 물속에서처럼 한다. 물 위에서 빠지지 않고
걸어가기를 땅위에서처럼 한다.

  가부좌한 채 허공을 날아가기를 날개 달린 새처럼 한다. 저
막강하고 위력적인 태양과 달을 손으로 만져 쓰다듬기도 하
며 심지어는 저 멀리 하느님의 세상에까지도 몸이 자유자재
함을 발한다."

  3. "그는 신성한 귀의 요소로 마음을 향하게 하고 기울게
한다.[천이계天耳界, 天耳通] 그는 인간의 능력을 넘어선 청정하
고 신성한 귀의 요소로 천상이나 인간의 소리 둘 다를 멀든
가깝든 간에 다 듣는다."

  4. "그는 자기의 마음으로 다른 중생들과 다른 인간들의 마
음을 꿰뚫어 안다.[타심통他心通] 탐욕이 있는 마음은 있는 마
음이라고 꿰뚫어 알고 탐욕을 여읜 마음은 탐욕을 여읜 마음
이라고 꿰뚫어 안다. 성냄이 있는 마음은 성냄이 있는 마음이
라고 꿰뚫어 알고 성냄을 여읜 마음은 성냄을 여읜 마음이라
고 꿰뚫어 안다.

  어리석음이 있는 마음은 어리석음이 있는 마음이라고 꿰뚫
어 알고 어리석음을 여읜 마음은 어리석음을 여읜 마음이라

고 꿰뚫어 안다. 수축한 마음은 수축한 마음이라고 꿰뚫어 알고 흩어진 마음은 흩어진 마음이라고 꿰뚫어 안다.

고귀한 마음은 고귀한 마음이라고 꿰뚫어 알고 삼매에 든 마음은 삼매에 든 마음이라고 꿰뚫어 알고 삼매에 들지 못한 마음은 삼매에 들지 못한 마음이라고 꿰뚫어 안다. 해탈한 마음은 해탈한 마음이라고 꿰뚫어 알고 해탈하지 않은 마음은 해탈하지 않은 마음이라고 꿰뚫어 안다."

5. "그는 수많은 전생의 갖가지 삶들을 기억한다.[숙명통宿命通] 즉 한생, 두 생, 세 생, … 열 생, … 백 생, 천 생, 십만 생, 세계가 수축하는 여러 겁, 세계가 팽창하는 여러 겁, 세계가 수축하고 팽창하는 여러 겁을 기억 한다. '어느 곳에서 이런 이름을 가졌고, 이런 종족이었고, 이런 용모를 가졌고 이런 음식을 먹었고, 이런 행복과 고통을 경험했고, 이런 수명의 한계를 가졌고, 그곳에서 죽어 다른 어떤 곳에 다시 태어나 그곳에서는 이런 이름을 가졌고, 이런 종족이었고, 이런 용모를 가졌고, 이런 음식을 먹었고. 이런 행복과 고통을 경험했고, 이런 수명의 한계를 가졌고, 그곳에서 죽어 여기 다시 태어났다.'라고 이런 한량없는 전생의 갖가지 모습을 그 특색과 더불어 상세하게 기억해낸다."

6. "그는 청정하고 인간을 넘어선 신성한 눈[천안天眼]으로 중생들이 죽고 태어나고, 천박하고 고상하고, 잘 생기고 못 생기고, 좋은 곳[선처善處]에 가고 나쁜 곳[악처惡處]에 가는 것을 보고, 중생들이 지은바 그 업에 따라가는 것을 꿰뚫어 안다.[천안통天眼通]--- '라고 성자들을 비방하고, 삿된 견해를 지녀 사견업(邪見業)을 지었다. 이들은 죽어 몸이 무너진 다음에

처참한 곳, 불행한 곳, 파멸처, 지옥에 태어났다. … 정견업
(正見業)을 지어 천상에 태어났다.'라고 꿰뚫어 안다."

7. "그는 모든 번뇌가 다하여 아무 번뇌가 없는 마음의 해
탈[심해탈心解脫]과 통찰지를 통한 해탈[혜慧解脫]을 바로 지금
여기서 스스로 최상의 지혜로 실현하고 구족하여 머문다.[누
진통漏盡通]

비구들이여, 이러한 여섯 가지 법을 구족한 비구는 공양받
아 마땅하고, 선사받아 마땅하고, 보시받아 마땅하고, 합장받
아 마땅하며, 세상에 위없는 복밭[福田]이다."

✲ 사람의 행위를 하면 사람이요,
　 축생의 행위를 하면 축생이라.

☞ 사람과 축생의 차이는 무엇인가? 사람에게도 육근(六根)
인 눈·귀·코·혀·몸·의식이 있고, 축생에게도 이것이 있다.

시각(보고) 청각(듣고) 후각(냄새) 미각(맛) 촉각(느낌) 생
각(의식)이 되어, 생명을 유지하고 있는 것이다. 육근(六根)과
육진(六塵) 육식(六識)이 사람이나 축생에게 똑같이 있다.

그러면 무엇이 사람과 축생이 다른가? 모양이 다르기 때
문에 구조가 다르고, 구조가 다르기 때문에 활동과 활용이
달라 삶의 방식이 다르고, 행위가 다르기 때문에 업이 다르
게 된다.

체상용(體相用)을 삼대(三大)라 한다. 체(體)란 근본이다.
상(相)이란 모양이며, 용(用)이란 활용으로 쓰이는 작용이다.

체라는 것으로 볼 때는 그 값어치는 똑같다. 예를 들어, 금(金)으로 비유하여 말할 것 같으면 금은 체이고, 금반지 금목걸이 금귀거리 금비녀 등 금으로 만든 물건이지만, 모양이 다른 상(相)에 해당되고, 모양에 따라 쓰이는 작용(作用)이 다르기 때문에 용(用)이 다른 것이다.

그 상(相)이나 용(用)이 달라도 금 한 량의 값어치는 똑같다. 사람과 축생과 모든 생명체들의 모양인 상(相)이나 활동범위인 용(用)이 달라도 그 생명의 귀한 가치는 같은 것이다.

그 생명의 가치가 같은데, 무엇으로 측정할 것인가? 바로 행위이다. 행위는 몸과 말과 뜻으로 짓는 것이다. 순간순간 변하며 연속되는 의식(意識)의 작용을 잘 알아 차려 나쁜 훈습(薰習)이 들지 않게 하는 것이 부처님의 가르침이다.

✻ 비뚤어짐 경. Samsappaniya-sutta(A10:205)

2. "비구들이여, 중생들은 업이 바로 그들의 주인이고, 업의 상속자이고, 업에서 태어났고, 업이 그들의 권속이고, 업이 그들의 의지처이다. 좋은 업이든 나쁜 업이든 어떤 업을 지으면 그들은 그 업의 상속자가 된다."

3. "비구들이여, 여기 어떤 자는 생명을 죽인다. 그는 잔인하고, 손에 피를 묻히고, 죽이고 폭력을 휘두르는데 몰두하며, 모든 생명들에게 동정심이 없다.

그는 몸으로도 비뚤어지고, 말로도 비뚤어지고, 마음으로도 비뚤어진다. 몸으로 짓는 그의 업도 비뚤어지고, 의식으로 짓는 그의 업도 비뚤어지고, 마음으로 짓는 그의 업도 비뚤어진다. 그의 태어날 곳도 비뚤어지고, 태어남도 비뚤어진다.

비구들이여, 태어날 곳이 삐뚤어지고, 태어남도 삐뚤어진 자에겐 두 가지 태어날 곳 가운데 하나가 있다고 나는 말하나니, 그것은 오직 괴로움뿐인 지옥이거나 기어 다니는 축생의 모태이다.

비구들이여, 어떤 것이 기어 다니는 축생의 모태인가? 뱀, 전갈, 지네, 몽구스, 고양이, 쥐, 올빼미, 그리고 사람을 보고 기어서 도망가는 모든 축생들이다.

비구들이여, 이처럼 존재로부터 존재의 태어남이 있다. 자기가 지은 업에 따라 태어나면 감각접촉을 경험하게 된다. 비구들이여, 그러므로 중생들은 그들 각자의 업의 상속자라고 나는 말한다."

✴ 순다리까 경. Sundarika-sutta(S7:9)(1-9)

[세존]

"출생을 묻지 말고 행위를 물어야 하리.
  어떠한 땔감에서도 불이 생겨나듯
  비천한 가문에서도 지혜로운 현자가 생기네.
  부끄러움으로 자제하는 자가 고귀하네."

[세존]

"바라문이여, 나무에 불을 지펴,
  밖으로 청정구할 생각조차 하지 말라.
  밖으로 청정구하는 자는 청정을 얻지 못하리.
  능숙한 자들은 말하도다.

바라문이여, 나무에 불 지피는 것 버리고
내적인 광명으로 나는 항상 타오르나니
내게는 항상 불이 있고 마음은 항상 삼매에 드는
그런 나는 아라한이요, 청정범행을 닦도다.

바라문이여, 자만은 어깨에 올려 멘 짐이고.
분노는 연기요, 거짓은 재.
혀는 주걱, 심장은 불 지피는 제단
잘 길들여진 자신은 인간의 광명이로다."

☞ 부처님은 부처님 당시 지배층인 바라문 '순다리까 바라드와자'와의 대화에 대한 것이다. 부처님은 가문이나 출생에 따른 제도를 비판하였다. 그래서 행위를 강조하였다. 태생적으로 바라문이라도 도둑질을 하면 도둑놈이 될 수밖에 없고, 태생적으로 노예의 계급이라도 부처님의 가르침을 따라 법을 알게 되면 성인(聖人아라한)이나 현자(賢者)가 될 수 있다는 것이다. 그래서 이를 불의 비유로 설명하였다.

불의 특징은 무엇일까. 불은 '화염'이 있고 '광채'가 있고 '광명'이 있다. 이런 불의 특징은 어느 불이든지 똑 같다는 것이다. 소똥으로 불을 지피었건, 고급 전단향 목재로 불을 지피었건 불의 특징은 모두 같은 것이다. 따라서 비천한 가문에서도 현자(賢者)가 나올 수 있음을 말씀 하신 것이다.

이렇게 해서 바라드와자 존자는 출가하여 아라한의 한분이 되었다.

＊ **세상 경.** Loka-sutta(S35:82)

2. 그때 어떤 비구가 세존께 다가갔다. 가서는 세존께 절을 올리고 한 곁에 앉았다. 한 곁에 앉은 그 비구는 세존께 이렇게 여쭈었다.

3. "세존이시여, '**세상, 세상**'이라고들 합니다. 도대체 왜 세상이라고 합니까?"

4. "비구여 부서진다고 해서 세상이라고 한다. 그러면 무엇이 부서지는가?

눈이 부서진다. 형색은… 눈의 알음알이는… 눈의 감각접촉은… 눈의 감각접촉을 조건으로 하여 일어나는 즐겁거나 괴롭거나 괴롭지도 즐겁지도 않은 느낌이 부서진다.

귀는… 소리는… 귀의 알음알이는… 귀의 감각접촉은… 느낌은…

코는… 냄새는… 코의 알음알이는… 코의 감각접촉은… 느낌은…

혀는… 맛은… 혀의 알음알이는 … 혀의 감각접촉은… 느낌은…

몸은… 감촉은… 몸의 알음알이는… 몸의 감각접촉은… 느낌은…

의식은… 법은… 의식의 알음알이는… 의식의 감각접촉은… 의식의 감각접촉을 조건으로 하는 일어나거나 괴롭거나 괴롭지도 즐겁지도 않은 느낌은 부서진다. 비구여 부서진다고 해서 세상이라 한다."

**❖ 우주의 만법은 행위에 따라 취미가 생기고
취미에 따라 행위가 연속되니 업인(業因)과
업보(業報)와 업력(業力)이 연속되는,
이것이 인과(因果)의 법칙이며,
업력의 보존법칙이며, 관성의 법칙이며,
만유인력의 법칙이니라.**

☞ 우주란 시간과 공간이다. 시간을 우(宇)요 공간을 주(宙)라 한다. 우(宇)도 집이요 주(宙)도 집이다. 광활한 하늘의 천체가 바로 시간과 공간 속에 있는 우리가 사는 생명의 집인 것이다.

모든 존재적 가치는 원인과 조건이 형성되면 생기는 것이다. 원인과 조건이 형성되어 생명체의 행위가 이어지면 거기에 따른 반복적 작용이 습관이 되고 취미가 생기는 것이다.

그 취미는 다시 반복적 행위를 가져오므로 행위에 힘이 생기고 취미에 힘이 생기고 행위의 원인과 행위의 결과가 반복되는 업의 과보가 생기는 것이다.

일예로 도박을 좋아하는 사람이 처음부터 도박을 좋아한 것은 아니다. 어쩌다 하다보니까 잃으면 본전 생각도 나고, 따면 좀 더 따려고 하다보면 취미가 되고 행위의 반복이 되는 것이다.

행위와 취미는 반복적 학습효과로 인한 습관의 연속에서 생기는 것이기에 공부를 한다든가 참선 염불도 하다보면 취미가 되어 깨닫기 싫어도 깨닫게 되고 알기 싫어도 알게 되는 것이다.

공부를 잘하는 학생은 취미로 공부를 하고, 운동 잘하는 선수도 취미로 운동을 하게 되고, 기도나 참선을 잘 하는 수행자도 습관적 취미로 하게 된다.

그래서 성공한 사람들을 보면, 어찌 하다보니까 그렇게 됐다고 한다. 〈하다보니까〉 이것이 행위이고 재미를 붙이는 것이 〈취미〉인 것이다.

나쁜 음식인 마약이나 술 담배를 지나치게 하면 건강하려고 해도 건강해 질 수 없고 공부하고 싶어도 공부가 안 되고 기억하려고 해도 망각하는 것이다.

기도하고 운동하며 규칙적인 생활을 하며 참선 수행인 명상을 하면 기억하기 싫어도 기억력이 좋아지고 건강하기 싫어도 건강해진다. 이것이 바로 행위의 원인이며 행위의 과보이며 행위의 힘인 것이다. 하기 싫어도 어찌 하다보면 재미를 붙여 계속하게 된다. 그 재미라는 것이 처음부터 생긴 것은 아니다. 아무리 재미있어도 피곤하면 하기 싫다.

사실 필자도 기도나 염불이나 경전을 읽는 것이 재미있어서 하는 것은 아니다. 그런데 머리 깎고 어찌 하다보니까 부처님 말씀인 경전을 읽는 것이 재미있고, 기도하는 것이 맥 놓고 노는 것보다는 재미있어 기도하는 것이다.

그런데 리듬을 깨고 흐름을 깨면 그 재미가 바뀌는 것이다. 재미나 취미는 반복되는 흐름과 리듬에서 형성되는 것이기 때문에 애초에 재미와 취미를 잘 붙여야 한다. 성공한 사람들은 취미를 잘 갖고 일과 공부를 재미로 하는 것이다.

도박하고 춤추고 노래하는 것이 재미로 하듯이 담배피고

술 마시는 것도 재미로 하듯이, 좋고 건전한 취미를 갖고 재미로 하면 좋은 결과가 있지 않겠는가?

＊ 뱀처럼 기어 다님에 대한 경.
Samsappaniyapariyaya-sutta(A10:216)

"수행승들이여, 뭇 삶은 행위의 소유자이고, 행위의 상속자이고 행위를 모태로 삼는 자이고, 행위를 친지로 하는 자이고, 행위를 의지처로 하는 자로서 그가 지은 선하거나 악한 행위의 상속자이다.

수행승들이여, 세상에 어떤 사람은 살아있는 생명을 죽이니, 잔혹하고 손에 피를 묻히고 살육에 전념하고 살아있는 존재에 대하여 자비심이 없다. 그는 신체적으로 뱀처럼 몰래 기어 다니고, 언어적으로 뱀처럼 몰래 기어 다니고, 정신적으로 뱀처럼 몰래 기어 다닌다.

그의 신체적 행위도 굽어 있고, 그의 운명도 굽어 있고, 그의 다시 태어남이 굽어 있는 자는 두 가지 운명 가운데 어느 하나의 운명, 즉 오로지 괴로움뿐인 지옥이나 몰래 기어 다니는 종류의 축생으로 태어나는 것이 자명하다고 나는 말한다.

수행승들이여, 그 몰래 기어 다니는 종류의 축생이란, 뱀, 전갈, 지네, 몽구스, 고양이, 쥐, 올빼미를 비롯해서 인간이 몰래 기어 다니는 어떠한 종류이든지 그 모든 축생이다.

수행승들이여, 이와 같이 존재는 존재로부터 다시 태어난다. 그는 행위를 한 것에 따라 다시 태어나게 되고, 그가 다시 태어나면, 접촉들이 태어난 그를 접촉[감각적 경험]한다. 수행승들이여, 그러므로 뭇 삶은 행위의 상속자라고 나는 말하는 것이다."

☞ 공업(共業)과 불공업(不共業)

공업이란 공동의 행위이다. 즉 공동의 업이다. 공동의 업과 반대되는 것이 불공업(不共業)이다. 우리는 공업과 불공업을 함께 지어가며 살아간다.

쉬운 예를 들자면, 가족이 함께 살아가는 것, 운동선수가 한 팀이 되어 경기하는 것. 무엇이든 함께하는 것이 공업이다. 불공업이란 함께 하는 가운데 개개의 역할이 짓는 행위가 다른 것이다.

☞ 인과(因果) 법칙이란,

원인과 조건에 의한 결과가 인과의 법칙이다. 우주에 존재하는 모든 것은 인과의 법칙에 적용되지 않는 것이 없다.

원인이 있으면 결과가 있고 결과에는 반드시 원인이나 조건이 있게 마련이다. 원인이 형성되어 조건이 이루어지면 행위를 하게 되고 행위를 하면 좋은 결과든 나쁜 결과든 열매가 맺어지는 것이다.

우리의 삶은 총체적 인과의 법칙이다. 인연결과, 원인결과, 콩 심으면 콩 나고, 팥 심으면 팥 난다. 노력한 만큼 거두는 것이다.

인연의 법칙은 겉으로 보기엔 바로 나타나지 않는 것도 있고, 바로 나타나는 것도 있다. 좋은 인연의 씨를 뿌렸는데, 결과가 엉뚱하게 나타나는 것도 있고, 나쁜 인연의 씨를 뿌렸는데, 살아 있을 때는 별로 느끼지 못하는 것도 있다. 그것은

훈습된 인연들을 우리가 보지 못하기 때문에 그렇게 느끼는
것이다.

담배를 피웠다고 금방 몸이 망가지거나 폐암에 걸리는 것
은 아니다. 시간이 지나면 몸도 망가지고 치명적인 병에 걸릴
확률이 많아지는 것이다.

몸에 좋은 온도이나 음식 보약을 먹었다고 단시일 내에 금
방 좋아지는 것이 아니듯이. 인과의 법칙은 업력(業力)을 수
반하여 꾸준히 나타나는 것이거나 불시에 나타나는 것이다.

☞ 업력의 보존법칙이란?

물리학에서 말하는 에너지 보존법칙이나 같은 맥락이다. 에
너지란 힘이며 업력이란 행위의 힘이므로 모든 행위에는 반
드시 결과가 따르게 되므로 여기서 힘이 작용하는 것이다.

업력이란 행위의 힘이다. 행위에 따른 힘으로 그 힘은 소멸
되는 것이 아니라 결과가 나타날 때까지 보존된다는 것이다.
많은 사람을 살리고 국가에 공을 세우고 이런 일들이 포상을
받기 전까지는 그 힘이 존재하며 그 공(功)의 힘은, 즉 행위
의 힘은 죽는 날까지 혹은 자손에까지도 유지 보존되는 것이
며, 악행을 하여 처벌을 받기까지 처벌을 받고 나서도 그 나
쁜 힘은 오명(汚名)으로 남게 되는 것이다.

이것을 과보라 하는데, 인과응보(因果應報)이다.

다음의 글은 치문(緇門)에 나오는 말씀이다.

『곡천작비(穀穿雀飛)(직역하면),

　곡식을 뚫고 참새가 날아갔다

　식심수업(識心隨業)

의식과 마음이 행위를 따르나니,
여인부채(如人負債)
마치 사람이 빚을 진 것과 같아서.
강자선견(强者先牽)
강한 자가 먼저 당겨 가니
심서다단(心緒多端)
마음은 많은 실타래의 끝과 같아
중처편추(重處偏墜)
무거운 쪽으로 기우나니,
무상살귀(無常殺鬼)
무상한 죽음의 귀신이
염념부정(念念不停)
생각 생각이 머무르지 않는다.
명불가연(命不可延)
목숨은 가히 연장할 수 없고
시불가대(時不可待)
시간은 가히 기다리지 않는다.
인천삼유(人天三有)
하늘과 사람, 존재하는 모든 것은
응미면지(應未免之)
응당히 이 원리를 면할 수 없다.』

　우리 몸이 곡식창고요, 참새가 날아갔다는 뜻은 '의식(意
識)'즉 혼(魂)이 날아갔다는 뜻이다. 의식과 마음은 행위를
따르게 되나니, 마치 사람이 빚을 짊어진 것과 같아 강한 사

람이 먼저 끌어간다. 마음은 실타래와 같아 검정이 많으면 검게 보이고 흰 것이 많으면 희게 보인다. 업력이란 저울과 같아 무거운 쪽으로 기운다.

죽음의 저승사자가 잠시도 틈을 주지 않고 생각이 쉬지 않으니 목숨은 연장할 수 없고 시간은 기다려 주지 않는다. 하늘도 땅도 사람도 모든 존재하는 것은 죽음을 면할 수 없다.

『조선 중기 동래 범어사에 명학동지라고 부르는 스님이 있었다. 이 스님은 원래 욕심이 많아 신도들의 재물을 탐내어 수행보다는 재물을 모으는데 눈이 어두웠다.

이 명학동지에게는 영원이라는 훌륭한 제자 스님이 있었다. 영원스님은 오르지 공부에만 관심이 있지 세속적인 것에는 관심이 없었다.

물질에 눈이 어두운 스승인 명학스님에게 공부할 것을 권하지만, 듣지 않아 영원스님 혼자 금강산으로 가서 열심히 공부하여 깨닫고 삼매를 자유자재로 들 수 있었다.

공부가 된 영원스님은 범어사로 가서 스승인 명학동지에게 공부의 경계를 이야기하며 공부할 것을 권하여 같이 공부를 하기로 하고 떠난다. 재물에 훈습이 된 명학스님은 산사에서 조금 내려오다가 재물에 대한 애착으로 절에 불이 난 것 같은 허상이 보여 도로 올라가 공부를 못하고 업만 짓고 죽음에 이르게 된다.

영원스님이 어느 날 선정에 들어 스스로 법열을 즐기고 있는데 홀연히 저승에서 범어사 옛 스승의 사후 죄를 묻는 소리가 크게 들렸다. 스님은 출정하여 스승을 구하려고 신통력으로 명부에 이르러 그 원인을 알아봤다.

그 이유인즉, 스승인 명학동지는 생전에 탐심으로 재물을 모으고 선한 일이라곤 조금도 하지 않아 죽어 구렁이의 과보를 받았다는 것이었다.

선정에서 깨어나 다시 돌아온 영원스님은 곧 범어사로 향했다. 범어사에 도착해 보니, 명학동지의 제자들은 명학동지가 남겨 놓은 재물을 나누기에 혈안이 되어 있었고, 뒤늦게 온 영원스님에게 생전 찾아보지 않던 영원스님이 오니 재물이 탐나서 찾아온 줄 알고 사형사제들이 홀대를 했다.

영원스님은 아무 말 없이 일을 하며 흰죽을 쑤어 쌀독뒤주가 있는 곳으로 갔다.

"스님 얼른 나오시오."하고 호령을 하니 몰골이 흉측한 구렁이가 쌀독뒤주에서 어슬렁어슬렁 나오는 것이었다.

"죽을 드시고 몸을 바꾸시오. 그 모습이 무엇입니까?"하고 꾸짖으니 구렁이는 죽을 먹고 머리를 문지방에 있는 돌에 찌어 죽었다.

"이러한 업신(業身)을 얻게 된 것은 전생에 탐심으로 재산을 모은 까닭이니 이제부터 모든 인연을 버리고 몸과 마음의 탐욕을 버리십시오."

바로 그때였다. 숨져 가는 구렁이의 몸에서 새 한 마리가 나와 날아갔다.

이것이 치문(緇門)에 나오는 "곡천작비(穀穿雀飛)이다. 곡식을 뚫고 참새가 날아갔다."

스님은 새가 날아가는 것을 삼매에서 쫓아갔고, 새는 암수의 짐승이 짝을 지어 노니는 것을 보면 그곳으로 날아가 들어가려고 했다. 축생의 몸을 받는 순간적 위기이다. 이때 스님은 삼매에 들어 축생의 태에 들어가려는 것을 막아내고 하였다. 그러던 어느 날, 그 새는 나이가 지긋한 부부가 살고 있는 집으로 들어갔다. 영원스님은 그 부부에게 찾아가

"10달 후면 사내아이를 낳을 것이니 잘 길러주기 바랍니다. 그 아이는 불가와 인연이 깊으므로 10년 후 내가 다시 와서 데려가겠소."하고 떠났다.

그 노부부는 자식이 없던 터이고 자식을 낳는다고 하니 이제껏 자식이 없었는데, 어느 미친 중이 헛소릴 하는가 싶어 건성으로 대답했다.

그 후 10년이 지난 뒤 영원 스님은 다시 이 집에 찾아와 동자를 절로 데려가겠다고 했다.

금이야 옥이야 키우던 동자를 내 놓으리 만무한 노부부는 탄식을 하며 스님과 승강이를 했다. 결국은 동자를 절로 데려와 공부 시켰고, 전생에 명학동지였던 동자승은 깨달아 자신의 전생을 알고, 제자가 스승을 교화 했다는 이야기이다.

스승을 제도한 영원조사는 전국을 운수행각하며 제자를 키우다가 경남 함양군 마천면에 있는 지리산에 들어가 절을 세우니 그 절이 바로 부용, 청허, 청매 스님 등 당대의 선지식이 주석한 영원사라 한다. 업력의 보존법칙이란 행위의 보존법칙이다. 지어진 행위는 의식의 깊숙한 곳은 잠재의식(潛在意識), 불교에서 말하는 장식(藏識)으로, 아뢰야식(阿賴耶識)에 입력되어 보존되는 것이다.

(불교설화 대사전 한정섭 박사 편저)

☞ 관성(慣性)의 법칙이란,

한쪽으로 움직이고자 하는 방향의 물체에 동일방향의 힘이 증가해지면 속도도 비례해서 증가하는 것이다. 진공 상태에서 한번 움직인 물체는 계속 움직이고 정지한 물체는 계속 정지해 있는 성질이다.

달리던 자동차가 별안간 정지할 수 없고, 멈춰 있던 차가 별안간 속력을 낼 수 없는 것이 관성의 법칙이고 운동의 법칙이다.

세살 버릇 여든까지 간다는 속담도 일종의 인간 심성의 관성의 법칙이다. 인간의 감정과 행동패튼에 있어서 인간의 습관은 관성의 법칙이 확실하게 작용하고 있다.

습관이 몸에 배면 해오던 일을 쉽게 멈추기도 어렵고 바꾸기도 어렵다. 지금가지 해오던 반복적인 일들을 굳게 마음먹고 맹세를 해도 중단하거나 변경시키기가 어렵다. 그 반복적인 일들이 습관화 되어 감정(感情)의 의식(意識)이 관성의 법칙에 적용된다.

담배를 못 끊는 일도, 술을 못 끊는 일도, 성적 충동, 성폭력 마약 등등이 여기에 해당된다.

관성의 법칙에 의한 버릇, 세 살 버릇 여든까지 가는 것을 어떻게 고쳐야 할까. 물리학에서 말하는 작용(作用)과 반작용(反作用)의 원리가 바로 학습효과에 나타는 것이다.

작용과 반작용이란, 한쪽방향에서 힘이 가해질 때 그에 저항하는 반대방향에 힘이 발생된다는 것이다. 즉 미는 힘과 밀리지 않으려는 힘이다. 나쁜 습관을 버리게 하려면 반대의 좋은 습관이라는 힘이 가해져야 한다.

그 반대방향의 힘이 가해질 때, 저항에 의한 고통이나 괴로움이 발생하게 되고 거기에 따른 노력이 필요한 것이다. 이것이 교육이고 수행이고 연마이다.

그 연마와 수련 수행의 방법이 동기유발을 시키는 사성제(四聖諦)이고, 그 수행방법이 팔정도(八正道)이다. 모든 것은 괴로움이라는 것을, 그 괴로움의 원인은 집착이라는 것을, 그 괴로움의 소멸과 그 괴로움의 바른 소멸 법이 팔정도이다. 팔정도란, 바른 견해를 가지는 것. 바르게 생각하는 것, 바른 말, 바른 행위, 바른 생계, 바른 노력, 바른 생각의 집중 바른 삼매이다.

부처님의 가르침에는 작용과 반작용의 원리가 들어 있다.

☞ 만유인력(萬有引力)이란? (인터넷자료)

"만유인력의 법칙"에 따르는 힘은 개인과 개인 또는 개인과 집단의 관계에 있어서, 관계되는 개인과 개인 또는 집단의 의식(意識)의 무게의 곱에 비례하고, 개인과 개인 또는 집단과의 심리적인 거리감의 제곱에 반비례하는 형태를 나타내게 된다.

인간이 태어나서 죽음을 맞이하게 되는 순간까지 경험하게 되는 수많은 관계들 속에서 인간의 의식이 가장 강한 힘을 발휘하게 만드는 관계는 갓 태어난 아이를 안고 있는 어머니와 아이의 관계라 할 수 있을 것이다.

비록 아이의 의식의 힘이 미약(微弱)할지라도 둘 사이의 심리적인 거리는 "0"에 가깝기 때문에, 그 거리에 반비례하는 힘은 무한대(無限大, ∞)에 가깝다고 할 수 있다. 물론 일반적이지는 않겠지만 원하지 않는 아이를 갖게 되었다고 생각하는 여성이라면 그 심리적인 거리가 "0"이 아니라 오히려 무한대에 멀게 느낄 수도 있고, 그러할 경우 둘 사이에 작용하는 힘은 반대로 "0"에 가까워지면서 비인간적(非人間的)이고 비생명적(非生命的)인 만행(蠻行)을 저지르도록 만들기도 한다.

아이가 성장하면서 아이의 의식의 힘이 커지게 되면서 어머니와 아이의 심리적인 거리감은 조금씩 멀어짐에 따라 둘 사이의 힘은 점차적으로 약해지는 현상이 나타나게 된다. 가족 구성원 내에서의 심리적인 거리감이 적으면 아이는 가족 관계로부터 많은 힘을 받게 되지만, 그렇지 않을 경우 아이는 외부에서 심리적인 거리감을 적게 느낄 수 있는 이들을 찾으며 그들로부터 더 큰 의식의 영향력을 받게 된다.

결손가족(缺損家族)이라 불리는 가정환경에서 성장하는 아이들이 그릇된 이들을 만나서 그들의 영향을 받으며 잘못된 길로 빠져 드는 현상은 이와 같은 이유로 인함이라 할 수 있다.

의식에 작용을 하는 "만유인력의 법칙"은 사람간의 관계에 따른 힘으로써 작용할 뿐 아니라, 사상이나 가치관 또는 사고방식 등과 같은 추상적인 의식의 체계가 지니는 무게에 의한 힘으로써도 작용을 하게 된다. **시대정신(時代精神)**이라 불릴 수도 있는 특정 지역, 특정 시기의 인간의 의식을 지배하는 가치 체계는 중력과 같이 인지하지는 못하지만 벗어나기 어렵도록 만드는 강력한 힘으로 작용을 한다.

조선시대의 선비들에게 성리학이나 유교가 그러하였고, 히틀러를 따르던 친위대원들과 그 추종자들에 대해 나치즘(Nazism)이 그러하였고, 십자군 전쟁을 통해 이슬람인들을 학살(虐殺)하던 중세 기독교가 그러하였고, 유물론(唯物論)을 주창하며 정신적인 세계를 부정하고 부르주아(Bourgeois)의 척결(剔抉)을 내세우며 반민주 독재권력 국가들이 득세(得勢)하도록 만든 마르크시즘(Marxism)이 그러하였고, 또한 돈을 절대선(絶對善)으로 숭상(崇尙)하는 오늘날의 자본주의(資本主義, Capitalism) 역시 그러하다.

이와 같이 특정 시대와 특정 지역에서 그 영향권 이내에 있는 이들의 의식에 막강한 영향력을 미치는 종교나 사상들은 그 속에서 태어나고 성장하는 이들이 그 힘의 속성과 의미를 제대로 이해하지 못한 채 그 힘의 작용에 따른 삶을 사는 것을 자연스럽고 당연한 것으로 받아들이게 만든다.

물체의 운동과 관계된 뉴턴의 운동 법칙과 만유인력의 법칙은 존재의 물질적 속성에만 적용되는 것이 아니며, **인간의 의식과 영혼의 속성에도** 적용이 될 수 있다. 업력의 작용이 즉 선업은 선업끼리 끌어당기고 악업은 악업끼리 끌어당기는 동류상친(同類相親) 유유상종(類類相從)하는 끼리끼리의 힘이 작용하기 때문에 업력에도 만유인력이 적용되는 것이다.

인간의 신체와 같은 외형적인 특성에 대한 측정과 지능지수(IQ, Intelligence Quotient)와 같은 인간 의식의 일부 기능에 대한 측정은 이루어지고 있지만, 여전히 인간의 의식과 영혼과 같은 특성을 제대로 인지하고 측정할 수 있는 방법은 어려운 것이다.

그러나 인간 **개개인의 의식과 영혼**, 그리고 그러한 개인들로 구성된 **집단의 의식과 영혼** 역시 물체의 질량이 분포되어 있는 것과 마찬가지로 행위에 의한 업력의 활동 범위가 미치는 힘이 작용한다.

✲ 천당과 지옥은 본래부터 있는 것이 아니며 행위와 취미에 따라 천당 지옥이 생기는 것이니라.

☞ 천당과 지옥이 본래부터 있는 것은 아니다. 어느 이상한 병적(病的)인 창조주나 조물주라는 괴물이 있어 지옥을 만들어 놨더라도 죄 없는 사람에게는 하등의 관계가 없는 것이다.

지옥 같은 구치소나 교도소가 대한민국이 생기기 이전부터 있던 것이 아니며, 천당 같은 호텔이 본래부터 있던 것은 아니다. 구치소나 교도소가 몇 만개라도 죄 없는 사람에게는 필요 없는 것이며, 본래 교도소가 없었다 하더라도 죄인이 생기면 구치소나 교도소는 저절로 생기는 것이다.

천당 같은 안락한 휴식처가 몇 만개 있더라도 복 지은 것이 없고, 공덕이 없어 재물이 없다면 그림에 떡일 뿐이다.

사실 지옥이 한 개라면 천당은 헤아릴 수 없이 많다. 헤아릴 수 없이 많은 천당을 왜 못 가는 것일까? 바로 지혜가 없는 어리석음 때문에 복을 짓지 못하고 공덕을 쌓지 못했기 때문이다.

그 비좁은 지옥에 가는 이유가 무엇일까? 어리석어 구더기가 똥통에 바글바글 얽혀 있는 것 같은 것이다.

불교를 믿고 부처님 가르침대로 행하면 천당 가는 일은 식은 죽 먹듯이 쉬운 일이다. 부처님의 가르침을 잘 믿고 실천하면 지옥에 가고 싶어도 못 간다.

기독교에서 천당도 하나 지옥도 하나이므로 믿으면 천당 가고, 믿지 않으면 지옥 간다는 극단적 2분법이 양단간의 선택이므로 인간의 정서를 메마르게 하고 범죄가 늘어나고 사회가 불안 해지는 것이다. 자신의 잘못을 뉘우치지 않고 오르지 그 책임을 믿지 않는 자들에게 돌려, 증오의 불길로 전쟁과 파괴를 서슴지 않고 일삼는 것이 서양의 양대 신앙인 기독교와 이슬람교이다.

믿음이란 진리를 믿는 것이며, 진리란 이치적으로 확연히 드러나는 9×9=81과 같은 것이다. 조물주이니까 창조이니까 전능자이니까 9×9=92가 될 수 있다고 우기면 안 된다. 신을 믿고 조물주를 믿고 창조주라고 믿는 것은 9×9=92라고 우기는 것과 같은 것이다.

✻ 지옥과 천상 경. Nirayasagga-suta(A.10:213)

1 "비구들이여, 마흔 가지 법을 갖춘 자는 마치 누가 그를 데려다 놓은 것처럼 〈반드시 지옥에〉 떨어진다. 무엇이 마흔인가?"

2. "그는 자기 스스로도 생명을 죽이고 남에게도 생명을 죽이도록 교사하고, 생명을 죽이는 것에 동의하고, 생명을 죽이는 것을 칭송한다.

자기 스스로도 주지 않은 것을 가지고, 남에게도 주지 않은 것을 가지도록 교사하고, 주지 않은 것을 가지도록 동의하고, 주지 않은 것을 가지는 것을 칭송한다.

자기 스스로도 삿된 음행을 하고, 남에게도 삿된 음행을 하도록 교사하고, 삿된 음행을 하는 것에 동의하고, 삿된 음행을 하는 것을 칭송한다.

그는 자기 스스로 거짓말을 하고, 남에게도 거짓말을 하도록 교사하고, 거짓말 하는 것을 동의하고, 거짓말 하는 것을 칭송한다.

자기 스스로도 중상모략을 하고, 남에게도 중상모략을 하도록 교사하고, 중상모략 하는 것에 동의하고, 중상모략 하는 것을 칭송한다.

자기 스스로 욕설을 하고, 남에게도 욕설을 하도록 교사하고, 욕설하는 것에 동의하고, 욕설하는 것을 칭송한다.

자기 스스로도 잡담하고, 남에게도 잡담하도록 교사하고, 잡담하는 것에 동의하고, 잡담하는 것을 칭송한다.

자기 스스로도 간탐하고, 남에게도 간탐하도록 교사하고, 간탐하는 것에 동의하고, 간탐하는 것을 칭송한다.

자기 스스로도 마음이 악의로 가득 차 있고, 남에게도 악의를 가지도록 교사하고, 악의로 차 있음을 동의하고, 악의로 차 있음을 칭송한다.

자기 스스로도 그릇된 견해를 가지고, 남에게도 그릇된 견해를 가지도록 교사하고, 그릇된 견해를 가지는 것에 동의하고, 그릇된 견해를 칭송한다.

비구들이여, 이러한 마흔 가지 법을 갖춘 자는 마치 누가 그를 데려다 놓은 것처럼 **반드시 지옥에** 떨어진다."

3. "비구들아, 마흔 가지 법을 갖춘 자는 마치 누가 그를 데려다 놓은 것처럼 반드시 **천상**에 태어난다."

4. 그는 자기 스스로 생명을 죽이는 것을 멀리 여의고, 남

에게도 생명을 죽이는 것을 멀리 여의도록 격려하고, 생명을 죽이는 것에 동의하지 않고, 생명을 죽이지 않는 것을 칭송한다.

자기 스스로도 주지 않는 것을 가지는 것을 멀리 여의고, 남에게도 주지 않는 것을 가지는 것을 멀리 여의도록 격려하고, 주지 않는 것을 가지는 것을 삼가는 것에 동의하고, 주지 않는 것을 가지는 것을 삼가는 것을 칭송한다.

자기 스스로도 삿된 음행을 멀리 여의고, 남에게도 삿된 음행을 멀리 여의도록 격려하고, 삿된 음행을 삼가는 것에 동의하고, 삿된 음행을 삼가는 것을 칭송한다.

자기 스스로도 거짓말을 멀리 여의고, 남에게도 거짓말을 멀리 여의도록 격려하고, 거짓말을 삼가는 것에 동의하고, 거짓말을 삼가는 것을 칭송한다.

자기 스스로 중상모략을 멀리 여의고, 남에게도 중상모략을 멀리 여의도록 격려하고, 중상모략을 삼가는 것에 동의하고, 중상모략을 삼가는 것을 칭송한다.

자기 스스로 욕설을 멀리 여의고, 남에게도 욕설을 멀리 여의도록 격려하고, 욕설을 삼가는 것에 동의하고, 욕설을 삼가는 것을 칭송한다.

자기 스스로 잡담하는 것을 멀리 여의고, 남에게도 잡담을 멀리 여의도록 격려하고, 잡담하는 것에 동의하지 않고, 잡담하지 않는 것을 칭송한다.

그는 스스로 간탐하지 않고, 남에게도 간탐하지 않도록 격려하고, 간탐하지 않는 것에 동의하고, 간탐하지 않는 것을 칭송한다.

자기 스스로 악의가 없고, 남에게도 악의 없는 마음을 가지도록 격려하고, 악의 없음에 동의하고, 악의 없음을 칭송한다.

자기 스스로 바른 견해를 가지고, 남에게도 바른 견해를 가지도록 격려하고, 바른 견해를 가지는 것에 동의하고, 바른 견해를 칭송한다.

비구들이여, 이러한 마흔 가지 법을 갖춘 자는 마치 누가 그를 데려다 놓은 것처럼 **반드시 천상에** 태어난다.”

✸ 기회 경. Khana-sutta(S35:135)

3. “비구들이여, 그대들이 청정범행을 닦을 기회를 얻은 것은 참으로 그대들에게 이득이다. 이것은 참으로 그대들에게 큰 이득이다.

비구들이여, 나는 여섯 가지 감각접촉의 장소라는 **지옥**을 본적이 있다. 거기서 눈으로 어떤 색을 보든지 간에 그들은 원하지 않는 형색만을 보고 원하는 형색은 보지 못한다. 좋지 않은 형색만을 보고 좋은 형색은 보지 못한다. 마음에 들지 않는 형색만을 보고 마음에 드는 형색은 보지 못한다.

귀로 어떤 소리를 듣든지 간에… 코로 냄새를 맡든지 간에… 혀로 어떤 맛을 보든지 간에… 몸으로 어떤 감촉을 느끼든지 간에… 마노[의意]로 어떤 법을 지각하든지 간에 그들은 원하지 않는 대상만을 지각하고 원하는 대상을 지각하지 못한다.

비구들이여, 그대들이 청정범행을 닦을 기회를 얻은 것은 참으로 그대들에게 이득이다. 이것이 참으로 그대들에게 큰 이익이다.”

4. "비구들이여, 그대들이 청정범행을 닦을 기회를 얻은 것은 참으로 그대들에게 이득이다. 이것은 참으로 그대들에게 큰 이익이다.

비구들이여, 나는 여섯 가지 감각접촉의 장소라는 **천상**을 본 적이 있다. 거기서는 눈으로 어떤 형색을 보든지 간에 그들은 원하는 형색만을 보고 원하지 않는 형색은 보지 못한다. 좋은 형색만을 보고 좋지 않은 형색은 보지 못한다. 마음에 드는 형색만을 보고 마음에 들지 않는 형색은 보지 못한다.

귀로 어떤 소리를 듣든지 간에… 코로 어떤 냄새를 맡든지 간에… 혀로 어떤 맛을 보든지 간에… 몸으로 어떤 감촉을 느끼든지 간에… 마노[意]로 어떤 법을 지각하든지 간에 그들은 원하는 대상만을 지각하고 원하지 않는 대상은 지각하지 못한다. 마음에 드는 대상만을 지각하고 마음에 들지 않는 대상은 지각하지 못한다.

비구들이여, 그대들에게 청정범행을 닦을 기회를 얻는 것은 참으로 큰 이익이다."

**❖ 천당, 아수라, 인간, 축생, 아귀, 지옥의
육도는 취미에 따라 생기므로
육취(六趣)라 하느니라.
천당 가는 것도 취미요,
지옥 가는 것도 취미니라.**

☞ 육취(六趣)란, 여섯 가지 **취미**이다. 우주에 중생들의 여섯 가지 삶의 형태와 취미의 형태를 크게 여섯 가지로 나눈

것이 육도(六途)라고 하는 것이다.

살인하고 도적질하고 사기치고 도박하고 성추행 하면 교도소에 가기 싫어도 가는 것이다. 살생하는 것도 보이지 않는 취미요, 도적질하고 사기치고 성추행 등등을 하는 것도, 보이지 않는 취미이다.

천당, 아수라, 인간, 축생, 아귀, 지옥을 육도(六途:六道)라 하는데, 싸움을 좋아하면 그 취미로 아수라 세계로 가고, 어리석으면 그 취미로 축생의 세계로 가고, 선행을 하면 그 취미로 천당에 가게 되고 악행을 하게 되면 그 취미로 지옥에 가게 되므로 육취(六趣)라고 한 것이다.

따지고 보면 구더기가 똥통이나 오물 속에서 생기고 자라는데, 누가 생기게 하고 자라게 하겠는가? 그 놈들도 모두 습성(習性: 濕性)에 의한 취미로 거기서 생기고 자라는 것이다. 구더기는 맑고 깨끗한 곳에 두면 오히려 죽는다.

지옥에 취미로 간 놈은 지옥에서 지옥의 고통에 넌더리가 나도록 싫증을 느껴, 악하고 더러운 훈습이 죽어야 깨끗하고 좋은 세상인 인간계나 천상계에 태어날 것이다.

도박놀음 좋아해서 가산을 탕진하고 알거지가 되면 도박놀음에 넌더리가 나서 다시는 하지 않을 것이고, 싸움 좋아해서 싫건 두드려 맞고 나면 싸움이 싫어지고, 술주정뱅이 위병나면 술이 싫어질 것이다.

즐겁고 행복한 줄 모르고 평화롭게 살며 천상의 즐거움을 누리더라도 게으르고 호기심이나 실수로 악행을 하다보면 거기에 새로운 호기심이 생기고 자주하다 보면 취미가 생기고, 취미가 생기면 행위가 연속되기 때문에 자기도 모르는 사이

지옥이나 축생계로 가는 것이다.

누가 영창가고 싶어 가나 어쩌다 자기도 모르는 사이에 가는 것이지, 그래서 부처님이 바른 견해를 갖고, 바르게 사유하며, 순간순간 일어나는 생각을 알아차려 통찰하라고 말씀하신 것이다.

✱ 어리석은 자와 현명한 자의 경. Bālapandita-sutta(M.129)

1. 이와 같이 나는 들었다. 한 때 세존께서 싸맛티 시의 제따 숲에 있는 아나타삔디까승원에 계셨다.

2. 그 때 세존께서는 "수행승들이여"라고 수행승들을 부르셨다. 수행승들은 세존께 "세존이시여"라고 대답했다.

3. 그러자 세존께서는 이와 같이 말씀하셨다.

"수행승들이여, 어리석은 자에게는 이와 같은 세 가지의 어리석은 자의 특징, 어리석은 자의 인상, 어리석은 자의 속성이 있다. 세 가지란 어떠한 것인가?"

4. 수행승들이여, 세상에서 어리석은 자는 나쁜 생각을 하고, 나쁜 말을 하고, 나쁜 행동을 한다. 수행승들이여, 어리석은 자가 나쁜 생각을 하지 않고 나쁜 말을 하지 않고 나쁜 행동을 하지 않는다면, 현명한 자가 어떻게 그를 두고 '이 사람은 어리석고, 참사람이 아니다.' 라고 알 수 있겠는가?

5. 수행승들이여, 그 어리석은 자는 지금 여기에서 고통과 불쾌를 느낀다.

10. 수행승들이여, 그 어리석은 자는 신체적으로 악행을 하고 언어적으로 악행을 하고 정신적으로 악행을 해서 몸이 파괴되고 죽은 후에 괴로운 곳, 나쁜 곳, 타락한 곳, 지옥에 태

어난다.

11. … 수행승들이여, 어떠한 비유로도 지옥의 고통이 어떠한가를 설명하기가 쉽지 않다.”…

15. “수행승들이여, 이와 같이 그 사람이 삼백 개의 창으로 찔려 그 때문에 고통과 불쾌를 느끼는 것은 지옥에서 고통과 불쾌를 느끼는 것에 비하면, 수량에도 미치지 못하고 부분에도 미치지 못하고 비교에도 미치지 못한다.…

16. 수행승들이여, 그에게 지옥의 옥졸들은 다섯 가지 종류의 포박이라는 이름의 형벌을 가한다. 시뻘겋게 달궈진 쇠막대를 한 손에 지지고 시뻘겋게 달궈진 쇠막대를 다른 손에 지지고, 시뻘겋게 달궈진 쇠막대를 한 발에 지지고 시뻘겋게 달궈진 쇠막대를 다른 발에 지지고, 시뻘겋게 달궈진 쇠막대를 가슴 한 가운데에 지진다. 그때에 그는 괴롭고 아프고 격렬한 고통을 느낀다. 그렇지만 그에게 악업이 다하지 않는 한, 그는 죽지도 못한다.

17. 수행승들이여, 그 다음에 지옥의 옥졸들은 그를 눕혀놓고 도끼로 내려친다. 그때에 그는 괴롭고 아프고 격렬한 고통을 느낀다. 그렇지만 그에게 악업이 다하지 않는 한, 그는 죽지도 못한다.

18. 수행승들이여, 그 다음에 지옥의 옥졸들은 그의 발을 위로하고 머리를 아래로 매달아 손도끼로 내려친다. 그때에 그는 괴롭고 아프고 격렬한 고통을 느낀다. 그렇지만 그에게 악업이 다하지 않는 한, 그는 죽지도 못한다.

19. 수행승들이여, 그 다음에 지옥의 옥졸들은 그를 수레에 묶어 뜨겁고 불타고 시뻘겋게 달궈진 땅위로 달려가고 달려

온다. 그때에 그는 괴롭고 아프고 격렬한 고통을 느낀다. 그
렇지만 그에게 악업이 다하지 않는 한, 그는 죽지도 못한다.

20. 수행승들이여, 그 다음에 지옥의 옥졸들은 그를 뜨겁고
불타고 시뻘겋게 달궈진 커다란 숯불 산에서 오르내리게 한
다. 그때에 그는 괴롭고 아프고 격렬한 고통을 느낀다. 그렇
지만 그에게 악업이 다하지 않는 한, 그는 죽지도 못한다.

21. 수행승들이여, 그 다음에 지옥의 옥졸들은 그의 발을
위로하고 머리를 아래로 매달아 뒤끓고 뜨겁고 불타고 시뻘
겋게 달궈진 가마솥에 던져 넣는다. 그는 거기서 끓어서 삶
아진다. 그는 한번은 위로 떠오르고 한번은 가라앉고 한번은
옆으로 간다. 그때 그는 괴롭고 아프고 격렬한 고통을 느낀
다. 그렇지만 그에게 악업이 다하지 않는 한, 그는 죽지도
못한다.

22. 수행승들이여, 그 다음에 지옥의 옥졸들은 그를 대지옥
에 던져 넣는다. 그런데 수행승들이여,

대지옥은 사각으로 되어 있고 각각의 변에 세워진 네 문이
있고, 철벽으로 둘러싸여 있고, 쇠 지붕으로 덮여 있다. 그 바
닥도 쇠로 되어 있는데, 시뻘겋게 달궈질 때까지 데워진다.
그 경계가 백 요자나에 이르며, 어느 때나 존속한다.'

23. 수행승들이여, 나는 수많은 방법으로 지옥에 대한 이야
기를 말 할 수 있다. 그러나 수행승들이여, 지옥의 고통을 언
설로 형언하는 것은 쉽지 않다.

24. 수행승들이여, 축생으로서 풀을 먹고 사는 생물이 있는
데, 그들은 신선한 풀이나 마른 풀을 이빨로 씹어 삼킨다. 수
행승들이여, 축생으로서 풀을 먹고 사는 생물에는 어떠한 것

이 있는가?

말, 소, 당나귀, 염소, 사슴과 다른 축생으로서 풀을 먹고 사는 생물이 있다. 수행승들이여, 일찍이 여기서 맛을 탐하고 여기서 악한 행동을 한 어리석은 자는 몸이 파괴되어 죽은 뒤에 축생으로서 풀을 먹고 사는 생물가운데 동료로서 태어난다.

25. 수행승들이여, 축생으로서 똥을 먹고 사는 생물이 있는데, 그들은 멀리서 똥의 향기를 맡고 '이 곳에서 먹겠다. 이곳에서 먹겠다.'라고 달려온다. 이를테면, 바라문들이 제물의 냄새를 맡고 '이 곳에서 먹겠다. 이곳에서 먹겠다.'라고 달려오는 것과 같다.

수행승들이여, 축생으로서 똥을 먹고 사는 생물에는 어떠한 것이 있는가? 닭, 돼지, 개, 승냥이와 다른 축생으로서 똥을 먹고 사는 생물이 있다. 수행승들이여, 일찍이 여기서 맛을 탐하고 여기서 악한 행동을 한 어리석은 자는 몸이 파괴되어 죽은 뒤에 축생으로서 똥을 먹고 사는 생물가운데 동료로서 태어난다.

26. 수행승들이여, 축생으로서 어둠속에서 태어나고 어둠속에서 자라고 어둠속에서 죽는 생물이 있다. 수행승들이여, 축생으로서 어둠속에서 태어나고 어둠속에서 자라고 어둠속에서 죽는 생물에는 어떠한 것이 있는가? 곤충, 구더기, 지렁이와 다른 축생으로서 어둠속에서 태어나고 어둠속에서 자라고 어둠속에서 죽는 생물이 있다. 수행승들이여, 일찍이 여기서 맛을 탐하고 여기서 악한 행동을 한 어리석은 자는 몸이 파괴되어 죽은 뒤에 축생으로서 어둠속에서 태어나고 어둠속에

서 자라고 어둠속에서 죽는 생물 가운데 동료로서 태어난다.

27. 수행승들이여, 축생으로서 물속에서 태어나고 물속에서 자라고 물속에서 죽는 생물이 있다. 수행승들이여, 축생으로서 물속에서 태어나고 물속에서 자라고 물속에서 죽는 생물에는 어떠한 것이 있는가?

물고기, 거북이, 악어와 다른 축생으로서 물속에서 태어나고 물속에서 자라고 물속에서 죽는 생물이 있다. 수행승들이여, 일찍이 여기서 맛을 탐하고 여기서 악한 행동을 한 어리석은 자는 몸이 파괴되어 죽은 뒤에 축생으로서 물속에서 태어나고 물속에서 자라고 물속에서 죽는 생물 가운데 동료로서 태어난다.

28. 수행승들이여, 축생으로서 더러운 곳에서 태어나고 더러운 곳에서 자라고 더러운 곳에서 죽는 생물이 있다. 수행승들이여, 축생으로서 더러운 곳에서 태어나고 더러운 곳에서 자라고 더러운 곳에서 죽는 생물에는 어떠한 것 이 있는가?

수행승들이여, 썩은 물고기 에서 태어나고 썩은 물고기에서 자라고 썩은 물고기에서 죽는 생물이 있거나, 사체에서 태어나고 사체에서 자라고 사체에서 죽는 생물이 있거나, 썩은 응유에서 태어나고 썩은 응유에서 자라고 썩은 응유에서 죽는 생물이 있거나, 구정물에서 태어나고 구정물에서 자라고 구정물에서 죽는 생물이 있거나, 웅덩이에서 태어나고 웅덩이에서 자라고 웅덩이 에서 죽는 생물이 있다.

수행승들이여, 일찍이 여기서 맛을 탐하고 여기서 악한 행동을 한 어리석은 자는 몸이 파괴되어 죽은 뒤에 축생으로서 더러운 곳에서 태어나고 더러운 곳에서 자라고 더러운 곳에서 죽는 생물 가운데 동료로서 태어난다.

29. 수행승들이여, 나는 수많은 방법으로 축생에 대한 이야기를 말 할 수 있다. 그러나 수행승들이여, 축생의 고통을 언설로 형언하는 것은 쉽지 않다.

30. 수행승들이여, 이를테면, 어떤 사람이 구멍이 하나 뚫린 멍에를 바다에 던져 넣는다. 동풍이 불면 그것은 서쪽으로 떠내려가고 서풍이 불면 그것은 동쪽으로 떠내려가고, 북풍이 불면 그것은 남쪽으로 떠내려가고 남풍이 불면 그것은 북쪽으로 떠내려간다. 그런 데 그곳에 눈먼 거북이가 백년 마다 한 번씩 떠오른다. 어떤 사람이 큰 바다에 구멍이 하나가 뚫린 멍에를 던져 넣었는데 그때에 눈먼 거북이가 백년 마다 한 번씩 떠오른다.

31. 수행승들이여, 어떻게 생각하는가, 그 눈먼 거북이가 백년 마다 한 번씩 떠올라서 그 구멍이 하나가 뚫린 멍에에 목을 끼워 넣을 수가 있겠는가?"

"세존이시여, 언젠가 어느 땐가 오랜 세월이 지나야 할 것입니다."

32. "수행승들이여, 그 눈먼 거북이가 백년 마다 한 번씩 떠올라서 그 구멍이 하나가 뚫린 멍에에 목을 끼워 넣는 것이 수행승들이여, 한번 타락한 곳에 떨어진 어리석은 자가 인간의 지위를 획득하는 것보다 빠르다. 그것은 무슨 까닭이냐?

33. 수행승들이여, 거기에는 법다운 실천이 없고, 바른 실천이 없고, 착한 실천이 없고, 공덕이 있는 실천이 없다. 수행승들이여, 거기에는 서로가 서로를 잡아먹는 약육강식만이 있다. 수행승들이여 그 어리석은 자는 오랜 세월이 지나 언젠가

어느 곳에선가 인간의 몸을 얻는다면, 그 때마다 비천한 가문 즉, 짠달라 가문, 사냥꾼 가문, 죽세공 가문, 수리공 가문, 백정의 가문과 같은 가난하고 음식이 모자라고 곤궁하게 사는 가문에 다시 태어난다.

그곳에서는 음식과 의복을 얻기도 힘들다. 그는 용모가 악하고 모습이 추하고 왜소하고 질병이 많고, 눈멀거나 팔 병신이거나 절름발이이거나 반신불수이고, 음식, 음료, 의복, 수레, 화환, 향료, 크림, 침대, 집, 등불을 얻지 못한다.

그는 신체적으로 악행을 하고 언어적으로 악행을 하고 정신적으로 악행을 한다. 신체적으로 악행을 하고 언어적으로 악행을 하고 정신적으로 악행을 하고 몸이 파괴되어 죽은 뒤에 괴로운 곳, 나쁜 곳, 타락한 곳, 지옥에 태어난다.

34. 수행승들이여, 이를테면, 도박꾼이 최초의 승부에 져서 아들을 잃고, 아내를 잃고, 모든 재산을 잃고 그러한 상황에서 자신을 얽어매는 것과 같다.

그러나 수행승들이여, 도박꾼이 최초의 승부에 져서 아들을 잃고, 아내를 잃고, 모든 재산을 잃고, 그러한 상황에서 자신을 얽어매는 것은 오히려 문제가 되지 않는다.

어리석은 자가 신체적으로 악행을 하고 언어적으로 악행을 하고 정신적으로 악행을 하고, 몸이 파괴되어 죽은 뒤에 괴로운 곳, 나쁜 곳, 타락한 곳, 지옥에 다시 태어나는 것이 훨씬 커다란 패배이다.

수행승들이여, 어리석은 자의 단계가 완전히 성숙하면 이와 같다.

35. 수행승들이여, 세상에서 현명한 자에게는 이와 같은 세

가지, 즉 현명한 자의 특징, 현명한 자의 인상, 현명한 자의
속성이 있다. 세 가지란 어떠한 것인가? 수행승들이여, 세상
에서 현명한 자는 좋은 생각을 하고, 좋은 말을 하고, 좋은
행동을 한다. ……

40. 수행승들이여, 그 현명한 자는 신체적으로 선행을 하고
언어적으로 선행을 하고 정신적으로 선행을 해서 몸이 파괴
되고 죽은 후에 좋은 곳, 하늘나라에 태어난다.

41. 수행승들이여, '끝까지 원하고 끝까지 좋아하고 끝까지
마음에 드는 것'에 대하여 올바로 말한다면, 이와 같이 '끝까
지 원하고 끝까지 좋아하고 끝까지 마음에 드는 것이 하늘나
라.' 라고 올바로 말해야 할 것이다. 수행승들이여, 어떠한 비
유라도 하늘나라의 행복이 어떠한가를 설명하기가 쉽지 않
다."……

63. "수행승들이여, 이와 같이 전륜왕이 되어 일곱 가지 보
물을 갖추고 네 가지 성취를 갖추어 그 때문에 행복과 기쁨
을 누리는 것은 하늘나라의 행복에 비하면, 수량에도 미치지
못하고 부분에도 미치지 못하고 비교에도 미치지 못한다. 수
행승들이여, 그 현명한자는 언젠가 어디선가 오랜 세월이 지
나서 인간의 지위를 얻더라도, 높은 가문, 왕족의 대부호의
가문, 또는 바라문의 대부호의 가문이나 장자의 대부호의 가
문과 같은 부유하고 대부호이고 대자산가이고 금은이 많고
재물이 많고 돈과 곡식이 많은 가문에 다시 태어난다."

64. 이와 같이 세존께서 말씀하시자, 수행승들은 세존께서
하신 말씀에 만족하며 기뻐했다.

어리석은 자와 현명한 자의 경이 끝났다.

3. 비구들이여, 배우지 못한 범부는 '**바다, 바다**'라고 말한다. 비구들이여, 그러나 성자의 율에서는 이 바다라는 것은 그렇지 않다. 그것은 단지 많은 물의 적집이요, 많은 물의 폭류일 뿐이다."

4. "비구들이여, 눈으로 인식되는 형색들이 있으니, 원하고 좋아하고 마음에 들고 사랑스럽고 감각적 욕망을 짝하고 매혹적인 것들이다. 비구들이여, 이를 일러 성자의 율에서는 바다라 한다. 악마와 하느님을 포함한 신의 세상이나 사문·바라문과 신과 사람을 포함한 세상은 대부분 여기에 잠기고 실에 꿰어진 구슬처럼 얽히게 되고, 베 짜는 사람의 실타래처럼 헝클어지고, 문자 풀처럼 엉키어서, 처참한 곳, 불행한 곳, 파멸처, 윤회를 벗어나지 못한다.

비구들이여, 귀로 인식되는 소리들이 있으니…
비구들이여, 코로 인식되는 냄새들이 있으니…
비구들이여, 혀로 인식되는 맛들이 있으니…
비구들이여, 몸으로 인식되는 감촉들이 있으니…

비구들이여, 의식으로 인식되는 법들이 있으니, 원하고 좋아하고 마음에 들고 사랑스럽고 감각적 욕망을 짝하고 매혹적인 것들이다. 비구들이여, 이를 일러 성자의율에서는 바다라 한다. 악마와 하느님을 포함한 신의 세상이나 사문 · 바라문과 신들을 포함한 세상에서 대부분 여기에 잠기고, 실에 꿰어진 구슬처럼 얽히게 되고, 베 짜는 사람의 실타래처럼 헝클어지고 문자 풀처럼 엉키어서, 처참한 곳 불행한 곳, 파멸처 윤회를 벗어나지 못한다.

5. "탐욕과 성냄과 무명을 말살하는 자
    그는 상어와 도깨비가 살고 겁나는 파도가 치는
    건너기 어려운 저 바다를 건넜도다.
    얽매임을 벗었고 죽음을 제거했고
    재생의 근거가 남아 있지 않은 자
    괴로움을 제거하였나니
    다시는 태어나지 않기 위함이라네.
    사라짐에 도달하여 다시 돌아오지 않나니
    그는 죽음의 왕을 현혹시켰다고 나는 말하노라."

✽ 아시반다까붓따 경. Asibandhakaputta-sutta(S42:6)

1. 이와 같이 나는 들었다. 한때 세존께서는 날란다에서 빠와리까 망고 숲에 머무셨다.

2. 그때 아시반다까붓따 촌장이 세존께 다가갔다. 가서는 세존께 절을 올리고 한 곁에 앉았다. 한 곁에 앉은 아시반다까붓따 촌장은 세존께 이렇게 여쭈었다.

3. "세존이시여, 서쪽 지방에 사는 바라문들은 물병을 가지고 다니고 세왈라 수초로 만든 화환을 두루고 물속에 들어가고 불 지피는 헌공을 하는 자들입니다. 그런데 그들이 죽어서 임종한 사람을 위로 인도한다고 하고 잘 다스린다고 하고 천상에 가게 한다고 합니다. 세존이시여, 그런데 세존·아라한·정등각자께서는 모든 세상 사람들이 몸이 무너져 죽은 뒤에 좋은 곳 천상에 태어나게 할 수 있습니까?"

4. "촌장이여, 그렇다면 그대에게 다시 물어보리니 그대가 옳다고 생각하는 대로 설명해보라.

촌장이여, 이를 어떻게 생각하는가? 여기 어떤 사람이 생명을 죽이고, 주지 않는 것을 가지고, 삿된 음행을 하고, 거짓말을 하고, 중상모략하고, 욕설하고, 잡담하고, 간탐하고, 마음이 악의로 가득 차 있고, 그릇된 견해를 가지고 있다.

그런데 수많은 군중이 함께 그에게로 모여들어 기도를 올리고 찬미가를 암송하고 합장한 채 그의 주위를 돌며 예배하면서 '이 사람은 몸이 무너져 죽은 뒤에 좋은 곳, 천상에 태어나소서.'라고 한다 하자. 촌장이여, 이를 어떻게 생각하는가? 그러면 그 사람은 수많은 군중이 기도를 올리고 찬미가를 암송하고 합장한 채 그의 주위를 돌며 예배한 것을 원인으로 해서 몸이 무너져 죽은 뒤에 좋은 곳, 천상에 태어나겠는가?"

"그렇지 않습니다. 세존이시여,"

5. 촌장이여, 예를 들면 어떤 사람이 크고 넓은 바위덩이를 깊은 물속으로 던진다 하자. 그런데 수많은 군중이 함께 그곳으로 모여들어 기도를 올리고 찬미가를 암송하고 합장한 채 그 주위를 돌며 예배하면서 '올라오소서, 큰 바위덩이시여, 떠오르소서, 큰 바위덩이시여, 뭍으로 나오소서, 큰 바위덩이시여,'라고 한다 하자. 촌장이여, 이를 어떻게 생각하는가? 그러면 그 크고 넓은 바위덩이는 수많은 군중이 기도를 올리고 찬미가를 암송하고 합장한 채 그 주위를 돌며 예배한 것을 원인으로 해서 올라오고 떠오르고 뭍으로 나오겠는가?"

"그렇지 않습니다. 세존이시여,"

…　…

"경이롭습니다. 세존이시여, 경이롭습니다. 세존이시여, 마치 넘어진 자를 일으켜 세우듯이… 세존께서는 저를 재가 신자로 받아주소서, 오늘부터 목숨이 붙어 있는 그날까지 귀의하옵니다."

**∴ 오지 말라고 굳게 닫힌 지옥문에 들어가는 것도,
  업력에 따른 특별한 취미의 업보이며,
  어서 오라고 활짝 열린 천당에 못 들어가는 것도,
  모두다 업력에 따른 취미의 결과니라.**

☞ 구치소나 교도소에 죄가 없으면 들어가고 싶어도 못 들어간다. 복이 없어 돈이 없으면 문이 활짝 열려 있는 편안하고 안락한 호화저택이나 호텔에 들어가고 싶어도 못 들어간다.

인간이 만든 교도소는 도망칠까봐 철창이 굳게 닫혀 있지만, 업력에 의하여 만들어진 지옥은 과보를 받기 전에는 나오기 힘든 것이다.

구치소나 교도소에는 문지기가 있어 아무나 못 들어가게 막고 있고, 호텔 앞에는 안내원이 있어 '어서 오십시오.'하고 극진하고 친절하게 맞이하지만, 지은 복이 없어 재물이 없게 되므로 못 들어가고 있다.

우리가 사는 우주의 법계(法界) 질서도 이와 같은 것이다. 원효대사의 발심수행장(發心修行章)의 내용을 읽어보자.

『무방천당소왕지자(無防天堂少往至者)는 삼독번뇌(三毒煩惱)로 위자가재(爲自家財)요. 무유악도다왕입자(無誘惡道多往入者)는 사사오욕(四蛇五欲)으로 위망심보(爲妄心寶)니라.』

『천당에 가는 것을 누가 막는 것은 아닌데, 가는 자가 적은

것은, 탐내고 성내고 어리석은 세 가지 독소를, 자기 집의 재물로 삼는 탓이요. 지옥에 오라고 누가 유인하는 것은 아닌데, 가는 자가 많은 것은 지(地)수(水)화(火)풍(風)의 사대로 이루어진 몸과 오욕으로 망령되게 보배로 삼기 때문이다.』

삼독(三毒)이란 세 가지 독소인데, 탐내고, 성내고, 어리석은 것이다. 사사(四蛇)란 네 가지 뱀이라는 뜻인데, 지(地: 땅의 요소) 수(水:물의 요소) 화(火:불의요소) 풍(風:바람의 요소)인 원소로 이루어진 우리 몸을 비유한 것이다.

야운(野雲)스님의 자경문(自警文)에

"금생(今生)에 미명심(未明心)하면 적수(滴水)도 야난소(也難消)라 했다."

"지금 이생에 마음을 밝히지 못하면 한 방울의 물도 소화할 수 없다."고 했고, "삼도고상(三途苦上)에 탐업(貪業)이 재초(在初)요"

"삼도란 지옥 아귀 축생인데, 이 고통의 처음은 탐내는 행위에 있다."는 것이다.

"백년탐물일조진(百年貪物一朝盡)

삼일수심천재보(三日修心千載寶)

백 년 동안 쌓은 재물 하루아침 티끌이요.

삼일 동안 닦은 마음 천년의 보배로다."

육조단경(六祖壇經)에

"미래경누겁(迷來經累劫)

오즉찰나간(悟則刹那間)

미혹하면 오랜 겁 동안 암흑이요.

깨달음은 찰나 사이에 이루도다."

✳ 중생의 거처 경. Sattavasa-sutta(A.9:24)

1. "비구들이여, 아홉 가지 중생의 거처가 있다. 무엇이 아홉 가지인가?"

2. "비구들이여, 각자 다른 몸을 가지고 각자 다른 인식을 가진 중생들이 있다. 예를 들면 인간들과 어떤 신들과 어떤 악처에 떨어진 자들이다. 이것이 첫 번째 중생의 거처이다."

3. "수행승들이여, 예를 들어 첫 번째 선정으로 **하느님**의 세계에 태어난 신들처럼[범중천(梵衆天)] 신체의 다양성을 지니고 지각의 통일성을 지닌 중생들이 있다. 이것이 두 번째 중생의 거처이다."

4. "수행승들이여, 예를 들어 빛이 흐르는 **하느님의** 세계의 신들처럼 신체의 통일성을 지니고 지각의 다양성을 지닌 중생들이 있다. 이것이 세 번째 중생의 거처이다."

5. "수행승들이여, 예를 들어 영광이 충만한 **하느님**의 세계의 신들처럼 신체의 통일성을 지니고 지각의 통일성을 지닌 중생들이 있다. 이것이 네 번째 중생의 거처이다."

6. "비구들이여, 인식이 없고, 느낌이 없는 중생들이 있다. 예를 들면 무상유정천의 신들이다. 이것이 다섯 번째 중생의 거처이다."

7. "비구들이여, 물질[색色]에 대한 인식을 완전히 초월하고 부딪힘의 인식을 소멸하고 갖가지 인식을 마음에 잡도리하지 않기 때문에 '무한 허공'이라고 하면서 공무변처(空無邊處)에 도달한 중생들이 있다. 이것이 여섯 번째 중생의 거처이다."

8. "비구들이여, 공무변처를 완전히 초월하여 '무한한 알음알이[식識]라고 하면서 식무변처(識無邊處)에 도달한 중생들

이다. 이것이 일곱 번째 중생의 거처이다."

9. "비구들이여, 식무변처를 완전히 초월하여 '아무것도 없다.'라고 하면서 무소유처(無所有處)에 도달한 중생들이다. 이것이 여덟 번째 중생의 거처이다."

10. "비구들이여, 무소유처를 완전히 초월하여 비상비비상(非想非非想)처에 도달한 중생들이다. 이것이 아홉 번째 중생의 거처이다."

✢ 부처님의 생애

☞ 부처님의 일생을 크게 나누면 8가지의 역사적 전기를 들 수 있다. 그 속에는 6년 고행과 49년 설법을 들 수 있는 팔상성도의 과정을 이야기 하지 않을 수 없다. 또 열반 후 7일 만에 관(棺)밖으로 다리를 내 보인 일도 빼놓을 수 없는 일이다.

대체로 8가지의 전기는 지혜(智慧)와 자비(慈悲)의 두 가지를 동체(同體)로 하여 시현(示現)한 것이라 볼 수 있다.

역사학적으로 부처님의 설법기간을 확실하지는 않지만 남방 교전엔 45년으로 추산하여 추정하고 있지만 본인은 역사적 고증보다는 철학적 의미로 49년을 부처님 설법 기간으로 보고 있다. 인연의 법칙에는 일정한 질서와 궤범이 있는 것이다.

우주의 대자연은 모두 연기(緣起)의 법칙인 인연의 고리에 의하여 생성소멸되고 생노병사의 과정인 생성·진화·퇴화·파괴가 되고 있는 것이다. 이 일련의 모든 과정이 무질서하지만, 무질서한 가운데 생성과 소멸의 일정한 질서의 과정이 있는 것이다.

삼천대천세계(三千大千世界)인 우주세계도 일정한 연기의 질서가 있고 사바세계인 지구에도 일정한 연기의 법칙에 의하여 일월성신(日月星辰)의 운행과 춘하추동(春夏秋冬) 한서(寒暑)의 왕래. 운행우시(雲行雨施)등의 질서가 유지되며 만물이 생성하고 있는 것이다. 이러한 제반의 질서는 태양계뿐만 아니라 외계의 은하계에도 그것들 나름대로 연기의 법칙이 있게 마련이다.

인심(人心)은 천심(天心)이요, 天心 또한 人心이며, 인간의 마음속에 하늘의 법칙이 운행하는 것이다.[개재심내운천경皆在心內運天經]. 또한 성인(聖人)은 천지와 더불어 동참하고 있는 것이다.[聖人은 與天地參] 성인은 천지와 동격이며, 천지운행의 법도에 어긋남이 없고, 天心인 하늘의 질서와 인심인 인간의 심성을 하나로 이어주는 대조화인 것이다.

삼천대천세계의 광활한 우주에도 그 세계의 나름대로 성인은 그것과 동격으로 운행하고 있는 것이다.

극락세계는 아미타불의 원력에 의하여 이루어지고 아미타불의 마음의 법칙으로 극락세계가 청정한 것과 같은 것이다.

지구내의 자연 질서와 연기의 법칙을 인간의 영적인 면을 포함하여 잘 설명하고 있는 것이 동양의 주역(周易)이다. 역易은 천지의 법칙이며 능히 천지의 도를 두루 다스린다고 했다.[易은 與天地準이며 能彌綸天地之道] 역(易)은 음양(陰陽)과 사상(四象)과 팔괘(八卦)와 육효(六爻)를 설명한 천지의 법도인 것으로 6爻의 활용은 49책으로 하고 있다.

이 자연의 이치인 천지의 도수와 합일되어 천지를 운용하고 자재한 사람이 진정한 성인이며 절대자인 것이다. 천하의 이치는 둘이 아니며[천하무이도天下無二道] 천하의 성인은 둘이 아니며.[천하무이성天下無二聖] 성인의 마음은 둘이 아니다.[성인무양심聖人無兩心] 그 세계에 참다운 진정한 성인은 한분이며, 혹 그 성인이 여럿이 있다고 하더라도 역사적 전기나 진리의 내용은 하나로 동일(同一)되는 것이다.

"고지총명예지(故之聰明叡智) 신무이불살자(神武而不殺者)"

"그러므로 총명한 성인의 지혜인 **신성한 무기**는 살생하지 않는다."

오직 석가모니 부처님만이 지구상의 진정한 유일의 성인이며 누구와도 비교할 수 없고 대적할 수 없는 축생과 인간과 신들과 하느님들의 자비로운 어버이며 스승이시다.

❖ 부처님의 역사적 전기

☞ 부처님의 역사적 전기인 일대기를 여덟 가지로 간략하게 추려 놓은 것이 팔상성도(八相成道)라고 하는 것이다. 팔상성도의 첫째인 도솔래의상(兜率來儀相)을 알려면 불교의 우주관을 잘 알아야 하겠기에 다음과 같이 우주관을 설명한 것이니 참조하기 바란다.

불교의 우주관(아래 도표는 대장법수에서 발췌)

삼계(三界) 28천(天) 사선(四禪) 구지(九地)

❖ **무색계(無色界) 4天**

④비비상처천(非非想處天) ⑨ 非非想處지(地)

③무소유처천(無所有處天) ⑧ 無所有處지(地)

②식무변처천(識無邊處天) ⑦ 識無邊處지(地)
①공무변처천(空無邊處天) ⑥ 空無邊處지(地)

❖ **색계**(色界) 18天
❺**사선구천**(4禪 9天) **= 사념청정지**(捨念淸淨地) **= ⑤**
 ⑱구경천(究竟天)-9 = 색구경천(色究竟天)
 ⑰선견천(善見天)-8
 ⑯선현천(善現天)-7
 ⑮무열천(無熱天)-6
 ⑭무번천(無煩天)-5
 ⑬무상천(無想天)-4
 ⑫광과천(廣果天)-3
 ⑪복생천(福生天)-2
 ⑩무운천(無雲天)-1
❹**삼선삼천**(3禪 3天) **= 이희묘락지**(離喜妙樂地) **= ④**
 ⑨변정천(遍淨天)　　　-3
 ⑧무량정천(無量淨天)-2
 ⑦소정천(少淨天)　　　-1
❸**이선삼천**(2禪 3天) **= 정생희락지**(定生喜樂地) **= ③**
 ⑥극광천(極光天)　　　-3 =광음천(光音天)
 ⑤무량광천(無量光天)-2
 ④소광천(少光天)　　　-1
❷**초선삼천**(初禪 3天) **= 이생희락지**(離生喜樂地) **= ②**
 ③대범천(大梵天)-3
 ②범보천(梵輔天)-2
 ①범중천(梵衆天)-1
[색계 천부터 하느님세계로 선정(禪定)에 의하여 간다.]

①육취(六趣) = 잡염지(雜染地) = ①
❖ 욕계천(欲界天)
⑥타화천(他化天)＝창조주라고 착각하는 신
⑤화락천(化樂天)
④도솔천(兜率天)
③야마천(夜摩天)
②도리천(忉利天)
①사왕천(四王天)

육도(六道)		육취(六趣)
⑥천도(天道)	＝＝＝＝＝	⑥천취(天趣)
⑤수라도(修羅道)	＝＝＝	⑤수라취(修羅趣)
④인도(人道)	＝＝＝＝	④인취(人趣)
③축생도(畜生道)	＝＝＝	③축생취(畜生趣)
②아귀도(餓鬼道)	＝＝＝	②아귀취(餓鬼趣)
①지옥도(地獄道)	＝＝＝	①지옥취(地獄趣)

(위의 내용은 대장법수에서 발췌한 것임)

아래의 글은 전재성 박사가 번역한 빠알리 장경인
니까야에서 그대로 옮긴 것임

불교의 세계관은 일반적으로 알려진 것처럼 단순히 신화적인 비합리성에 근거하는 것이 아니라 인간의 정신세계인 명상 참선 수행의 경험에 따른 순서에 따라 대응하는 방식으로 합리적으로 조직되어 있다.

물론 고대 인도의 세계관을 반영하고 있는 것은 사실이지만 부처님이 직접 경험한 우주의 정신세계를 다루고 있다고 볼 수 있다.

여기서 세계의 존재(유有: bhavo)라고 하는 것은 엄밀히 말하면 육도윤회 하는 무상한 존재를 의미하며, 감각적 쾌락에 대한 욕망의 세계[욕계:欲界], 미세한 물질의 세계[색계:色界], 비물질의 세계[무색계:無色界]라는 세 가지 세계의 존재가 언급되고 있다.

감각적 쾌락에 대한 욕망의 세계, 즉 감각적 욕망계의 존재[욕유欲有:kamabhava]는 지옥, 아귀, 축생, 수라, 인간과 하늘에 사는 거친 육체를 지닌 존재들을 의미한다.

미세한 물질의 세계, 즉 색계에 사는 존재[색유色有: rupabhava]는 하느님의 세계의 하느님의 권속인 신들의 하늘[범중천:梵衆天]에서 궁극적인 미세한 물질로 이루어진 신들의 하늘[색구경천:色究竟天, 유정천:有頂天]에 이르기까지 첫 번째 선정(禪定)에서 네 번째 선정에 이르기까지 삼매의 깊이에 따른 조건으로 화생(化生)되는 세계를 말한다.

따라서 이들 세계는 첫 번째 선정의 하느님의 세계의 신들[초선천:初禪天]에서부터 청정한 삶을 사는 하늘나라의 신들[Suddhavasakayika deva : 정거천:淨居天]은 무번천(無煩天), 무열천:無熱天, 선현천:善現天, 선견천:善見天, 색구경천:色究竟天)까지의 이름으로도 불린다. 초선천부터 하느님의 세계에 소속된다.

가장 높은 단계의 세계인 비물질의 세계, 즉 무색계에 사는 존재[무색유:無色有 : arupabhava]에는 '무한공간의 하느님의 세계의 신들[공무변처천:空無邊處天], 무한의식의 하느님의 세계의 신들[식무변처천:識無邊處天], 아무것도 소유함이 없는 하느님의 세계의 신들[무소유처천:無所有處天], 지각하는 것도 아니고 지각하지 않는 것도 아닌 하느님의 세계의 신들[비상비비상처천(非想非非想處天]이 있다.

'무한공간의 세계에서 지각하는 것도 아니고 지각하지 않는 것도 아닌 세계에 이르기까지는 첫 번째 비물질계의 선정에서 네 번째의 비물질계의 선정에 이르기까지 명상삼매의 깊이를 조건으로 화현(化現)하는 비물질의 세계이다.

이들 하늘나라(천상계:天上界)나 하느님의 세계(범천계:梵天界)에 사는 존재들은 화생(化生), 인간은 태생(胎生), 축생은 태생(胎生) 난생(卵生) 습생(濕生) 화생(化生)의 발생방식을 택하고 있다. 그것들의 형성 조건은 윤리적이고 명상적인 경지를 얼마만큼 성취했는지에 따라 달라진다.

하늘나라의 감각적 쾌락에 대한 욕망의 세계에 태어나려면 믿음과 보시와 지혜와 같은 윤리적인 덕목을 지켜야 한다. 인간으로 태어나기 위해서는 오계(五戒)에 대한 인식이 있어야 한다. 그리고 아수라는 분노에 의해서, 축생은 어리석음과 탐욕에 의해서, 아귀는 인색함과 집착에 의해서, 지옥은 잔인함과 살상(殺傷)을 저지르는 것에 의해서 태어난다.

미세한 물질의 세계에 속해 있는 존재들은 첫 번째 선정(禪定)에서부터 네 번째 선정[사선:四禪]에 이르기까지 명상의 깊이에 따라 차별적으로 하느님의 세계에 태어나며 하느님도 된다. 미세한 물질의 세계의 최상층에 태어나는 존재들은 돌아오지 않는 [불환과不還果] 과위의 경지를 조건으로 한다.

물질이 소멸한 비물질적 세계의 존재들은 '무한공간의 세계'에서 '지각하는 것도 아니고 지각하지 않는 것도 아닌 세계'에 이르기까지 비물질적 세계의 선정의 깊이에 따라 차별적으로 각각의 세계에 태어난다.

불교에서는 여섯 갈래의 길(육도:六道)은 천상·인간·아수라·축생·아귀·지옥을 말하는데, 이때 하늘나라[천상계天上界]는 감각적 쾌락의 욕망이 있는 하늘나라[욕계천欲界天]와 하느님의 세계[범천계:梵天界]로 나뉘며, 하느님의 세계는 다시 미세한 물질의 세계와 비물질의 세계로 나뉜다.

그리고 부처님은 이러한 육도윤회의 세계는 물론 하느님의 세계도 뛰어넘어 불생불멸하는 자이다. 여기 소개된 천상의 세계, 즉 하늘의 세계에 대하여 이 책에서는 다음과 같이 번역하였다.

1) 감각적 쾌락에 대한 욕망의 세계의 여섯 하늘나라

① 네 위대한 왕들의 하늘나라
(Catummaharajika deva : 사왕천(四王天)

A3:36 사대천왕경

㈜ (동쪽천왕은 지국천왕(持國天王)으로 다따랏타(Dhatarattha) 천왕이라 부르는데, 천상의 음악가들인 간답바(gandabba, 건달바라 한역됨)들 통치하고, 남쪽천왕은 증장천왕(增長天王)으로 위룰하까(Virulhaka) 천왕인데, 숲이나 산이나 숨겨진 보물을 관리하는 꿈반다들을 통치하고, 서쪽천왕은 광목천왕(廣目天王)으로 위루빠카(Virupakkha) 천왕인데, 용을 통치하며, 북쪽천왕은 다문천왕(多聞天王)으로 웻사와나(Vessava na) 천왕인데 약카[야차]들을 통치한다.)

② 서른셋 신들의 하늘나라
(Tavatimsa deva : 三十三天 = 도리천(忉利天)

③ 축복 받는 신들의 하늘나라
(Yama deva : 야마천(耶摩天))

④ 만족을 아는 신들의 하늘나라
(Tusita deva : 도솔천(兜率天))

⑤ 창조하고 기뻐하는 신들의 하늘나라
(Nimmanarati deva : 화락천(化樂天))

⑥ 남이 만든 존재를 지배하는 신들의 하늘나라
(Paranimmitavasavattino deva : 타화자재천(他化自在天))

2) 첫 번째 선정의 세계의 세 하느님의 세계

⑦ 하느님의 권속인 신들의 하느님의 세계
(Brahmakayika deva : 범중천(梵衆天))

⑧ 하느님을 보좌하는 신들의 하느님의 세계
(Brahmapurohita deva : 범보천(梵輔天))

⑨ 위대한 신들의 하느님의 세계
(Mahabrahma deva : 대범천(大梵天))

3) 두 번째 선정의 세계의 세 하느님의 세계

⑩ 작게 빛나는 신들의 하느님의 세계
(Parittabha deva : 소광천(小光天))

⑪ 한량없이 빛나는 신들의 하느님의 세계
(Appamnabha deva : 무량광천(無量光天))

⑫ 극렬하게 빛나는 신들의 하느님의 세계
(Abhssara deva : 극광천(極光天:光音天))

4) 세 번째 선정의 세계의 세 하느님의 세계

⑬ 작은 영광의 신들의 하느님의 세계
(Parittasubha deva : 소정천(小淨天))

⑭ 한량없는 영광의 신들의 하느님의 세계
  (Appmanasubha deva : 무량정천(無量淨天)

⑮ 영광으로 충만한 신들의 하느님의 세계
  (Subhakinna deva : 변정천(遍淨天)

5) 네 번째 선정의 세계의 아홉 하느님의 세계

⑯ 번뇌의 구름이 없는 신들의 하느님의 세계
  (Anabbhaka deva : 무운천(無雲天)

⑰ 공덕이 생겨나는 신들의 하느님의 세계
  (Punnappa sava deva : 복생천(福生天)

⑱ 위대한 경지로 얻은 신들의 하느님의 세계
  (Vehapphala deva : 광과천(廣果天)

⑲ 지각을 초월한 신들의 하느님의 세계
  (Asannasatta deva : 무상천(無想天)

⑳ 미세한 번뇌도 없는 신들의 하느님의 세계
  (Aviha hala deva : 무번천(無煩天)

㉑ 미세한 열뇌도 없는 경지로 얻은 신들의 하느님의 세계
  (Atappa deva : 무열천無熱天)

㉒ 선정이 잘 이루어지는 신들의 하느님의 세계
  (Sudassa deva : 선현천(善現天)

㉓ 관찰이 잘 이루어지는 신들의 하느님의 세계
  (Sudassi deva : 선견천(善見天)

㉔ 궁극적 미세한 물질로 이루어진 신들의 하느님의 세계
  (Akanittha deva : 색구경천(色究竟天)

이 가운데 20~24의 다섯 하느님 세계는 아주 청정한 삶을 사는
신들의 하느님 세계(Suddhavasa deva)를 정거천(淨居天)이라고 한다.

6) 비물질적 세계에서의 네 하느님의 세계

㉕ 무한공간의 신들의 하느님의 세계
　(Akasanancayatanupaga deva : 공무변처천(空無邊處天)

㉖ 무한의식의 신들의 하느님의 세계
　(Vinnanancaya deva : 식무변처천(識無邊處天)

㉗ 아무것도 없는 신들의 하느님 세계
　(Akincan nayatanupaga deva : 무소유처천(無所有處天)

㉘ 지각하는 것도 아니고 지각하지 않는 것도 아닌 신들의
　하느님 세계(Nevasannanasannayatanupag a deva : 비상
　비비상처천(非想非非想處天)

☞ 참고로 중국의 우주관인 은하의 별자리를 28개로 나누고 있는데, 이를 28수(宿)라 한다. 불교의 28천과 숫자적으로 28이라 것은 같다.

비록 영화이기는 하나 〈슈퍼맨〉 영화에서 28개의 은하의 세계에 정보를 입력하여 슈퍼맨이 탄생하는 내용이 있다.

28수(宿)의 별자리 이름은 참고로 다음과 같다. 각(角), 항(亢) 저(氐) 방(房) 심(心) 미(尾) 기(箕) 두(斗) 우(牛) 여(女) 허(虛) 위(危) 실(室) 벽(壁) 규(奎) 루(婁) 위(胃) 묘(昴) 필(畢) 자(觜) 삼(參) 정(井) 귀(鬼) 유(柳) 성(星) 장(張) 익(翼) 진(軫)

☞ *기독교나 이슬람교에서 하느님이라는 신은〈여호와〉라는 이름과 〈알라〉라는 이름이다. 이들은 불교의 입장에서 억지로 좋게 인정해서 보면 욕계 6천 타화자재천에 해당한다고 억지로 볼 수 있다.

108

인도에서 하느님이라는 범천(梵天), 즉 브라만은 색계(色界)의 초선천(初禪天) 이상에 해당하는 범중천(梵衆天)이기 때문에 욕계(欲界)에 있는 타화자재천(他化自在天)은 별 볼일 없는 신이다.

타화자재천은 자신들이 창조주라고 착각하고 전능하다고 착각하며 욕망에서 벗어나지 못한 하늘의 마귀인 천마(天魔) 파순(波旬)이라고 하며, 마라라고도 한다. 엄밀히 말하면 욕망이 가득 찬 지옥의 저승사자라고 보아야 한다. 그래서 전쟁이 끝이지를 않는다.

천주교(기독교) 〈성경 신명기 13장 6~11절〉에 「다른 신을 믿으면 사랑하는 아내·아들·딸·형제·친구 가릴 것 없이 궁휼히 보지 말며, 불쌍히 여기지 말며, 어여삐 보지 말며, 용서 없이 **돌로 쳐 죽여라.**」

누가복음 19장 27절 예수의 말씀

「나[예수]의 왕 됨을 원치 않던 저 원수들을 이리로 끌어다 **내 앞에서 죽여라.**」

이러한 극단의 사상이 바로 욕망이 가득 찬 탓이다. 아무리 위대한 힘이 있다 하더라도 욕망이 가득 하면 그 힘은 한 계가 있는 것이다. 살생은 마귀나 하는 짓이다.

❖ 석가여래가 세상에 나투심은 이러하니라.
석가여래는 오랜 겁 전에 수행을 성취하셨고.
도솔천 내원궁에서 중생들을 제도하기 위하여
방편으로 강림하실 것을 결심하고,

☞ 오랜 겁이란 무엇인가? 우선 겁(劫)의 설명부터 하여야 겠다. 겁은 아주 긴 시간의 단위의 이름이고, 아주 짧은 시간을 찰나(刹那)라고 한다. 긴 시간의 겁을 설명하는 방법으로 대략 몇 가지가 있다.

1. 반석겁(磐石劫)

☞ 반석(磐石)이란, 널따란 바위이다. 사방 11km 쯤 되는 넓은 바위가 달아 없어지는 기간이 반석 겁인데, 그 넓은 바위를 백년에 한번 씩 얇은 비단 옷자락이 스치고 지나가며 달아 없어지는 시간이라 한다. 우리 인간의 사유로는 영원하다고 볼 수 있지만 시간에 영원한 것은 없다.

✳ 산경. Pabbata-sutta(S15:5)

1. "이와 같이 나는 들었다. 한때 세존께서 사왓티에서 제따 숲의 아나타삔디까에 머무셨다.

2. 그때 어떤 비구가 세존께 다가갔다. … 한 곁에 앉은 그 비구는 세존께 이렇게 여쭈었다.

3. "세존이시여, 겁이 얼마나 깁니까?"

"비구여, 겁은 참으로 길다. 그래서 그것을 가지고 수년이라거나 수백 년이라거나 수천 년이라거나 수십만 년이라고 계산하기가 쉽지 않다."

4. "세존이시여, 그러면 비유를 드실 수 있습니까?"

"비구여 예를 들면 일 요자나[11km정도]의 길이와 일 요자나의 너비와 일 요자나의 깊이를 가졌으며 틈이 없고 균열이 없고 단단하게 뭉쳐진 큰 바위산이 있다 하자. 그리고 어떤 사람이 매 백년마다 한 번에 이 산에 와서 까시의[비단]옷으로 스친다 하자. 비구여, 이런 방법으로 그 큰 바위산이 다 멸진되어 없어진다 하더라도 겁은 [다하지]않는다.

비구여, 그와 같이 겁은 참으로 길다. 그래서 그것을 가지고 수년이라거나 수백 년이라거나 수천 년이라거나 수십만 년이라고 계산하기가 쉽지 않다.

그것은 무슨 이유 때문인가? 비구여, 그 시각을 알 수 없는 것이 바로 윤회 때문이다. … 비구여, 그러므로 형성된 것들[제행諸行]은 모두 염오해야 마땅하며 그것에 대한 탐욕이 빛바래도록 해야 마땅하며 해탈해야 마땅하다.”

✻ 겨자씨 경. Sasapa-sutta(S15:6)

2. 그때 어떤 비구가 세존께 다가갔다. … 한곁에 앉은 그 비구는 세존께 이렇게 여쭈었다.

3. “세존이시여, 겁이 얼마나 깁니까?”

“비구여, 겁은 참으로 길다. 그래서 그것을 가지고 수년이라거나 수백 년이라거나 수천 년이라거나 수십만 년이라고 계산하기가 쉽지 않다.”

4. “세존이시여, 그러면 비유를 드실 수 있습니까?”

“비구여 예를 들면 일 요자나의 길이와 일 요자나의 너비와 일 요자나의 깊이를 가진 철로 된 도시가 겨자씨를 가득 채웠다 하자 그리고 어떤 사람이 매 백년마다 한번씩 이 도시에 와서 백년에 한 알씩 겨자씨를 들어낸다 하자. 비구여 이런 방법으로 그 큰 더미의 겨자씨가 다 멸진되어 없어진다 하더라도 겁은 다하지 않는다.

비구여, 그와 같이 겁은 참으로 길다. 그래서 그것을 가지고 수년이라거나 수백 년이라거나 수천 년이라거나 수십만 년이라고 계산하기가 쉽지 않다.

그것은 무슨 이유 때문인가? 비구여, 그 시각을 알 수 없는 것이 바로 윤회 때문이다.… 비구여, 그러므로 형성된 것들 [諸行]은 모두 염오해야 마땅하며 그것에 대한 탐욕이 빛바래도록 해야 마땅하며 해탈해야 마땅하다."

2. 증감(增減)겁 또는 승강(昇降)겁

☞ 증감이란 더하고 빼는 것이며, 승강이란 오르고 내리는 것을 말한다. 무엇이 오르고 내리는가? 인간의 수명이 길고 짧았다 한다는 것이다. 그러면 수명이 어떻게 길고 짧았다 한다는 것인가? 인간의 수명이 극락세계 같은 곳에서는 무량수(無量壽)라고 한다.

일단은 알기 쉽게 아주 짧은 수명일 때는 10세가 정명(定命)일 때도 있었고, 길게는 8만 4천세가 정명일 때도 있는데, 100년마다 1세씩 짧아지는 것이 10세까지 내려가고, 100년마다 1세씩 길어지는 것이 100세까지 인데 이것이 한번 오르락 내리락 하는 것이 1증감겁이고 우주의 수축 팽창인 성주괴공에 각각 20증감겁이 적용된다.

3. 과거는 장엄겁(莊嚴劫), 현재는 현겁(賢劫)
미래는 성수겁(星宿劫)으로 이를 삼겁(三劫)이라 한다.

☞ 우주는 팽창 수축을 반복하는데, 이를 불교에서는 성
(成:이루어지고) 주(住:머무르고) 괴(壞:흩어지고) 공(空: 원소로
돌아가는)이라 한다. 성주(成住) 이루어지고 보존되는 시간이
팽창의 시기이며 괴공은 수축의 과정과 정점이다. 즉 인간의
생로(生老)의 과정이 팽창이라면 생(生)은 팽창의 과정이요
로(老)는 팽창의 정점이며, 병(病)은 수축의 과정이요 사(死)
는 수축의 정점이다.

인간은 태어나면서부터 성장하지만 사실은 20을 전후로 노
쇠하기 시작하고, 병들면 모든 기능은 수축하고 시들어 말라
지는 것이 죽음으로 수축의 정점이다.

과거 현재 미래라는 시간의 시점을 등분할 수 는 없지만,
우리가 태어나서 존재하는 기간을 현재라고 한다면, 석가모
니 부처님의 출현을 기준으로 하여 무한한 과거를 장엄겁(莊
嚴劫) 현재를 현겁(賢劫) 미래를 성수겁(星宿劫)이라 한다.
이 삼겁(三劫)에도 각각 성(成:이루어지고) 주(住:머무르고) 괴
(壞:흩어지고) 공(空:원소로 돌아가는)이 있다.

무한하게 넓은 우주의 일부인 사바세계와 사바세계의 일부
인 지구를 비교하면 바닷가의 모래와 같다고나 할까, 그래서
무한히 넓은 우주세계와 사바세계를 비롯한 많은 세계인 지
구에 석가모니부처님이 중생을 교화하기 위하여 알맞은 시기
를 맞추어 출현하셨다.

광활한 우주 타방 세계에도 많은 문명들이 있고, 그곳에도
부처님이 계시기에 서방정토에는 아미타불이 동방유리세계에

는 약사불이 계시듯이 우리의 안목으로는 헤아릴 수 없는 것이다.

석가모니부처님 이전에도 즉 과거의 우주의 선차(先次)문명 시대에도 많은 부처님이 계셨고 미래에도 많은 부처님이 출현하실 것을 말씀하셨다.

아미타불의 극락세계 교조라면 석가모니부처님은 사바세계의 교조이다. 부처님의 이름과 명칭은 다르지만 깨달은 진리의 본체는 하나이다. 세상을 주재하는 시기와 공간은 다르게 출현하지만, 설법하는 진리의 본체는 하나이다.

수학 선생님이 수학 공식을 가르칠 때, 그 어떤 선생님이 가르쳐도 공식은 같은 내용이요. 물리학을 가르칠 때 그 누가 가르치든 공식은 같은 것이다.

그와 같이 부처님도 아라한들도 보살들도 모두 진리의 체험과 이론은 같은 것이다.

시간을 등분할 수 없지만 석가모니부처님의 출현을 기준으로 무한한 과거를 장엄겁(莊嚴劫), 현재를 현겁(賢劫), 미래를 성수겁(星宿劫)이라 한다. 이 삼겁(三劫)에도 우주의 팽창과 수축이 있어 이를 성(成) 주(住) 괴(壞) 공(空)이 각각 있으며, 각 겁마다 성20겁 주20겁 괴20겁 공20겁이 있어, 이를 합치면 80겁이 되는데 이를 80 승강(昇降)겁 또는 증감(增減)겁 이라 하며 일대겁인 장엄겁이나 현겁을 성수겁을 지나는 데도, 각각 성주괴공이 있어 80겁이 걸린다.

석가모니 부처님은 현겁(賢劫) 가운데 주(住) 20겁 중 9겁의 마지막 부처님으로 출현하셨고, 지금 우리가 살고 있는 시기도 바로 이시기이다.

	성 = 20겁	제 1 겁
장엄겁	주 = 20겁	제 2 겁
	괴 = 20겁	제 3 겁 = 팔만세감지 육만세
	공 = 20겁	제 4 겁　 구류손불④
		제 5 겁 = 육만세감지 사만세
		제 6 겁　 구나함모니불⑤
		제 7 겁 = 사만세감지 이만세
		제 8 겁　 가섭불⑥
	성 = 20겁	제 9 겁 = 이만세감지 일백세
현겁	주 = 20겁 ―――――	제10겁　 석가모니불⑦
	괴 = 20겁	제11겁
	공 = 20겁	제12겁
		제13겁
		제14겁
		제15겁
		제16겁
	성 = 20겁	제17겁
성수겁	주 = 20겁	제18겁
	괴 = 20겁	제19겁
	공 = 20겁	제20겁

제10겁(석가모니불, 입멸 후 56억 7천만년 후) 미륵불이 출현한다고 수기하셨다. 석가모니불 이전에도 여섯 부처님이 계셨는데, 장엄겁에 세분의 부처님, 현겁 중에 네 분의 부처님이 출현하셨다.

그래서 석가모니불까지 칠불(七佛)이라 하는데, 제1불은 위빳시(비바시불:毘婆尸佛)부처님, 제2불은 시키(시기불:尸棄佛)부처님 제3불은 웻사부(비사부불:毘舍浮佛)부처님 제4불은 까구산다(구류손불:拘留孫佛)부처님 제5불은 꼬나가마(구나함모니불(俱那含牟尼佛)부처님 제6불은 깟사빠(가섭불:迦葉佛)부처님 제7불은 석가모니불(釋迦牟尼佛)을 일컫는 것이다. 앞으로 미륵불(彌勒佛)이 출현하면 미륵불이 교조로 제7불이 되어 용화세계를 이루고 석가모니불은 과거 6불이 되는 것이다. 그러므로 과거 무수히 많은 부처님이 계셨지만 일곱 부처님만 명기하는 것이다.

우리의 세속에서 마치 현조부모나 고조부모나 증조부모 조부모 부모를 기억하는 것과 같다. 그러므로 중생도 무시무종(無始無終)이지만 부처님의 출현도 무시무종으로 한이 없는 것이다.

우주생성기 = 성겁(成劫) : Vivattakappa
우주유지기 = 주겁(住劫) : Vivattatthayikappa
우주소멸기 = 괴겁(壞劫) : Samvattakappa
우주혼돈기 = 공겁(空劫) : Samvattatthayikappa

꙼ 삼천대천 우주세계에 인연을 살필 때,
   카필라국의 정반왕과 마야왕비의 청정한
   행실에 인연이 있음을 살피시고,
   입태(入胎)하여 세상에 강림하시니
   이것이 도솔내의상(兜率來儀相)이니라.

도솔내의상(兜率來儀相)

☞ 모든 만물은 모든 생명은 시간과 공간 사이에 인연에 의하여 생기고 인연에 의하여 소멸한다. 인연이 있으면 만나고 인연이 없으면 헤어진다. 인연이야 말로 묘한 것이다.

   "제법종연생(諸法從緣生)
   제법종연멸(諸法從緣滅)
   모든 법은 인연에 의하여 생기고
   모든 법은 인연에 의하여 없어진다."

도솔천(兜率天)은 욕계(欲界) 즉 욕망이 아직 소멸되지 않은 여섯 개의 정신적 하늘 세계를 육천(六天)이라 하는데, 이 하늘 중에 4번째에 있는 "만족을 아는 신들의 하늘나라(Tusita deva: 도솔천(兜率天)"이라고 되어 있다.

부처님은 만족을 아는 신들의 세계인 도솔천에서 중생의 구제를 위하여 삼천대천(三千大千)세계의 우주를 살필 때, 태양계의 지구에 있는 인도의 북부 지방에 있는 조그마한 왕국인 '카필라'라는 나라의 왕인 정반왕(숫도따나)과 왕비인 '마하마야' 사이에 태어났다.

입태(入胎)란 정신세계인 영적, 즉 의식이 육신의 몸을 받기 위하여, 육신으로 정신이 들어오는 과정이다. 불교의 생명관을 분명이 알아야 할 것은 부모가 자식을 선택하는 것이 아니라, 자식이 부모를 선택하는 것이라는 사실을 알아야 한다.

정반왕과 마야왕비가 부처님을 선택한 것이 아니라 부처님이 정반왕과 마야 부인의 청정한 삶을 선택한 것이다. 자식은 부모가 낳지만 선택은 자식이 한다는 것이다. 부모가 선택해서 낳는 것이라면 부모 맘대로 딸 낳고 싶으면 딸 낳고 아들 낳고 싶으면 아들을 낳을 것이다.

그러나 그렇게 되지 않는다. 자식이 부모를 선택해서 오기 때문에 부잣집에 태어나는 것도 자신의 선택이요, 가난한 집에 태어나는 것도 자신의 선택이요, 건강하고 약하고, 잘생기고 못 생기고, 온갖 모양으로 태어나는 것도 자신의 선택으로, 잘난 부모나 못난 부모, 건강한 부모나 건강치 못한 부모를 선택하여 이 세상에 오게 됨으로 거기에 유사한 유전인자를 받아 이생의 부모와 자식은 인연을 맺게 되는 것이다.

그러기에 부모 또한 행실이 반듯하여 입태교육(入胎敎育)과 태아교육(胎兒敎育)에 힘을 써야한다. 업력에 의해 자신이 선택해온 세상이기 때문에 자식은 절대 부모를 원망하거나 미워해서 안 되며 효도를 해야 하는 것이고, 부모는 자식의 인연을 기꺼이 받아들여 감수해야 한다.

인위적인 낙태 같은 유산은 절대해서는 안 된다. 인위적인 낙태를 할 경우 그 원결(怨結)은 숙생을 두고도 나타나기 때문에, 부모를 골탕 먹이기 위하여 불구자로 태어나거나 또는 잘 생긴 자식으로 태어나 애정이 듬뿍 들었을 때 별안간 죽음으로. 가슴이 메어지는 슬픔을 안겨 주는 것이다.

어느 부모가 자식을 불구자로 낳고 싶은가? 어느 부모가
자식을 못난이로 낳고 싶은가? 좋은 날짜 좋은 시간에 낳으
려고 택일을 하여 인공분만을 하지 않던가! 그런데 맘대로
되질 않는다. 그것도 자식이 나오고 싶어야 나오기 때문이다.

선택해서 오는 세상, 선택해서 살아가는 세상, 지혜롭지 못
하면 깨어있지 못하면 외부의 조건과 타력(他力)에 이끌려
살아간다. 자신이 선택하는 것이기에 모든 **부처님들은 왕자**
나 그 당시 **최고의 신분**에 태어나는 것이다.

창조주이며 조물주의 아들이라고 자처하며, 만인의 구세주
라고 떠드는 자가 애비가 누구인지도 모르고 성령(聖靈)으로
애비 없이 태어났다고 떠들어댄다.

박복한 탓에 박복한 자식으로 세월이 척박한 엄동설한(嚴
冬雪寒)에 짐승이 사는 마구간에 태어나는 불행한 일로 최후
의 죽음도 비참할 수밖에 없고 그로 인해 세계는 전쟁의 화
염으로 불행을 겪고 있다.

☞ 네 가지 입태(入胎)과정

(의식(意識)이 어머니의 태에 들어 갈 때와 태에 머물고
있을 때와 태에서 나올 때의 과정이다.)

1. 태에 들어가는지도 알고, 태에 머물고 있는지도 알며, 태
에서 나올 때도 안다.(부처님)

2. 태에 들어가는지도 알고, 태에 머무는 지도 알지만, 태
에서 나올 때는 모른다.

3. 태에 들어가는지는 알지만, 태에 머무는지도 모르고, 태
에서 나올 때도 모른다.

4. 태에 들어가는 것도 모르고, 태에 머무는 것도 모르고, 태에서 나오는 것도 모른다.(중생들)

삼천대천세계(三千大天世界)란, 어떠한 세계인가? 현대적으로 해석하면, 태양계가 천개 모인 것이 소천세계, 소천세계가 천개 모인 것이 중천세계, 중천세계가 천개 모인 것이 대천세계로 이를 삼천대천세계라 보면 된다.

또는 욕계·색계·무색계의 삼계(三界)가 천개 모인 것이 소천세계, 소천세계 천개가 모인 것이 중천세계, 중천세계 천개가 모인 것이 삼천대천세계로 중중무진(重重無盡)하므로 우주는 끝이 없는 것이다.

※ 불설장아함경. 제 十八권, 제 四분 세기경(世紀經) 염부제주품(閻浮提州品) 제 一

부처님께서 모든 비구들에게 말씀하셨다.

"하나의 해와 달이 사천하(四天下)를 두루 다니면서 광명을 비추는 바, 이와 같은 세계가 1천개 있다. 1천세계 가운데는 1천의 해와 달, 1천의 수미산왕(須彌山王), 4천의 천하(天下), 4천의 대천하, 4천의 바닷물, 4천의 큰 바다, 4천의 용, 4천의 큰 용, 4천의 금시조(金翅鳥), 4천의 큰 금시조, 4천의 악도(惡道), 4천의 큰 악도, 4천의 왕, 4천의 대왕, 7천의 큰 나무, 8천의 큰 지옥, 10천의 큰 산, 천의 염라왕(閻羅王), 1천의 사천왕(四天王), 1천의 도리천, 1천의 염마천(焰摩天), 1천의 도솔천(兜率天), 1천의 화자재천(化自在天), 1천의 타화자재천(他化自在天), 1천의 범천(梵天:하느님)이 있다. 이것을 소천세계(小千世界)라 한다.

하나의 소천세계가 천 개 있으면 이것을 중천세계(中千世界)라 하고, 하나의 중천세계가 천 개 있으면 이것을 삼천대천세계(三千大天世界)라 한다. 이와 같은 세계가 겹겹으로 둘러있으면서 생겼다 무너졌다 하며 중생들이 사는 곳을 일불찰[一佛刹. 불찰이란 범어로 buddha- ksetra 佛土, 한 부처님이 교화하는 세계]이라 이름 한다."

☞ 이렇게 한역 아함경에는 우리가 사는 우주에 대하여 자세히 묘사 되어 있다. 그 중에 삼천대천세계에 관한 불교의 우주관이라 볼 수 있다. 삼계(三界)가 있는데, 그런 것이 1000개 있고, 또 그것이 1000개 있고, 또 그것이 1000개 있다고 한다.

✳ **아비부경**. Abhibhu-sutta(A3:80)
〈삼천대천세계와 여래의 음성과 여래의 광명〉

1. 그때 아난다 존자가 세존께 다가갔다. 가서는 세존께 절을 올리고 한 곁에 앉았다. 아난다 존자는 세존께 이렇게 말씀드렸다.

"세존이시여, 저는 세존의 면전에서 '아난다여, 아비부라는 시키 **세존의 제자는** 하느님의 세상에 있으면서 1000개의 세계에 목소리를 듣게 한다.'라고 들었고 면전에서 받아 지녔습니다. 세존이시여, 그러면 세존께서는 아라한이고 정등각이신데, 얼마나 많은 세계에 세존의 목소리를 듣게 할 수 있겠습니까?"

"아난다여, 그는 제자였을 뿐이다. 여래들은 그 경지를 측량할 수가 없다."

2. 세 번째로 아난다 존자는 세존께 이렇게 말씀 드렸다.

"세존이시여, 저는 세존의 면전에서 '아난다여, 아비부라는 식키 <u>세존의 제자는</u> 하느님의 세상에 있으면서 1000의 세계에 목소리를 듣게 한다.'라고 들었고, 면전에서 받아 지녔습니다. 세존이시여, 그런데 세존께서 아라한이고 정등각이신데 얼마나 많은 세계에 세존의 목소리를 듣게 할 수 있습니까?

"아난다여, 그대는 1000개의 작은 세계[小千世界]에 대해서 들어본 적이 있는가?"

"세존이시여, 지금이 바로 적절한 시기입니다. 선서시여, 지금이 세존께서 설해주실 바로 적절한 시기입니다. 세존의 말씀을 듣고 비구들은 마음에 새길 것입니다.

3. "아난다여, 그곳에 달과 태양이 움직이면서 사방을 비추고 광명이 나는 것을 하나의 세상이라 한다. 그러한 1000개의 세상이 존재하나니 거기에는 1천개의 달과 1천개의 태양과 1000개의 산의 왕인 수미산과 1000개의 잠부디빠와 1000개의 아빠라고야나와 1000개의 웃따라꾸루와 1000개의 뿝바위데하와 4000의 큰 바다와 1000의 사대왕천과 1000의 삼십삼천과 1000의 야마천과 1000의 도솔천과 1000의 자재천과 1000의 타화자재천과 1000의 **하느님이** 있다. 아난다여, 이를 일러 1000의 작은 세계[小千世界]라 한다. 아난다여, 소천세계의 1000배가 되는 세계를 일러 1000의 제곱한 중간 세계[中千世界]라 한다. 아난다여, 중천세계의 1000배가 되는 세계를 일러 1000을 세제곱한 큰 1000의 세계[삼천대천세계三千大天世界]라 한다.

아난다여, 여래는 원하기만 하면 삼천대천세계에 여래의 목소리를 듣게 할 수 있나니 원하는 만큼 할 수 있다."

4. "세존이시여, 어떻게 여래는 원하기만 하면 삼천대천세

계에 여래의 목소리를 듣게 할 수 있고, 원하는 만큼 할 수 있습니까?”

“아난다여, 여래는 삼천대천세계를 빛으로 덮을 수 있느니라. 그곳에 사는 중생들이 그 광명을 인식할 때 여래가 음성을 내면 중생들이 그 소리를 들을 수 있느니라.”

5. 이렇게 말씀하시자 아난다 존자는 우다이 존자에게 이렇게 말했다.

“저의 스승께서 이러한 큰 신통력과 위력을 가지셨으니 이것은 참으로 내게 이득입니다. 이것은 내게 큰 이득입니다.”

이렇게 말하자 우다이 존자는 아난다 존자에게 이렇게 말했다.

“도반 아난다여, 스승께서 이러한 큰 신통력과 위력을 가지신 것이 그대에게 무슨 소용이 있습니까?”

이렇게 말하자 세존께서는 우다이 존자에게 이렇게 말씀하셨다.

“우다이여, 그렇게 말하지 말라. 우다이여, 그렇게 말하지 말라. 우다이여, 만일 아난다가 욕망을 다 버리지 못한 채 죽음을 맞이하면 나에 대한 깨끗한 믿음 때문에 일곱 번을 신들의 세상에서 신들의 왕이 될 것이며, 다시 일곱 번을 이 잠부 섬에서 대왕이 될 것이다. 우다이여, 그러나 아난다는 지금 여기서 완전한 열반을 성취할 것이다.”

☞ 현대과학에서 말하는 우리의 세계를 살펴보자.
〈인터넷자료〉
『은하계는 태양계가 모여서 만들어진 것이고, 태양계는 항성과 행성이 많이많이 모여서 만들어졌고, 은하계가 모인 것

은 은하계군단이 있고, 은하계는 1000억 개 이상의 별의 집단
이라고 생각하시면 됩니다. 또 항성의 대부분은 원반부에 위
치하고 있고요 은하의 중심 둘레를 회전하고 있다고 합니다.

즉 우리는 대한민국에서 살고 있습니다.
대한민국은 아시아에 있습니다.
아시아는 지구에 있습니다.
지구랑 태양은 태양계에 있습니다.
태양계는 오르트성운에 태양풍으로 둘러싸여있습니다.
오르트성운은 밀키웨이 은하에 있습니다.
밀키웨이 은하는 은하계에 속합니다.
은하계, 다른 은하가 뭉친 것이 은하단이라고 합니다.
은하단이 여러 모임이 모이면 은하군이라고 하고요.
은하군이 모이면 초은하군 집단이라고 합니다.』

**✲ 마야왕비가 만삭이 되어 친정인 콜리성으로
가실 때에 꽃이 만발한 아름다운
룸비니동산에서 태자를 출산하니,**

**✲ 대전기경(大傳記經). Mahapadana-sutta(D.14)
〈보살에게 정해진 법칙〉**

(아래의 내용은 위빳시(비바시:毘婆尸)부처님이 보살 때의 일이지만,
모든 부처님이 보살로 계셨을 때도 이와 같은 정해진 법칙의 내용이다.)

1.17 비구들이여, 그 때 위빳시 보살은 도솔천에서 몸을 버
리고 **마음 챙기고 알아차리면서** 어머니의 태에 들어갔다. 이

124

것은 여기서 정해진 법칙이다.

비구들이여, 이것도 정해진 법칙이다. 즉 보살이 도솔천에서 몸을 버리고 어머니 태에 들어갈 때 신과 악마와 하느님을 포함한 세상에서, 사문 바라문과 신과 사람을 포함한 무리 가운데서 측량할 수 없이 광휘로운 빛이 나타나는데, 그것은 신들의 광채를 능가한다.

암흑으로 덮여있고 칠흑같이 어두운 우주의 사이에 놓여있는 세상에 있어, 그곳에는 큰 신통력과 큰 위력을 가진 해와 달도 광선을 비추지 못한다. 그러나 그곳에까지도 측량할 수 없이 광휘로운 빛이 나타나는데 그것은 신들의 광체를 능가 한다.

그곳에 태어난 중생들은 그 빛으로 '다른 중생들도 여기 태어났구나,' 라고 서로를 알아본다. 일만 세계가 진동하고 흔들리고 전율한다. 측량할 수 없이 광휘로운 빛이 세상에 나타나는데 그것은 신들의 광채를 능가한다. 이것이 여기서 정해진 법칙이다.

비구들이여, 이것도 정해진 법칙이다. 즉 보살이 어머니의 태에 들어갈 때 네 명의 신의 아들이 '인간이나 귀신이나 혹은 그 어느 누구도 보살이나 보살의 어머니에게 해를 끼치지 말라.'고 하면서 그들을 보호하기 위해 사방으로 나아간다. 이것이 여기서 정해진 법칙이다.

1.18. "비구들이여, 이것도 정해진 법칙이다. 즉 보살이 어머니의 태에 들어갈 때 보살의 어머니는 천성적으로 계를 잘 지닌 분이다. 그녀는 생명을 죽이는 것을 삼갔고, 주지

않는 것을 가지는 것을 삼갔고, 삿된 음행을 삼갔고, 거짓말하는 것을 삼갔고, 술 마시는 것을 삼갔다. 이것이 여기서 정해진 법칙이다.

1.19. "비구들이여, 이것도 정해진 법칙이다. 즉 보살이 어머니의 태에 들어갈 때 보살의 어머니는 남자들에 대해 감각적 욕망에 탐닉하는 마음이 일어나지 않는다. 그 어떤 남자도 애욕에 찬 마음으로 보살의 어머니를 범접할 수 없다. 이것이 여기서 정해진 법칙이다.

1.20. "비구들이여, 이것도 정해진 법칙이다. 즉 보살이 어머니의 태에 들어갈 때 보살의 어머니는 다섯 가닥의 감각적 욕망(오근(五根)을 모두 얻는다. 그녀는 다섯 가닥의 감각적 욕망을 갖추고 완비하여 즐긴다. 이것이 여기서 정해진 법칙이다.

1.21. "비구들이여, 이것도 정해진 법칙이다. 즉 보살이 어머니의 태에 들어갈 때 보살의 어머니는 어떤 병도 없다. 행복하고 몸도 편안하며, 보살의 어머니는 자궁 안에 있는 보살의 사지와 감각기관들을 훤히 볼 수 있다.
비구들이여, 예를 들면 진귀하고 빛나고 양질이고 팔각형이고 잘 다듬어졌고 투명하고 티가 없고 모든 측면에서 빼어난 보석이 있는데, 그것이 파란색이나 노란색이나 빨간색이나 흰색이나 회색 실에 꿰어 있다고 하자. 눈 있는 사람은 그것을 손에다 놓고 '이것은 진귀하고 빛나고 양질이고 팔각형이고 잘 다듬어졌고 투명하고 티가 없고 모든 측면에서 빼어난 보석이다. 그리고 이것은 파란색이나 노란색이나 빨간색이나 흰색이나 회색 실에 꿰어 있다.'라고 직접 확인할 수 있을 것이다. 비구들이여, 그와 마찬가지로 보살이 어머니의 태에 들어갈 때 보살의 어머니는 어떤 병도 없다. 행복하고 몸도 편안하며, 보살의 어머니는 자궁 안에 있는 보살의 사지와 감각기관들을 훤히 볼 수 있다. 이것이 여기서 정해진 법칙이다."

1.22. "비구들이여, 이것도 정해진 법칙이다. 즉 보살이 태어난 지 칠 일째에 보살의 어머니가 임종하여 도솔천에 태어난다. 이것이 여기서 정해진 법칙이다.

1.23. "비구들이여, 이것도 정해진 법칙이다. 즉 다른 여인들은 아홉 달 혹은 열 달 동안 임신하였다가 출산을 한다. 그러나 보살의 어머니는 그렇지 않다. 보살의 어머니는 보살을 반드시 열 달 동안 임신하였다가 출산한다. 이것이 여기서 정해진 법칙이다."

1.24. "비구들이여, 이것도 정해진 법칙이다. 즉 다른 여인들은 앉아서 출산하거나 누워서 출산을 한다. 그러나 보살의 어머니는 그렇지 않다. 보살의 어머니는 오직 **서서 출산**한다. 이것이 여기서 정해진 법칙이다."

1.25. "비구들이여, 이것도 정해진 법칙이다. 즉 보살의 어머니의 자궁에서 나올 때 신들이 먼저 받고 나중에 인간들이 받는다. 이것이 여기서 정해진 법칙이다."

1.26. "비구들이여, 이것도 정해진 법칙이다. 즉 보살의 어머니의 자궁에서 나와 아직 땅에 닿지 않았을 때 사대천왕들이 보살을 받아 '왕비여, 기뻐하십시오, 큰 힘을 가진 아들이 태어났습니다.'라고 하면서 어머니 앞에 놓는다. 이것이 여기서 정해진 법칙이다."

1.27. "비구들이여, 이것도 정해진 법칙이다. 즉 보살의 어머니의 자궁에서 나올 때 보살은 아주 깨끗한 상태로 나온다. 양수도 묻지 않고 점액도 묻지 않고 피도 묻지 않고, 그어떤 불결한 것도 묻지 않으며, 청정하고 깨끗하다. 이것이 여기서 정해진 법칙이다."

1.28. "비구들이여, 이것도 정해진 법칙이다. 즉 보살의 어머니의 자궁에서 나올 때 하늘에서 두 개의 물줄기가 내려온다. 하나는 차가운 것이고 또 하나는 따뜻한 것이다. 그것으로 보살과 보살의 어머니는 목욕한다. 이것이 여기서 정해진 법칙이다."

1.29. "비구들이여, 이것도 정해진 법칙이다. 즉 보살은 태어나면 두 발로 가지런히 땅에 서서 북쪽을 향해 일곱 발자국을 걸어간다. 하얀 일산이 펴질 때 모든 방향을 굽어 살펴보고 '나는 세상에서 최상이요, 나는 세상에서 제일 어른이요, 나는 세상에서 으뜸이다. 이것이 마지막 생이다. 더 이상 다시 태어남은 없다.'라고 대장부다운 말을 한다. 이것이 여기서 정해진 법칙이다."

보살의 용어

✻ 깨닫기 전의 경.(A.3:101)

✻ 이전의 탐구 경. Pubbepariyesana.(A.3:101)

1. "비구들이여, 내가 깨닫기 전, 아직 바른 **깨달음을 성취하지 못한 보살**이었을 때 이런 생각이 들었다. '무엇이 세상의 달콤함이고 무엇이 위험이며 무엇이 벗어남인가?'라고 비구들이여, 그러자 나에게 이런 생각이 들었다. '세상을 조건하여 일어나는 육체적 정신적 즐거움이 세상의 달콤함이다. 세상에서 무상하고 괴롭고 변하기 마련인 법이 세상의 위험이다. 세상에 대한 욕탐을 몰아내고 욕탐을 버리는 것이 세상에서 벗어남이다.'라고."

✻ 꿈 경. Supina-sutta.(A.5:196)

1. "비구들이여, 여래·아라한·정등각이 깨닫기 전, 아직 바른 **깨달음을 성취하지 못한 보살**이었을 때, 다섯 가지 큰 꿈을 꾸었다. 무엇이 다섯인가?"

2. "비구들이여, 여래·아라한·정등각이 깨닫기 전, 아직 바른 깨달음을 성취하지 못한 **보살**이었을 때, 꿈에서 이 대지는 큰 침상이었고, 산의 왕 히말라야는 베게였으며, 동쪽 바다에는 왼 손을 놓았고, 서쪽 바다에는 오른 손을 놓았고 남쪽 바다에는 두 발을 놓는 것을 보았다. 비구들이여, 이것이 여래·아라한·정등각이 깨닫기 전, 아직 바른 깨달음을 성취하지 **못한 보살**이었을 때, 꾸었던 첫 번째 큰 꿈이다."

3. "다시 비구들이여, 여래·아라한·정등각이 깨닫기 전, 아직 바른 깨달음을 성취하지 **못한 보살**이었을 때, 꿈에서 띠리야 풀이 배꼽에서 자라서 구름에 닿은 뒤에 멈추는 것을 보았다. … 이것이 두 번째 꿈이다."

4. "다시 비구들이여, 여래·아라한·정등각이 깨닫기 전, 아직 바른 깨달음을 성취하지 못한 **보살**이었을 때, 꿈에서 검은 머리를 가진 흰 벌레가 두 발에서 위로 기어올라 양 무릎을 덮는 것을 보았다.… 이것이 세 번째 꿈이다.

5. "다시 비구들이여, 여래·아라한·정등각이 깨닫기 전, 아직 바른 깨달음을 성취하지 **못한 보살**이었을 때, 꿈에서 각기 다른 색깔의 새 네 마리가 사방에서 와서 발아래 떨어지더니 모두 흰 색으로 변하는 것을 보았다. … 이것이 네 번째 꿈이다.

6. "다시 비구들이여, 여래·아라한·정등각이 깨닫기 전, 아직 바른 깨달음을 성취하지 **못한 보살**이었을 때, 꿈에서 분뇨로 된 큰 산위에서 경행을 하였는데, 분뇨에 묻지 않은 꿈을 꾸었다. 비구들이여, 이것이 여래·아라한·정등각이 깨닫기 전, 아직 바른 깨달음을 성취하지 못한 **보살**이었을 때, 꾸었던 다섯 번째 큰 꿈이다."

☞ 그 외에 Sakyamunigotama(S12:10)과 Assada(S22 : 26)에도 보살(bodhisatta)은 항상 **깨닫기 전**의 부처님들께만 적용되는 술어로 나타난다. 부처님도 최후에 깨달아서 아라한이 되었고. 아라한은 완전한 깨달음을 성취한 성자이다. 대승에서 아라한을 소승이라고 하며 성문(聲門)이라고 하는 것은 이치에 맞지 않다. 보살은 아라한이 되기 전의 한 두 단계 밑의 천신(天神)들로 보아야 할 것이다.

130

⁂ 하늘에선 꽃비가 내리고,

   천룡들은 물을 대어 목욕을 시키니,

   이것이 비람강생상(毘藍降生相)이니라.

☞ 비람강생상(毘藍降生相)이란, 부처님 일대기를 간추려 설명한 팔상성도의 두 번째 단원이다. 부처님의 역사적 전기를 알기 쉽게 8등분하여 설명한 것이 팔상성도(八相成道)인데 아마 중국인의 관점에서 본 것 같다. 중국인들은 팔(八)이라는 숫자를 좋아 한다. 비람(毘藍)은 부처님의 탄생지인 인도 북부 지금의 네팔에 있는 룸비니동산을 이야기 하는 것이다.

네팔은 음력 4월 15일이 부처님 탄신일로 기념을 한다. 그때 필자도 네팔의 룸비니동산에 가보았는데, 초여름의 약간 더운 아주 따뜻한 날씨였다.

하늘에선 꽃잎들이 날리고 있었고 그곳에 연못도 있다.

(D.14) 1.26. "비구들이여, 이것도 정해진 법칙이다. 즉 보살의 어머니의 자궁에서 나와 아직 땅에 닿지 않았을 때 사대천왕(四大天王)들이 보살을 받아 '왕비여, 기뻐하십시오, 큰 힘을 가진 아들이 태어났습니다.'라고 하면서 어머니 앞에 놓는다. 이것이 여기서 정해진 법칙이다."

☞ 아함경에는 아홉 마리의 용[九龍]이 따뜻한 물을 대어 목욕을 시킨 것으로 되어 있는데, 천룡이라고 한 것은 용은 천신으로도 통용되기 때문이다.

아홉 마리의 용으로 의미상으로 구룡의 뜻은 동서남북, 그리고 그 간방과 중앙의 천신들이 부처님의 탄생을 기뻐함을 나타내고 있다고도 볼 수 있다. 이는 부처님의 탄생을 모두가 기뻐했다는 뜻이다.

삼매에 드는 사람들에 의하면 실제 용을 볼 수 있고, 많은 용들이 존재하는 것이 사실이다.

❀❀ 성은 고타마이고 이름은 싯타르타였다.

☞ 태자가 태어난 지 10일째 되는 날 카필라성에서는 성대한 의례가 베풀어졌다. 당시의 브라흐만 전통의식에 따라 생후 10일째 되는 날 그 사람의 이름을 짓는 작명식이 거행되었다.

이런 행사는 사람이 태어나면서부터 시작되는 브라흐만 교의 통관의례이기도 했다. 여기서 태자의 이름이 싣다르따(Siddhartha)라고 지어졌다. 이름의 뜻은 〈모든 것을 성취한 자〉라는 뜻이다. 싣다르타와 석가모니 등에 대한 명칭을 정리하면 다음과 같다.

고타마Gotama＝가문의 성＝큰 황소라는 뜻, 석가족의 totem.

싣다르타Siddhartha＝태자의이름＝모든 것을 성취한 사람이라는 뜻.

사캬무니Sakyamuni＝깨달음을 성취한 뒤 태자의 이름. Sakya＝흰 피부를 나타내는 말로 아리안 족을 의미 Muni는 성자(聖子)석가모니는〈석가족 출신의 성자란〉 뜻

숫도다나Suddhodana＝아버지 이름. Suddha(흰) Odana(쌀밥)＝淨飯王 (농업국을 상징)

마야Maya＝어머니 이름＝지혜'라는 뜻

야소다라yasodhara＝부인 이름＝영광을 가진 여자라는 뜻.

마야부인의 별세

☞ 태자의 출생으로 온 카필라국은 축제분위기에 휩싸였지만 이는 오래가지 않았다. 태자가 태어나고 불과 7일째 날 어머니 마야부인이 별세했기 때문이다. 그토록 바라던 태자를 보자마자 애석하게도 어머니는 돌아가시고 말았다.

마야부인이 별세하자 태자의 이모인 마하파자파티가 어머니의 역할을 대신했다. 어린 시절 어머니를 잃은 사건은 어린 태자에게 삶의 무상함을 뼈저리게 하고 삶에 대해 어두운 사색을 하게 하는 계기가 되었을지도 모른다고 생각할 수 있으나 마하파자파티는 친자식 '난다'보다도 더욱 깊은 사랑으로 키웠다. 어머니가 칠 일만에 돌아가시는 것도 보살의 정해진 법칙이다.

✲ 천상천하유아독존(天上天下唯我獨尊)이라. 외치니 '오직 존귀한 것은 각자 스스로라'는 뜻이니라.

(D.14) 1.29.

"비구들이여, 이것도 정해진 법칙이다. 즉 보살은 태어나면서 두 발로 가지런히 땅에 서서 북쪽을 향해 일곱 발자국을 걸어간다. 하얀 일산이 펴질 때 모든 방향을 굽어 살펴보고 〈나는 세상에서 최상이요, 나는 세상에서 제일 어른이요, 나는 세상에서 으뜸이다. 이것이 마지막 생이다. 더 이상 다시 태어남은 없다.〉라고 대장부다운 말을 한다. 이것이 여기서

정해진 법칙이다."

천상천하유아독존(天上天下唯我獨尊)이라는 글은 한문 경전에 나오는 말씀이다.

✱ 말리까경. Mallika(S3:8)

2. 그 무렵 빠세나디 꼬살라 왕은 말리까 왕비와 함께 왕궁의 누각으로 올라갔다. 그때 빠세나디 꼬살라 왕은 말리까 왕비에게 말했다.

"말리까여, 그대 자신보다 더 사랑스러운 자가 있습니까?"

3. "대왕이시여, 제게는 제 자신보다 더 사랑스러운 자가 없습니다. 대왕이시여, 그런데 폐하께는 자기보다 더 사랑스러운 자가 있습니까?

"말리까여, 나에게도 나 자신보다 더 사랑스러운 자는 없습니다."

4. 그러자 빠세나디 꼬살라 왕은 궁전을 내려와 세존께 다가갔다. 세존께 절을 올리고 한 곁에 앉았다. 왕은 지나온 이야기를 세존께 말씀드렸다.

5. 세존께서는 그 뜻을 아시고 그 사실에 대해서 이 게송을 읊으셨다.

"마음으로 사방을 찾아보았건만
자신보다 사랑스러운 자 볼 수가 없네.
이처럼 누구에게나 자신이 사랑스러운 법
그러므로 자기를 사랑하는 자. 남을 해치지 마세."

☞ 말리까 왕비(Malika devi)는 빠세나디 꼬살라 왕의 아

내이다. 말리까는 꼬살라의 화환 만드는 가난한 자의 딸이었으며, 16세에 부처님을 뵙고 죽을 공양 올렸는데, 세존께서는 그녀가 왕비가 될 것이라고 하셨다. 빠세나디 왕은 아자따삿뚜와의 전쟁에서 패하여 그곳을 지나다가 말리까에게 지친 몸을 위로 받고 그 인연으로 왕비가 되었다고 한다.

✽ 아들에게 비견하지 못함 경.(S1:13)

  "자신을 향한 애정만한 것 없고,
  곡식만한 재산이란 없으며
  통찰지와 같은 광명 없나니
  비야말로 흐르는 물 가운데 최상이로다."

✽ 대전기경(大傳記經) : 디가니까야
대본경(大本經 : 장암함경)

  ☞ 부처님의 일대기는 빠알리 경전 "디가 니까야"의 번역자인 각묵스님과 전재성 박사의 '대전기경'과 동국역경원의 장아함경 1권에 있는 대본경(大本經)의 내용을 간추린 것이며, 일부는 통째로 그대로 옮겨 넣은 것이다.

  1.3. "비구들이여, 그대들은 전생에 관한 법문을 듣고 싶은가?"

  "세존이시여, 지금이 바로 그때입니다. 선서(善逝)시여 지금이 바로 그 때입니다. 세존께서 전생에 관한 법문을 해 주시면 비구들은 세존의 말씀을 잘 듣고 마음에 새길 것입니다."

"비구들이여, 그렇다면 들어라, 듣고 마음에 잘 새겨라, 나는 설할 것이다."

"그렇게 하겠습니다, 세존이시여,"라고 비구들은 세존께 대답했다. 세존께서 다음과 같이 말씀하셨다.

칠불(七佛)

1.4. "비구들이여 91겁 전에 위빳시[비바시불:毘婆尸佛] 세존·아라한·정등각께서 세상에 출현 하셨다. 비구들이여, 31겁 이전에는 시키[시기불:尸棄佛]세존·아라한·정등각께서 세상에 출현 하셨다. 비구들이여, 그와 같은 31겁 이전에 웻사부[비사부불:毘舍浮佛]세존·아라한·정등각께서 세상에 출현 하셨다. 비구들이여, 현재의 행운의 겁 동안에 까구산다[구류손불:拘留孫佛]세존·아라한·정등각께서 세상에 출현 하셨다.

비구들이여, 이 행운의 겁 동안에 꼬나가마[구나함모니불俱那含牟尼佛]세존·아라한·정등각께서 세상에 출현 하셨다. 비구들이여, 이 행운의 겁 동안에 깟사빠[가섭불:迦葉佛]세존·아라한·정등각께서 세상에 출현 하셨다. 비구들이여 바로 이 행운의 겁 동안 지금의 아라한·정등각인 내가 세상에 출현하였다.

1.5. 비구들이여, 위빳시 세존·아라한·정등각께서 끄샤뜨리야 태생이셨고, 그 가문에 태어났다. 비구들이여, 시키 세존·아라한·정등각과 웻사부 세존께서도 그와 같이 끄샤뜨리야 태생이셨고, 그 가문에 태어나셨다. 그러나 비구들이여 까구산다 세존·아라한·정등각께서는 바라문 태생이셨고, 그 가문에서 태어나셨다. 비구들이여, 꼬나가마 세존·아라한·정등각

과 깟사빠 세존·아라한·정등각께서도 그와 같이 바라문 태생이셨고, 그 가문에서 태어나셨다. 비구들이여 지금의 아라한·정등각인 나는 끄샤뜨리야 태생이고 끄샤뜨리야 가문에 태어났다.

1.6. 비구들이여, 위빳시 세존·아라한·정등각께서는 꼰단냐의 종족이셨다. 비구들이여, 시키 세존·아라한·정등각과 웻사부 세존·아라한·정등각께서도 그와 같이 꼰단냐 종족이셨다.

비구들이여, 까꾸산다 세존·아라한·정등각께서는 깟사빠 종족이셨다. 비구들이여, 꼬나가마 세존·아라한·정등각과 깟사빠 세존·아라한·정등각께서도 그와 같이 깟사빠 종족이셨다. 비구들이여 지금의 아라한·정등각인 나는 **고따마 종족**이다.

1.7. "비구들이여, 위빳시 세존·아라한·정등각 시대에는 수명의 한계가 8만 년이었다. 비구들이여, 시키 세존·아라한·정등각의 시대에는 수명의 한계가 7만 년이었다. 비구들이여, 웻사부 세존·아라한·정등각의 시대에는 수명의 한계가 6만 년이었다. 비구들이여, 까꾸산다 세존·아라한·정등각의 시대에는 수명의 한계가 4만 년이었다. 비구들이여, 꼬나가마 세존·아라한·정등각의 시대에는 수명의 한계가 3만 년이었다. 비구들이여, 깟사빠 세존·아라한·정등각 시대에는 수명의 한계가 2만 년이었다. 비구들이여, 지금의 내 시대에 이르러 수명의 한계는 짧고 제한적이고 빨리 지나가버려, 오래 살아도 백 년의 이쪽저쪽이다."

1.8. "비구들이여, 위빳시 세존·아라한·정등각께서 빠달리 (파파라(婆婆羅:파타라)나무 아래서 깨달음을 이루셨고, 시키 세존·아라한·정등각께서는 뿐다리까(분다리:分陀利)나무 아래에서 깨달음을 이루셨고, 웻사부 세존·아라한·정등각께서는 살라 나무 아래에서 깨달음을 이루셨고, 까구산다 세존·아라한· 정등각께서는 사리사 나무 아래에서 깨달음을 이루셨고, 꼬나가마 세존·아라한·정등각께서는 우둠바라(우담바라) 나무 아래에서 깨달음을 이루셨고, 깟사빠 세존·아라한·정등각께 서는 니그로다 나무 아래에서 깨달음을 이루셨고, 지금의 아 라한·정등각인 나는 앗삿타(발다:鉢多)나무 아래에서 깨달음을 이루었다.

1.9. "비구들이여, 위빳시 세존·아라한·정등각께서는 칸다 와 띳사라는 고결한 두 상수제자가 있었다. 비구들이여, 시 키 세존·아라한·정등각께서는 아비부와 삼바와라는 고결한 두 상수제자가 있었고, 웻사부 세존·아라한·정·등각께서는 소나와 웃따라라는 고결한 두 상수제자가 있었고, 까구산다 세존·아라한·정등각께서는 위두라와 사자와라는 고결한 두 상수제자가 있었고, 꼬나가마(구나함모니불 세존·아라한·정 등각께서는 비요사와 웃따라라는 고결한 두 상수제자가 있었 고, 깟사빠 세존·아라한·정등각께서는 띳사와 바라드와자라 는 고결한 두 상수제자가 있었고, 지금의 나에게는 사리뿟따 와 목갈라나라는 고결한 두 상수제자가 있었다."

1.10 "비구들이여, 위빳시 세존·아라한·정등각께서는 6백8 십만, 10만, 8만, 제자들이 있었는데 모두 번뇌를 다한 자들

이다. 시키 세존·아라한·정등각께서는 10만, 8만, 7만, 제자
들이 있었는데 모두 번뇌를 다한 자들이다. 웻사부 세존·아
라한·정등각께서는 8만, 7만, 6만의 제자들이 있었는데 모두
번뇌를 다한 자들이다. 까꾸산다 세존·아라한·정등각께서는
4만 제자들이 있었는데 모두 번뇌를 다한 자들이다. 꼬나가마
나 세존·아라한·정등각께서는 3만의 제자들이 있었는데 모
두 번뇌를 다한 자들이다. 깟사빠 세존·아라한·정등각께는 2
만의 제자들이 있었는데 모두 번뇌를 다한 자들이다. 비구들
이여, 지금 내 제자들의 회중도 하나이다. 그것은 1250명의
비구이고. 이들은 모두 번뇌를 다한 자들이다."

1.11. "비구들이여, 위빳시 세존·아라한·정등각께서는 아소
까라는 비구가 시자로 있었는데, 그는 최고의 시자였다. 비구
들이여, 시키 세존·아라한·정등각께서는 케망까라라는 비구
가 시자로 있었는데, 그는 최고의 시자였다. 비구들이여, 웻사
부 세존·아라한·정등각께서는 우빠산나까라 비구가 시자로
있었는데, 그는 최고의 시자였다. 비구들이여, 까꾸산다 세존·
아라한·정등각께서는 붓디자라는 비구가 시자로 있었는데,
그는 최고의 시자였다. 비구들이여, 꼬나가마나 세존·아라한·
정등각께서는 숫티자라는 비구가 시자로 있었는데, 그는 최
고의 시자였다. 비구들이여 깟사빠 세존·아라한·정등각께는
바밋따라는 비구가 시자로 있었는데, 그는 최고의 시자였다.
비구들이여, 지금의 나에겐 아난다 비구가 시자인데, 그는 최
고의 시자이다."

1.12. "비구들이여, 위빳시 세존·아라한·정등각의 아버지는

반두마 왕이었고, 그의 어머니는 반두마띠 왕비였으며, 반두마 왕의 수도는 반두마띠라는 도시였다.

비구들이여, 시키 세존·아라한·정등각의 아버지는 아루나 왕이었고, 그의 어머니는 빠바와띠 왕비였으며, 아루나 왕의 수도는 아루나와띠라는 도시였다.

비구들이여, 웻사부 세존·아라한·정등각의 아버지는 숩빠띠따 왕이었고, 그의 어머니는 야사와띠 왕비였으며, 숩빠띠따 왕의 수도는 아노빠마라는 도시였다.

비구들이여, 까꾸산다 세존·아라한·정등각의 아버지는 악기닷따라는 바라문이었고, 그의 어머니는 위사카라는 바라문녀였다. 비구들이여, 그때 케마라는 왕이 있었는데 케마 왕의 수도는 케마와따라는 도시였다.

비구들이여, 꼬나가마나 세존·아라한·정등각의 아버지는 얀나닷따라는 바라문이었고, 그의 어머니는 웃따라라는 바라문녀였다. 비구들이여, 그때 소바라는 왕이 있었는데 소바 왕의 수도는 소바와띠라는 도시였다.

비구들이여, 깟사빠 세존·아라한·정등각의 아버지는 브라흐마닷따라는 바라문이었고, 그의 어머니는 단와띠라는 바라문녀였다. 비구들이여, 그때 끼끼라는 왕이 있었는데 끼끼 왕의 수도는 와라나시라는 도시였다.

비구들이여, 지금 나의 아버지는 숫도다나 왕이고, 어머니는 마야 왕비이며, 수도는 까삘라왓투라는 도시였다." 세존께서 이와 같이 말씀하셨다. 선서께서 이렇게 말씀하신 뒤 자리에서 일어나 거처로 돌아가셨다.

* 불설장아함경. 제1권 대본경(大本經)
〈부처님 몸의 32가지 특상〉

1. 발바닥이 평평한 것입니다. 발바닥이 평평하므로 땅을 딛을 때 안온합니다.

2. 발바닥에 수레바퀴살의 무늬가 있는 것입니다. 그것은 천개의 바퀴살로 되어 광명과 광명이 서로 비치고 있습니다.

3. 손가락과 발가락 사이에 거위 왕처럼 생긴 얇은 비단결 같은 막이 있는 것입니다.

4. 손발이 천상의 옷처럼 매우 부드러운 것입니다.

5. 손가락 발가락이 가늘면서 길어 아무도 따를 자가 없는 것입니다.

6. 발꿈치가 원만해 보기에 싫지 않은 것입니다.

7. 장딴지가 사슴 다리 같아 아래위가 쪽 곧은 것입니다.

8. 뼈마디가 서로 물려 마치 쇠사슬처럼 이어져 있는 것입니다.

9. 남근(男根)이 말처럼 오므라들어 감추어져 있는 것입니다.

10. 바로 서서 팔을 드리우면 무릎 아래까지 내려오는 것입니다.

11. 낱낱의 털구멍마다 하나씩의 털이 나있고 그것이 오른쪽으로 감겨졌으며 빛은 감청색 유리와 같은 것입니다.

12. 검푸른 털이 오른쪽으로 감아 돌아 위로 쏠려 있는 것입니다.

13. 몸이 황금빛인 것입니다.

14. 살결이 부드럽고 매끄러워 먼지가 묻지 않는 것입니다.

15. 두 어깨가 가지런하고 둥글며 풍만한 것입니다.

16. 가슴에 卍의 형상이 있는 것입니다.

17. 키가 보통사람의 곱이나 되는 것입니다.

18. 일곱 부위가 모두 판판하고 두터우며 둥근 것입니다.

19. 몸뚱이의 길이와 너비가 니구로 나무와 같은 것입니다.

20. 뺨이 사자와 같은 것입니다.

21. 가슴이 방정한 것이 사자와 같은 것입니다.

22. 이가 40개나 되는 것입니다.

23. 이가 방정하고 고른 것입니다.

24. 이가 조밀하여 틈이 나 있지 않은 것입니다.

25. 이가 희고 깨끗하고 고운 것입니다.

26. 목구멍이 깨끗하여 갖가지 음식의 맛이 입에 맞지 않는 것이 없는 것입니다.

27. 혀가 길고 넓어 좌우로 귀를 핥을 수 있는 것입니다.

28. 음성이 맑고 깨끗한 것입니다.

29. 눈이 검푸른 것입니다.

30. 눈이 우왕(牛王)과 같고 아래위로 한꺼번에 깜박여지는 것입니다.

31. 두 눈썹사이에 보드랍고 가늘고 광택이 나는 흰털이 있어, 펴면 한 길이 되고 놓으면 오른쪽으로 소라처럼 감겨 진주와 같은 것입니다.

32. 정수리에 육계(肉髻：살상투)가 있는 것이니

이것이 32상입니다.

**⁂ 동문으로 유람 하실 때 출생의 고통을 관찰하시고
남문으로 유람 하실 때 늙음의 고통을 관찰하시고
서문으로 유람 하실 때 병듦의 고통을 관찰하시고
북문으로 유람 하실 때 죽음의 고통을 관찰하시고
수행자의 해탈행에 감탄하여 출가를 결심하시니.
이것이 사문유관상(四門遊觀相)이니라.**

☞ 동서남북 사대문을 사문(四門)이라고 하며, 돌아 살펴보고 유람한 것이 유관(遊觀)이다.

경전에는 출생의 고통을 관찰했다는 이야기는 없으나 염불하기 위한 하나의 방편과 생로병사의 사고(四苦)를 이야기한다는 뜻에서 시계 돌아가는 방향으로 쓴 것이니 개의치 말길 바란다.

첫째 날은 동쪽의 성문으로 나들이를 나갔다. 동쪽 성문을 나서자 태자는 마침 옆으로 지나가는 노인을 보게 되었다. 성 안에선 늘 젊은 사람들의 시중만 받았기에 지팡이를 짚고 금방이라도 쓰러질 것만 같은 모습에 태자는 매우 놀랐지요. 태자는 시종 찬타카에게 물었다.

"찬타카야 저 사람은 어찌하여 저렇게 불쌍한 모습을 하고 있느냐?"

"예, 가난하고 늙어서 그렇습니다."

"가난하고 늙으면 누구나 저렇게 되는 건가?"

"그렇습니다. 태자님."

태자는 갑자기 슬퍼졌습니다.

"찬타카야, 그럼 언젠가는 나도 저렇게 늙게 되겠구나!"

"그러하옵니다."

태자는 괴로운 듯 성으로 돌아왔습니다.

다음날 태자는 다시 새로운 마음으로 나들이를 나섰다. 이
번에는 남쪽 성문으로 나가 보았다. 그러나 태자는 그곳에서
태자는 길가에 쓰러져 신음하고 있는 병든 사람을 보게 되었
고, 결국 자신도 병이 들면 저렇게 고통 받는다는 것을 알게
되었다. 늘 건강한 사람만 보아왔던 태자는 매우 혼란스럽고
괴로운 마음으로 돌아왔다.

그 다음날 태자는 서쪽 성문 밖으로 구경을 나갔습니다. 그
러다 죽은 사람을 보내는 장례행렬을 만나게 되었다. 그리고
결국 자신도 그렇게 죽게 되리란 것을 알고는 매우 충격을
받게 되었다. 궁궐 안에서 죽은 사람을 한 번도 본 적이 없었
던 태자는 다시 힘없이 발길을 궁궐로 돌렸다.

너무나 충격이 컸던 태자는 며칠이 지난 후 북쪽 성문 밖
도 마저 구경하려고 길을 나섰다. 먼 숲 속을 지날 때 태자는
이상한 사람을 만나게 되었다. 옷은 낡고 허름했으나 얼굴은
맑고 빛이 나며 걸음걸이는 의젓하였다. 태자는 이 사람의 신
비한 자태에 금방 마음이 끌려 말을 하였다.

"그대는 어떤 분이시기에 이토록 훌륭한 모습을 하고 있습
니까?"

"저는 출가 수행자입니다."

"출가란 무엇이고 또 수행이란 무엇입니까?"

"사람이 태어나서 병들고 늙고 죽는 고통이 있다는 사실을
알고, 그런 고통과 슬픔에서 벗어나기 위해 집을 떠나 조용한
곳에서 진실한 가르침을 찾는 것이 출가이며, 그러한 가르침

을 배워 깨닫기 위해 노력하는 사람을 수행자라 말합니다."

태자는 수행자의 말을 듣고 가슴이 벅차올랐다. 어쩌면 자신이 고민해온 문제들을 해결할 수 있을지도 모른다는 생각이 들었습니다. '나도 출가하여 수행자가 되리라.' 생각하며 기뻐하였다.

고타마 싯타르타는 북인도 까삐라왓투의 쑷도다나 왕의 아들로 태어났다. 태어난 후 7일 만에 어머니가 돌아가고, 이모인 마하빠자빠띠 고따미가 아버지와 결혼하여 부처님을 양육하였다.

마하빠자빠띠 고따미는 자신의 친자식인 난다는 유모가 키우게 하고, 부처님은 자신이 직접 사랑으로 키운다. 부처님의 이복동생인 난다는 출가하여 아라한이 되고, 부처님의 이모이며, 계모인 마하빠자빠띠도 나중에 출가하여 비구니의 수장(首長)이 된다.

7세부터 12년 동안 국가 지도자로서 알아야 할 정치·경제·사회·문화·종교 등 학문을 쌓았다.

춘경제(春耕祭)는 봄에 농사일이 시작되는 때에 왕이 농사 짓는 행사에 참석하여 농민을 위로하는 행사이다. 왕자인 고타마 싯타르타도 부왕(父王)을 따라 행사에 참석했다.

그때 농부는 밭을 쟁기로 갈고 있었고, 쟁기가 밭을 갈 때 벌레가 밭두렁 사이에 나타나서 꿈틀대고 있었다. 그때 어디서 나타났는지 모를 새 한 마리가 날아들어 잽싸게 그 벌레를 낚아채서 물고 가는 것을 보았다.

약육강식의 생태계를 목격하고 농민의 고달픈 노동 현장을 체험하고서 큰 충격을 받아 숲 속에서 홀로 명상을 했다. 명상의 날은 날로 깊어지고 이때부터 삶에 대한 긴 방황이 시작되었다.

그러나 현실을 어렴풋이 인식하였지만 아직 구체적으로 그 원인이 무엇인지 또 어떻게 극복해야 하는지에 대한 관점은 없었다.

제왕의 수업

신다르타 태자가 불과 7살이 되던 해부터 태자는 제왕의 수업을 받기 시작했다. 누구보다 강력한 왕이 되어서 주변 강대국들에 맞서 카필라국을 재건해 주기를 바라는 부왕의 바람이 간절했던 만큼 태자의 수업도 빈틈없이 이루어졌다.

태자는 7세 때부터 비슈바미트라는 스승 밑에서 학문을 익히기 시작했다. 본래 총명함을 타고난 태자는 64종의 모든 문학에 통달하게 됐다고 한다. 태자의 이 같은 학습은 풍부한 지식을 쌓았고, 출가 이후 성도를 이룬 뒤에 대중들에게 설법을 하고 적절한 예를 들고 하는데 많은 도움이 됐을 것이다.

이렇게 학문을 익히는 것과 병행해서 8세 때부터는 무예도 익히기 시작했다. 크샨티데바로부터 무예, 병법을 학습하기 시작했고 태자는 28종의 무예와 병법을 모두 통달했다.

이 같은 무예는 신체의 단련은 그에게 강인한 의지력(意志力)을 심어 키워 주었을 것이고, 이는 그가 설산에서 6년간이나 가혹한 고행을 이길 수 있는 기본적 체력을 쌓게 했던 기초이다.

이렇게 왕도교육을 받은 태자는 마침내 12세에 태자에 봉

행하게 된다. 이때까지 태자는 붓다가 아니라 전륜성왕으로써의 길을 잘 가고 있었다. 그러나 이 같은 무예와 문학에 대한 학습에도 불구하고 태자는 근본적인 문제에 있어서는 언제나 답답하고 막막한 느낌을 떨쳐 버릴 수 없었다.

지식과 학문, 이런 것을 통해서는 삶의 본질적인 문제인 생사의 문제에 대한 해답을 얻을 수 없었기 때문이다. 태자는 점차 이론만으로 구체적이며 실재적인 고苦를 해결할 수 없음을 깨닫기 시작한다.

염부수 아래의 정관(閻浮樹下靜觀)

태자가 7세가 되던 해였다. 당시 카필라국 뿐만이 아니라 고대의 모든 나라들은 농업이 주된 경제의 기반이었다. 그래서 농사를 시작하는 첫날은 대단히 의미가 깊은 날로 왕이 첫 삽을 뜨는 농경행사에 참석했다.

그런데 바로 이 농경제에서 싣다르타는 삶의 고통을 더욱 절실하게 깨닫게 된다. 싣다르타 태자가 밭가는 모습을 유심히 지켜보고 있는데, 쟁기의 보습 끝에 일구어지는 흙더미 속에서 벌레들이 꿈틀거리기 시작했다.

그런데 느닷없이 하늘에서 작은 새가 날아와서 그 벌레를 낚아채 갔다. 그런가했더니 어느새 독수리가 나타나서 작은 새를 잡아가는 것이었다.

이를 목격한 태자는 대단히 충격을 받았다. 약육강식의 지배질서. 그것이 이세상의 법칙임을 깨달았던 것이다. 그리고 그는 그 약육강식의 지배질서에서 살아남기 위해 무예와 병법을 익히고 닦고 있었던 것이다.

농부들의 모습은 피폐하고 남루하고 헐벗기가 이를 데 없었다. 그가 그 동안 왕성에서 보아 오던 사람들과는 겉모습부터가 너무 다른 것이었다.

태자는 약육강식의 비정한 생존의 질서와 계급차별이라는 불평등의 인간사를 보았다. 그리고 그 동안 자신이 받아 왔던 왕도교육이 얼마나 현실을 왜곡하고 있는 것인지를 깨달았다.

사려(思慮)가 깊고 감수성이 예민한 태자에게는 이 모든 사실들은 대단한 충격이었다. 그래서 태자는 마치 누구에게 이끌리기라도 하듯 그 자리를 떠나 숲 속으로 들어갔다. 그리고는 염부수 나무 아래에 정좌하고는 사색에 빠져들었다.

"세상은 약육강식이라는 힘의 원리에 의해 지배되는 비정한 곳이란 말인가? 농부의 피폐한 삶은 무엇이며 채찍을 맞아 가며 밭을 가는 소는 또 무엇인가? 그럼에도 불구하고 나의 부유한 삶은 또 무엇이란 말인가?"

태자는 이런 사색을 하며 해가 지는 줄도 몰랐다. 태자는 이미 이 염부수 아래서의 명상을 통해서 사선(四禪)가운데 첫 번째 단계인 초선(初禪)의 단계에 도달했다고 한다. 그래서 태자의 몸에서는 후광이 발하기 시작했고 짙은 나무 그늘에 앉아 있었건만 나무 그림자가 없을 정도였다고 한다.

이를 두고 '염부수(閻浮樹) 아래의 정관(靜觀)'이라고 한다. 싯다르타 태자에게 이 첫 선정의 경험은 후에 수행에서도 좋은 지침이 되었을 것이다.

이윽고 농경제가 끝난 왕은 태자가 없어진 것을 보고는 부하들과 함께 태자를 찾아 헤매기 시작했다. 그리고는 마침내 염부수 아래에서 선정에 든 모습을 보고 왕은 어린 태자에게

148

서 거룩한 기풍을 발견했다.

아버지는 왕자의 출가를 막기 위하여 세 곳에 삼시전(三時殿, 계절별 별장)을 지어주고 무희와 악단을 함께 머물게 하면서 매일 잔치를 벌였다. 그것은 아버지 방식의 행복이었다.

세 개의 궁전

부처님이 출가하기 전의 이야기를 기록한 경에 따르면 다음과 같은 이야기가 있다.

✱ 마간디야의 경. Māgandiya-sutta(M:75)

『21. 마간디야여, 그러한 나에게는 세 개의 궁전이 있어 하나는 우기를 위한 것이고, 하나는 겨울을 위한 것이고, 하나는 여름을 위한 것이었습니다.

마간디야여, 그러한 나는 우기의 궁전에서 사는 사 개월 동안 궁녀들의 음악에 탐닉하여 밑에 있는 궁전으로는 내려오지 않았습니다.

그 후에 나는 감각적 쾌락의 생성이나 소멸이나 유혹이나 재난이나 그것에서 벗어남을 있는 그대로 알아서 감각적 쾌락의 갈애를 버리고 감각적 쾌락의 타는 듯한 고뇌를 버려서 감각적 쾌락의 갈증을 버리고 안으로 마음의 고요를 성취했습니다.

나는 감각적 쾌락의 탐욕을 버리지 못하고 감각적 쾌락의 갈애에 사로잡혀, 감각적 쾌락의 타는 듯한 고뇌에 불타, 감각적 쾌락을 추구하는 다른 뭇 삶들을 봅니다. 나는 그들을 부러워하지 않고 그 속에 있는 것들을 즐기지 않았습니다.

그것은 무슨 까닭입니까? 마간디야여, 참으로 그 감각적 쾌
락의 착하지 못하고 건전하지 못한 것들을 떠나면, 천상의 즐
거움을 능가하는 기쁨이 있기 때문입니다. 나는 그 속에서 기
쁨을 누리므로 그 보다 못한 것을 부러워하지 않고 그 속에
서 즐거워하지도 않았습니다.』

❊ 사색의 나날은 깊어지고 인생의
  고뇌를 살필 때, 부왕은 태자를 결혼시키니,
  부인은 인품과 절세의 미모를 지닌
  '야소다라' 공주이니라.

야소다라와의 결혼

태자가 출가에 관심을 두고 있는 것을 알아차린 숫도다나
왕은 매일 연회를 베풀고 아름다운 무희들로 하여금 태자를
돌보게 했다. 그러나 태자의 태도는 전혀 달라지지 않았다.

마침내 태자는 부왕에게 출가할 의사를 밝혔다. 부왕은 달
래기도 하고 꾸짖기도 했지만 태자의 완강한 태도를 꺾을 수
가 없었다. 그래서 왕은 왕실의 대를 이을 후손을 보기 전에
는 절대로 출가 할 수 없다는 조건을 내세웠다.

숫도다나왕은 태자가 결혼을 하고 아내와 자식을 보게 되면
그런 근심은 없어질 것이라는 생각으로 태자를 결혼시켰다.
싯달타 태자는 콜리(Koli)성의 공주인 야소다라(Yasodhara-'
영광을 가진 여자')와 결혼을 했다. 이 때 태자의 나이 17세
때의 일이라고 한다. 숫도다나왕은 이것도 모자라서 '구리'를
둘째 아내로 맞이하게 하고 심지어 셋째 아내로 '녹야'까지

맞이하도록 했다.

이렇게 태자는 권력과 성, 풍요와 오락 등 세속의 모든 오욕락에 휩싸여 살았다. 퇴폐적 지배문화를 통해서 왕은 태자의 사색을 잠재우고자 했던 것이다. 그러나 마치 연꽃이 더러운 진흙 속에서 피어나지만 그 모습이 청결하듯 태자는 이런 모든 오욕락에 물들지 않았다.

✽✽ 출가를 결심할 무렵 아들을 낳으니
　　이름이 '라훌라'니라. '라훌라'라는 뜻은
　　장애이니 출가에 장애가 될 것이라 생각하시고
　　외마디 외침이 그대로 이름이 되었네.
　　고요한 새벽 마부 '찬다카'와
　　성문을 나서 출가하시니,
　　이것이 유성출가상(踰城出家相)이니라.

마부 찬타카와 출가

어느 날 태자비 야소다라 공주가 아기를 갖게 되었다. 그 말을 듣자 정반왕은 너무도 기뻤다. 이제 곧 태자비가 아기를 낳으면 태자는 출가에 대한 생각을 포기할 것이라고 생각했기 때문이다. 하지만 태자의 마음은 무겁기만 하였다.

태자의 아기가 태어나던 날 태자는 숲 속에서 명상에 잠겨 있었다. 아기를 낳았다는 소식에 태자는 자신도 모르게 "라훌라"라고 무심히 탄식을 했다. 이 말은 장애물이라는 뜻이다. 자신의 출가를 방해하는 또 하나의 장애물이 생겼다는 말이다.

아기가 태어나면 태자의 마음이 바뀔 것이라 기대하였던 정반왕의 생각과는 반대로 태자는 이제야말로 출가를 해야 할 때가 되었다고 생각을 하였다.

모두가 깊은 잠이 든 밤, 태자는 마부 찬타카를 깨웠다. 그리고 마구간에서 말을 가져오라 하였다. 찬타카는 걱정스레 태자를 바라보았다.

"서둘러라. 시간이 없다."

찬타카는 태자의 출가를 알아차리고, 하는 수 없이 말을 끌고 나왔다. 그리고 태자는 몰래 성을 빠져 나왔다.

날이 샐 무렵 강가에 이르러 그 물에 세수를 하고 태자는 자신의 칼로 그 긴 머리를 잘랐다. 그리고 입고 있던 비단 옷을 벗어 지나가던 사냥꾼에게 주고 허름한 옷을 받아 입었다. 찬타카는 눈물을 흘렸다.

"찬타카야, 울지 마라. 나의 머리카락과 칼을 가지고 성으로 돌아가거라. 그리고 나는 이제 깨달음을 이루기 전에는 절대로 돌아오지 않는다고 말씀 드려라."

☞ [마부 찬타카를 찬나(Channa)라고 부르는데, 부처님 성도 후, 출가하게 된다. 그는 부처님과 가까운 사이였던 것에 대해서 지나친 자만과 오만이 생겨서 다른 비구들을 험담하며 지냈다고 한다.

부처님께서는 반열반하실 때 특별히 찬나 비구를 언급하시면서 그에게 일종의 집단 따돌림인 최고의 처벌을 주라고 아난다 존자에게 당부하셨다.

세존께서는 찬나와의 인연을 중히 여기시어 임종의 마지막 침상에 누우셔서도 그를 구제할 방법을 찾으신 것이다. 율장에 의하면 찬나 비구는 이 처벌을 받고 정신이 들어서 자만심과 제멋대로 하는 성질을 꺾고 홀로 한거하며 열심히 정진하여 마침내 찬나 존자로서 아라한이 되었다고 한다.]

∴ 히말라야의 눈 덮인 설산에 들어가
　온갖 고통을 여의고 수행을 하실 때,
　처음엔 '박가바'라는 선인을 만나
　수행을 고행으로 하는 것을 보고
　이것이 아님을 깨달아 길을 떠났고,
　다음에 '아라라칼라마'를 만나 명상
　수행을 하다가, 다음엔 웃다까 라마뿟타를
　만나 비상비비상처 천의 삼매를 공부마치고
　이것도 아님을 깨달아
　길을 떠나 홀로 수행을 하시니
　이것이 설산수도상(雪山修道相)이니라.

설산수도상

☞ 싯다르타 태자는 큰 깨달음을 위하여 왕자의 신분과 화려한 인생 전부를 내던지는 실로 '위대한 포기'를 하였다.

세 가지 희유한 일이 있다. 금강경 오가해의 육조혜능대사의 구결(口訣)에 보면,

『제일희유(第一希有)는 능사금륜왕위(能捨金輪王位)요. 제이희유(第二希有)는 신장장육(身長丈六)과 자마금용(紫磨金容)과 삼십이상(三十二相)과 팔십종호(八十種好)-삼계무비

(三界無比)요. 제삼희유(第三希有)는 성능함토팔만사천법문(性能含吐八萬四千法門)하사 삼신원비(三身圓備)이니 이구상삼의(以具上三義)일새 고운희유야(故云希有也)니라.』

『첫째 희유한 것은 능히 금관 조복을 입고 왕위에 오를 것을 버린 것이요. 두 번째 희유한 것은 몸 길이가 6장으로 큰 것과 자마금색의 얼굴과 32가지 출중한 형상과 80가지 좋은 형상으로 삼계에 비유할 데가 없는 것이요. 셋째는 능히 팔만 사천 법문을 토해내고 법신 보신 화신을 원만히 갖춘 것이다.』

우리가 주목해야 할 것은 용모나 형상과 법문은 보지 못했지만 역사적 사실로 확실히 드러나는 것은 왕위를 버렸다는 것이다.

부처님 당시 왕위를 찬탈하기 위하여 태자가 부왕(父王)을 죽인 사건이 둘이 있었다.

부처님의 충실한 재가 신도였던 빔비사라왕은 〈아사타삿투〉 태자에게 왕위를 찬탈당하여 죽임을 당하였고. 빠세나디 꼬살라왕도 아들 〈위두다바〉에게 왕위를 찬탈당하여 죽었다.

우리나라에서도 조선조에 왕자의 난으로 형제를 도륙한 일이 있었다. 권력이란 무서운 것이며, 왕위란 권력에 눈이 어두운 인간이면 누구나 탐내는 최고의 위치이다.

부처님께서 왕위를 버렸다는 것이 참으로 희유하고 희유한 일인 것이다.

왕위를 이어받을 태자 지위를 버리고 호화찬란한 궁중생활도 버리고 이제 더 이상 태자가 아닌 수행자로서 고타마가 되었다. 그는 찬타카를 돌려보낸 후 설산 깊은 곳에 있는 박가바 선인의 처소에 이르렀다.

그곳에는 많은 수행자가 모여 공부를 하는데 그들은 부드러운 풀로 몸을 가리기도 하고, 하루 한번이나 이틀에 한번 음식을 먹기도 하며, 물과 불을 섬기기도 하며, 해와 달을 섬기기도 하며, 한발로 서기도 하며, 진흙 속이나 가시덤불 속에 눕기도 하며, 물과 불을 가리지 않고 그 속에 눕기도 하였다. 고타마 수행자는 그와 같은 고행을 하는 이유를 선인에게 물었다.

"하늘나라에 나서 여러 가지 복을 누리고자 하노라."

"고행을 하면 누구나 하늘나라에 태어날 수 있나요?"

"하늘나라에 태어나기 위해서 고행을 한다면, 괴로움은 영원히 떠나지 않을 것입니다. 만일 하늘나라에 태어난다면 그곳에서도 고행을 계속하실 것입니까? 만약 그러지 않으면 지옥으로 떨어질게 아닙니까?" 선인은 아무 말도 하지 못했다.

이들이 고행으로 수행하는 목적은 천상에 태어나기 위함이었기에 그 대답은 간단했다.

고타마 수행자는 새로운 스승을 찾아 나섰다. 박가바가 알려준 아라라칼라마라는 선인을 찾아 갔다. 그리고 그 선인의 가르침을 따라 열심히 수행했다. 그 결과 얼마 지나지 않아 그 선인의 경지에 이르게 되었다.

그러나 그것은 생로병사의 고통을 깨닫는 궁극의 자리가 아니었으므로 또다시 웃다까라마뿟타를 만나 비상비비상처천의 삼매를 공부하여 마쳤다.

웃다까라마뿟타를 만나 공부를 마친 비상비비상(非想非非想)천은 그 당시 최고의 경지였고, 욕계 색계 무색계 중의 맨 마지막 단계이며 28천(天) 중에 무색계의 최고의 높은 경지의 하늘인 무색계의 마지막 단계이다.

이 맨 마지막 단계의 공부를 마친 고타마에게 웃다까라마뿟타는 같이 교단을 이끌고 가자고 제안을 한다. 그러나 고타마는 마침내 스스로 깨달음을 얻을 수밖에 없다고 생각하고 그곳을 떠나간다.

고타마는 홀로 설산 깊은 곳으로 들어갔다. 그리고 자리를 마련하여 앉았다. 날마다 한 알의 곡식을 먹고, 바람과 비를 피하지도 않고, 일어나 걷는 일도 없었으며, 계절이 바뀌는 것도 가리지 않고 단정히 앉아 깊은 선정에 들었다.

그러던 어느 날 세월이 흐른 후 문득 고오타마 수행자는 이런 생각을 하였다.

'육체의 고행이 정신을 혼미하게 하여 깨달음을 이루는데 오히려 장애가 될 수도 있겠구나!'

그리하여 그는 고행을 멈추시고 강으로 내려와 더러워진 몸을 씻고는 지치고 기진하여 보리수나무 밑에 누워 있었다.

＊ 웃다까 경. Uddaka-sutta(S.35:103)

3. "비구들이여, 웃다까라마뿟타는 이렇게 공언하였다.

'참으로 이것이 지혜의 달인

참으로 이것이 일체승자

참으로 이것이 아직 파내지 못한 종기의 뿌리이니 그는 이것을 파내버렸도다.'

비구들이여, 그러나 웃다까 라마뿟타는 지혜의 달인이 아니면서도 '나는 지혜의 달인이다.'라고 말하고 일체승자가 아

니면서도 '나는 일체승자다.'라고 말하고, 종기의 뿌리를 파
내지 못했으면서도 '나는 종기의 뿌리는 파내어졌다고.'라고
말한다."

4. "비구들이여, 여기 바르게 말하는 비구가 그것을 말해야
한다.

'참으로 이것이 지혜의 달인

참으로 이것이 일체승자

참으로 이것이 아직 파내지 못한 종기의 뿌리이니 그는 이
것을 파내버렸도다.'라고."

5. "비구들이여, 그러면 어떻게 해서 비구는 지혜의 달인인
가? 비구들이여, 비구는 여섯 감각접촉의 장소의 일어남과
사라짐과 달콤함과 위험함과 벗어남을 있는 그대로 꿰뚫어
안다.

비구들이여, 이렇게 해서 비구는 지혜의 달인이다."

6. "비구들이여, 그러면 비구는 어떻게 해서 비구는 일체승
자인가? 비구들이여, 비구는 여섯 감각접촉의 장소의 일어남
과 사라짐과 달콤함과 위험함과 벗어남을 있는 그대로 분명
하게 안 뒤 취착 없이 해탈한다. 비구들이여, 이렇게 해서 비
구는 일체승자이다."

7. "비구들이여, 그러면 어떻게 해서 비구는 아직 파내지
못한 종기의 뿌리를 파내버렸는가?

비구들이여, 여기서 종기라는 것은 이 몸을 두고 한 말이
다. 그것은 네 가지 근본물질[사대四大]로 이루어진 것이며, 부
모에게서 생겨났고, 밥과 죽으로 집적되었으며, 무상하고 파
괴되고 분쇄되고 해체되고 분해되기 마련이다.

비구들이여, 종기의 뿌리라는 것은 갈애를 두고 한 말이다.
비구들이여, 비구의 갈애는 제거되었고, 그 뿌리가 잘렸고 줄
기만 남은 야자수처럼 되었고 존재하지 않게 되었고 미래에
다시는 일어나지 않게끔 되었다. 비구들이여, 이렇게 해서 비
구는 파내지 못한 종기의 뿌리를 파내버렸다.”

8. “비구들이여, 웃다까라마뿟타는 이렇게 공언을 하였다.
 ‘참으로 이것이 지혜의 달인
　참으로 이것이 일체승자
　참으로 이것이 아직 파내지 못한 종기의 뿌리이니 그는
　이것을 파내버렸도다.’

비구들이여, 그러나 웃다까라마뿟타는 지혜의 달인이 아니
면서도 ‘나는 지혜의 달인이다.’라고 말하고 일체승자가 아니
면서도 ‘나는 일체승자다.’라고 말하고 종기의 뿌리를 파내지
못했으면서도 ‘나의 종기의 뿌리는 파내어졌다.’라고 말한다.”

9. “비구들이여, 여기 바르게 말하는 비구가 그것을 말해야
한다.
 ‘참으로 이것이 지혜의 달인
　참으로 이것이 일체승자
　참으로 이것이 아직 파내지 못한 종기의 뿌리이니 그는
　이것을 파내버렸도다.’라고”

＊ 중생 경, Satta-sutta.(A.9:24)
〈**중생의 거처**〉

1. “비구들이여, 아홉 가지 중생의 거처가 있다. 무엇이 아홉
가지인가?

2. "비구들이여, 각자 다른 몸을 가지고 각자 다른 인식을 가진 중생들이 있다. 예를 들면 인간들과 어떤 신들과 어떤 악처에 떨어진 자들이다. 이것이 첫 번째 중생의 거처이다."

3. "수행승들이여, 예를 들어 첫 번째 선정으로 **하느님**의 세계에 태어난 신들처럼(범중천(梵衆天) 신체의 다양성을 지니고 지각의 통일성을 지닌 중생들이 있다. 이것이 두 번째 중생의 거처이다."

4. "수행승들이여, 예를 들어 빛이 흐르는 **하느님의** 세계의 신들처럼 신체의 통일성을 지니고 지각의 다양성을 지닌 중생들이 있다. 이것이 세 번째 중생의 거처이다."

5. "수행승들이여, 예를 들어 영광이 충만한 **하느님**의 세계의 신들처럼 신체의 통일성을 지니고 지각의 통일성을 지닌 중생들이 있다. 이것이 네 번째 중생의 거처이다."

6. "비구들이여, 인식이 없고, 느낌이 없는 중생들이 있다. 예를 들면 무상유정천의 신들이다. 이것이 다섯 번째 중생의 거처이다."

7. "비구들이여, 물질[색色]에 대한 인식을 완전히 초월하고 부딪힘의 인식을 소멸하고 갖가지 인식을 마음에 잡도리하지 않기 때문에 '무한 허공'이라고 하면서 공무변처에 도달한 중생들이 있다. 이것이 여섯 번째 중생의 거처이다."

8. "비구들이여, 공무변처를 완전히 초월하여 '무한한 알음알이[식識]라고 하면서 식무변처에 도달한 중생들이다. 이것이 일곱 번째 중생의 거처이다."

9. "비구들이여, 식무변처를 완전히 초월하여 '아무것도 없다.'라고 하면서 무소유처에 도달한 중생들이다. 이것이 여덟

번째 중생의 거처이다."

10. "비구들이여, 무소유처를 완전히 초월하여 비상비비상처에 도달한 중생들이다. 이것이 아홉 번째 중생의 거처이다."

✻ 사까무니 고따마 경. Sakyamunigotama-sutta(S12:10)

1. 이와 같이 들었다. 한때 세존께서는 사왓티에서 제따 숲의 아나타삔디까 원림[급고독원]에 머무셨다.

2. 거기서 세존께서는 "비구들이여,"라고 비구들을 부르셨다. "세존이시여,"라고 비구들은 세존께 응답했다. 세존께서는 이렇게 말씀하셨다.

3. "비구들이여, 내가 깨닫기 전, 아직 완전한 깨달음을 성취하지 못한 보살이었을 때 나에게 이런 생각이 들었다. '참으로 이 세상은 고통으로 가득하구나. 태어나고 늙고 죽고 죽어서 다시 태어난다. 그러나 늙음·죽음[노사老死]이라는 이 괴로움으로부터 벗어남을 꿰뚫어 알지 못한다. 도대체 어디서 늙음·죽음이라는 이 괴로움으로부터 벗어남을 꿰뚫어 알 것인가?'"

4. "비구들이여, 그러자 나에게 이런 생각이 들었다. '무엇이 있을 때 늙음·죽음이 있으며 무엇을 조건으로 하여 늙음·죽음이 있는가?'라고

비구들이여, 그러자 나는 지혜롭게 마음에 잡도리함[여리작의如理作意]을 통해서 마침내 '태어남이 있을 때 늙음·죽음이 있으며, 태어남을 조건으로 하여 늙음·죽음이 있다.'라고 통찰지로써 관통하였다."

5. "비구들이여, 그러자 나에게 이런 생각이 들었다. '무엇이 있을 때 태어남이 있으며 무엇을 조건으로 하여 태어남이

있는가?'라고.

비구들이여, 그러자 나는 지혜롭게 마음에 잡도리함을 통해서 마침내 '존재[유有]가 있을 때 태어남이 있으며 존재를 조건으로 하여 태어남이 있다.'라고 통찰지로써 관통하였다."

6. "비구들이여, 그러자 나에게 이런 생각이 들었다. '무엇이 있을 때 존재가 있으며 무엇을 조건으로 하여 존재가 있는가?'라고.

비구들이여, 그러자 나는 지혜롭게 마음에 잡도리함을 통해서 마침내 '취착[취取]이 있을 때 존재가 있으며 취착을 조건으로 하여 존재가 있다.'라고 통찰지로써 관통하였다."

7. "비구들이여, 그러자 나에게 이런 생각이 들었다. '무엇이 있을 때 취착이 있으며 무엇을 조건으로 하여 취착이 있는가?'라고.

비구들이여, 그러자 나는 지혜롭게 마음에 잡도리함을 통해서 마침내 '갈애[애愛]가 있을 때 취착이 있으며 갈애를 조건으로 하여 취착이 있다.'라고 통찰지로서 관통하였다."

8. "비구들이여, 그러자 나에게 이런 생각이 들었다. '무엇이 있을 때 갈애가 있으며 무엇을 조건으로 하여 취착이 있는가?'라고.

비구들이여, 그러자 나는 지혜롭게 마음에 잡도리함을 통해서 마침내 '느낌[수受]이 있을 때 갈애가 있으며 느낌[受]을 조건으로 하여 갈애가 있다.'라고 통찰지로서 관통하였다."

9. "비구들이여, 그러자 나에게 이런 생각이 들었다. '무엇이 있을 때 느낌이 있으며 무엇을 조건으로 하여 느낌이 있는가?'라고.

비구들이여, 그러자 나는 지혜롭게 마음에 잡도리함을 통해서 마침내 '감각접촉[촉觸]이 있을 때 느낌이 있으며 감각접촉을 조건으로 하여 느낌이 있다.'라고 통찰지로써 관통하였다."

10. "비구들이여, 그러자 나에게 이런 생각이 들었다. '무엇이 있을 때 감각접촉 있으며 무엇을 조건으로 하여 감각접촉이 있는가?'라고.

비구들이여, 그러자 나는 지혜롭게 마음에 잡도리함을 통해서 마침내 '여섯 감각장소[육입六入]가 있을 때 감각접촉이 있으며 여섯 감각장소를 조건으로 하여 감각접촉이 있다.'라고 통찰지로서 관통하였다."

11. "비구들이여, 그러자 나에게 이런 생각이 들었다. '무엇이 있을 때 여섯 감각장소가 있으며 무엇을 조건으로 하여 여섯 감각장소가 있는가?'라고.

비구들이여, 그러자 나는 지혜롭게 마음에 잡도리함을 통해서 마침내 '정신·물질[명색名色]이 있을 때 여섯 감각장소가 있으며 정신·물질을 조건으로 하여 여섯 감각장소가 있다.'라고 통찰지로서 관통하였다."

12. "비구들이여, 그러자 나에게 이런 생각이 들었다. '무엇이 있을 때 정신·물질 있으며 무엇을 조건으로 하여 정신·물질이 있는가?'라고.

비구들이여, 그러자 나는 지혜롭게 마음에 잡도리함을 통해서 마침내 '알음알이[식識]가 있을 때 정신·물질이 있으며 알음알이를 조건으로 하여 정신·물질이 있다.'라고 통찰지로서 관통하였다."

13. "비구들이여, 그러자 나에게 이런 생각이 들었다. '무엇

이 있을 때 알음알이가 있으며 무엇을 조건으로 하여 알음알이가 있는가?'라고.

비구들이여, 그러자 나는 지혜롭게 마음에 잡도리함을 통해서 마침내 '의도적 행위들이[행行] 있을 때 알음알이가 있으며 의도적 행위들을 조건으로 하여 알음알이가 있다.'라고 통찰지로서 관통하였다."

14. "비구들이여, 그러자 나에게 이런 생각이 들었다. '무엇이 있을 때 의도적 행위들이 있으며 무엇을 조건으로 하여 의도적 행위들이 있는가?'라고.

비구들이여, 그러자 나는 지혜롭게 마음에 잡도리함을 통해서 마침내 '무명이 있을 때 의도적 행위들이 있으며 무명을 조건으로 하여 의도적 행위들이 있다.'라고 통찰지로서 관통하였다."

15. "이와 같이 참으로 무명을 조건으로 의도적 행위들이, 의도적 행위들을 조건으로 알음알이가,… 이와 같이 전체 괴로움의 무더기[고온苦蘊]가 발생한다."

16. "비구들이여, 나에게는 '일어남, 일어남'이라는 전에 들어 보지 못한 법들에 대한 눈[안眼]이 생겼다. 지혜[지智]가 생겼다. 통찰지[혜慧]가 생겼다. 명지[명明]가 생겼다. 광명[光]이 생겼다.

17. "비구들이여, 그러자 나에게 이런 생각이 들었다. '무엇이 없을 때 늙음 죽음[노사老死]이 없으며 무엇이 소멸하기 때문에 늙음 죽음이 소멸하는가?'라고.

비구들이여, 그러자 나는 지혜롭게 마음에 잡도리함을 통해서 마침내 '태어남[생生]이 없을 때 늙음 죽음이 없으며 태어

남이 소멸하기 때문에 늙음·죽음이 소멸한다.'라고 통찰지로
서 관통하였다."

18. "비구들이여, 그러자 나에게 이런 생각이 들었다. '무엇
이 없을 때 태어남이 없으며 무엇이 소멸하기 때문에 태어남
이 소멸하는가?'라고.

비구들이여, 그러자 나는 지혜롭게 마음에 잡도리함을 통해서
마침내 '존재[유有] 없을 때 태어남이 없으며 존재가 소멸하기
때문에 태어남이 소멸한다.'라고 통찰지로서 관통하였다."

19. "비구들이여, 그러자 나에게 이런 생각이 들었다. '무엇
이 없을 때 존재가 없으며 무엇이 소멸하기 때문에 존재가
소멸하는가?'라고.

비구들이여, 그러자 나는 지혜롭게 마음에 잡도리함을 통해
서 마침내 '취착[취取]이 없을 때 존재가 없으며 취착이 소멸
하기 때문에 존재가 소멸한다.'라고 통찰지로서 관통하였다."

20. "비구들이여, 그러자 나에게 이런 생각이 들었다. '무엇
이 없을 때 취착이 없으며 무엇이 소멸하기 때문에 취착이
소멸하는가?'라고.

비구들이여, 그러자 나는 지혜롭게 마음에 잡도리함을 통해
서 마침내 '갈애[애愛]가 없을 때 취착이 없으며 갈애가 소멸
하기 때문에 취착이 소멸한다.'라고 통찰지로서 관통하였다."

21. "비구들이여, 그러자 나에게 이런 생각이 들었다. '무엇
이 없을 때 갈애가 없으며 무엇이 소멸하기 때문에 갈애가
소멸하는가?'라고.

비구들이여, 그러자 나는 지혜롭게 마음에 잡도리함을 통해
서 마침내 '느낌[수受]이 없을 때 갈애가 없으며 느낌이 소멸

하기 때문에 갈애가 소멸한다.'라고 통찰지로서 관통하였다."

22. "비구들이여, 그러자 나에게 이런 생각이 들었다. '무엇이 없을 때 느낌이 없으며 무엇이 소멸하기 때문에 느낌이 소멸하는가?'라고.

비구들이여, 그러자 나는 지혜롭게 마음에 잡도리함을 통해서 마침내 '감각접촉[촉觸]이 없을 때 느낌이 없으며 감각접촉이 소멸하기 때문에 느낌이 소멸한다.'라고 통찰지로서 관통하였다."

23. "비구들이여, 그러자 나에게 이런 생각이 들었다. '무엇이 없을 때 감각접촉이 없으며 무엇이 소멸하기 때문에 감각접촉이 소멸하는가?'라고.

비구들이여, 그러자 나는 지혜롭게 마음에 잡도리함을 통해서 마침내 '여섯 감각장소[육입六入]가 없을 때 감각접촉이 없으며 여섯 감각장소가 소멸하기 때문에 감각접촉이 소멸한다.'라고 통찰지로서 관통하였다."

24. "비구들이여, 그러자 나에게 이런 생각이 들었다. '무엇이 없을 때 여섯 감각장소가 없으며 무엇이 소멸하기 때문에 여섯 감각장소가 소멸하는가?'라고.

비구들이여, 그러자 나는 지혜롭게 마음에 잡도리함을 통해서 마침내 '정신·물질[명색名色]이 없을 때 여섯 감각장소가 없으며 정신·물질이 소멸하기 때문에 여섯 감각장소가 소멸한다.'라고 통찰지로서 관통하였다."

25. "비구들이여, 그러자 나에게 이런 생각이 들었다. '무엇이 없을 때 정신·물질[명색名色]이 없으며 무엇이 소멸하기 때문에 정신·물질이 소멸하는가?'라고.

비구들이여, 그러자 나는 지혜롭게 마음에 잡도리함을 통해서 마침내 '알음알이[識]가 없을 때 정신·물질이 없으며, 알음알이가 소멸하기 때문에 정신·물질이 소멸한다.'라고 통찰지로서 관통하였다."

26. "비구들이여, 그러자 나에게 이런 생각이 들었다. '무엇이 없을 때 알음알이가 없으며 무엇이 소멸하기 때문에 알음알이가 소멸하는가?'라고.

비구들이여, 그러자 나는 지혜롭게 마음에 잡도리함을 통해서 마침내 '의도적 행위들[行]이 없을 때 알음알이가 없으며, 의도적 행위들이 소멸하기 때문에 알음알이가 소멸한다.'라고 통찰지로서 관통하였다."

27. "비구들이여, 그러자 나에게 이런 생각이 들었다. '무엇이 없을 때 의도적 행위들이 없으며 무엇이 소멸하기 때문에 의도적 행위들이 소멸하는가?'라고.

비구들이여, 그러자 나는 지혜롭게 마음에 잡도리함을 통해서 마침내 '무명이 없을 때 의도적 행위들이 없으며, 무명이 소멸하기 때문에 의도적 행위들이 소멸한다.'라고 통찰지로서 관통하였다."

28. "이와 같이 참으로 무명이 남김없이 빛바래어 소멸하기 때문에 의도적 행위들이 소멸하고, 의도적 행위들이 소멸하기 때문에 알음아이가 소멸하고 … 이와 같이 전체 괴로움의 무더기[고온苦蘊]가 소멸한다."

29. "비구들이여, '소멸, 소멸'이라는, 전에 들어보지 못한 법들에 대한 눈[안眼]이 생겼다. 지혜[지智]가 생겼다. 통찰지[혜慧]가 생겼다. 명지[明]가 생겼다. 광명[光]이 생겼다."

✽ **달콤함 경**. Assada-sutta(S22 : 26)

3. "비구들이여, 내가 깨닫기 전, 아직 완전한 깨달음을 성취하지 못한 보살이었을 때 이런 생각이 들었다.

'무엇이 물질의 달콤함이며 무엇이 위험함이며 무엇이 벗어남인가? 무엇이 느낌의 달콤함… 무엇이 인식의 달콤함…무엇이 심리현상들의 달콤함…무엇이 알음알이의 달콤함이며 무엇이 위험함이며 무엇이 벗어남인가?'라고"

4. "비구들이여, 그러자 나에게 이런 생각이 들었다. '물질을 반연하여 일어나는 육체적 즐거움과 정신적 즐거움이 물질의 달콤함이다. 물질이 무상하고 괴로움이고 변하기 마련인 것이 물질의 위험함이다. 물질에 대한 탐욕을 길들이고 탐욕을 제거하는 것이 물질로부터 벗어남이다.

느낌을 반연하여… 인식을 반연하여… 심리현상들을 반연하여… 알음알이를 반연하여 일어나는 육체적 즐거움과 정신적 즐거움이 알음알이의 달콤함이다. 알음알이가 괴로움이고 변하기 마련인 것이 알음알이의 위험함이다. 알음알이에 대한 탐욕을 길들이고 탐욕을 제거하는 것이 알음알이의 위험함이다. 알음알이에 대한 탐욕을 길들이고 탐욕을 제거하는 것이 알음알이로부터 벗어남이다. 라고.'"

✽ **삼매 경**. Samadhi-sutta(A.5:27)

1. "비구들이여, 슬기로움과 마음 챙김을 갖추어 무량한 삼매를 수행하라. 비구들이여, 슬기로움과 마음챙김을 갖추어 무량한 삼매를 수행하는 자는 자기 안에서 다섯 가지 지혜가 일어난다. 무엇이 다섯 가지인가?"

2. "'이 삼매는 현재에도 행복한 것이고 미래에도 행복의 과보를 가질 것이다.'라고 자기 안에서 지혜가 일어난다. '이 삼매는 성스럽고 세속을 여읜 것이다.'라고 자기 안에서 지혜가 일어난다. '이 삼매는 고귀한 분들이 받들어 행하는 것이다.'라고 자기 안에서 지혜가 일어난다. '이 삼매는 평화롭고 수승하고 고요함을 얻고 단일한 상태를 증득한 것이지 자극 받은 마음으로 제지하거나 차단한 상태가 아니다.'라고 자기 안에서 지혜가 일어난다. '그런 나는 마음챙겨 이 삼매에 들고 마음챙겨 출정(出定)한다.'라고 자기 안에서 지혜가 일어난다.

비구들이여, 슬기로운 마음과 마음챙김을 갖추어 무량한 삼매를 수행하라. 비구들이여, 슬기로운 마음과 마음챙김을 갖추어 무량한 삼매를 수행하는 자는 자기 안에서 이러한 다섯 가지 지혜가 일어난다."

✻ 무명 경. Avijja-sutta(S22:113)

2. 그때 어떤 비구가 세존께 다가갔다. 가서는 세존께 절을 올리고 한 곁에 앉았다. 한 곁에 앉은 그 비구는 세존께 이렇게 여쭈었다.

3. "세존이시여, '**무명, 무명**'이라고들 합니다. 세존이시여, 어떤 것이 무명이고 어떻게 해서 무명에 빠지게 됩니까?"

4. "비구여, 여기 배우지 못한 범부는 물질을 꿰뚫어 알지 못하고 물질의 일어남을 꿰뚫어 알지 못하고 물질의 소멸을 꿰뚫어 알지 못하고 물질의 소멸로 인도하는 도닦음을 꿰뚫어 알지 못한다.

느낌을… 인식을… 심리현상들을… 알음알이를 꿰뚫어 알지 못하고 알음알이의 일어남을 꿰뚫어 알지 못하고 알음알이의 소멸을 꿰뚫어 알지 못하고 알음알이의 소멸로 인도하는 도닦음을 꿰뚫어 알지 못한다.

비구여, 이를 일러 무명이라고 하고 이렇게 해서 무명이 빠지게 된다."

✻ 명지 경. Vijja-sutta(S22:114)

3. "세존이시여, '명지, 명지'라고들 합니다. 세존이시여, 어떤 것이 명지이고 어떻게 해서 명지를 얻게 됩니까?"

4. "비구여, 여기 잘 배운 성스러운 제자는 물질을 꿰뚫어 알고, 물질의 일어남을 꿰뚫어 알고 물질의 소멸을 꿰뚫어 알고 물질의 소멸로 인도하는 도닦음을 꿰뚫어 안다.

느낌을… 인식을… 심리현상들을… 알음알이를 꿰뚫어 알고, 알음알이의 일어남을 꿰뚫어 알고 알음알이의 소멸을 꿰뚫어 알고 알음알이의 소멸로 인도하는 도닦음을 꿰뚫어 안다.

비구여, 이를 일러 명지라 하고 이렇게 해서 명지를 얻게 된다."

✻ 일어나기 마련임 경. Samudayadhamma-sutta(S22:126)

2. 그때 어떤 비구가 세존께 다가갔다. 가서는 세존께 절을 올리고 한 곁에 앉았다. 한 곁에 앉은 비구는 세존께 이렇게 여쭈었다.

3. "세존이시여, '**무명, 무명**'이라고들 합니다. 어떤 것이 무명이고 어떻게 해서 무명에 빠지게 됩니까?"

4. "비구여, 여기 배우지 못한 범부는 '일어나기 마련인 물질, 일어나기 마련인 물질'이라고 있는 그대로 꿰뚫어 알지 못하고, '사라지기 마련인 물질, 사라지기 마련인 물질'이라고 있는 그대로 꿰뚫어 알지 못하고 '일어나고 사라지기 마련인 물질, 일어나고 사라지기 마련인 물질'이라고 있는 그대로 꿰뚫어 알지 못한다.

'일어나기 마련인 느낌… 일어나기 마련인 인식… 일어나기 마련인 심리현상들… 일어나기 마련인 알음알이, 일어나기 마련인 알음알이'라고 있는 그대로 꿰뚫어 알지 못하고 '사라지기 마련인 알음알이, 사라지기 마련인 알음알이'라고 있는 그대로 꿰뚫어 알지 못하고 '일어나고 사라지기 마련인 알음알이, 일어나고 사라지기 마련인 알음알이'라고 있는 그대로 꿰뚫어 알지 못한다.

비구여, 이를 일러 무명이라고 하고 이렇게 해서 무명에 빠지게 된다."

5. 이렇게 말씀하시자 그 비구는 세존께 이렇게 여쭈었다. "세존이시여, **명지, 명지**라고들 합니다. 세존이시여, 어떤 것이 명지이고 어떻게 해서 명지를 얻게 됩니까?"

6. "비구여, 여기 잘 배운 성스러운 제자는 '일어나기 마련인 물질, 일어나기 마련인 물질'이라고 있는 그대로 꿰뚫어 알고 '사라지기 마련인 물질, 사라지기 마련인 물질'이라고 있는 그대로 꿰뚫어 알고, '일어나고 사라지기 마련인 물질, 일어나고 사라지기 마련인 물질'이라고 있는 그대로 꿰뚫어 안다.

'일어나기 마련인 느낌… 일어나기 마련인 인식… 일어나기 마련인 심리현상들… 일어나기 마련인 알음알이, 알음알이'라고 있는 그대로 꿰뚫어 알고 '사라지기 마련인 알음알이, 사라지기 마련인 알음알이'라고 있는 그대로 꿰뚫어 알고, '일어나고 사라지기 마련인 알음알이, 일어나고 사라지기 마련인 알음알이'라고 있는 그대로 꿰뚫어 안다.

　비구여 이를 일러 명지라 하고 이렇게 해서 명지를 얻게 된다."

✻ 이 자아(自我) 경. Soatta-sutta(S22:152)

　3. "비구들이여, 무엇이 있을 때, 그리고 무엇을 취착하고 무엇을 천착(穿鑿)하여 '이 자아가 바로 이 세상이다.'라는 삿된 견해가 일어나는가?"

　"세존이시여, 저희들의 법은 세존을 근원으로 하며, 세존을 길잡이로 하며, 세존을 귀의처로 합니다. 세존이시여, 세존께서는 방금 말씀하신 이 뜻을 친히 밝혀 주신다면 참으로 감사하겠습니다. 세존으로부터 듣고 비구들은 그것을 잘 호지할 것입니다."

　4. "비구들이여, 물질이 있을 때, 그리고 물질을 취착하고 물질을 천착하여 '이 자애가 바로 세상이다. 그것은 죽은 뒤에 항상하고 견고하고 영원하며 변하지 않을 것이다.'라는 삿된 견해가 일어난다. 느낌이… 인식이… 심리현상들이… 알음알이가 있을 때, 그리고 알음알이를 취착하고 알음알이를 천착하여 '이 자아가 바로 이 세상이다. 그것은 죽은 뒤에 항상하고 견고하고 영원하며 변하지 않을 것이다.'라는 삿된 견해가 일어난다."

　5. "비구들이여, 이를 어떻게 생각하는가? 물질은 항상하는

가, 물질은 무상한가?"

"무상합니다. 세존이시여,"

"그러면 무상하고 괴로움인가, 즐거움인가?

"괴로움입니다. 세존이시여,"

"그러면 무상하고 괴로움이고 변하기 마련인 것을 취착하지 않는데도 '이 자아가 바로 이 세상이다. 그것은 죽은 뒤에 항상하고 견고하고 영원하며 변하지 않을 것이다.'라는 삿된 견해가 일어나겠는가?"

"그렇지 않습니다. 세존이시여,"

"비구들이여, 이를 어떻게 생각하는가? 느낌은… 인식은… 심리현상들은… 알음알이는 항상한가. 무상한가?"

"무상합니다. 세존이시여,"

"그러면 무상한 것은 괴로움인가 즐거움인가?"

"괴로움입니다. 세존이시여,"

"그러면 무상하고 괴로움이고 변하기 마련인 것을 취착하지 않는데도 '이 자아가 바로 이 세상이다. 그것은 죽은 뒤에 항상하고 견고하고 영원하며 변하지 않을 것이다'라는 삿된 견해가 일어나겠는가?"

"그렇지 않습니다. 세존이시여,"

6. "비구들이여, 이렇게 보는 잘 배운 성스러운 제자는 물질에 대해서도 염오하고 느낌에 대해서도 염오하고, 인식에 대해서도 염오하고, 심리현상들에 대해서도 염오하고 알음알이에 대해서도 염오한다. 염오하면 탐욕 빛바래고, 탐욕이 빛바래므로 해탈한다. 해탈하면 해탈했다는 지혜가 있다. '태어남은 다했다. 청정범행은 성취되었다. 할 일을 다 해 마쳤

다. 다시는 어떤 존재로도 돌아오지 않을 것이라고 꿰뚫어
안다"

✻ 악마의 경. Mara-sutta(S23:1)

1. 한때 세존께서는 사왓티에서 제따 숲의 아나타삔디까 원
림에 머무셨다.

그때 라다 존자가 세존께 다가갔다. 가서는 세존께 절을 올
리고 한 곁에 앉은 라다 존자는 세존께 이렇게 여쭈었다.

2. "세존이시여, '**악마, 악마**'라고 하는데. 어떻게 해서 악마
가 있을 수 있습니까?"

3. "라다여,

① 물질[색色]이 있다면, 악마나 살해하는 자나 살해되는 자
가 있을 수 있다. 라다여, 그러므로 세상에서 물질을 악마로
보라고, 살해하는 자라고 보고, 살해되는 자라고 보아야 한다.
물질을 질병이라고 보고, 종기라고 보고, 화살이라고 보고, 고
통이라고 보고, 고통의 근원이라고 보아야 한다. 물질을 이와
같이 보는 사람은 올바로 보는[정견正見] 것이다.

② 느낌[수受]이 있다면, 악마나 살해하는 자나 살해되는 자
가 있을 수 있다. 라다여, 그러므로 세상에서 느낌을 악마라
고 보고, 살해하는 자라고 보고, 살해되는 자라고 보아야 한
다. 느낌을 질병이라고 보고, 종기라고 보고, 화살이라고 보
고, 고통이라고 보고, 고통의 근원이라고 보아야 한다. 느낌을
이와 같이 보는 사람은 올바로 보는 것이다.

③ 지각[상想:인식]이 있다면, 악마나 살해하는 자나 살해되
는 자가 있을 수 있다. 라다여, 그러므로 세상에서 지각을 악

마라고 보고, 살해하는 자라고 보고, 살해되는 자라고 보아야
한다. 지각을 질병이라고 보고, 종기라고 보고, 화살이라고 보
고, 고통이라고 보고, 고통의 근원이라고 보아야 한다. 지각을
이와 같이 보는 사람은 올바로 보는 것이다.

④ 형성[行行:심리현상들]이 있다면, 악마나 살해하는 자나 살
해되는 자가 있을 수 있다. 라다여, 그러므로 세상에서 형성
을 악마라고 보고, 살해하는 자라고 보고, 살해되는 자라고
보아야 한다. 형성을 질병이라고 보고, 종기라고 보고, 화살이
라고 보고, 고통이라고 보고, 고통의 근원이라고 보아야 한다.
형성을 이와 같이 보는 사람은 올바로 보는 것이다.

⑤ 의식[識識:알음알이]이 있다면, 악마나 살해하는 자나 살
해되는 자가 있을 수 있다. 라다여, 그러므로 세상에서 의식
을 악마라고 보고, 살해하는 자라고 보고, 살해되는 자라고
보아야 한다. 의식을 질병이라고 보고, 종기라고 보고, 화살이
라고 보고, 고통이라고 보고, 고통의 근원이라고 보아야 한다.
지각을 이와 같이 보는 사람은 올바로 보는 것이다.”

“세존이시여, 무엇을 위해 올바로 봅니까?”

“라다여, 싫어하여 떠나기 위해 올바로 본다.”

“세존이시여, 무엇을 위해 싫어하여 떠납니까?”

“라다여, 사라지기 위해 싫어하여 떠난다.”

“세존이시여, 무엇을 위해 사라집니까?”

“라다여, 해탈하기 위해 사라진다.”

“세존이시여, 무엇을 위해 해탈합니까?”

“라다여, 열반에 들기 위해 해탈한다.”

“세존이시여, 무엇을 위해 열반에 듭니까?”

"라다여, 그 질문은 너무 멀리 나갔다. 그대는 그 질문의 한
계를 파악하지 못했다. 왜냐하면 라다여, 청정한 삶은 열반을
토대로 하고 열반을 피안으로 하고 열반을 궁극으로 하는 삶
이기 때문이다."

❋ 기뻐함 경. Abhinandana-sutta(S.22:29)

3. "비구들이여, 물질을 기뻐하는 자는 괴로움을 기뻐하는
자이다. 괴로움을 기뻐하는 자는 괴로움으로부터 해탈하지
못한다고 나는 말한다.

비구들이여, 느낌을… 인식을… 심리현상들을… 알음알이
를 기뻐하는 자는 괴로움을 기뻐하는 자이다. 괴로움을 기뻐
하는 자는 괴로움에서 해탈하지 못한다.

4. "비구들이여, 물질을 기뻐하지 않는 자는 괴로움을 기뻐
하지 않는 자이다. 괴로움을 기뻐하지 않는 자는 괴로움으로
부터 해탈한다고 나는 말한다.

비구들이여, 느낌을… 인식을… 심리현상들을… 알음알이
를 기뻐하지 않는 자는 괴로움을 기뻐하지 않는 자이다. 괴로
움을 기뻐하지 않는 자는 괴로움으로부터 해탈한다고 나는
말한다.

❋ 일어남 경. Uppada-sutta(S,22:30)

3. "비구들이여, 물질이 일어나고 지속하고 생기고 나타나
는 것은 다름 아닌 괴로움의 일어남과 병들의 지속과 늙음죽
음의 드러남이다.

비구들이여, 느낌을… 인식을… 심리현상들을… 알음알이

가 일어나고 지속하고 생기고 나타나는 것은 다름 아닌 괴로움이 일어남과 병들의 지속과 늙음·죽음의 드러남이다."

4. 비구들이여, 물질이 소멸하고 가라앉고 사라지는 것은 다름 아닌 괴로움의 소멸과 병들의 가라앉음과 늙음·죽음의 사라짐이다.

비구들이여, 느낌을… 인식을… 심리현상들을… 알음알이가 소멸하고 가라앉고 사라지는 것은 다름 아닌 괴로움의 소멸과 병들의 가라앉음과 늙음·죽음의 사라짐이다."

✳ 차제멸(次第滅)경. Anupubbanirodha-sutta(A,9:31)

"비구들이여, 아홉 가지 차례로 소멸함[九次第滅]이 있다. 무엇이 아홉 가지인가?

"초선(初禪)을 증득한 자에게 감각적 욕망의 인식이 소멸한다.

제 2선(禪)을 증득한 자에게 일으킨 생각과 지속적인 고찰이 소멸한다.

제 3선을 증득한 자에게 희열이 소멸한다.

제 4선을 증득한 자에게 들숨 날숨이 소멸한다.

공무변처(空無邊處)를 증득한 자에게 물질의 인식이 소멸한다.

식무변처(識無邊處)를 증득한 자에게 공무변처의 인식이 소멸한다.

무소유처(無所有處)를 증득한 자에게 식무변처의 인식이 소멸한다.

비상비비상처(非想非非想處)를 증득한 자에게 무소유처의

인식이 소멸한다.

상수멸(想受滅)을 증득한 자에게 인식과 느낌이 소멸한다. 비구들이여, 이러한 아홉 가지 차례로 소멸한다."

✻ 점차적인 소멸 경. Anupubbanirodha-sutta(A.9:31)

1. 한 때 세존께서 싸밧티 시에 계셨다.

2. 수행승들이여, 이와 같이 아홉 가지 점차적인 소멸이 있다 아홉 가지란 무엇인가?

3. 수행승들이여, 첫 번째 선정에 들면 감각적 쾌락의 욕망에 대한 지각이 소멸하고, 두 번째 선정에 들면 사유와 숙고가 소멸하고, 세 번째 선정에 들면 희열이 소멸하고, 네 번째 선정에 들면 호흡이 소멸하고, 무한공간의 세계에 들면 물질에 대한 지각이 소멸하고 무한의식의 세계에 들면 무한공간의 세계에 대한 지각이 소멸하고, 아무것도 없는 세계에 들면, 무한의식의 세계에 대한 지각이 소멸하고, 지각하는 것도 아니고 지각하는 것도 아닌 세계에 들면 아무것도 없는 세계에 대한 지각이 소멸하고, 지각과 느낌의 소멸에 들면 지각과 느낌이 소멸한다. 수행승들이여, 이와 같이 아홉 가지 점차적인 소멸이 있다.

✻✻ 온갖 고통과 역경 속에 수행과 삼매는 날로
　　깊어져 체력은 한계에 도달하여 기진하셨을 때,
　　소치는 여인 '수자타'가 이를 발견 유미죽으로
　　기력을 회복시키니 보리수 밑에 앉아

온갖 유혹을 물리치고 21일간 깊은 삼매에
들어 정각을 이루어 부처님이 되시니
이것이 수하항마상(樹下降魔相)이니라.

☞ 소치는 여인 수자타는 아들을 낳기 위해 목신께 기도를 했다. 목신께 약속하길 아들을 낳으면 매일 우유죽을 바치겠다고 했다. 다행이 아들을 낳아 매일 같이 그날도 우유죽을 목신께 바치고 있었다.

부처님이 기진하여 보리수 밑에 앉아 계신 것을 발견하고, 봉두난발(蓬頭亂髮)을 한 부처님의 모습이 목신의 화현(化現)인줄 알고 그날도 유미죽을 올린 것이다.

부처님은 우유죽을 자시고 기력을 회복하여 정진을 하여 대각을 이루고 부처님이 된다. 수자타가 부처님께 최초의 공양을 올린 여인이다.

부처님은 3·7일간 깊은 삼매에 들었다고 하니까 21일간이다. 불전(佛傳)에 의하면 보리수 밑에 앉아 계실 때, 깊은 삼매에 든 관계로 새들이 머리 위에 둥지를 틀고 새끼를 부화(孵化)했다는 이야기가 있다. 조류들은 21일 만에 부화를 한다.

☞ 수하항마상(樹下降魔相)

보리수 나무아래 풀을 깔고 편안히 앉아 명상을 시작한 고타마는 '우주의 진리를 깨닫기 전에는 결코 이 자리에서 일어나지 않으리라!' 결심하시고 깊은 선정에 들었다. 그렇게 선정에 든 지 6일째 되던 날 밤이었다. 수행중인 고타마를 방해하기 위하여 천마(天魔)들의 왕인 파순(波旬:마라)이 나타났다.

"고타마여, 수행하여 깨달음을 이루기는 어렵소. 뭣 하러 그런 힘든 수행을 하시오. 부처가 되기보다는 차라리 이 땅을 지배하는 제왕이 되는 것이 더 낫지 않겠소? 자, 힘든 고행일랑 그만 하고 성으로 돌아가 제왕이 되시오."

수행중인 고타마는 악마의 유혹에 끄떡도 하지 않았다. 그러자 화가 난 마왕(魔王) 파순은 자신의 세 딸을 보내어 그를 유혹하도록 하였다.

"고오타마 수행자의 높으신 덕을 공경하여 저희들이 좌우에서 항상 모시겠나이다."

마왕의 딸들은 고오타마 수행자 곁으로 와서 온갖 교태로 아양을 부렸다.

그러나 고타마 수행자는 조금도 동요하지 않고 부드러운 마음으로 순순히 말했다.

"너희들이 전생에 복을 닦아 하늘에 났건만 모든 것이 허망함을 알지 못하는 구나. 어리석도다. 만 가지의 교태로 유혹을 일삼다니, 겉모습은 비록 화려하나 가죽 주머니에 더러운 오물들을 가득 담아가지고 누구를 시험코자 하느냐! 썩 물러가라!"

그리고 바른 손을 들어 세 마녀들을 가리키니 순식간에 그녀의 모습들이 늙어 지더니 머리털은 파뿌리같이 되고 얼굴은 쭈글쭈글하며, 눈물과 콧물이 줄줄 흐르고, 등은 굽어 걸음조차 비틀거리는데, 마녀들은 서로의 모습을 보고 크게 놀라 어찌 할 줄을 모르다 도망을 쳤다.

또 악마들은 코끼리를 탄 군사의 모습으로 고타마 수행자를 위협하면서 천둥 번개를 일으켰다. 그 기세에 수행을 멈추

리라 생각했지만 고타마 수행자는 조금의 요동도 없었다. 오
히려 악마들은 고오타마 수행자의 높은 수행의 힘에 놀라 도
망가고 말았다.

이에 마왕이 머리를 땅에 대고 깊이 절하고는 사라져 버렸다.

✳ 존중 경. Garava-sutta(S6:2)

1. 이와 같이 나는 들었다. 한때 세존께서는 처음 완전한 깨
달음을 성취하시고 나서 우루벨라의 네란자라 강둑에 있는
염소치기의 니그로다 나무 아래에서 머무셨다.

2. 그때 세존께서 한적한 곳에 가서 홀로 앉아 있는 중에
문득 이런 생각이 마음에 일어났다.

'아무도 존중할 사람이 없고 의지할 사람이 없이 머문다는
것은 괴로움이다. 참으로 나는 어떤 사문이나 바라문을 존경
하고 존중하고 의지하여 머물러야 하는가?'

3. 그러자 세존께서 이런 생각이 일어났다.

'내가 아직 완성하지 못한 계의 무더기[계온戒蘊]가 있다면
그것을 완성하기 위해서 나는 다른 사문이나 바라문을 존경
하고 존중하고 의지하여 머물러야 할 것이다. 그러나 나는 신
과 악마와 하느님을 포함한 세상에서, 사문 바라문과 신과 사
람들을 포함한 무리 가운데에서, 나보다도 더 계를 잘 구족하
여 내가 존경하고 존중하고 의지하여 머물러야 할 다른 어떤
사문이나 바라문도 보지 못한다.'

4. 내가 완성하지 못한 삼매의 무더기[정온定蘊]가 있다면 그
것을 완성하기 위해서 나는 다른 사문이나 바라문을 존경하
고 존중하고 의지하여 머물러야 할 것이다. 그러나 나는 신과

악마와 하느님을 포함한 세상에서, 사문 바라문과 신과 사람들을 포함한 무리 가운데에서, 나보다도 더 삼매를 잘 구족하여 내가 존경하고 존중하고 의지하여 머물러야 할 다른 어떤 사문이나 바라문도 보지 못한다.'

5. 내가 완성하지 못한 통찰지의 무더기[혜온慧蘊]가 있다면 그것을 완성하기 위해서 나는 다른 사문이나 바라문을 존경하고 존중하고 의지하여 머물러야 할 것이다. 그러나 나는 **신과 악마와 하느님**을 포함한 세상에서, 사문 바라문과 신과 사람들을 포함한 무리 가운데에서, 나보다도 더 통찰지를 잘 구족하여 내가 존경하고 존중하고 의지하여 머물러야 할 다른 어떤 사문이나 바라문도 보지 못한다.'

6. 내가 완성하지 못한 해탈의 무더기[해탈온解脫蘊]가 있다면 그것을 완성하기 위해서 나는 다른 사문이나 바라문을 존경하고 존중하고 의지하여 머물러야 할 것이다. 그러나 나는 신과 악마와 하느님을 포함한 세상에서, 사문 바라문과 신과 사람들을 포함한 무리 가운데에서, 나보다도 더 해탈을 잘 구족하여 내가 존경하고 존중하고 의지하여 머물러야 할 다른 어떤 사문이나 바라문도 보지 못한다.'

7. 내가 완성하지 못한 해탈지견의 무더기[해탈지견온解脫知見蘊]가 있다면 그것을 완성하기 위해서 나는 다른 사문이나 바라문을 존경하고 존중하고 의지하여 머물러야 할 것이다. 그러나 나는 신과 악마와 하느님을 포함한 세상에서, 사문 바라문과 신과 사람들을 포함한 무리 가운데에서, 나보다도 더 해탈지견을 잘 구족하여 내가 존경하고 존중하고 의지하여 머물러야 할 다른 어떤 사문이나 바라문도 보지 못한다. 참으로

나는 내가 바르게 깨달은 바로 이 법을 존경하고 존중하고
의지하여 머무르리라.'

8. 그러자 사함빠띠 하느님이 마음으로 세존께서 마음에 일
으킨 생각을 알고서 마치 힘센 사람이 구부렸던 팔을 펴고
폈던 팔을 구부리는 것처럼 하느님의 세계에서 사라져서 세
존 앞에 나타났다. 그때 사함빠띠 하느님은 한쪽 어깨가 드러
나게 윗옷을 입고 땅에 오른쪽 무릎을 꿇고 세존을 향해 합
장하고 이렇게 말씀드렸다.

9. 참으로 그러하옵니다. 세존이시여, 참으로 그러하옵니다.
선서시여, 세존이시여, 과거의 아라한·정등각이신 세존들께
서도 역시 오직 법을 존경하고 존중하고 의지하여 머물렀습
니다. 세존이시여, 미래의 아라한·정등각이신 세존들께서도
역시 오직 법을 존경하고 존중하고 의지하여 머무를 것입니
다. 지금의 아라한·정등각이신 세존께서도 역시 오직 법을
존경하고 존중하고 의지하여 머무십시오."

10. 사함빠띠 하느님은 이렇게 말했다. 이렇게 말한 뒤 다
시 게송으로 이렇게 말했다.

"과거에 완전하게 깨달은 모든 분들도
 미래의 모든 부처님들도
 완전하게 깨달은 현재의 부처님도
 모두 많은 사람들의 근심을 없애주시네
 그분들은 모두 정법을 공경하며 사셨고

 살고 계시며 또한 살아가실 것이니
 이것이 모든 부처님의 법다움이라네.

그러므로 자신의 이익을 위해서
위대한 것을 추구하는 자
정법을 존중해야 하리라.”

✱ 아라한 경. Arahanta-sutta(S,22:76)

3. “비구들이여, 물질은 무상하다. 무상한 것은 괴로움이요. 괴로움인 것은 무아다. 무아인 것은 ‘이것은 내 것이 아니고, 이것은 내가 아니고, 이것은 나의 자아가 아니다.’라고 있는 그대로 바른 통찰지로 봐야 한다.

느낌은… 인식은… 심리현상들은… 알음알이는… 무상하다. 무상한 것은 괴로움이요, 괴로움인 것은 무아다. 무아인 것은 ‘이것은 내 것이 아니고, 이것은 내가 아니고, 이것은 나의 자아가 아니다.’라고 있는 그대로 바른 통찰지로 봐야 한다.”

4. “비구들이여, 이렇게 보는 잘 배운 성스러운 제자는 물질에 대해서 염오하고 느낌에 대해서 염오하고, 인식에 대해서 염오하고, 심리현상들에 대해서 염오하고, 알음알이에 대해서도 염오한다.

염오하면 탐욕이 빛바래고, 탐욕이 빛바래므로 해탈한다. 해탈하면 해탈했다는 지혜가 있다. ‘태어남을 다했다. 청정범행(梵行)은 성취되었다. 할 일을 다 해 마쳤다. 다시는 어떤 존재로도 돌아오지 않을 것이다.’라고 꿰뚫어 안다.”

5. “비구들이여, 중생의 거처에 관한 한, 존재의 으뜸에 관한 한, 세상에서는 아라한들이 으뜸이고 최상이다.”

6. 세존께서는 이렇게 게송으로 말씀하셨다.

“아라한들은 행복하나니

그들에게 갈애란 없다네.
'나'라는 자만을 잘랐고
어리석음의 그물을 찢어버렸다네.
흔들림 없음에 도달한
그들의 마음은 밝으며
세상에 물들지 않는 그들은
최상의 존재이며 번뇌가 없다네."

✽ 사자 경. Siha-sutta(S.22:78)

3. "비구들이여, 동물의 왕 사자가 해거름에 굴에서 나온다. 굴에서 나와서는 기지개를 켜고, 기지개를 켠 뒤 사방을 두루 굽어본다. 사방을 두루 굽어본 뒤 세 번 사자후를 토한다. 세 번 사자후를 토한 뒤 초원으로 들어간다.

비구들이여, 짐승들은 동물의 왕인 사자의 포효하는 소리를 듣고는 대부분 두려워하고 공포를 느끼고 전율에 빠진다. 동굴에 사는 것은 동굴에 들어가고 물에 사는 것은 물에 들어가고 숲에 사는 것은 숲으로 들어가고 새들은 허공으로 날아오른다.

비구들이여, 마을이나 성읍이나 수도에서 견고한 밧줄에 묶인 왕의 코끼리라도 역시 두려움에 떨면서 그 포승을 자르거나 찢어발기고 똥오줌을 지리면서 이리저리 날뛴다.

비구들이여, 동물의 왕인 사자는 짐승들 가운데서 이처럼 크나큰 위력이 있다.

4. "비구들이여, 그와 같이 여기 여래가 이 세상에 출현한다. 그는 아라한[응공應供]이며, 완전히 깨달은 분[정등각正等覺]

이며, 명지와 실천이 구족한 분[명행족明行足]이며, 피안으로 잘 가신 분[선서善逝]이며, 세상을 잘 알고 계신 분[세간해世間解]이며, 가장 높은 분[무상사無上士]이며, 사람을 잘 길들이는 분[조어장부調御丈夫]이며, 하늘과 인간의 스승[천인사天人師]이며, 깨달은 분[불佛] 세존(世尊)이다.

그는 법을 설한다. '이것은 물질이요, 이것은 물질의 일어남이요, 이것은 물질의 사라짐이다. 이것은 느낌이요… 인식이요… 심리현상들이요… 알음알이요. 이것은 알음알이의 일어남이요. 이것은 알음알이의 사라짐이다.'라고

5. "비구들이여, 비록 신(神)들이 장수하고 용모가 수려하고 아주 행복하고, 높은 천상의 궁전에서 오랜 시간을 머문다 하더라도 그들은 대부분 여래의 설법을 듣고서 두려워하고 공포를 느끼고 전율에 빠진다. '존자들이여, 우리는 우리 자신들이 항상하다고 생각했는데 참으로 우리는 무상한 것이군요. 존자들이여, 우리 자신들이 견고하다고 생각했는데 참으로 우리는 견고하지 못한 것이로군요. 존자들이여, 우리는 참으로 무상하고 견고하지도 않고 영원하지도 않고 자기 존재[유신有身. 오온五蘊]에 포함되어 있었군요.'라고 하면서.

비구들이여, 여래는 신들을 포함한 세상에서 이처럼 크나큰 능력이 있고, 이처럼 크나큰 힘이 있고 이처럼 크나큰 위력이 있다.

6. 세존께서 이렇게 말씀하셨다. 스승이신 선서께서는 이렇게 말씀하신 뒤 다시 게송으로 이와 같이 설하셨다.

"신들을 포함한 이 세상의 스승인 자는

　이 세상 그 누구와도 견줄 수가 없다네.

그는 최상의 지혜로 알아 법 바퀴를 굴리고
자기 존재와 자기 존재의 일어남과
소멸과 괴로움의 소멸로 인도하는
성스러운 팔정도를 설한다네.
긴 수명을 가졌고 아름다운 명성을 가진
신들조차도 아라한, 해탈한 자, 여여한 자의
가르침을 들은 뒤,
'아, 참으로 우리는 자기 존재를 넘어서지
못했고. 너무도 무상한 자들이로구나.'라면서
사자 앞의 다른 동물들처럼
두려움과 전율에 빠졌다네."

⁂ 수행의 도반이요 최초의 전법자인
'교진여'등 5비구를 제도하시고,

✳ 중일아함경 제14·15권 24. 고당품[5]①②

이와 같이 들었다.

어느 때 부처님께서는 마갈국(摩竭國)의 도량수(道場樹:보리수)밑에서 처음으로 부처가 되었다. 그때 세존께서 문득 이렇게 생각하셨다.

'나는 지금 이 매우 심오한 법을 얻었다. 이 법은 이해하기 어렵고 깨닫기 어려우며, 밝히기 어렵고 알기 어려우며, 지극히 미묘하여 지혜로운 사람만이 깨달아 알 수 있는 것이다. 나는 우선 누구를 위해 이 법을 설명해야 할까? 내 법을 알

아야 할 사람은 누구일까?'

세존께서는 이렇게 생각하셨다.

'아라라칼라마(阿羅邏迦羅摩)는 모든 감각기관[근根]이 이미 익숙해졌으니 마땅히 먼저 제도해야 할 사람이다. 또 그는 나에게 법이 있는 것을 알고 기다리고 있을 것이다.'

이렇게 생각하였을 때 어떤 천신이 허공에서 세존께 아뢰었다.

"아라라칼라마는 죽은 지 이미 이레나 지났습니다."

그때 세존은 다시 이렇게 생각하셨다.

'이 얼마나 괴로운 일인가? 내 법을 듣지 못하고 그만 죽고 말았구나. 만일 내 법을 들었다면 그는 곧 해탈하였을 것이다.'

이때 세존께서는 다시 이렇게 생각하셨다.

'그러면 나는 지금 제일 먼저 누구에게 설법해 주어서 해탈을 얻게 해야 하나? 웃다카라마뿟타를 우선 제도해야겠다. 지금 그에게 설법해 주자. 그가 내 법을 듣고 나면 아마도 제일 먼저 해탈하게 될 것이다.'

세존께서 이렇게 생각하실 때에 다시 어떤 천신이 허공에서 말하였다.

"그는 어제 밤중에 죽었습니다."

그때 세존께서 곧 이렇게 생각하셨다.

'웃따카라마뿟타가 죽다니, 이 얼마나 괴로운 일인가? 내 법을 듣지 못하고 그만 죽고 말았구나. 만일 내 법을 들었다면 그는 곧 해탈하였을 것이다.'

그때 세존께서 다시 이렇게 생각하셨다.

'그렇다면 누가 먼저 이 법을 듣고 해탈할 수 있을 것인가?

그때 세존께서는 다시 곰곰이 생각하셨다.

'나는 지금 저 다섯 비구의 힘을 많이 입었다. 내가 어릴 때부터 그들은 내 뒤를 늘 따랐었다.'

세존께서는 다시 이렇게 생각하셨다.

'지금 다섯 비구는 살아 있을까?'

세존께서는 곧 천안(天眼)으로 그 다섯 비구가 있는 곳을 관찰해 보셨다. 그들은 바라내(波羅㮈)시에 있는 선인(仙人)이 살았던 녹야원에 머물고 있었다.

'나는 이제 저곳으로 가서 저 다섯 비구들에게 제일 먼저 설법해 주어야겠다. 저들이 내법을 듣고 나면 틀림없이 해탈할 수 있을 것이다.'

그때 세존께서는 이 자리에서 일어나 바라내 국을 향해 떠나시려고 하셨다.

이때 우파카(Upaka)라는 범지(梵志)가 멀리서 세존의 광명(光明)이 빛나 해와 달의 광명을 가리는 것을 보고는 세존께 아뢰었다.

"고따마 이시여, 지금가지 살아 계셨습니까? 누구를 의지하여 출가하여 도를 배우셨습니까? 또 어디에서 오셨다가 어디로 가시려고 하십니까?"

그때 세존께서 그 범지(梵志)에게 다음 게송을 말씀하셨다.

나는 지금 아라한(阿羅漢)이 되어

세간(世間)에서 뛰어나 견줄 이 없다.

나는 가장 높은 이가 되었노라.

또 내게는 스승도 없고
나와 동등한 이도 없노라
홀로 높아서 견줄 이 없고
싸늘해져서 따뜻한 기운이 없다.

나는 지금 법륜을 굴리기 위해
저 가시나(加尸那)로 가려 하나니
거기에서 이제 이 감로(甘露)약으로써
눈멀고 어두운 이들을 깨우치련다.

저 바라내국은
가시 국왕이 다스리는 나라이다.
그곳에 다섯 비구가 살고 있으니
그곳에서 미묘한 법을 말하려 한다.

그들로 하여금 도를 빨리 이루게 하고
누진통(漏盡通)을 얻게 하여
나쁜 법의 근원을 없애게 하려고 하노니
그런 까닭에 나는 가장 훌륭하니라.

그때 저 범지는 찬탄하면서 머리를 숙이고 합장하고는 손
가락을 튀기며 빙그레 웃으며 발길을 돌려 떠나갔다.

그때 세존께서는 바라내국으로 가셨다. 이때 다섯 비구들이
멀리서 세존이 오시는 것을 보고 서로 의논하였다.

"저 사문 고타마가 멀리서 오고 있다. 생각[정성情性]이 어지
럽고 마음은 순수하지 못하다. 우리들은 아무 말도 하지 말
고, 또 일어나서 맞이하지 말고 또 앉으라고 청하지도 말자."

그때 다섯 비구들은 이런 게송을 말하였다.

저 사람은 존경할 만한 사람이 아니다.
그리고 또 친근하게 대하지도 말자.
잘 왔다고 인사하지도 말고
자리에 앉기를 청하지도 말자.

그때 다섯 비구들은 이 게송을 마치고 나서 모두 잠자코 있었다. 그러자 세존께서는 다섯 비구들이 있는 곳으로 나아가 점점 그들 가까이에 가셨다. 그때 다섯 비구들은 저도 모르게 자리에서 일어나 맞이하면서 혹은 자리도 펴기도 하고, 혹은 물을 가져 오기도 하였다. 그러자 세존께서 곧 자리에 앉자 이렇게 생각하셨다.

'이 어리석은 사람들은 끝내 제 본성을 온전히 가지지 못하는 구나.'

그때 다섯 비구들은 세존을 '그대'라고 불렀다.

그때 세존께서는 다섯 비구들에게 말씀하셨다.

"너희들은 무상지진(無上至眞)· 등정각(等正覺)을 '그대'라고 부르지 말라. 왜냐하면 나는 이미 무상지진·등정각이 되어 훌륭한 감로를 얻었기 때문이니라. 각자 스스로 생각을 오로지하고 내 법을 들어라."

"고타마시여, 그대는 본래 고행할 때에도 오히려 상인(上人)의 법을 얻지 못하였거늘, 하물며 지금 어지러운 마음으로 어떻게 도를 얻었다고 말하는가?"

세존께서 말씀하셨다.

"어떻게 생각하느냐? 다섯 사람들아, 너희들은 일찍이 내가 거짓말하는 것을 들은 적이 있었더냐?"

다섯 비구는 말하였다.

"아닙니다, 고타마시여."

세존께서 말씀하셨다.

"여래·등정각은 이미 감로를 얻었다. 너희들은 다 마음을 한 곳에 집중하여 내 설법을 들어라."

이때 세존께서 곧 이렇게 생각하셨다.

'나는 지금 이 다섯 사람을 충분히 항복 받을 수 있다.'

그렇게 생각하시고는 세존께서 다섯 비구들에게 말씀하셨다.

"너희들은 마땅히 알아야 한다. 네 가지 진리[사제四諦]가 있다. 어떤 것이 그 네 가지 진리인가? 괴로움에 대한 진리[고제苦諦]·괴로움의 발생에 대한 진리[고습제苦習諦]·괴로움의 소멸에 대한 진리[고진제苦盡諦]·괴로움에서 벗어나는 방법에 대한 진리[고출요제苦出要諦]가 그것이니라.

저 어떤 것을 괴로움에 대한 진리라고 하는가? 이른바 태어나는 괴로움[생고生苦]·늙는 괴로움[노고老苦]·병드는 괴로움[병고病苦]·죽는 괴로움[사고死苦]과 근심·슬픔·번민의 괴로움[우비고뇌憂悲惱苦]과 시름하고 근심하는 고통[수우고통愁憂苦痛] 등 이루다 헤아릴 수 없이 많으며, 원수나 미운 사람과 만나는 고통[원증회고怨憎會苦]·사랑하는 사람과 이별하는 괴로움[은애별고恩愛別苦]이며, 구하는 것을 얻지 못하는 것도 또한 괴로움이다[구부득고求不得苦]. 긴요한 것만을 취하여 말하면 오음성고[五陰盛苦]라고 한다. 이것을 일러 괴로움에 대한 진리라고 하느니라.

어떤 것을 괴로움의 발생에 대한 진리라고 하는가? 이른바 느끼고 애착하는 부분들을 모으고 쌓기를 게을리 하지 않고 자주 모으며 뜻으로 항상 탐하고 집착하는 것이니, 이것을 일러 괴로움의 발생에 대한 진리라고 하느니라.

저 어떤 것이 괴로움의 소멸에 대한 진리라고 하는가? 이른바 저 애착을 남김없이 모두 없애 다시는 생겨나지 않게 하는 것이니, 이것을 일러 괴로움의 소멸에 대한 진리라고 하느니라.

저 어떤 것을 괴로움에서 벗어나는 방법에 대한 진리라고 하는가? 이른바 성현의 팔성도(八聖道)인 바른 소견[등견等見]·바른 다스림[등치等治]·바른 말[등어等語]·바른 행위[등업等業]·바른 직업[등명等命]·바른 방편[등방편等方便]·바른 생각[등염等念]·바른 선정[등정等定]을 말하는 것이다.

그리고 또 다섯 비구들아, 이 네 가지 진리의 법에서 괴로움에 대한 진리라는 것은 거기에서 안목이 생기고 지식이 생기며, 밝음이 생기고 깨달음이 생기며, 광명이 생기고 지혜가 생기는 것이니라. 괴로움에 대한 진리라는 것은 진실하고 결정된 것이라서 허무한 것이 아니고 거짓이 아니며, 마침내 달라지지 않는 것으로서 세존께서 말씀하신 것이기 때문에 괴로움에 대한 진리라고 하느니라.

괴로움의 발생에 대한 진리라는 것은 전에는 미처 듣지 못했던 법으로서, 거기에서 안목이 생기고 지식이 생기며, 밝음이 생기고 깨달음이 생기며, 광명이 생기고 지혜가 생기는 것이니라. 또 괴로움의 발생에 진리라는 것은 진실하고 결정된 것이라서 허무한 것이 아니고 거짓이 아니며, 마침내 달라지지 않는 것으로서 세존께서 말씀하신 것이기 때문에 괴로움의 발생에 대한 진리라고 하느니라.

괴로움의 소멸에 대한 진리라는 것은 전에는 미처 듣지 못했던 법으로서, 거기에서 안목이 생기고 지식이 생기며, 밝음이 생기고 깨달음이 생기며, 광명이 생기고 지혜가 생기는 것이니라. 또 괴로움의 소멸에 대한 진리라는 것은 진실하고 결정된 것이라서 허무한 것이 아니고 거짓이 아니며, 마침내 달라지지 않는 것으로서 세존께서 말씀하신 것이기 때문에 괴로움의 소멸에 대한 진리라고 하느니라.

괴로움에서 벗어나는 방법에 대한 진리라는 것은 전에는 미처 듣지 못했던 법으로서, 거기에서 안목이 생기고 지식이 생기며, 밝음이 생기고 깨달음이 생기며, 광명이 생기고 지혜가 생기는 것이니라. 또 괴로움에서 벗어나는 방법에 대한 진리라는 것은 진실하고 결정된 것이라서 허무한 것이 아니고 거짓이 아니며, 마침내 달라지지 않는 것으로서 세존께서 말씀하신 것이기 때문에 괴로움에서 벗어나는 방법에 대한 진리라고 하느니라.

다섯 비구들아, 마땅히 알아야 한다. 이 네 가지 진리가 3전(轉) 12행(行)이 되는 것을 사실 그대로 알지 못하면 위없는 무상정진(無上正眞)·등정각(等正覺)을 이루지 못할 것이다. 나는 이 네 가지 진리가 3전(轉) 12행(行)이 되는 것을 사실 그대로 깨달아 알았기 때문에 무상정진·등정각을 이룩하였느니라."

이렇게 설법하실 때에 아야구린(阿若拘鄰:교진여)은 모든 번뇌가 다 없어지고 법안이 깨끗하게 되었다.

세존께서 교진여에게 말씀하셨다.

"너는 지금 법을 체득하여 법을 얻었느니라."

교진여는 대답하였다.

"그러하옵니다. 세존이시여, 저는 법을 얻어 법에 이르렀습니다."

그때 지신(地神)은 이 말을 듣고 이렇게 외쳤다.

"지금 여래께서는 바라내국에 계시면서 법륜(法輪)을 굴리시고 있다. 온갖 하늘·세상사람·마(魔)·천마(天魔)·사람인 듯 사람 아닌듯한 것들은 그 누구도 굴리지 못하는 것이다. 그런데 오늘 여래께서는 법륜을 굴리시고 아야구린도 이미 감로의 법을 얻었다."

그때 사천왕(4天王)·삼십삼천(三十三天)·도솔천(兜率天)·범천(梵天:하느님)까지도 소리를 전했다.

그리하여 그를 아야구린(안냐꼰단냐)이라고 이름하게 된 것이다.

그때 세존께서 다섯 비구에게 말씀하셨다.

"너희들 중 두 사람이 여기서 머물러 가르침을 받을 때에는 세 사람은 나가서 걸식(乞食)을 해 와서 그 세 사람이 얻은 음식을 여섯 사람이 나누어 먹도록 하라. 또 세 사람은 여기서 머물러 가르침을 받을 때에는 두 사람이 나가서 걸식을 해 와서 그 두 사람이 얻은 밥을 여섯 사람이 나누어 먹도록 하라."

세존께서 이렇게 가르치시자 그때 다섯 비구들은 생(生)함이 없는 열반(涅槃)법을 얻었고, 또한 남이 없고 늙음이 없으며 병듦이 없고 죽음이 없음을 이루어 모두 아라한(阿羅漢)

이 되었다. 그때 이 삼천대천찰토(三千大天刹土)에는 다섯 아라한이 있게 되었고, 부처님까지 모두 여섯이 되었다.

그때 세존께서는 말씀하셨다.

"너희들은 누구든지 세상에 나가 걸식할 때 혼자 다니지 말라. 그리고 중생들 중에는 근기가 순수하고 익숙하여 제도를 받을 만한 사람이 있다. 나는 지금 우류비(憂留毗 : 우루웰라)라는 마을로 가서 그곳에 머물면서 설법할 것이다."

☞ 오비구의 이름과 행적은 다음과 같다. 아함경의 내용과 니까야의 내용을 참조 한 것이다.

① 꼰단냐(Kondana, 교진여憍陳如)아약구린(阿若拘隣)은 팔리어 안냐꼰단냐(Annā-kondanna)의 음역이다. 안냐꼰단냐를 아약교진여(阿若憍陳如) 혹은 지자 교진여(智者憍陳如)라고도 번역한다. 안냐(annā)는 '깨달은 자'라는 뜻이다. 최초 다섯 비구 중 한 명이다.),

② 마하나마(Mahānāma, 마하나마摩訶那摩, 마하남摩訶男), 최초 다섯 비구 중 한 명이다. 빨리 신통을 이루어 중간에 후회가 없는 이는 바로 마하남[摩訶男]비구요,

③ 밧빠(Vappa.바파婆破, 파습파婆濕婆). 파파(婆破)는 팔리어 밧빠(Vappa)의 음역이다. 최초 다섯 비구 중 한 명이다. 허공을 타고 다니면서 교화하되 영화를 바라는 마음이 없는 이는 바로 파파(婆破)비구이니라.

④ 밧디야(Bhaddhiya, 발제가跋提伽, 파제婆提) 등이다.) 항상 허공을 날아다니면서 발로 땅을 밟지 않는 이는 바로 선주(善肘) 비구요,

⑤ 앗사지(Assaji,아설시阿說示,마승馬勝). 얼굴이 단정하고 걸음이 조용한 이는 바로 마사(馬師)비구다. 앗사지 존자는 오비구 가운데 맨 마지막으로 언급된 분이며, 오비구 가운데 맨 마지막으로 예류자가 되었다고 한다. 그리고 오비구와 함께「무아특징경」(무아상경無我相經)을 듣고 아라한이 되었다. 사리뿟따 존자가 진리를 찾아다니던 끝에 라자가하에서 걸식하는 앗사지 존자의 엄정한 품행을 보고 그가 공양을 마칠 때를 기다려 앗사지 존자에게 그의 스승과 가르침에 대해서 질문하자 그는 다음의 유명한 게송으로 대답했다.

"원인으로부터 생긴 법들
그들의 원인을 여래는 말씀하셨고
그들의 소멸도 [말씀하셨나니]
대사문은 이렇게 설하시는 분입니다.
제법종연기(諸法從緣起) 여래설시인(如來說是因)
피법인연진(彼法因緣盡) 시대사문설(是大沙門說)

사리뿟따 존자는 첫 번째 두 줄의 게송을 듣고 예류과를 얻었다고 한다. 그 후로 항상 앗사지 존자에게 큰 경의를 표했다고 한다.

✳ 꼰단냐 경. Kondanna-sutta(S 8:9)

1. 이와 같이 나는 들었다. 한때 세존께서는 라자가하에서 대나무 숲의 다람쥐 보호구역에 머무셨다.

2. 그때 안냐 꼰단냐 존자가 아주 오랜만에 세존께 다가갔다. 가서는 세존의 두발에 머리를 대고 엎드려서 세존의 발에 입을 맞추고 손으로 어루만지면서 "세존이시여, 저는 꼰

단냐입니다. 선서시여, 저는 꼰단냐입니다."라고 이름을 알려
드렸다.

3. 그때 왕기사 존자는 이런 생각이 들었다.

'안냐 꼰단냐 존자는 아주 오랜만에 세존께 다가가서 세존
의 두발에 머리를 대고 엎드려서 세존의 발에 입을 맞추고
손으로 어루만지면서"세존이시여, 저는 꼰단냐입니다. 선서시
여, 저는 꼰단냐입니다."라고 자신의 이름을 알려드리는구나.
그러나 나는 세존의 면전에서 여기에 어울리는 게송들로 안
냐 꼰단냐 존자를 칭송해야겠다.'

4. 그러자 왕기사 존자는 자리에서 일어나서 한쪽에 어깨가
드러나게 윗옷을 입고 땅에 오른쪽 무릎을 꿇은 뒤 세존을
향해 합장하고 이렇게 말씀드렸다.

"제게 영감이 떠올랐습니다. 세존이시여, 제게 영감이 떠올
랐습니다. 선서시여,"

5. 그러자 왕기사 존자는 세존의 면전에서 여기에 어울리는
게송들로 안냐꼰단냐 존자를 칭송하였다.

"부처님을 따라 깨달은 그분
  장로 꼰단냐는 굳세게 정진하여
  행복하게 머묾과
  한 결 같이 멀리 여윔을 얻었도다.
  스승의 교법을 실천하는 제자가
  방일 않고 공부지어
  얻어야 하는 그 모두를
  바로 그분 꼰단냐가 증득했도다.
  큰 위력과 삼명(三明)을 두루 갖추었으며

남의 마음을 아는데도 능숙한 그분은
꼰단냐라 불리는 부처님의 제자이니
스승의 두 발에 그가 이제 예배하네.”

☞ 콘단냐 존자 즉 교진여 존자는 히말리야 산에서 은거하며 지내다가 마지막 오랜만에 부처님께 찾아와서 고별의 인사를 하는 내용이다. 스승에 대한 간절한 존경심을 엿보는 대목이다.

✽ 무아의 특징 경. Anattalakkhana-s(S22:59)

1. 이와 같이 나는 들었다. 한때 부처님께서 바라나시에서 이시빠따나의 녹야원에 머무셨다.

2. 거기서 세존께서는 “비구들이여,”라고 오비구를 부르셨다. “세존이시여,”라고 비구들은 세존께 응답했다. 세존께서는 이렇게 말씀하셨다.

3. “비구들이여, 물질[색色]은 무아다. 만일 물질이 자아라면 이 물질은 고통이 따르지 않을 것이다. 그리고 물질에 대해서 ‘나의 물질은 이와 같이 되기를, 나의 물질은 이와 같이 되지 않기를,’이라고 하면 그대로 될 수 있을 것이다.

비구들이여, 그러나 물질은 무아이기 때문에 물질은 고통이 따른다. 그리고 물질에 대해서 ‘나의 물질은 이와 같이 되기를, 나의 물질은 이와 같이 되지 않기를,’이라고 하더라도 그대로 되지 않는다.

비구들이여, 느낌[수受]의 … 인식[상想]의… 심리현상들을[행行]…알음알이[식識]는 무아이다. 만일 알음알이가 자아라면 이 알음알이에 고통이 따르지 않을 것이다. 그리고 알음알이에 대해서 '나의 알음알이는 이와 같이 되기를, 나의 알음알이는 이와 같이 되지 않기를,'이라고 하면 그대로 될 수 있을 것이다.

비구들이여, 그러나 알음알이는 무아이기 때문에 알음알이는 고통이 따른다. 그리고 알음알이에 대해서 '나의 알음알이는 이와 같이 되기를, 나의 알음알이는 이와 같이 되지 않기를,'이라고 하더라도 그대로 되지 않는다."

4. "비구들이여, 이를 어떻게 생각하는가? 물질은 항상한가, 무상한가?"

"무상합니다. 세존이시여,"

"그러면 무상한 것은 괴로움인가, 즐거움인가?"

"괴로움입니다. 세존이시여,"

"그러면 무상하고 괴로움이고 변하기 마련인 것을 두고 '이 것은 내 것이다. 이것은 나다. 이것은 나의 자아다.'라고 관찰 하는 것이 타당하겠는가?"

"그렇지 않습니다. 세존이시여."

"비구들이여, 이를 어떻게 생각하는가? 느낌[수受]은 … 인 식[상想]은… 심리현상들을[행行]은… 알음알이[식識]는 항상한 가, 무상한가?"

"무상합니다. 세존이시여."

"그러면 무상한 것은 괴로움인가, 즐거움인가?"

"괴로움입니다. 세존이시여,"

"그러면 무상하고 괴로움이고 변하기 마련인 것을 두고 '이 것은 내 것이다. 이것은 나다. 이것은 나의 자아다.'라고 관찰하는 것이 타당하겠는가?"

"그렇지 않습니다. 세존이시여."

5. "비구들이여, 그러므로 그것이 어떠한 물건이건, 그것이 과거의 것이건 미래의 것이건 현재의 것이건 안의 것이건 밖의 것이건 거칠건 미세하건 저열하건 수승하건 멀리 있건 가까이 있건 '이것은 나의 것이 아니요. 이것은 내가 아니며. 이 것은 나의 자아가 아니다.'라고 있는 그대로 바른 통찰지로 보아야 한다.

비구들이여, 그것은 어떠한 느낌이건… 그것이 어떠한 인식 이건… 그것이 어떠한 심리현상들이건… 그것이 어떠한 알음 알이건, 그것이 과거의 것이건 미래의 것이건 현재의 것이건 안의 것이건 밖의 것이건 거칠건 미세하건 저열하건 수승하 건 멀리 있건 가까이 있건 '이것은 내 것이 아니요. 이것은 내가 아니며, 이것은 나의 자아가 아니다.'라고 있는 그대로 바른 통찰지로 보아야 한다."

6. "비구들이여, 이와 같이 보는 잘 배운 성스러운 제자는 물질에 대해서도 염오하고 느낌에 대해서도 염오하고 인식에 대해서도 염오하고 심리현상에 대해서도 염오하고 알음알이 에 대해서도 염오한다.

염오하면 탐욕이 빛바래고, 탐욕이 빛바래기 때문에 해탈한 다. 해탈하면 해탈했다는 지혜가 있다. '태어남을 다했다. 청 정범행(梵行)은 성취되었다. 할 일을 다 해 마쳤다. 다시는 어떤 존재로도 돌아오지 않을 것이다.'라고 꿰뚫어 안다."

7. 세존께서 이렇게 말씀하셨다. 오비구는 흡족한 마음으로 세존의 말씀을 크게 기뻐하였다. 이 상세한 설명[수기授記]이

설해졌을 때 오비구는 취착이 없어져서 번뇌들로부터 마음이 해탈하였다.

✽ 앗사지 경. Assaji-sutta(S22:88)

1. 이와 같이 나는 들었다. 한때 세존께서 라자가하에서 대나무 숲의 다람쥐 보호구역에 머무셨다.

2. 그 무렵 앗사지 존자는 깟사빠까원림에 머물고 있었는데 중병에 걸려 아픔과 고통에 시달리고 있었다. 그때 앗사지 존자는 간병하는 비구들을 불러서 말했다.

3. "이리 오시오. 도반들이여. 그대들은 세존께 가시오. 가서는 나의 이름으로 세존의 발에 머리 조아려 절을 올리고 '세존이시여, 앗사지 비구가 중병에 걸려 아픔과 고통에 시달리고 있습니다. 지금 그가 세존의 발에 머리 조아려 절을 올립니다.'라고 말씀드려 주시오. 그리고 다시 '세존이시여, 세존께서는 연민을 일으키시어 앗사지 비구에게로 와주시면 감사하겠습니다.'라고 여쭈어 주시오."

4. "세존이시여, 앗사지 비구가 … 와주시면 감사하겠습니다.'라고 세존께서는 침묵으로 허락하셨다.

5. 그때 세존께서는 해거름에[낮 동안의]홀로 앉으심을 풀고 자리에서 일어나 앗사지 존자에게로 가셨다. 앗사지 존자는 세존께서 멀리서 오시는 것을 보고 침상에서 몸을 움직였다. 그러자 세존께서는 앗사지 존자에게 이렇게 말씀하셨다.

"그만 하여라, 앗사지여. 침상에서 움직이지 말라. 여기에 마련된 자리가 있구나, 나는 앉아야겠다."

세존께서는 마련 된 자리에 앉으셨다. 자리에 앉으신 뒤 세존께서는 앗사지 존자에게 이렇게 말씀하셨다.

6. "앗사지여, 어떻게 견딜 만한가? 그대는 편안한가? 괴로운 느낌이 물러가고 더 심하지는 않는가? 차도가 있고 더 심하지 않다는 것을 알겠는가?"

"세존이시여, 저는 견디기가 힘듭니다. 편안하지 않습니다. 괴로운 느낌이 더 심하기만 하고 물러가지 않습니다. 더 심하기만 하고 물러가지 않는다고 알아질 뿐입니다."

"앗사지여, 그대는 후회할 일이 있는가? 그대는 자책할 일이 있는가?"

"그러합니다. 세존이시여, 저는 후회할 일이 적지 않고 자책할 일이 적지 않습니다."

"앗사지여, 그러면 그대는 계행에 대해서 자신을 비난할 일을 하였는가?"

"그렇지 않습니다. 세존이시여, 저는 계행에 대해서 자신을 비난할 일을 하지 않았습니다."

"앗사지여, 만일 계행에 대해서 자신을 비난할 일을 하지 않았다면 그대는 무엇을 후회하고 무엇을 자책하는가?"

"세존이시여, 전에 제가 아팠을 때는 몸의 작용을 계속적으로 고요하게 하면서 [제4선에 들어]머물렀습니다. 그러나 [지금은]그런 삼매에 들지 못합니다. 세존이시여, 제가 그런 삼매를 들지 못하기 때문에 '내가 쇠퇴하지 않기를'이라는 생각이 일어납니다."

"앗사지여, 삼매를 속재목[심재/心材]으로 여기고 삼매를 사문의 결실이라 여기는 사문이나 바라문들은 삼매에 들지 못하면 그들에게 '우리는 쇠퇴하지 않기를'이라는 생각이 들 것이다.”

8. “앗사지여, 이를 어떻게 생각하는가? 물질은… 느낌은… 인식은… 심리현상들은… 알음알이는 항상한가, 무상한가?

“무상합니다. 세존이시여,”

“그러면 무상한 것은 괴로움인가, 즐거움인가?

“괴로움입니다. 세존이시여,”

“그러면 무상하고 괴로움이고 변하기 마련인 것을 두고 ‘이것은 내 것이다. 이것은 나다. 이것은 나의 자아다.’라고 관찰하는 것이 타당하겠는가?”

“그렇지 않습니다. 세존이시여,”

9. “앗사지여, 그러므로 그것이 어떠한 물질이건… 그것이 어떠한 느낌이건… 그것이 어떠한 인식이건… 그것이 어떠한 심리현상들이건… 그것이 어떠한 알음알이건, 그것이 과거의 것이건 미래의 것이건 현재의 것이건 안의 것이건 밖의 것이건 거칠건 미세한 것이건 저열한 것이건 수승한 것이건 멀리 있건 가까이 있건 ‘이것은 내 것이 아니요. 이것은 나가 아니며, 이것은 나의 자아가 아니다.’라고 있는 그대로 바른 통찰지로 보아야 한다.”

10. “앗사지여, 이와 같이 보는 잘 배운 성스러운 제자는 물질에 대해서 염오하고 느낌에 대해서 염오하고 인식에 대해서 염오하고 심리현상들에 대해서 염오하고 알음알이에 대해서도 염오한다.

염오하면서 탐욕이 빛바래고, 탐욕이 빛바래기 때문에 해탈한다. 해탈하면 해탈했다는 지혜가 있다. ‘태어남은 다했다. 청정범행은 성취되었다. 할 일을 다 해 마쳤다. 다시는 어떤 존재로도 돌아오지 않을 것이다.'라고 꿰뚫어 안다."

11. "만일 그가 즐거운 느낌을 느끼면 그는 그것이 무상한 줄 꿰뚫어 안다. 그것이 연연할 것이 못되는 줄 꿰뚫어 안다. 그것이 즐길만한 것이 아니라는 것을 꿰뚫어 안다. 만일 그가 괴로운 느낌을 느끼면 그는 그것이 무상한 줄 꿰뚫어 안다. 그것이 연연할 것이 못되는 줄 꿰뚫어 안다. 그것이 즐길만한 것이 아니라는 것을 꿰뚫어 안다. 만일 그가 괴롭지도 즐겁지도 않은 느낌을 느끼면 그는 그것이 무상한 줄 꿰뚫어 안다. 그것이 연연할 것이 못되는 줄 꿰뚫어 안다. 그것이 즐길만한 것이 아니라는 것을 꿰뚫어 안다."

"만일 그가 즐거운 느낌을 느끼면 그가 그것에 매이지 않고 그것을 느낀다. 만일 괴로운 느낌을 느끼면 그는 그것에 매이지 않고 그것을 느낀다. 만일 괴롭지도 즐겁지도 않은 느낌을 느끼면 그는 그것에 매이지 않고 그것을 느낀다."

12. "그는 몸이 무너지는 느낌을 느끼면서는 '나는 지금 몸이 무너지는 느낌을 느낀다.'라고 꿰뚫어 안다. 목숨이 끊어지는 느낌을 느끼면서는 '나는 지금 목숨이 끊어지는 느낌을 느낀다.'라고 꿰뚫어 안다. 그리고 그는 '지금 곧 이 몸이 무너져 목숨이 끊어지면, 즐길 것이라고는 하나도 없는 이 모든 느낌들도 싸늘하게 식고 말 것이다.'라고 꿰뚫어 안다."

13. "앗사지여, 예를 들면 기름을 반연하고 심지를 반연하여 기름 등불이 탄다 하자. 거기에다 어떤 사람이 시시때때로 기름을 부어 넣지 않고 심지를 올려주지 않으면 그 기름 등불은 꺼질 것이다.

앗사지여, 그와 같이 비구는 몸이 무너지는 느낌을 느끼면

서는 '나는 지금 몸이 무너지는 느낌을 느낀다.'라고 꿰뚫어
안다. 목숨이 끊어지는 느낌을 느끼면서는 '나는 지금 목숨이
끊어지는 느낌을 느낀다.'라고 꿰뚫어 안다. 그리고 그는 '지
금 곧 이 몸이 무너져 목숨이 끊어지면, 즐길 것이라고는 하
나도 없는 이 모든 느낌들도 싸늘하게 식고 말 것이다.'라고
꿰뚫어 안다."

❖ 장자의 아들 '야사'와
그의 친구들 54명과 다른 30명을 제도하시고,

✽ 야사의 출가

율장 마하왁가 1편 7:1~15(민족사 간 빠알리 경전 일아 역편.)

그때 바라나시에 귀하게 양육된 대부호 상인의 아들 야사
라는 젊은이가 살고 있었다. 그는 왕 못지않은 호화로운 환경
속에서 쾌락을 즐기면서 살았다. 그러든 어느 날 그는 이런
쾌락의 모습 속에서 환멸과 무상함을 느끼게 되었다. 그는 탄
식하며 말하였다.

"정말 괴롭구나, 괴로워!"

그는 집을 나와 이시빠따나의 사슴동산으로 향하였다. 그때
부처님은 새벽이 되어 밖에서 경행[걷는 명상]을 하고 계셨다.
야사는 부처님 가까이 갔을 때 이렇게 탄식했다.

"정말 괴로워요. 정말 괴로워!"

"여기는 괴로운 것이 없다. 여기는 고통이 없다. 여기 와서
앉거라. 그대를 위해 가르침을 설하리라."

'여기에는 괴로움이 없다.'라는 부처님의 말씀에 귀가 번쩍 띠어 야사는 신발을 벗고 부처님께 공손히 인사를 드리고 한 쪽에 앉았다. 부처님은 야사에게 쉬운 가르침으로부터 시작하여 보시에 대하여, 도덕적인 습관에 대하여, 덧없음, 감각적 쾌락에 따른 재난과 위험, 또 이것들을 버렸을 때의 이익에 대하여 말씀하셨다.

야사가 이 모든 가르침을 이해하고 받아들일 자세가 되었음을 아시고 부처님은 깨달으신 진리인 괴로움과, 그 원인과, 괴로움을 없애는 길과 괴로움의 소멸에 이르는 도닦음에 이르는 길에 대하여 말씀하셨다. 야사는 그 자리에서 진리의 눈이 열렸다.

그런데 야사의 부모는 야사를 찾아다니다가 부처님께 와서 가르침을 듣고 아들을 데려가기는커녕, 그들은 오히려 부처님께 귀의하여 부처님과 부처님의 가르침과 승가에 귀의하는 첫 번째 신도가 되었다. 그 후 야사는 출가하여 계를 받고 가르침을 받아 아라한이 되었다.

야사는 부처님과 5비구와 함께 이 세상에서 **7번째 아라한이** 되었다.

✻ 야사의 친구 4명의 출가

율장 마하왁가 1편9:1~4(민족사 간 빠알리 경전 일아 역편.)

그때 야사 비구가 출가하기 전의 친구인 위말라, 수바후, 뿐나지, 가왐빠띠 등 4명이 있었는데, 그들은 크고 작은 부호 상인의 아들들이었다. 그들은 대부호의 아들 야가가 출가하였다는 소식을 듣고 이렇게 생각하였다.

'야사가 머리와 수염을 깎고 노란 가사를 입고 출가한 것을 볼 때 이 가르침은 보통 가르침이나 계율이 아니다. 야사가 출가한 것도 보통 출가가 아니다.'

그래서 네 명의 친구들은 야사를 찾아갔다. 야사는 이들을 부처님께 데리고 갔다. 부처님은 이들에게도 또한 쉬운 가르침부터 시작하여 점차적인 가르침을 주셨다.

그들 역시 가르침을 보았고, 가르침을 얻었고, 가르침을 알았고, 가르침을 통달하였다. 의심을 벗어났고 불확실한 것을 제거하였고 스승의 가르침 속에서 온전한 만족을 얻었기 때문에 다른 어떤 것도 필요 없게 되었다.

그들은 부처님께 말씀 드렸다.

"세존이시여, 저희들은 부처님께 출가하여 계를 받고자 합니다."

"어서 오라, 비구들이여, 가르침은 잘 설해져 있다. 괴로움을 끝내기 위해 청정한 수행을 하여라."

이와 같이 그들은 계를 받았다. 부처님은 그들을 가르치고, 분발케 하고, 격려하고, 그리고 기쁘게 하셨다. 부처님의 간곡한 가르침을 받는 동안 그들의 마음은 집착이 사라져 번뇌에서 벗어나 해탈하였다.

이로써 이 세상에 **아라한은** 11**명**이 되었다.

❋ 야사의 친구 50**명의** 출가

율장 마하왁가 1편 10:1~4.(민족사간 빠알리경전 일아 역편.)

그때 야사 비구의 출가하기 전 친구 50명이 있었는데, 그들은 모두 바라나시 지방에서 역사가 가장 오래된 훌륭한 가문의 자제들이거나, 그 다음으로 오래된 훌륭한 가문의 자제들이었다.

이들도 역시 야사의 출가 소식을 듣고 생각하기를 '야사 같은 훌륭한 가문의 자제가 출가한 것을 볼 때, 이 가르침은 보통 가르침이거나 계율이 아니며, 야사가 출가한 것도 보통 출가가 아니다.'라고 생각하고 야사를 방문하고 부처님을 뵙고 부처님의 가르침을 받게 되었다. 훌륭한 가르침을 듣고 이들도 출가를 결심하여 계를 받고 집착이 사라져 번뇌에서 벗어나 해탈하였다. 이로써 이 세상에 **아라한이** 61**명이** 되었다.

✱ 30**명의 젊은이의 출가**

율장 마하왁가 1편 14:1~5.(민족사간 빠알리경전 일아 역편.)

부처님은 바라나시를 떠나 우루웰라로 가셨다. 가시는 도중에 길에서 벗어나 한적한 숲에 들어가 어떤 나무 밑에 앉으셨다.

그때 30명의 양가집 자제들이 부부동반으로 놀러왔다. 부인이 없는 한 사람은 기생을 데려왔다. 그런데 모두 재미있게 노는 틈에 그 기생은 귀중품들을 훔쳐 달아났다. 놀이가 끝난 젊은 부부들은 그때야 정신이 나서 그 기생을 찾아 나섰다.

그들은 숲의 나무 아래 앉아 계신 부처님께 이렇게 말했다.

"부처님 한 여인을 보지 못했습니까?"

"젊은이들이여, 그대들은 그 여인과 무슨 일이 있었는가?"

이에 그들은 자초지종 부처님께 말씀드렸다. 부처님은 그들의 이야기를 듣고 말씀하셨다.

"그대들을 위하여 달아난 여인을 찾는 것이 더 중요한가.

아니면 자기 자신을 찾는 것이 더 중요한가?

"자기 자신을 찾는 것이 더 중요합니다."

"그렇다면 젊은이들이여, 앉아라. 그대들에게 가르침을 설하겠다."

그래서 부처님은 그들에게 쉬운 교리에서부터 시작하여 순서적으로 가르침을 설하셨다. 그들이 가르침을 이해하고 받아들일 마음의 준비가 되어 있음을 아시고 마지막으로 네 가지 거룩한 진리인 사성제(四聖諦)를 가르치셨다. 그들은 의심을 벗어나 가르침을 사무치게 꿰뚫어 보게 되었다. 그들은 출가하여 계를 받았다.

❖ 지혜와 신통의 제일인 사리자와
목건련과 그의 동료들 250명을 제도하시고,

✴ 사리뿟따와 목갈라나의 개종

율장마하왁가1편 23:1~24:4.민족사간 빠알리 경전 일아 역편.

그때 라자가하에 방랑 수행자인 산자야가 250명의 제자들과 함께 살고 있었다. 사리뿟따와 목갈라나는 산자야 아래서 청정한 수행생활을 하고 있었다. 이 두 사람은 절친한 친구였다. 서로 약속하기를 '먼저 불사의 경지에 이른 사람이 다른 사람에게 그것을 알려주도록 하자.'고 했다.

어느 날 사리뿟따는 탁발을 하고 있는 앗사지(Assaji, 아설시阿說示, 마승馬勝)비구를 보았는데 그는 앞으로 갈 때도 되돌아 갈 때도, 앞을 볼 때도 뒤를 볼 때도, 팔을 펼 때도 팔을 굽힐 때도 의젓한 몸가짐으로 눈은 아래로 뜨고 호감이 가는 태도로 걷고 있었다. 사리뿟따는 앗사지 비구의 이런 수행자다운 행동거지에 이끌려 그를 따라가서 물었다.

"존자시여, 그대의 얼굴은 아주 맑고 빛납니다. 그대의 스승은 누구입니까? 누구의 가르침을 따르고 있습니까?"

"사까족의 왕자로서 출가하신 위대한 사문이 계시는데 그분은 여래 아라한 정등각이신 부처님이십니다. 나는 그분께 출가를 하였고 그 분의 가르침을 따르고 있습니다."

"그대의 스승의 가르침은 무엇입니까? 가르침의 의미는 무엇입니까?"

"벗이여, 나는 출가한지 얼마 되지 않아 가르침과 계율에 초년생입니다. 그대에게 가르침을 온전히 전할 수는 없지만 그러나 간단히 그 뜻을 말할 수 있습니다."

"존자여, 많든 적든 저에게 말해 주십시오. 뜻만 말해 주십시오. 많은 수식보다는 그 의미를 듣고 싶습니다."

이에 앗사지 존자는 말하였다.

"모든 것은 원인으로부터 생기고[제법종연생諸法從緣生] 모든 것은 원인에 의해 소멸한다.[제법종연멸諸法從緣滅]고 말씀하셨습니다. 위대한 사문은 이런 가르침을 주셨습니다."

사리뿟따는 이런 간결한 표현의 담마[법]를 들었을 때 티 없는 진리의 눈이 열렸다. 그래서 '생겨난 것은 무엇이든 소멸하게 마련이다.'라고 깨달았다. 그리고 말하였다.

"이것이 참으로 담마[진리]라면 우리들이 무수한 겁 동안 보지 못하고 지나쳤던 슬픔 없는 길을 그대는 꿰뚫었습니다."

그리고 나서 사리뿟다는 목갈라나를 찾아갔다. 사리뿟따를 보고 목갈라나는 말하였다.

"벗이여, 그대의 감관은 아주 깨끗하고 안색은 맑고 빛납니다. 불사의 경지라도 얻었습니까?"

"그렇습니다. 벗이여, 나는 불사의 경지를 얻었습니다."

"그렇지만 그대는 어떻게 불사의 경지를 얻었습니까?"

이에 사리뿟따는 앗사지 존자와의 만남과 그가 들려준 이야기를 그대로 말해주었다. 이에 목갈라나는 말하였다.

"벗이여, 부처님께로 갑시다. 이분이 우리의 스승입니다."

"그렇지만 벗이여, 여기 250명의 방랑 수행자들은 우리에게 의지하고 우리 때문에 여기 머물고 있습니다. 그들에게 말하여 그들의 뜻대로 하도록 합시다."

그들은 방랑 수행자들에게 가서 이렇게 말했다.

"벗들이여, 우리들은 부처님께로 가려고 합니다. 부처님이 우리의 스승입니다."

"우리들은 존자님들이 여기 있기 때문에 존자님들을 의지하고 여기 있습니다. 존자님들이 위대한 사문에게 출가하신다면, 우리 모두도 위대한 사문에게 출가하겠습니다."

그래서 사리뿟따와 목갈라나는 250명의 방랑수행자들을 데리고 부처님이 계신 대나무 숲으로 향하였다. 부처님은 사리뿟따와 목갈라나가 오는 것을 보시고 비구들에게 말씀하셨다.

"저 두 사람, 꼴리따와 우빠띳사가 오고 있다. 이들은 나의 중요하고 훌륭한 한 쌍의 제자가 될 것이다.

이미 깊고 심오한 지혜의 경지에 이르렀고.

집착을 소멸하여 위없는 해탈을

이미 이룬 두 사람에게 부처님은

대나무 숲에서 말씀하셨네.
저기 두 사람.
꼴리따와 우빠딧사가 오고 있다.
이 한 쌍의 제자는
나의 중요하고 훌륭한 제자가 될 것이다."

사리뿟따와 목갈라나는 부처님의 발에 이마를 대어 인사를 드리고 말하였다.

"부처님, 저희들은 부처님께 출가하여 계를 받기 원합니다."

"오너라, 비구여, 담마는 잘 설해져 있다. 괴로움의 완전한 소멸을 위하여 청정한 수행을 닦아라."

그들은 이와 같이 모두 부처님께 출가하여 계를 받았다. 이들은 모두 **아라한이** 되었다.

☞ 꼴리따는 목련존자의 속명이고 우빠딧사는 사리불 존자의 속명이다.

✳ 중일아함경 제19권 26. 사의단품②
〈사리불 존자와 목련존자의 열반〉

이때 대목건련은 사리불이 멸도(滅度)하였다는 말을 듣고 곧 신통으로 세존의 처소에 찾아가 머리를 조아려 그 발에 예를 올리고 한 쪽에 서 있었다.

그때 대목건련이 세존께 아뢰었다.

"사리불 비구는 이제 이미 멸도 하였습니다. 저도 지금 세존께 하직인사를 하고 멸도에 들고자 합니다."

세존께서는 잠자코 아무 대답도 하시지 않으셨다. 목건련은 이와 같이 두 번 세 번 세존께 아뢰었다.

그런데도 세존은 역시 잠자코 아무 대답도 하시지 않으셨다. 그때 목련은 세존께서 아무 대답도 없이 잠자코 계시는 것을 보고 세존의 발에 예를 올리고 물러나 떠났다.

　　----- 중략 -----

이때 목련은 몸소 맨 땅에 자리를 펴고 앉아 첫 번째 선정에 들었다. 첫 번째 선정에서 일어나 두 번째 선정에 들어갔고, 두 번째 선정에서 일어나 세 번째 선정에 들어갔으며, 세 번째 선정에서 일어나 네 번째 선정에 들어갔다. 다시 네 번째 선정에서 일어나 공처(空處)에 들어갔고, 공처에서 일어나 식처(識處)에 들어갔으며, 식처에서 일어나서 불용처(不用處)에 들어갔고, 불용처에서 일어나 유상무상처(有想無想處)에 들어갔다. 다시 유상무상처에서 일어나 화광삼매(火光三昧)에 들어갔고, 화광삼매에서 일어나 수광삼매(水光三昧)에 들어갔으며, 수광삼매에서 일어나 멸진정(滅盡定)에 들어갔다.

또 멸진정에서 일어나서 수광삼매에 들어갔고, 수광삼매에서 일어나서 화광삼매에 들어갔으며, 화광삼매에서 일어나 유상무상정에 들어갔다.

다시 유상무상정에서 일어나서 불용처에 들어갔고, 불용처에서 일어나서 식처·공처·네 번째 선정·세 번째 선정·두 번째 선정·첫 번째 선정에 들어갔으며, 첫 번째 선정에서 일어나 공중으로 날아올라가 허공에 앉기도 하고 눕기도 하고 거닐기도 하였다.

몸에서 불을 내기도 하고 몸 아래에서 물을 내기도 하였으며, 혹은 몸 아래에서 불을 내기도 하고 몸 위에서 물을 내기도 하였다. 이와 같이 18가지 신통변화를 나타내었다.

그때 존자 대목건련은 다시 내려와서 자리에 나아가 가부좌하고 앉아 몸과 마음을 바르게 하고 생각을 매어 앞에 두고 다시 첫 번째 선정에 들었다.

첫 번째 선정에서 일어나 두 번째 선정에 들어갔고, 두 번째 선정에서 일어나 세 번째 선정에 들어갔으며, 세 번째 선정에서 일어나 네 번째 선정에 들어갔다.

다시 네 번째 선정에서 일어나 공처(空處)에 들어갔고, 공처에서 일어나 식처(識處)에 들어갔으며, 식처에서 일어나서 불용처(不用處)에 들어갔고, 불용처에서 일어나 유상무상처(有想無想處)에 들어갔으며, 유상무상처에서 일어나 화광삼매에 들어갔다.

다시 화광삼매에서 일어나 수광삼매에 들어갔고, 수광삼매에서 일어나 멸진정(滅盡定)에 들어갔으며, 멸진정에서 일어나 도로 수광·화광·유상무상처·불용처·식처·공처·네 번째 선정·세 번째 선정·두 번째 선정·첫 번째 선정에 들어갔다.

다시 첫 번째 선정에서 일어나 두 번째 선정에 들어갔고, 두 번째 선정에서 일어나 세 번째 선정에 들어갔으며, 세 번째 선정에서 일어나 네 번째 선정에 들어갔고, 네 번째 선정에서 일어나 조금 있다가 멸도(滅度)에 들어갔다.

그때 마하목건련이 멸도에 들어가자 때맞추어 온 땅덩이가 크게 진동하였고. 이때 모든 하늘나라 사람들은 각각 저마다 아래로 내려와서 대목건련을 뵙고 가지고 온 것을 공양하였다.

⁙ 불의 신을 모시는 깟사빠 3형제와 그의
제자들 1,000명도 함께 제도되었으니,
1340인이라. 이들은 대아라한이 되었고,

✳ 중일아함경 제14·15권 24.고당품[5]①②

그때 세존께서는 말씀하셨다.

"너희들은 누구든지 세상에 나가 걸식할 때 혼자 다니지 말라. 그리고 중생들 중에는 근기가 순수하고 익숙하여 제도를 받을 만한 사람이 있다. 나는 지금 우류비(憂留毗:우루웰라)라는 마을로 가서 그곳에 머물면서 설법할 것이다."

그때 세존께서 곧 우류비라는 마을로 가셨다. 그때 니련(尼連)이라고 하는 강가에는 가섭(迦葉:Uruvela-kassapa)이라는 수행인이 살고 있었다. 그는 천문(天文)과 지리(地理)를 모두 해박하게 통달하지 못한 것이 없고 저 나뭇잎까지도 계산하여 모두 분명히 알았으므로, 그는 그때 500명의 제자들을 거느리고 날마다 그들을 교화하고 있었다. 가섭이 있는 곳에서 그리 멀리 떨어지지 않은 곳에 돌집[석실石室]이 있었고, 그 돌집 속에는 독룡(毒龍)이 살고 있었다.

그때 세존께서 가섭의 처소에 이르러 가섭에게 말씀하셨다.

"내가 오늘밤에 저 돌집에서 하룻밤 묵으려고 하는데 허락해 주시겠는가?"

가섭이 대답했다.

"내가 저 돌집이 아까워서 그러는 것이 아니요. 다만 거기에는 독룡이 있는데, 그 독룡이 혹 당신을 해칠까 걱정이 될 뿐이요. 꼭 묵고 싶으면 묵으시오."

그러자 세존은 곧 돌집으로 들어가서 자리를 펴고 주무시다가 다시 가부좌하고 앉아 몸과 마음을 바르게 하고 생각을 매어 앞에 두고 계셨다. 이때 독룡이 세존이 앉아 계신 것을 보고 곧 화염(火焰)을 토하였다. 그러자 세존께서 자삼매(慈三昧)에 들어가셨다가 다시 자삼매에서 나와 또 화광삼매(火光三昧)에 들어가셨다. 그러자 용(龍)이 토해내는 모든 불과 부처님의 광명이 한데 어우러졌다.

그때 가섭이 밤에 일어나서 별자리를 살펴보다가 돌집 안에서 일어나는 큰 불빛을 보았다. 그것을 보고 나서 그는 곧 제자들에게 말하였다.

"이 고타마 사문은 얼굴이 매우 단정하였는데, 이제 용에게 해를 입어 죽는 모양이구나, 참으로 가엾은 일이다. 내가 아까 그에게 거기에는 독룡이 살고 있어 머무를 수 없다고 말하였다."

그때 가섭은 5백 제자를 데리고 돌집으로 달려가 불을 끄기 시작하였다. 혹은 물을 뿌리기도 하고, 혹은 사다리를 놓기도 했지만, 그 불길은 도저히 잡을 수가 없었다. 그것은 다 여래(如來)의 위신력(威神力) 때문이었다.

그때 세존께서는 자삼매에 들어가 점차 저 용으로 하여금 다시는 성을 내지 못하게 하였다. 그러자 사나운 용은 두려운 마음이 생겨 동쪽 서쪽으로 마구 치달리면서 돌집을 빠져나가려 애를 썼으나 도저히 그 돌집을 빠져나갈 수가 없었다.

그때 사나운 용은 여래를 향해 가더니 그만 발우 속으로 들어가 머물고 있었다. 그때 세존은 독룡의 몸을 어루만지면서 게송을 말씀하셨다.

용의 몸을 벗어나기는 매우 어렵다.
용과 용이 한곳에 모였으니
용이여, 해칠 마음을 일으키지 말라.
용의 몸을 벗어나기는 매우 어렵다.

항하강 모래알같이 많은 과거에도
모든 부처님께서 반열반을 하셨건만
너는 마침내 한 번도 만나지 못했으니
그것은 분노의 불 때문이니라.

여래에 대한 착한 마음을 가지고
그 성내는 독을 빨리 버려라.
성내는 그 독을 버리고 나면
곧 천상에 태어나게 되리라.

그때 사납기 그지없던 용은 혀를 내어 여래의 손을 핥으면서 여래의 얼굴을 뚫어지게 바라보았다.

이튿날 아침에 세존께서는 그 사나운 용을 손에 받쳐들고 가섭에게로 가서 말씀하셨다.

"이 사나운 용은 매우 흉악하고 포악했었으나, 이제는 이미 항복을 받았노라."

그때 가섭은 그 사나운 용이 두려워하는 것을 보고 세존께 아뢰었다.

"중지하시오, 그만 중지하시오, 사문이여, 앞으로 다가오지 마시오. 용은 우리를 모두 해칠 것입니다."

세존께서 말씀하셨다.

"가섭아, 두려워하지 말라. 내가 이제 이미 이 용을 항복 받았다. 결코 아무도 해치지 않을 것이다. 왜 그런가 하면 이 용은 이미 교화를 받았기 때문이다."

그때 가섭과 5백 제자들은 일찍이 없었던 일이라고 찬탄하였다.

"매우 기이한 일이로다. 이 고타마 사문은 매우 큰 위신력을 가지고 있어서 이 사나운 용을 항복 받아 나쁜 짓을 하지 못하게 하셨다. 비록 그렇지만 아직 우리들이 얻은 참다운 도에는 미치지 못할 것이다."

그때 가섭은 세존께 아뢰었다.

"큰 사문이시여, 이제 90일 동안 제 청을 받아 주소서, 필요한 의복·음식·평상·침구와 병들고 수척한 사람을 위해 의약을 모두 공급하여 드리겠습니다."

그러자 세존께서는 잠자코 가섭의 청을 받아 주셨다. 그때 세존께서 이 신룡(神龍)을 큰 바다에 놓아주셨다. 그러자 저 사나운 용은 그 바다에서 수명대로 살다가 목숨을 마친 뒤에는 사천왕(四天王)의 하늘에 태어났다. 이때 여래께서 다시 돌집으로 돌아와 계셨다. 가섭은 갖가지 음식을 준비한 다음 세존께 나아가 아뢰었다.

"음식이 이미 준비되었습니다. 어서 가셔서 공양하시기 바랍니다."

세존께서 말씀하셨다. ·

"가섭아, 먼저 가거라. 내 뒤따라가리라."

가섭이 떠난 뒤 세존께서는 곧 염부제 경계에 가셔서 염부수 밑에서 염부 열매를 따가지고 가섭의 돌집에 먼저 돌아와 앉아 계셨다. 가섭은 세존께서 돌집 안에 앉아 계시는 것을 보고 아뢰었다.

"사문이시여, 어느 길을 거쳐서 이 돌집에 오셨습니까?"

부처님께서 가섭에게 말씀하셨다.

"네가 떠난 뒤 나는 염부제 경계에 가서 염부 열매를 따가지고 여기에 돌아와서 앉아 있는 중이다. 가섭아 마땅히 알아야 한다. 이 과일은 매우 향기롭고 맛이 있어 먹을 만하다."

그때 가섭은 이렇게 생각했다.

'이 사문은 대단한 신통과 위력을 가지고 있다. --그래도 내가 얻은 참다운 도에 미치지 못할 것이다.'

그때 세존께서 공양을 마치시고 돌집으로 돌아와 쉬고 계셨다. 그날 밤에 사천왕(四天王)들이 세존께서 계신 곳으로 찾아가서 경법(經法)을 들었다. 사천왕들도 큰 광명이 발산하였고 부처님께서도 또 큰 광명을 놓아 그 산과 들을 환하게 비추어 똑같은 빛으로 밝게 하였다.

그때 저 가섭도 밤에 그 광명을 보았다. 그는 이튿날 이른 아침에 세존께 나아가 아뢰었다.

"어제 어떤 광명이 이 산과 들을 비추었습니까?"

세존께서 말씀하셨다.

"어젯밤 사천왕이 나를 찾아와서 나에게 법을 들었다. 그 광명은 저 사천왕들의 광명이었다."

--석제환인(釋帝桓因)--천제(天帝)-천제석(天帝釋)--범천왕(梵天王) -대범천왕(大梵天王)등이 광명을 비추었지만,

이때 마다 가섭은 다시 이렇게 생각하였다.

'이 사문은 대단한 신통과 위력을 가지고 있다. 우리의 조부(祖父 : 대범천왕)까지 와서 경법을 듣게 하였구나, 그래도 내가 얻은 참다운 도에 미치지 못할 것이다.'

세존께서 공양을 마치시고 돌아가 쉬고 계셨다. 이 날 밤중에 새까만 구름 일어나더니 큰 비가 막 쏟아졌다. 빗물이 연이어 큰 강으로 흘러들어 넘쳐흘렀다. 가섭은 또 이렇게 생각했다.

'이 강이 사납게 넘쳐흐르고 있다. 사문은 틀림없이 저 강물에 떠내려가고 말 것이다. 내 이제 그 일을 구경하리라.'

이때 가섭과 그의 5백 제자들은 모두 강가로 나갔다.

그때 세존께서는 **물 위로 걸어 다니시는데 발에 물에** 젖지 않으셨다. 이때 가섭이 멀리서 물 위를 걸어 다니시는 것을 보았다.

그때 가섭은 곧 이런 생각을 하였다.

'참으로 기이한 일이로다. 사문 고타마가 저렇게 물 위를 걸어 다니고 있구나, 나도 물 위로 걸어 다닐 수 있다. 다만 발이 물에 젖지 않게 하지 못할 뿐이다. 그러나 이 사문이 아무리 신력이 있다 해도 내가 얻은 참다운 도에는 미치지 못할 것이다.'

이때 세존께서 가섭에게 말씀하셨다.

"너는 아라한이 아니다. 또한 아라한의 도(道)도 알지 못하고 있다. 너는 오히려 아라한이라는 이름도 분별하지 못하거늘 더구나 도를 얻었다고 할 수 있겠느냐? 너는 곧 맹인과 다름이 없어서 아무것도 보지 못한다. 내가 그러한 변화를 나타내었건만 너는 짐짓 말하기를 '내가 얻은 참다운 도에는 미치지 못 할 것이다.'라고 생각했으며, 너는 또 말하기를 '나도

220

능히 물 위를 걸어 다닐 수 있다.'고 하였다.

'지금 당장 나와 함께 물 위로 걸어 다닐 수 있겠느냐?'

너는 그런 삿된 소견을 얼른 버려 오랜 세월 동안 그런 괴로움을 받지 않도록 하라."

그때 가섭은 세존의 말씀을 듣고, 곧 앞으로 나아가 머리를 조아려 세존의 발에 예를 올리고 귀의하였다.

《《이렇게 해서 가섭의 삼형제인 우루빈나가섭(우루벨라까사파 Uruvela-kassapa) 나제가섭(Nadi-kassapa) 가야가섭(Gaya-kassapa)이 부처님께 귀의하게 된다. 형인 우루벨라 가섭의 제자 5백 명과 둘째인 나제가섭의 제자 3백 명과 가야가섭의 제자 2백 명이 부처님 제자가 되어 모두 아라한이 된다.》》

**✷✷ 그 외에 수많은 비구들과 비구니들을 제도하시니,
수많은 비구니들도 아라한이 되었네, 49년간
중생교화. 이것이 녹원전법상(鹿苑轉法相)이니라.**

**✷ 중일아함경 제13권 23. 지주품(地主品)
〈수롱나 비구의 이십억이 비구의 거문고 비유〉**

이십억이 비구는 어떤 고요한 곳에서 스스로 법의 근본을 닦아 12두타(頭陀) 행법(行法)을 버리지 않고, 밤낮으로 경행(經行)하면서 37도품(道品)의 가르침을 떠나지 않았다.

걷거나 서거나 앉거나 눕거나 쉬지 않고 그렇게 열심히 공부했다. 그러나 그는 욕루(慾漏)의 법에서 마음이 해탈하지 못했다.

이십억이 비구는 이렇게 생각했다.

'석가모니 부처님 제자로서 선행 정진하는 이들 중에 내가 제일이다. 그런데도 나는 오늘 날까지 번뇌의 마음에서 해탈하지 못하였다. 환속하여 부모님이 물려준 재산으로 보시의 공덕을 지으며 편안히 사는 것이 좋겠다.'고 생각했다.

그때 세존께서는 멀리서 이십억이의 마음을 아시고 곧 허공을 날아 그가 경행하는 곳으로 가서 자리를 펴고 앉으셨다.

"이십억이여, 거문고의 줄이 느슨하면 소리가 고르게 나겠는가?"

"아닙니다."

"이십억이여, 그러면 거문고 줄이 지나치게 팽팽하면 소리가 고르게 나겠는가?"

"아닙니다."

"이십억이여 그와 같이 거문고 줄이 너무 느슨해도 안 되고, 너무 팽팽해도 안 된다. 공부도 너무 느슨하면 게으른 것이요. 너무 팽팽하면 집착하는 것이다."

이십억이는 부처님의 가르침대로 공부하여 아라한이 되었다.

✳ 증일아함경 제22권 30. 수타품
〈부처님과 수타 사미의 대화〉

어느 때 부처님께서는 마갈타국 파사산에서 대비구 5백 명과 함께 계셨다.

그때 세존께서 이른 아침에 고요한 방에서 나와 밖에서 거닐고 계셨다. 그때 수타(須陀)라고 하는 사미가 세존의 뒤를 따라 거닐고 있었다. 그때 세존께서 돌아보시며 사미에게 말씀하셨다.

"내가 지금 너에게 어떤 이치를 물을 터이니, 자세히 듣고
잘 생각해 보아라."

"그렇게 하겠습니다. 세존이시여,"

"영원한 형상과 무상한 형상은 그 이치가 하나인가. 혹은
여러 가지인가?"

"영원한 형상과 무상한 형상은 그 이치가 여러 가지이고,
한 이치가 아닙니다. 왜냐하면 영원한 형상은 곧 안[內]이고,
무상한 형상은 바깥[外]입니다. 그런 까닭에 그 이치는 여럿
이고, 하나가 아닙니다.

"훌륭하고 훌륭하다. 수타야, 네가 한 말과 같다. 너는 그 뜻
을 잘 설명하였다. 영원한 형상과 무상한 형상은 그 이치가 여럿
이며 하나가 아니다. 어떠냐? 수타야, 번뇌[누漏]가 있다는 뜻
과 번뇌가 없다는 뜻은 그 이치가 하나인가, 혹은 여럿인가?"

"번뇌가 있다는 뜻과 번뇌가 없다는 뜻은 그 이치가 여럿
이며, 하나가 아닙니다. 왜냐하면 번뇌가 있다는 뜻은 곧 나고
죽음의 번뇌[결사結使]이고, 번뇌가 없다는 뜻은 열반(涅槃)의
법입니다. 그러므로 그 이치는 여럿이요, 하나가 아닙니다."

"훌륭하고 훌륭하다. 수타야, 네가 한 말과 같다. 번뇌는 곧
나고 죽는 것이요, 번뇌가 없는 것은 곧 열반이니라."

세존께서 또 물으셨다.

"모이는 법과 흩어지는 법은 그 이치가 하나인가, 아니면
여럿인가?"

"모이는 법의 형상과 흩어지는 법의 형상은 그 이치가 여
럿이요, 하나가 아닙니다. 왜냐하면 모이는 법의 형상은 사대
(四大)의 형상이요, 흩어지는 법의 형상은 괴로움이 다한 진

리입니다. 이런 까닭에 그 이치는 여럿이요, 하나가 아니라고 말한 것입니다."

"훌륭하고 훌륭하다. 수타야, 네가 한 말과 같다. 모이는 법의 형상과 흩어지는 법의 형상은 그 이치가 여럿이요, 하나가 아니니라. 어떠냐? 수타야, 느낌의 이치[수의受義]와 쌓임의 이치[음의陰義]는 하나인가 아니면 여럿인가?"

"느낌과 쌓임[음陰]의 이치는 여럿이요, 하나가 아닙니다. 왜냐하면 느낌이란 형상이 없어서 볼 수 없는 것이요. 쌓임이란 형상이 있어서 볼 수 있는 것이기 때문입니다. 그런 까닭에 그 이치는 여럿이요. 하나가 아닙니다."

"훌륭하고 훌륭하다. 수타야, 이름이 있는 것과 이름이 없는 것은 그 이치가 여럿인가, 혹은 하나인가?"

"이름이 있는 것과 이름이 없는 것은 그 이치가 여럿이요 하나가 아닙니다. 왜냐하면 이름이 있는 것은 곧 나고 죽음의 결박이요. 이름이 없는 것은 바로 열반이기 때문입니다. 그런 까닭에 그 이치는 여럿이요, 하나가 아닙니다."

"훌륭하고 훌륭하다. 수타야, 무슨 까닭에 이름이 있는 것은 곧 나고 죽는 것이요, 이름이 없는 것은 곧 열반이라 말하느냐?"

"이름이 있는 것은 태어남이 있고 죽음이 있으며, 끝이 있고 시작이 있는 것이며, 이름이 없는 것은 태어남도 없고 죽음도 없으며, 끝도 없고 시작도 없기 때문입니다."

"훌륭하고 훌륭하다. 수타야, 네가 한 말과 같다. 네가 한 말은 참으로 통쾌하다. 나는 이제 너를 대비구임을 인정하노라."

어느 때 부처님께서 라열성 가란타죽원에서 대비구 5백 명과 함께 계셨다.

224

그때 세존께서는 설법을 하고 계셨다. 그런데 장로 비구가 대중들 속에서 세존을 향해 다리를 죽 뻗고 졸고 있었다. 그때 수마나(須摩那)라고 하는 사미가 당시 나이가 겨우 8세였는데, 세존에게서 그리 멀지 않은 곳에서 가부좌하고 앉아 생각을 매어 앞에 두고 있었다.

그때 세존께서 발을 죽 뻗고 앉아서 졸고 있는 장로 비구와 단정히 앉아서 사유에 잠겨있는 사미를 보시고 곧 게송을 말씀하셨다.

수염과 머리를 깎았다 해서
반드시 그가 장로는 아니다.
그는 아무리 나이가 많아도
어리석은 그 행을 면치 못한다.

만일 네 가지 진리를 보고
어떤 생명도 해치지 않고
더럽고 나쁜 온갖 행 버리면
그야말로 장로라 부르느니라.

내가 지금 말하는 이른바 장로란
반드시 남 먼저 출가한 이가 아니다.
착한 그 본업(本業)을 닦고
바른 행 분별하는 자이다.

설령 나이가 어리다 해도
모든 감각기관에 번뇌와 결함 없으면
그 사람이야 말로 장로라 이름하리,
그는 바른 법행을 분별하기 때문이다.

앙굿따라니까야 제14장, 으뜸 품, 혹은 제일의 품.

❋ 콘단냐의 경. Kondanna-sutta.(A. 1:14:1).

1. 한 때 부처님게서 사왓티에 계셨다.

1-1. "나의 제자 수행승 가운데 안냐꼰단냐가 제일 구참(舊參)이다."

(* 안냐꼰단냐(Annākondanna,) 교진여橋陳如)존자는 가삘라왓투 근처에 있는 도나왓투타라는 곳의 부유한 바라문 가문에 태어났다. 고따마 싯닷타 태자(세존)가 태어났을 때 관상을 보기 위해서 온 8명의 바라문 가운데 한 명이었다고 한다. 관상학의 대가였던 그는 태자가 깨달은 분이 될 것을 예견하고 출가하기를 기다렸다가 다른 네 명과 함께 출가하였으며 그래서 이들은 5비구로 우리에게 잘 알려져 있다. 그는 인간들 가운데 제일 먼저 법의 눈을 뜬 사람이며 그래서 부처님께서는 그 기쁨을 '꼰다냐는 완전하게 알았다'라고 두 번이나 외치셨다. 그래서 그는 안냐꼰단냐〈완전하게 안 꼰단냐〉로 불리게 되었다.

정형구로 구족계를 받은 첫 번째 비구이며, 전체 비구 가운데서도 첫 번째로 구족계를 받은 분이다. 그래서 가장 구참인 비구로 불리는 것이다.

그는 부처님의 허락을 받고 히말리야의 찻단따 숲에 있는 만다끼나로 들어가서 12년을 머물렀으며 산을 나와 부처님의 허락을 받고 다시 그곳으로 들어가 반열반 하였다. 코끼리들이 그의 임종을 슬퍼하였으며, 그의 유체를 에워싸고 히말라야에서 행진하였다.

그러자 신들이 관을 만들어서 여러 천상에 다니면서 신들과 하느님들이 예배하게 하였으며 그 뒤 지상에서 화장하였다. 그의 유골은 죽림정사(Veluvana-vihara)의 세존께 보내졌으며 세존께서는 탑을 조성하셨다. 지금도 탑은 존재한다고 한다.)

✽ 싸리뿟따의 경. Sariputtasutta(A. 1:14:2)

1-2. "나의 제자 수행승 가운데 싸리뿟따는 위대한 지혜를 가진 님 가운데 제일이다."

(*사리뿟따[사리불(舍利佛)]존자는 '날란다'지방의 큰 바라문 가문에 태어났으며 경에서 우빠땃사라고 불리기도 하는데, 그의 이름임에 분명하다. 어머니의 이름이 사리(Sari)였기 때문에 사리뿟다(사리의 아들)로 불리게 된 것이다. 그는 불가지론자였던 산자야 벨랏티뿟따의 제자였는데, 5비구 가운데 한 분인 앗사지(Assaji阿說示, 馬勝) 존자가 읊는 게송의 첫째 두 구절을 듣고 예류과(수다함)를 얻었다고 한다. 일설에 의하면 그의 아버지는 날라까(Nalaka)였다. 그에게는 3명의 형제 쭌다(Cula) 우빠세나(Upasena) 레와따(Revata)와 3명의 누이 짤라(Cala) 우빠짤라(Upacala) 씨쑤바짤라(Sisupacala) 모두 출가하여 승려가 되었다.

앗사지[마승(馬勝)]존자의 게송으로 수다함과를 얻은 그는 목갈라나에게 그 시를 들려주자 목갈라나도 같은 경지에 오르게 되었다. 사리뿟다와 목갈라나는 부처님을 찾아가기 전에 그들이 모시던 회의주의자 산자야(Sanjaya)를 모시고 가려했으나 산자야는 거절했다. 목갈라나는 부처님께 출가한 지 7일 만에 아라한이 되었고, 사리뿟따는 15일 후에 아라한이 되었다. 부처님은 대중 앞에서 자주 주제만 제시하고 사리뿟따가 대신 설법했다.)

✽ 마하목갈라나의 경. Mahamoggallanasutta(A. 1:14:3)

1-3 "나의 제자 가운데서 마하목갈라나(대목련)가 신통을 가진 님 제일이다."

(* 마하목갈라나 존자는 사리뿟따 존자와 같이 라자가하의 꼴리따 마을의 바라문 가문에서 태어났다. 마을 이름을 따서 꼴리따라

불리었다. 어머니의 이름이 목갈리였기 때문에 목갈라나라로 불리게 되었다. 어릴 적부터 사리뿟다와 절친한 친구였다. 어느 날 두 친구는 광대놀이를 보러갔다가 무상함을 깨닫고 출가를 결심했다.
같이 산자야 문하에서 수학하다가 사리뿟따 존자와 함께 부처님의 제자가 되었다. 사리뿟다 존자와 함께 부처님의 두 상수제자로 불린다. 그들은 부처님보다 나이가 많았다. 그들은 자신의 동료이자 산자야의 제자 250명과 함께 부처님의 제자가 되었다.)

✽ 마하깟사빠의 경. Mahakassapasutta.(A. 1:14:4)

1-4 "나의 제자 가운데 두타행을 하는 자들 가운데서 마하깟사빠(대가섭)가 제일이다."

(*마하깟사빠 존자는 마가다의 마하띳타에서 바라문 까빌라(Kapila)와 어머니 쑤마나데비(Sumanadevi) 사이에서 태어나 이름은 삡빨리(Pippali)로 불렸다. 그는 결혼을 원하지 않았으나 부모의 강권에 못 이겨 자신이 만든 조각과 똑같은 여자가 있다면 결혼하겠다고 했다. 그런데 부모들은 그 요건을 만족시키는 〈밧다 까삘라니 (Bhadda, Kapilani)〉라는 처녀를 싸갈라(Sagala)에서 발견했다. 양가의 부모는 마침내 그들을 강제로 결혼시켰다. 그러나 서로의 합의로 첫날밤에 잠자리를 꽃 줄로 갈라놓고 각기 따로 잠을 잤다.

삡빨리는 엄청난 부자였다. 그는 60개의 호수를 소유했고, 정원 일을 하는 사람들은 인근 40여개 마을에 흩어져 살았다. 어느 날 그는 쟁기질하는 논에 갔다가 벌레가 새에 쪼여 먹히는 것을 보고 그것이 무상함을 느껴 출가를 결심했다. 동시에 아내 밧다도 까마귀들이 곤충을 잡아 먹는 것을 보고 출가를 결심했다.

그들은 함께 머리를 자른 뒤 발우를 손에 들고 우는 하인들을 뒤로 한 채 집을 떠났고 갈림 길에서 헤어졌다. 그 후 깟사빠는 웰

228

루와나(Veluvana)의 향실에서 부처님을 뵙고 먼저 제자가 되었고, 밧다는 제따 숲 근처의 띳티야라마에서 재가신도로 살다가 나중에 마하빠자빠띠 고따미의 비구니 교단에 출가했다. 이 둘은 모두 아라한이 되었다.)

✳ 늙음 경. Jinna-sutta(S16:5)

1. 이와 같이 나는 들었다. 한때 부처님께서는 라자가하에서 대나무 숲에 머무셨다.

2. 그때 마하깟사빠 존자가 세존께 다가갔다. 가서는 세존께 절을 올리고 한 곁에 앉았다. 한 곁에 앉은 마하깟사빠 존자에게 세존께서는 이렇게 말씀하셨다.

3. "깟사빠여, 그대는 이제 늙었다. 그리고 그대가 입고 있는 삼베로 만든 다 떨어진 분소의들은 그대에게 너무 무겁다. 깟사빠여, 그러므로 그대는 장자들이 보시하는 옷을 수용하고, 공양청에 응하여 공양하라. 그러면서 내 곁에 머물도록 하라."

4. "세존이시여, 저는 오랜 세월 동안 숲에 머무는 자였고 숲에 머무는 삶을 칭송하였습니다. 탁발음식만 수용하는 자였고 탁발음식만 수용하는 삶을 칭송하였습니다. 분소의만 입는 자였고 분소의를 입는 삶을 칭송하였습니다. 삼의(三衣)만 수용하는 자였고 삼의만 수용하는 삶을 칭송하였습니다. 원하는 것은 적었고[소욕少欲] 원하는 것이 적은 삶을 칭송하였습니다. 만족하였고[지족知足] 만족하는 삶을 칭송하였습니다. 한거하였고 한거하는 삶을 칭송하였습니다. [재가자들과]교제하지 않았고 [재가자들과]교제하지 않는 삶을 칭송

하였습니다."

5. ---반복되는 내용. 중략---

6. "장하고 장하구나, 깟사빠여, 깟사빠여, 그대는 많은 사람에게 이익이 되고, 많은 사람에게 행복이 되고, 세상을 연민하고 많은 신(神)과 인간에게 이로움이 되고 이익이 되고 행복이 되기 위해 도를 닦는구나. 깟사빠여, 그러므로 그대는 [계속해서]삼베로 만든 다 떨어진 분소의를 입어라. 걸식을 행하라. 숲에서 머물러라."

✽ 유사정법(類似正法)경. Saddhammapatirupaka-s(S16:13)

3. "세존이시여, 무슨 원인과 무슨 조건 때문에 이전에는 학습계목은 더 적었지만 구경의 지혜에 안주하는 비구들은 더 많았으며, 무슨 원인과 무슨 조건 때문에 지금은 학습계목은 더 많아졌지만 구경의 지혜에 안주하는 비구들은 더 적습니까?"

4. "깟사빠여, 그것은 이와 같다. 중생들이 하열해지고 정법이 사라질 때에는 학습계목은 더 많아지지만 구경의 지혜에 안주하는 비구들은 더 적다. 깟사빠여, 유사정법(類似正法)이 세상에 생기지 않는 한 정법은 사라지지 않는다. 그러나 유사정법이 생기면 정법은 사라지게 된다.

깟사빠여, 예를 들면 황금과 유사한 것이 세상에 생기지 않으면 황금은 사라지지 않는다. 황금과 유사한 것이 세상에 생기면 황금은 사라지게 된다.

깟사빠여, 그와 같은 유사정법이 세상에 생기지 않는 한 정법은 사라지지 않는다. 그러나 유사정법이 생기면 정법은 사라지게 된다."

5. "깟사빠여, 땅의 요소가 정법을 사라지게 만들지 않는다. 물의 요소가 … 불의 요소가 … 바람의 요소가 정법을 사라지게 만들지 않는다.

그러나 쓸모없는 인간들이 나타나서 이 정법을 사라지게 만든다."

✳ 아누룻다의 경. Anuruddhar-sutta(A. 1:14:5)

1-5. "천안을 가진 자들 가운데서 아누룻다(아나율)가 제일이다."

(* 아누룻다 존자는 부처님의 사촌동생이고 사꺄의 아미또다나의 아들이자 마하나마의 형제이다. 부처님의 소식을 듣고 마하나마가 그에게 출가를 제안했으나 궁중의 화려한 생활을 포기할 수 없어 거부했다. 그러나 결국에는 제안을 받아들여 조카인 '밧디야'와 '아난다' '바구' '낌빌라' '데와닷따'같은 왕자와 이발사 '우빨리'를 비롯한 많은 사꺄의 청년들과 함께 출가하였다.

그는 출가하자마자 첫 번째 우기가 닥치기 전에 천안(天眼)을 얻었다. 부처님께 대한 한없는 신뢰를 가진 분이었으며 부처님 입멸 후 마하깟사빠 존자가 당도할 때까지 승가를 통솔하였던 분이다.)

✳ 밧디야 깔리고디야뿟따의 경.(A. 1:14:6)

1-6. "고귀한 가문 출신인 자들 가운데 깔리고다야이 아들 밧디야가 제일이다."

(* 밧디야 존자는 사꺄족 왕자였으며, 까삘라왓투를 방문하신 부처님을 따라서 사꺄의 아누삐야에서 아누룻다, 아난다, 바구, 깜빌

라, 데와닷다, 같은 왕자와 이발사 우빨리를 비롯한 많은 사꺄의
청년들과 함께 출가하였으며, 오래지 않아 아라한이 되었다. 아누
룻다와는 둘도 없는 친구였으며, 아누룻다의 어머니는 밧디야가 같
이 간다면 출가를 허락하겠다하여 아누룻다는 밧디야를 설득하여
함께 출가하였다 한다.
　　그는 500생을 왕이었다고 하며 그래서 세존께서는 그를 고귀한
가문가운데 으뜸이라고 한다.")

✱ 라꾼다까 밧디야 경. Lakuntakabhaddiya.(A. 1:14:7)

　　1-7. "감미로운 목소리를 가진 자들 가운데서 라꾼따까(키
작은)밧디야가 제일이다."

　　(✱ 라꾼따까 밧디야 존자는 사왓티의 장자 가문에서 태어났으며
키가 매우 작았기 때문에 라꾼따까(난장이)라 불리었다고 한다. 그
는 감미로운 목소리를 가졌으며 그의 감미로운 목소리를 듣고달려
온 여인이 웃을 때 드러낸 이빨을 보고 그것을 명상주제로 삼아
수행하여 불환자가 되었고, 뒤에 사리뿟따 존자의 가르침으로 아라
한이 되었다 한다.)

✱ 삔돌라의 경. Pindola-sutta.(A. 1:14:8)

　　1-8. "사자후를 토하는 자들 가운데서 삔돌라 바라드와자가
제일이다."

　　(✱ 삔돌라 바라드와자 존자는 꼬삼비 우데나왕의 궁중제관의 아
들이며 바라드와자 바라문 출신이다. 그는 3베다에 능통하였으며
500명 바라문 학도를 가르치다가 그것이 무의미함을 느끼고 출가
하였다고 한다. 삔돌라(식탐많은) 그는 식탐이 아주 많은 자였는
데, 부처님의 조언으로 그것을 극복하고 아라한이 되었다 한다.)

232

＊ **뿐나의 경**. Punna,sutta.(A. 1:14:9)

1-9. "법을 설하는 자들 가운데서 만따니의 아들 뿐나(부루나)가 으뜸이다.

(＊ 만따니의 아들 뿐나 존자는 까삘라왓투에서 가까운 도나왓투(Donavatthu)의 바라문 가문에서 태어났다. 우리에게 설법제일 부루나(富樓那) 존자로 알려진 분이다. 그의 어머니 만따니는 안나꼰단냐 존자의 여동생이었다.

꼰단냐 존자가 아라한이 된 후 조카인 뿐나를 출가시켰다. 그는 까삘라왓투에서 머물면서 수행하여 아라한이 되었다. 그는 그의 동향 사람 500명을 출가하게 하여 열 가지 설법의 기본(dasa kathavatthuni)을 가르쳤다 하며 그들은 모두 아라한이 되었다고 한다.

그는 세존을 뵙기 위해서 사왓티로 왔으며 사리뿟따 존자가 그의 명성을 듣고 그를 시험한 것이 저 유명한 「맛지마 니까야」의 「역마차 경」(M24)이다. 이 경에서 그는 부처님 가르침을 일곱 가지 청정(七淸淨)으로 요약 설명하여 사리뿟따 존자의 감탄을 자아내게 하였다.)

＊ **마하깟짜나의 경**. Mahakaccana,sutta.(A. 1:14:10)

1-10. "간략하게 설한 것의 의미를 상세하게 그 뜻을 설명하는 자들 가운데서 마하깟짜나가 제일이다."

(＊ 마하깟짜나 존자는 대가전연(大迦旃延)으로 한역되었으며, 왕의 궁중 제관의 아들로 태어났으며 바라문 가문의 출신이다. 깟짜나는 그의 족성이다. 그는 베다에 능통했으며 그의 부친이 죽은 뒤 대를 이어 궁중제관이 되었다. 그는 짠답빳조따 왕의 명으로 일곱 명의 친구들과 함께 부처님을 웃제니로 초대하기 위하여 부처님께 갔다가 설법을 듣고 무애해를 갖춘 아라한이 되어 출가하였다. 논의제일이다.)

✻ 쫄라빤타까의 경. Pathamacullapanthaka.(A. 1:14:11)

2-1. "비구들이여, 마음으로 만들어진 몸을 창조하는 나의 비구제자 가운데 '쫄라빤타까'가 제일이다."

(* 쫄라빤타까 존자는 라자가하의 부유한 상인의 딸에게서 태어났다. 그의 어머니는 하인과 눈이 맞아서 라자가하를 도망 나가서 살았다고 한다.

그의 형은 마하빤타까라 불린다. 두 형제는 길에서 태어났기 때문에 빤타까라는 이름을 얻었다고 한다. 그의 어머니와 하인이 도망 다니면서 길에서 태어났기 때문일 것이다. 그는 후에 형과 함께 외갓집으로 보내져서 양육되었다.

그의 형은 외할아버지를 따라 부처님을 뵈러 다녔기 때문에 먼저 출가하여 아라한이 되었다. 그도 형의 권유로 출가하여 형이 준 게송을 넉 달이나 외웠지만 외울 수 없었다. 그는 승단에서 바보 빤타까로 알려질 정도였다.

그러나 부처님께서는 그에게 천 조각을 주시면서 '먼지 닦기' 먼지 닦기 '라고 반복해서 외우라고 하셨고, 그런 방법을 통해서 무애해와 육신통을 갖춘 아라한이 되었다고 한다. 16 나한 중의 한분이다.)

✻ 쫄라빤타까의 경. Dutiyacullapanthaka.(A. 1:14:12)

2-2. "마음의 전개에 능숙한 자들 가운데서 '쫄라빤타까'가 제일이다."

(* '쫄라빤타까'존자는 네 가지 색계 선(禪)을 얻었기 때문에 마음의 전개에 능숙하다고 하고 마하빤타까 존자는 네 가지 무색계 선(禪)을 얻었기 때문에 인식(sanna)의 전개에 능숙하다고 설명하고 있다.)

✳ **마하 빤타까의 경**. Mahapanthaka.sutta(A. 1:14:13)

2-3. "인식의 전개에 능숙한 자들 가운데서 '마하빤타까'가 제일이다."

(* '마하빤타까'존자는 '쫄라빤타까'존자의 형이다.)

✳ **수부띠의 경**. Pathamacubhuti sutta(A. 1:14:14)

2-4. "평화롭게 머무는 자들 가운데서 '수부띠(수보리)'가 제일이다."

(* 수부띠 존자는 수마나 상인의 아들이자 급고독장자(아나타삔디까)의 동생이다. 급고독원 개원식 때 부처님의 설법을 듣고 출가하였으며 자애와 함께 하는 선(禪)을 닦아서 아라한이 되었다. 그는 주로 숲에서 머물면서 평화롭게 지냈다고 한다. 그래서 세존께서는 평화롭게 머무는 자 가운데 으뜸이라고 한 것이다.

한편 대승의 금강경 제9품에서도 수부띠 존자를 평화롭게 머무는 자들 가운데 으뜸이라고 밝히고 있다.(得無諍三昧人中 最爲第一 是第一 離欲阿羅漢) 북방불교에서는 수부띠 존자를 해공제일(解空第一)이라 하는데 존자는 무쟁제일이다.)

✳ **수부띠의 경**. Dutiyasubhuti sutta(A. 1:14:15)

2-5. "공양 받을만한 가치가 있는 자들 가운데서 '수부띠'가 으뜸이다."

(* 수부띠 존자는 탁발을 할 때 집집마다 자애와 함께하는 선(禪)에 들었다가 여기서 출정하여 공양을 받았기 때문에 이렇게 불린다고 한다.)

❋ 레와따 카디라와니야의 경.(A. 1:14:16)

2-6. "숲 속에 머무는 자들 가운데서 아카시아 숲에 머무는 '레와따'가 제일이다."

(* 아카시아 숲에 머무는 레와따 존자는 지혜 제일의 사리뿟따 존자의 막내 동생이다. 그의 어머니는 그의 자녀들이 하나 둘 출가하는 것을 보고 막내는 출가를 못하게 하기 위해서 그를 일곱 살에 결혼을 시켰다고 한다. 결혼식에서 하객들이 신부에게 할머니 나이만큼 살라고 축복의 말하는 것을 듣고 120살 된 신부 할머니의 늙은 모습을 보고 저 예쁜 신부도 그와 같이 될 것이라고 깨닫고 결혼 행렬에서 빠져나와 출가 하였다고 한다.

다른 숲에 거주하는 비구들은 나무숲도 있고 물도 있고 걸식할 수도 있는 숲에서 머물다가 아라한이 되었기 때문에 세존께서 이렇게 칭송하셨다.)

❋ 깡카레와따의 경. Kankharevata-s(A. 1:14:17)

2-7. "선정(禪定)에 드는 자들 가운데서 '깡카레와따'가 으뜸이다."

(* 깡카레와따 존자는 사왓티의 아주 부유한 집안 출신이었다. 그는 어느 날 점심식사 후에 부처님이 설법하신다는 소문을 듣고 다른 사람과 함께 갔다가 출가했다. 그는 승단 생활을 하면서 '나에게 어느 것은 허용되고 어느 것은 허용되지 않는가.'라는 문제로 심하게 고민했는데, 어느 날 선정에 들어 해탈하여 거룩한 십력(十力)을 갖춘 아라한이 되었다고 한다.)

❋ 소나꼴리위사의 경. Sonakkolivisa-s(A. 1:14:18)

2-8. "열심히 정진하는 자들 가운데서 '소나 꼴리위사'가 제

일이다."

(* 소나 꼴리위사 존자는 잠바의 부유한 상인의 아들로 태어났다. 소나는 이름이고 꼴리아는 족성이다. 그가 입태했을 때부터 집안의 재산이 엄청나게 불기 시작했으며, 그가 태어날 때 도시 전체가 축제할 정도였다. 태어나서는 삼시전을 짓고 아주 호화로운 삶을 살았다고 한다.

그는 수쿠말라 소나라고도 불리는데 태어나면서부터 그의 손과 발이 아주 섬세하였기 때문이라고 한다. 그를 만나고 싶어한 빔비사라왕의 초청으로 라자가하에 갔다가 부처님의 가르침을 듣고 출가하였다.

열심히 정진하였지만 아라한과를 얻지 못해서 실망하여 환속할 생각을 하고 있는 그에게 부처님께서는 거문고를 켜는 비유를 들어서 바른 정진을 일깨워 주셨으며 그래서 그는 아라한이 되었다.)

✻ 소나꾸띠깐나의 경. Sonakutikanna-s(A. 1:14:19)

2-9. "감미로운 목소리로 말하는 자들 가운데서 '소나 꾸띠깐나'가 제일이다."

(* 소나구띠깐나 존자는 이완띠의 꾸라라가라 출신이다. 그는 꾸라라가라에서 마하깟짜나 존자의 문하로 출가하였다. 그 후 세존을 뵈었는데, 세존께서 그가 배운 것을 읊어보라 하시자 그는 깟짜나 존자께서 배운 「숫따니빠따」의 「앗타까 왁가」 제 4장 여덟 편의 시를 낭낭하게 외워 부처님을 크게 기쁘게 하였다고 한다. 그래서 감미로운 목소리로 말하는 자들 가운데 으뜸이라고 한 것이다.)

✻ 시왈리 경. Sivali-s(A. 1:14:20)

2-10. "보시를 얻는 자들 가운데서 '시왈리'가 으뜸이다."

(* 시왈리 존자는 꼴리아 왕국의 공주인 '숩빠와사'의 아들이다.

그녀는 7년7일 동안 그를 잉태한 뒤에도 7일 동안이나 출산의 고통을 겪게 되자 그녀는 '죽기 전에 부처님께 보시를 하고 싶다.'고 남편에게 알렸다. 소식을 전해들은 부처님은 그녀를 위해 축복하자 그녀는 아이를 순산할 수 있었다.고 하는 신비한 인물이다.

그래서 낳자마자 바로 말을 하였고 태어나는 날 바로 사리뿟따 존자가 데리고 가서 출가를 시켰는데 머리를 깎으면서 첫 번째 머리칼이 떨어질 때 예류과(수다함과)를 얻었고 두 번째 머리칼이 떨어질 때 일래과(사다함과)를 얻었다고 한다.

그는 신들의 공양(天供)을 많이 받는 등 세존을 제외하고는 비구들 가운데 가장 많이 공양을 받았기 때문에 세존께서는 그를 공양을 얻는 자들 가운데 으뜸이라고 한다.)

✻ 왁깔리의 경. Vakkali-s(A. 1:14:21)

2-11. "신심 깊은 자들 가운데서 '왁깔리'가 제일이다."

(✻ 왁깔리 존자는 사왓티의 바라문 가문 출신이다. 그는 3베다에 능통했는데 처음 부처님을 보자 그분에게는 눈을 뗄 수가 없었다고 한다. 세존 가까이 있기 위해서 출가하였다고 하며 먹고 씻고 하는 때를 제외하고는 온통 부처님만 생각하였다고 한다. 세존께서 왁깔리에게 하신 '법을 보는 자는 나를 보고, 나를 보는 자는 법을 본다.'는 말씀은 아주 유명하다.

그의 아라한과의 증득과 죽음에 대해서 그가 세존의 곁에 있는 것을 너무 좋아하였기 때문에 안거를 마치던 날 세존께서 이제 떠나라는 말씀을 하시자 슬퍼서 독수리봉 산의 절벽에서 떨어졌는데 세존께서 '오라, 왁깔리여'라고 부르는 말씀을 듣고 환희하여 허공을 날아오르면서 아라한과를 얻었다고 한다.)

✻ 라훌라의 경. Rahula-s(A. 1:14:22)

3-1. "배우기를 좋아하는 나의 비구 제자들 가운데서 '라훌라'가 으뜸이다."

(* 라훌라 존자는 세존의 외아들이다. 라훌라 존자는 세존이 출가하시던 날 태어났다. 세존께서는 깨달음을 증득하신 지 2~3년 뒤에 부친 '숫도다나(정반(淨飯)왕의 간청으로 고향 까삘라왓투를 방문하셨는데 그때 부처님의 아내였던 '야소다라 '는 라훌라를 세존께 보내어서 상속물을 달라 하라고 시켰다.

라훌라의 말을 듣고 세존께서는 사리뿟다 존자에게 라훌라를 출가시키게 하셨다. 무소유의 삶을 사시는 부처님이 아들에게 상속물로 줄 것은 출가밖에 없었을 것이다. 라훌라 존자를 출가시키면서 세존께서는 라훌라 존자에게 "다시는 세상에 태어나지 말라."는 간곡한 말씀을 하셨다.

부처님께서 라훌라를 가르치신 여러 경들이 초기경전들에 전승되어 온다. 그 가운데 라훌라 존자를 가르치신 최초의 경은 〈맛지마 니까야〉 암발랏티까 라훌라 교계경인데, 여기서 부처님께서는 발 씻는 대야의 비유로 그를 엄하게 가르치신다. 이 가르침은 '아쇼까' 대왕에게도 큰 감명을 주어서 그의 명령으로 바위에 새긴 아쇼까 대왕의 칙령에서 이 경의 말씀을 언급하고 있다. 존자는 10대 제자 중 밀행(密行)제일이다.)

✻ 랏타빨라의 경. Ratthapala-s(A. 1:14:23)

3-2. "믿음으로 출가한 자들 가운데서 '랏타빨라'가 제일이다."

(* 랏타빨라 존자는 꾸루의 톨라꼿티따의 유명한 가문 출신이며 외아들이다. 세존의 법문을 듣고 출가를 결심한 그는 부모의 허락을 받아야 출가 한다는 부처님의 말씀을 듣고 허락을 받기 위해,

출가를 반대하는 부모님과 생사를 건 투쟁으로 허락을 받으며 출가한 후라도 부모를 만나러 와야 한다는 약속을 한다.

출가 후 아라한이 된 그는 약속대로 집을 찾는다. 멀리서 머리 깎은 사문이 오는 것을 본 그의 아버지는 "까까머리 사문들 때문에 사랑스럽고 소중한 내 외아들이 출가했다."고 하며 거들떠보지도 않았다.

그때 랏타빨라 존자의 친척 하녀가 어제 먹다 남은 보리죽을 버리려 하고 있었다. '누이여 만일 그것이 버릴 것이라면 여기 내 발우에 주시오.'존자는 보리죽을 먹고 있었고, 그 하녀는 랏타빨라 존자를 알아보고 부모에게 알렸다. 그 부모는 온갖 맛있는 음식을 차려 그에게 대접했고, 아버지는 존자의 옛 아내들을 불러 온갖 장신구로 아름답게 치장하라고 일렀다. 존자는 거들떠보지도 않고 옛 부인들을 '누이여'라고 호칭하니 그 부인들이 기절했다고 한다. 가족을 제도한 것이다.)

✻ 꾼다다나의 경. Kundadhana-s(A. 1:14:24)

3-3. "가장 처음으로 식권을 받는 자들 가운데서 '꾼다다나'가 제일이다."

(* 식권은 승가 전체를 위해서 받는 대중공양을 배분하는 차례나 투표의 순서 등을 정하기 위해서 나무로 만든 표식을 말한다. '꾼다다나' 존자는 사왓티의 바라문 가문에서 태어났으며 베다에 능통했다고 한다. 그의 이름은 원래 '다나'였다. 그가 꾼다다나, 혹은 꼰다다나라고 불리게 된 데는 이상한 인연이 있다.

그는 부처님의 가르침을 듣고 출가하였는데 그때부터 이상한 일이 벌어졌다. 자신은 모르지만 젊은 여인의 모습이 항상 그를 따라 다녔다. 탁발을 가면 여인네들은 그에게 두 사람분의 음식을 주면서 '하나는 당신 여자 친구의 것입니다.'하면서 놀렸고 비구들도 그를 ‘우리 존자는 참 꼬부라지기도(꾼다)하지’라면서 놀렸다고 한다. 그래서 그의 이름이 꾼다다나 혹은 꼰다다나가 되었다고 한다. 그는 상심하여 탁발을 갈 수도 없었고 제대로 수행을 할 수도 없었다고 한다.

꼬살라의 빠세나디 왕이 이 소문을 듣고 그에게 늘 공양을 베풀기로 약속을 하여 탁발을 가지 않고도 수행에 전념할 수 있었으며 그래서 아라한이 되었다고 한다. 그러자 그 여인의 모습은 없어졌다고 한다.

그는 세존의 상수제자로 여러 비구 대중이 욱가나가라의 마하수밧다와 사께따의 쫄라수밧다와 수나빠란따로 유행을 갔을 때 늘 제일 먼저 식권을 받았다고 한다.)

✽ 왕기사 경. Vangisa-s(A. 1:14:25)

3-4. “영감을 가진 자들 가운데서 ‘왕기사’가 으뜸이다.”

(✽ 왕기사 존자는 바라문 가문에 태어나서 베다에 능통한 자였다. 특히 그는 죽은 사람의 머리를 손톱으로 쳐서 그가 죽어서 어디에 태어났는지를 알아맞히는 재주가 있어서 많은 돈을 벌었다 한다.

3년간 큰돈을 번 뒤에 부처님을 뵈러 갔다. 부처님께서는 아라한의 해골을 주시면서 알아맞히게 하였지만 그는 아무것도 알 수가 없어서 당황하였다. 그는 아라한이 재생하는 곳을 알기 위해 출가하였다. 그래서 그는 니그로다깝빠 존자를 은사로 출가하였으며 몸의 32가지 부위에 대한 혐오를 수행해서 아라한이 되었다고 한다. 그는 시[게송]를 잘 짓기로 유명하다.)

✽ 우빠세나의 경. Upasena-sutta(A. 1:14:26)

3-5. “모든 면에서 청정한 믿음을 내게 하는 자들 가운데서 왕간따의 아들 ‘우빠세나’가 으뜸이다.”

(* 우빠세나 존자는 베다에 통달했지만 출가하여 부처님의 제자
가 되었다. 그는 출가한지 1년 만에 출가자의 수를 늘리기 위해 상
좌를 두어서 그를 데리고 부처님께 갔다. 세존께서는 그의 성급함
을 나무라셨고 그는 세존으로부터 모든 면에서 신뢰받는 제자가
되려고 결심하고 정진에 몰두하여 아라한이 되었다고 한다.

그 후 존자는 여러가지 두타행을 닦았으며 많은 회중을 거느렸
다고 한다. 그는 설법을 잘하기로 유명했으며 그래서 많은 사람들
이 부처님의 신도가 되었다고 한다. 그래서 세존께서는 그를 청정
한 믿음을 내는 자들 가운데 으뜸이라고 하신 것이다.)

✳ **답바의 경**. Dabba-s(A. 1:14:27)

3-6. "거처를 배당하는 자들 가운데서 말리의 후예 '답바'가
으뜸이다."

(* 답바 존자는 아누삐야 혹은 꾸시나라에서 말라 족의 가문에
태어났다. 그가 태속에 있을 대 그의 어머니가 죽었다고 한다. 그
래서 화장하였는데 그는 나무 장작 안에서 발견되었으며 그래서
'답바'라고 불리게 되었다고 한다.

그는 일곱 살에 부처님을 뵙고 할머니에게 출가하겠다고 하여
출가하였는데 머리를 깎는 순간에 아라한이 되었다고 한다. 그는
세존을 따라 라자가하로 갔으며 객스님이나 신도들의 방을 배정하
는 소임을 맡았다고 한다.

일곱 살의 아라한이 소임을 잘 본다는 소문을 듣고 각처에서 일
부러 그를 보기 위해서 찾아오기도 하였다고 한다. 그래서 세존께
서는 거처를 잘 배당하는 자들 가운데 으뜸이라고 그를 칭찬하시
는 것이다.)

＊ **삘린다왓차의 경**. Pathamapilindavaccha(A. 1:14:28)

3-7. "신들이 좋아하고 마음에 들어 하는 자들 가운데서 '삘린다왓차'가 으뜸이다."

(＊ 삘린다왓차 존자는 사왓티의 바라문 가문에 태어났다. 삘린다는 그의 이름이고 왓차는 족성이다. 그는 쫄라간다라 주문에 능통하였는데 세존께서 정각을 이루신 날부터 그 주문이 듣지를 않았다.

그는 마하간다라 주문이 쫄라간다라 주문을 듣지 않게 한다는 말을 듣고 부처님이 그 주문을 아실 것이라 여기고 부처님 문하로 출가하였다고 한다. 그는 부처님이 가르치신 대로 수행하여 아라한이 되었다고 한다. 전생에 그의 지도로 수행하여 천상에 태어나게 된 신들이 그에게 고마움을 표하기 위해서 아침저녁으로 그의 시중을 들었다고 한다. 그래서 그는 신들이 좋아하고 마음에 들어 하는 자들 가운데 으뜸이라고 불리게 되었다 한다.)

＊ **바히야의 경**. Bahiya-s(A. 1:14:29)

3-8. "빠르게 최상의 지혜를 얻은 자들 가운데서 나무껍질로 만든 옷을 입는 '바히야'가 으뜸이다."

(＊ 나무껍질로 옷을 입는 바히야 존자는 바히야 혹은 바루깟차의 상인이었다고 한다. 그는 일곱 번을 배를 타고 교역하여 크게 성공을 하였는데, 여덟 번째에는 수완나부마로 향하던 중 배가 풍랑에 가라앉아 수빠라까 부근에 아무 것도 걸치지 않은 채 떠밀려 왔다고 한다. 그래서 그는 나무껍질로 옷을 삼아 음식 구걸을 다녔는데 그 후 그는 누가 옷을 주어도 입지 않고 나무껍질로 만든 옷을 입고 검소하게 탁발하는 수행자가 되었다고 한다.

그는 그렇게 살면서 자신이 아라한이 되었다고 믿었다고 하는데 인연 있는 어떤 신이 그를 사왓티의 부처님께로 인도해서 법을 듣도록 하였다고 한다. 그는 탁발하시는 세존을 따르면서 법을 설해주기를 간청하였지만 부처님은 바른 시간이 아니라고 거절하셨다.

언제 죽을지 모르니 법을 설해달라는 그의 간청에 부처님께서는 법을 설하셨고 그는 법을 듣고 바로 아라한이 되었다고 한다.)

✽ 꾸마라깟사빠의 경. Kumarakassapa-s(A. 1:14:30)

3-9. "다양하게 설법하는 자들 가운데서 '꾸마라깟사빠'가 으뜸이다."

(✽ 꾸마라깟사빠 존자의 어머니는 라자가하 출신이라고 한다. 그녀는 출가하고자 하였으나 부모가 허락하지 않았다. 결혼한 뒤에 남편의 동의를 받아 비구니가 되어 사왓티에 머물렀다. 출가하고 보니 그녀는 임신을 하고 있었고 그래서 승가에서 큰 문제가 되었다. 세존께서는 우빨리 존자에게 사태해결을 위임하셨고 상세한 조사 끝에 그녀는 결백한 것으로 판명되었으며 우빨리 존자는 세존으로부터 큰 칭찬을 들었다고 한다. 아이가 태어나자 빠세나디 왕이 깟사빠라는 이름을 지어 아이를 키웠으며 일곱 살에 출가하였다고 한다.

그는 어린애였을 때 승가에 들어왔고 왕이 키웠기 때문에 꾸마라깟사빠라는 이름을 가졌다. 맛지마니까야 왐미까경을 통해서 **아라한이** 되었다. 그의 어머니는 그에 대한 애정 때문에 12년간 울었다고 한다. 어느 날 그녀는 존자를 길에서 만나자 그를 향해 달려가서 그의 앞에서 넘어졌는데 자식에 대한 큰 애정 때문에 가슴에서 젖이 나와 그녀의 가사를 적셨다고 한다. 깟사빠 존자는 그녀의 이러한 전일한 애정이 도를 증득할 인연이 됨을 알고 그녀를 심하게 나무랐다고 한다. 아들로부터 크게 경책을 받은 그녀는 바로 그 날에 **아라한이** 되었다고 한다.)

✳ 마하 꼿티따의 경. Mahakotthita-s(A. 1:14:31)

3-10. "논리적으로 분석하는 자들 가운데서 '마하꼿티따'가 제일이다."

(* 마하꼿티따 존자는 사왓티의 부유한 바라문 가문에서 태어났으며 3베다에 통달했다고 하며 부처님의 설법을 듣고 출가하여 곧 아라한이 되었다고 한다. 그는 본경 외에도 여러 경에서 특히 사리뿟따 존자와 담론을 나누는데 사리뿟따 존자가 마하꼿티따 존자를 칭송하는 게송이 나타날 정도로 두 분의 교분이 깊었던 듯하다.)

✳ 아난다의 경. Pathamanand-s(A. 1:14:32)

4-1. "비구들이여, 많이 들은(다문(多聞) 나의 비구 제자들 가운데서 '아난다'가 으뜸이다."

(* 아난다 존자는 많이 배운 자 가운데 제일이고, 새김 있는 자 가운데 제일이고, 행동거지가 분명한 자 가운데 제일이고, 의지가 확고한 자 가운데 제일이고, 시중드는 자 가운데 제일이다. 그는 부처님과 같은 나이의 사촌이었으며, 나중에 부처님의 시자가 되었다.

그는 도솔천(兜率天)에서 내려와 보살로 태어났다. 아버지는 삭까 족의 아미또다나(Amitodana)였다. 그의 형제로는 이복형제인지 분명치 않지만 숫도다나, 마하나마, 아누룻다, 바구, 낌빌라, 데와닷따와 함께 교단에 들어갔다. 부처님의 후반부 25년 동안 시자로 있었으며 부처님의 가르침을 가장 많이 듣고 외운 분이며, 경의 결집에서 경을 암송하는 역할을 맡아서 불법의 체계화에 지대한 역할을 한 분이다. 10대제자 중 다문제일이다.)

✳ 아난다의 경. Dutiyanand-s(A. 1:14:33)

4-2. "마음챙김을 가진 자들 가운데서 '아난다'가 으뜸이다."

* **아난다의 경.** Tatiyanand-s(A. 1:14:34)

4-3. "행동거취가 분명한 자들 가운데서 '아난다'가 으뜸이다."

* **아난다의 경.** Catutthanand-s(A. 1:14:35)

4-4. "의지가 확고한 자들 가운데서 '아난다'가 제일이다."

* **아난다의 경.** Catutthanand-s(A. 1:14:36)

4-5. "시자들 가운데서 '아난다'가 으뜸이다."

* **우루웰라 깟사빠의 경.** Uruvelakassapa(A. 1:14:37)

4-6. "많은 대중을 가진 자들 가운데서 '우루웰라깟사빠'가 으뜸이다."

(* 우루웰라깟사빠 존자는 우리에게 가섭 삼형제로 알려진 세 명의 외도 수행자 가운데 맏형이다. 그들은 부처님께서 6년 고행을 하신 우루웰라의 '네란자라' 강의 언덕에 살고 있었다.

맏형인 '우루웰라깟사빠'는 500명의 제자를 거느리고 제일 상류에, 둘째인 '나디깟사빠'는 300명의 무리와 중류에, 셋째인 '가야깟사빠'는 200명의 무리와 함께 하류에 살고 있었다고 한다. 부처님께서는 우루웰라의 거처로 가서 그가 섬기던 사나운 용(Naga)을 조복 받고 그들을 모두 제자로 받아 들였다.

이 사건을 계기로 부처님께서는 1000명의 제자를 얻게 되었으며 라자가하에서 부처님의 명성이 크게 퍼지게 되었다. 그 후에 가야 시사에서 그들에게 하신 부처님의 불의 설법을 듣고 모두 아라한이 되었다고 한다.)

❋ 깔루다이 경. Kaludayi-s(A. 1:14:38)

4-7. "자기 가문에게 청정한 믿음을 가지게 하는 자들 가운데 깔루다이가 제일이다."

(* 깔루다이 존자는 까삘라왓투의 숫도다나(정반왕 부처님의 부친)왕 대신(大臣)의 아들로 태어났다. 그는 부처님과 같은 날에 태어나서 어릴 적부터 친구였다고 한다. 그를 우다이라 부르는 것은 그는 사람들의 마음이 기쁨으로 고무된 날에 태어났기 때문이라고 하여 깔라(Kala)라고 부르는 것은 그는 조금 검었기 때문이라고 한다. 세존이 출가 하신 뒤 정반왕은 그를 요직에 임명하였다고 한다.

세존이 성도했다는 소식을 들은 정반왕은 사람들을 보내서 세존을 까삘라왓투로 초청하려 했는데, 그들은 가는 족족 부처님의 말씀을 듣고 아라한이 되어 그들의 임무와 상관없는 자들이 되고 말았다.

그래서 정반왕은 깔루다이를 보냈다. 그도 세존의 말씀을 듣고 아라한이 되어 출가를 했지만, 정반왕의 부탁을 잊지 않고 있었다. 그래서 부처님께 간청하여 까삘라왓투를 방문하시게 하였다. 그는 먼저 본국으로 향하여 그의 집을 방문하였는데, 그의 가족 모두 세존께 대한 청정한 믿음을 가지고 있었다고 한다. 그래서 세존께서는 그를 청정한 믿음을 가지게 하는 자들 가운데 으뜸이라고 하신 것이다.)

❋ 박꿀라의 경. Bakkula-s(A. 1:14:39)

4-8. "병 없이 장수하는 자들 가운데서 '박꿀라'가 으뜸이다."

(* 박꿀라 존자는 꼬삼비의 부유한 상인의 집안에 태어났다. 그가 갓난애였을 때 부모가 야무나 강에서 목욕을 시키다가 떨어뜨려 큰 고기가 삼켜버렸다고 한다. 그 고기는 잡혀서 바라나시의 상인의 집에 팔려갔는데 아이는 하나도 다치지 않고 산 채로 뱃속에

서 발견되었다고 한다. 그래서 상인의 아내는 자신의 아이로 삼고 키우겠다고 우겼고 왕은 두 가문에서 공동으로 그를 자식으로 삼으라고 판정을 하였다고 한다.

그는 80**살**에 부처님 가르침을 듣고 출가하였으며 출가한지 8일째 되던 새벽에 **아라한이** 되었다고 한다. 그는 교단에서 장수한 인물로 꼽히며 120살까지 살았다고 한다. 초기 교단에서 장수한 인물로 마하깟사빠 존자, 아난 존자 박꿀라 존자를 들고 있는데 모두 120세까지 사신 분들이다.)

✱ 소비따의 경. Sobhita-s(A. 1:14:40)

4-9. "전생을 기억하는 자들 가운데서 '소비따'가 으뜸이다."

(✱ 소비따 존자는 사왓티의 바라문 가문에 태어났으며 부처님 설법을 듣고 출가하여 아라한이 되었다. 그는 전생을 기억하여 500겁 이전의 일을 삼매에서 파악하여 마치 허공에 발을 드러내 보이듯이 보일 수 있었다고 한다.)

✱ 우빨리의 경. Upali-s(A. 1:14:41)

4-10. "율(律)을 호지하는 자들 가운데서 '우빨리'가 으뜸이다."

(✱ 우빨리 존자는 까삘라왓투의 이발사 가문에 태어났다. 그는 사까의 아누삐야에서 밧디야, 아누룻다, 아난다, 바구, 낌빌라, 데와닷따 같은 사까 족의 왕자들과 함께 출가하였다.

아누룻다아 그의 조카들이 부처님의 가르침에 따라 출가할 때 동행했는데, 왕자들이 값비산 패물을 모두 그에게 넘겨주었으나 그는 거절하고 함께 출가하였다. 그가 거절한 사유는 그 패물을 받아 돌아가면 삭까 족의 왕자들을 살해하고 패물을 훔쳐 왔다는 혐의를 받을까 두려워서였다.

부처님은 왕자들과 함께 천(賤)한 신분인 우빨리의 출가를 허락
했기 때문에 왕자들의 자존심이 상했으나 어쩔 수 없었다. 우빨리
의 친교사는 깝삐따까였다. 부처님으로부터 명상주제를 받아 아라
한이 되었다.

율장에 의하면 부처님 생전에도 비구들은 그에게서 율을 배우고
싶어 할 정도로 그는 율에 관한 한 최고의 전문가로 추앙을 받았
으며 개인적인 어려움을 우빨리 존자와 상의하는 비구들도 많았다
고 한다. 잘 알려진 대로 그는 율장의 결집을 주도한 사람이며 북
방에서도 지계제일로 부처님의 10대 제자에 포함된 분이다.)

＊ 난다까의 경. Nandaka-s(A. 1:14:42)

4-11. "비구니들을 교계 자들 가운데서 '난다까'가 으뜸이
다."

(＊ 난다까 존자는 사왓티의 부유한 장자의 집안 출신이고 제따
와나를 헌정하는 날에 부처님의 설법을 듣고 출가 하여 오래지 않
아 아라한이 되었다고 한다.

부처님의 권유로 비구니들에게 설법을 하였는데, 첫째 날에 그들
은 예류과(수다원)를 증득하였고 둘째 날에는 비구니들 500명이
아라한이 되었다고 한다. 그래서 비구니들을 교계하는데 으뜸이라
고 한 것이다.)

＊ 난다의 경. Nanda-s(A. 1:14:43)

4-12. "감각기능들의 문을 잘 보호하는 자들 가운데서 '난
다'가 으뜸이다."

(＊ 난다 존자는 세존의 이복동생으로 숫도다나(정반)왕과 마하
빠자빠띠 왕비 사이에서 태어났다. 마하빠자빠띠 왕비는 세존의 이
모이며 세존을 키운 분이다. 부처님이 까삘라를 방문하시던 삼일

째 되던 날은 난다가 태자의 대관식 겸 자나빠다깔랴니 난다(절세미인 난다라는 뜻)와 결혼식을 올리던 날이었다.

세존께서는 난다를 데리고 와서 난다를 출가하게 하였다. 세존의 말씀을 거절하지 못한 난다는 출가는 하였지만 아내 생각 때문에 몸도 상하고 의기소침하게 되었다.

그러자 세존께서는 신통력으로 난다를 데리고 히말리야로 가서 암 원숭이를 가리키면서 저 원숭이와 그의 아내 중에 누가 더 예쁘냐고 묻자 난다는 자신의 아내 자자빠다깔랴니가 훨씬 예쁘다고 대답한다. 그러자 세존께서는 난다를 삼십삼천으로 데리고 가셔서 신들의 왕 인드라가 요정들과 노는 것을 보여 주면서 저 요정들과 아내 중에 누가 더 예쁘냐고 물으신다. 난다가 요정들이 훨씬 아름답다고 대답하자 세존께서는 수행을 잘하면 저 요정 가운데 한 사람을 아내로 맞을 수 있다고 하신다. 그래서 난다는 다시 활력을 되찾았다 고 한다.

제따 숲으로 돌아온 세존께서 장로 비구들에게 이 이야기를 알려주셨고 장로 비구들이 난다에게 사실이냐고 묻자 그는 부끄러워하는 마음으로 가득하게 된다. 그래서 열심히 정진하여 아라한이 되었다고 한다. 그 후 난다 존자는 스스로 잘 제어하고 육근을 잘 방호하고 단속하였기 때문에 세존께서 그를 감각기능의 문을 잘 보호하는 자들 가운데 으뜸이라고 하신 것이다.)

✽ 마하깝삐나의 경. Mahakappina-s(A. 1:14:44)

4-13. "비구들을 교계한 자들 가운데서 '마하깝삐나'가 으뜸이다."

(✽ 마하깝삐나 존자는 꾸꾸따와띠라는 변방에 있는 나라의 왕가에 태어났다. 그의 아버지가 죽자 '마하깝삐나'라는 이름의 왕이 되었다. 왕비는 싸갈라(Sagala)출신의 아노자(Anoja)였다. 세존보다

나이가 많았다고 한다. 세존이 정각을 이루신 뒤 사왓티에서 온 상인으로부터 부처님이 출현하셨다는 말을 듣고 전율을 느낀 그는 **왕위를 버리고** 그의 대신들과 함께 세존을 찾아와서 출가하여 모두 아라한이 되었다고 한다.

그의 아내 '아노자'도 왕이 대신들과 함께 출가하였다는 이야기를 듣고 대신들의 아내와 함께 출가하여 예류과(수다함)를 얻었다고 한다.

그는 출가할 때 강둑에 도달했다. '만약 스승이 올바로 깨달은 님이라면 말굽이 물에 젖지 않으리라.'고 외치고 아라왓차(Aravaccha), 닐라와하나(Nilavahana), 짠다바가(Candabhaga)의 세 강을 건넜다. 부처님은 천안으로 그들이 오는 것을 보고 사왓티에서 공양을 마치자 짠다바가(Candabhaga) 강둑에 몸을 나투어 광채를 발하며 커다란 뱅골 보리수 아래 앉았다. 왕과 대신들은 부처님을 알아보고 오체투지 했다. 부처님이 가르침을 설했고 그들은 그 자리에서 모두 아라한이 되었다.

마하깝삐나 존자는 홀로 선(禪)을 닦는 것에만 치중하였다고 하는데, 이일을 아신 부처님께서 설법을 하라고 권하셨고, 그는 단 한 번의 설법으로 1,000**명의 비구들을 아라한이** 되게 하였다고 한다.)

✱ 사가따의 경. Sagata-s(A. 1:14:45)

4-14. "불의 요소에 능숙한 자들 가운데서 '사가따'가 으뜸이다."

(✱ 사가따 존자는 '소나 꼴리위사'가 빔비사라 왕을 만나러 왔을 때 부처님의 시자로 있었다고 한다. 그는 신통이 뛰어났다고 한다. 그는 밧다와디까에서 암바땃타라는 용의 맹렬한 화염을 화염으로 제압하여 굴복시켜서 신도들로부터 크게 칭송을 들었다.

그 뒤 세존을 모시고 꼬삼비를 가자 그의 소문을 들은 신도들이
육군비구(六群比丘)들의 선동으로 술을 공양했고 그는 크게 취해
서 인사불성이 되어버렸다. 이를 계기로 술을 마시지 말라는 비구
계목이 제정 되었다고 한다.

다음날 자신의 잘 못을 안 그는 세존께 참회를 하였고 세존의
용서를 받은 그는 수행에 몰입하여 아라한이 되었다고 한다. 그는
용의 화염을 제압하였기 때문에 불의 요소에 능숙한 자들 가운데
서 으뜸이라고 한 것이다.)

✻ 라다의 경. Radha-s(A. 1:14:46)

4-15. "영감을 일으키게 하는 자들 가운데서 '라다'가 으뜸
이다."

(✻ 라다 존자는 라자가하의 바라문이었다. 나이가 들어 아들로부
터 천대를 받자 출가하였다. 비구들은 나이가 많다고 거절하였지만
세존께서는 사리뿟따의 제자로 출가를 하게 하셨다. 그는 출가한지
오래지 않아 아라한이 되었다.

세존께서는 라다 존자를 보면 설법의 주제를 다루는 방법이나
그것을 드러내 보이는 여러 가지 비유가 잘 떠올랐다고 하는데, 그
것은 라다의 견해가 풍부하였고 그가 세존께 확고한 믿음이 있었
기 때문이라고 한다. 라다 존자는 잠시 부처님의 시자가 되기도
하였다.)

✻ 모가라자의 경. Mogharaja-s(A. 1:14:47)

4-16. "남루한 옷을 입는 자들 가운데서 '모가라자'가 으뜸
이다."

(✻ 모가라자 존자는 「숫따니빠따」 제 5장 「도피안 품」 에 나타
나는 연로한 바와리 바라문의 16명의 제자 가운데 한 사람으로 바

라문 출신이었다. 그는 「도피안 품」에서 세존께 드린 질문에 대한 세존의 답변을 듣고 아라한이 되었다고 한다. 그래서 모가라자 존자는 검증만으로 아라한이 된 사람의 본보기로 언급되기도 한다.

그 후 그는 대상이나 염색공이나 옷 만드는 사람들이 버린 거친 천을 거칠게 자르고 거칠게 꿰매고 거칠게 물들여 분소의를 만들어 입었다고 한다. 그래서 세존께서 남루한 옷을 입는 자들 가운데 으뜸이라고 한 것이다.)

<비구니 편>

✽ 마하빠자빠띠의 경. Mahapajapati-s(A. 1:14:48)

5-1. "비구들이여, 나의 구참(久參) 비구니 제자들 가운데서 '마하빠자빠띠 고따미'가 으뜸이다."

(✽ 마하빠자빠띠 고따미 장로비구니는 데와다하의 숩빠붓다의 딸이며, 부처님의 어머니인 마하마야 부인의 동생이기도 하다. 마하마야 부인이 세존을 낳은 지 7일 만에 돌아가시자 세존을 양육하였으며 세존의 아버지인 숫도다나왕과 결혼하여 세존의 계모가 되었다. 숫도다나 왕 사이에 난다를 낳았는데 난다는 유모에게 맡기고 자신은 세존을 돌봤다고 한다.

세존께서 샤까 족과 꼴리야 족 사이에 로히니 강물 때문에 일어난 분쟁을 중지하러 오셨을 때 500명의 샤까 족 남자들이 출가하였다. 마하빠자빠띠는 그들의 아내들과 함께 세존께 여인도 출가하게 해달라고 간청을 하였지만 세존께서는 거절하셨다. 세존께서 웨살리로 가시자 그녀는 500명의 여인들과 함께 맨발로 웨살리로 가서 간청을 하였지만 세존께서는 역시 거절하셨다. 아난다 존자가 그녀들의 편을 들어 팔경계법으로 중재하여 마침내 비구니 교단이 성립되게 되었다. 그래서 마하빠자빠띠 장로비구니는 비구니들 가운데 가장 구참이 된다.)

✱ 케마의 경. Khema-s (A. 1:14:49)

5-2. "큰 통찰지(지혜)을 가진 자들 가운데서 '케마'가 으뜸이다."

(* 케마 장로니는 맛다 지방에 있는 사갈라의 왕족 출신이다. 그녀는 뛰어난 외모를 가졌으며 **빔비사라 왕의 첫째 왕비였다.** 세존께서 라자가하의 대나무 숲에 머무실 때 세존께서는 형상의 덧없음을 말씀하신다는 말을 듣고 자신의 외모도 덧없다고 말씀하실 거라 여기고 세존을 뵈러 가지 않았다고 한다.

빔비사라 왕의 설득으로 세존을 뵈러 갔는데, 세존은 그녀의 면전에 그녀보다 훨씬 아름다운 천상의 요정을 만들어서 그 요정이 점점 늙어서 형편없이 되어 쓰러져 죽는 모습을 보이게 하셨다. 그것을 본 그녀는 낙담에 빠졌고 부처님께서는 그녀에게 형상의 덧없음을 설하셨다.

세존의 설법을 듣고 그녀는 **아라한**이 되었다고 하며, 왕의 허락을 받아서 출가하였다고 한다. 케마 장로니는 여러 곳에서 비구니들 가운데서 제일로 칭송되었으며 여기서도 세존께서는 지혜 제일이라 칭찬하신다.)

✱ 웁빨라완나의 경. Uppalavanna-s(A. 1:14:50)

5-3. "신통력을 가진 자들 가운데서 '웁빨라완나'가 으뜸이다."

(* 웁빨라완나 ' 장로니는 사왓티에서 상인의 딸로 태어났다. 그녀의 피부가 청련과 같아서 지은 이름이라고 한다. 그녀는 아름다워 많은 왕들로부터 청혼을 받았지만 그녀의 아버지는 출가하기를 원했고 그녀도 그것을 당연한 것으로 받아들였다.

출가하여 포살일에 등불을 켜고 집회소를 청소하면서 그 등불의 불꽃을 광명의 까시나(tejo-kasina)로 선을 증득하였고 무애해를 갖춘 아라한이 되었다.

웁빨라완나 장로니는 특히 쌍변신 변형의 신통에 능했다고 한다. 사리뿟따 장로와 마하목갈라나 장로가 부처님의 두 비구 상수제자이듯이 경에서 케마 장로니와 웁빨라완나 장로니는 부처님의 두 **비구니 상수제자로** 거명된다.)

✳ **빠따짜라의 경**. Patacara-s(A. 1:14:51)

5-4. "율을 호지하는 자들 가운데서 '빠따짜라'가 으뜸이다."

(✳ 빠따짜라 '장로니는 사왓티의 상인의 딸로 태어났다. 그녀는 하인과 눈이 맞아서 도망을 쳐서 살았는데 해산일이 가까워지자 집으로 돌아가기를 원했다. 그러나 집으로 가는 도중 아이를 낳았기 때문에 다시 되돌아갔고 두 번째 아이를 낳을 때도 마찬가지였다.

그 뒤 남편은 산에 나무하러 갔다가 뱀에 물려 죽고 그녀는 두 아이를 데리고 친정으로 가다가 강에서 두 아이를 다 잃어버렸으며 겨우 사왓티로 갔을 때 바로 전날 밤에 불이 나서 아버지도 형제도 모두 죽었다는 소식을 들었다.

마침내 그녀는 미쳐서 돌아다니느라 옷도 모두 벗겨져버렸다. 사람들이 외투를 주어도 입지 않았다. 그래서 옷(pata)도 걸치지 않고 다닌다, 고 해서 빠따짜라라고 불리게 되었다고 한다. 미쳐서 이리저리 다니다 마침내 그녀는 제따 숲으로 오게 되었고 사람들의 제지에도 불구하고 세존께로 다가갔다.

세존은 연민이 가득한 마음으로 그녀에게 말씀을 건넸고 세존의 자비심에 감복되어 그녀는 정신이 들어서 땅에 쓰러졌다. 깨어나서 사람들이 준 외투를 걸친 뒤 세존이 하신 말씀을 듣고 아라한이 되었다. 그 후 빠따짜라 장로니는 많은 여인들에게 훌륭한 스승이

되었으며 세존으로부터 율을 호지하는 비구니들 가운데서 으뜸이
라고 칭찬을 받게 된 것이다.)

✻ 담마딘나의 경. Dhammadinna-s(A. 1:14:52)

5-5. "법을 설하는 자들 가운데서 '담마딘나'가 으뜸이다."

(✻ 담마딘나 장로니는 라자가하의 기부 위사카 장자의 아내였
다. (사왓티에 사는 녹자모의 남편 위사카가 아님) 그녀는 부처님
의 설법을 듣고 불환자(아나함)가 되어 남편의 동의를 얻어 출가
하였다. 남편은 그녀를 황금 가마에 태워서 출가시켰다고 한다.

출가하여 숲속에서 홀로 거주하며 수행을 하여 무애해를 갖춘
아라한이 되었다. 아라한이 된 뒤 5백 명의 비구들에게 둘러싸여
법을 설하였다고 한다. [S10:9]에 나오는 숙까경의 비구니가 바로
이 비구니이다.

아라한이 되어 라자가하로 세존을 뵈러 갔다가 남편을 만나서
나눈 대화가 『맛지마 니까야』 「교리문답의 작은 경」(M44)이다.
비구니의 설법이 경으로 남은 경우는 드문데 「M44」의 경은 담마
딘나 장로니의 깊은 통찰지를 유감없이 보여주는 멋진 경이다. 이
경을 통해서 세존께서는 담마딘나 장로니가 설법제일이라고 칭찬
하셨다.)

✻ 난다의 경. Nanda-s(A. 1:14:53)

5-6. "선(禪)을 얻은 자들 가운데서 '난다'가 으뜸이다."

(✻ 난다 장로니는 숫도다나 왕과 마하빠자빠띠 왕비 사이에서
난 공주였다. 그래서 난다 존자의 여동생이며 세존의 이복 여동생
이기도 하다. 그녀가 자신의 미모에 자부심을 가지고 있는 것을 아
신 부처님이 그녀를 위해서 하신 설법을 듣고 외모의 헛됨을 깨닫
고 아라한이 되었다고 한다.

그래서 난다 장로니는 루빠난다 라고도 불린다. 아라한이 된 후 선(禪)에 들기를 좋아하였다고 한다.

마하빠자빠띠 왕비가 출가할 때 함께 출가한 여인들 가운데 세 명의 난다가 있었는데, 이를 구분하기 위해서 본문의 난다 장로니는 순다리 난다, 혹은 루빠난다라 불렀고, 난다 존자의 아내였던 난다는 자나빠다깔랴니 난다라 불렀고, 사꺄족 케마의 딸인 난다는 아비루빠 난다라고 불렀다. **전부 뛰어난 미인**이라는 뜻이다.)

✳ **소나의 경.** Sona-s(A. 1:14:54)

5-7. "열심히 정진하는 자들 가운데서 '소나'가 으뜸이다."

(✳ 소나 장로니는 사왓티의 덕망있는 가문에 태어났는데 결혼하여 많은 아들과 딸을 낳았다. 그래서 바후뿟따까(많은 아이를 가진) 소나라고 불리게 되었다. 그녀는 나이 들어서 재산을 모두 아들들에게 나누어주었지만 아들들의 무시를 당하자 늦은 나이에 출가하였다 한다.

낮에는 비구니들을 시봉하고 밤에는 열심히 정진하여 아라한이 되었다 한다. 그래서 그녀는 열심히 정진하는 자들 가운데 으뜸이라고 불리는 것이다.)

✳ **사꿀라의 경.** Sakula-s(A. 1:14:55)

5-8. "천안을 가진 자들 가운데서 '사꿀라'가 으뜸이다."

(✳ 사꿀라 장로니는 사왓티의 바라문 가문에서 태어났다. 부처님의 설법하시는 것을 듣고 출가하여 오래지 않아 아라한이 되었다. 그 후 사꿀라 장로니에게는 천안이 생겼으며, 세존께서 천안을 가진 비구니들 가운데 으뜸이라고 하셨다.)

✻ 밧다꾼달라께싸의경. Bhaddakunadalakesa(A. 1:14:56)

5-9. "빠르게 최상의 지혜[초월지]를 얻은 자들 가운데서 '곱슬머리 밧다'가 으뜸이다."

(✻ 곱슬머리 밧다 장로니는 라자가하의 부유한 상인의 집에 태어났다. 그녀가 태어나던 날 라자가하의 궁중제관에게도 사내아이가 태어났는데 이름을 '삿뚜까'라 하였다. 그 아이는 커서 손버릇이 좋지 않아 늘 도적질을 하다가 마침내 잡혀서 라자가하 성 밖에서 교수형에 처하기 위해서 끌려 나가게 되었다.

그런 그를 보고 밧다는 첫눈에 반해서 아버지에게 간청을 하였고 아버지는 뇌물을 써서 삿뚜까를 구출해서 그녀에게 데리고 왔다. 그녀는 사랑에 빠졌지만 그 남자는 밧다의 장신구가 탐이 나서 밧다를 꼬드겨 절벽으로 데리고 갔다.

삿뚜까가 그녀를 죽이려 하자 밧다는 마지막으로 그를 한번 안아보고 싶다고 하고는 그의 뒤로 가서 그를 밀어 적벽에서 떨어뜨려 죽인 뒤, 니간타 교단으로 출가했다. 그래서 고행으로 머리를 모두 다 뽑아버렸는데 나중에 곱슬머리가 다시 생겼다고 한다. 그래서 곱슬머리 밧다라 불리게 되었다.

그녀는 니간타의 가르침에 만족하지 못하고 각지를 다니면서 여러 수행자들을 만나 토론하여 그들을 모두 논파할 정도로 출중하였다.

그러나 후에 사리뿟따 존자를 만나서 사리뿟따 존자에게 논파당한 뒤 사리뿟따 존자의 제자가 되고자 하였으나 존자는 그녀를 부처님께로 인도 하였다. 부처님의 설법을 들은 그녀는 즉시에 아라한이 되었으며 부처님께서 직접 구족계를 주셨다.

세존의 말씀을 즉시에 알아듣고 아라한이 되었기 때문에 빠르게 최상의 지혜를 얻은 비구니들 가운데 으뜸이라고 세존께서 칭찬하신 것이다.)

258

✽ 밧다 까삘라니의 경. Bhaddakapilani.(A. 1:14:57)

5-10. "전생을 기억하는 자들 가운데서 '밧다 까삘라니'가
으뜸이다."

(* 밧다 까삘라니 장로니는 사갈라의 꼬시야곳따 바라문의 딸이
면서 **마하깟사빠 존자의 재가시절 아내이기도** 하다. 마하깟사빠 존
자는 재가시절에 뻽팔리 바라문 학도라 불렀는데 결혼을 하지 않
기 위해서 일부러 그림을 그려 이렇게 생긴 여인과 결혼하겠다고
하였는데 사람들이 밧다 까삘라니를 찾아냈다고 한다. 그들은 결혼
을 하여 함께 살았지만 부부관계를 맺지 않았으며 깟사빠 존자가
출가하자 그녀도 따라서 출가하였다고 한다. 그 당시는 아직 비구
니 승가가 형성되지 않았을 때라서 그녀는 제따 숲 근처의 띳타야
원림에서 5년을 머문 뒤에 비구니 교단이 성립되자 비구니 계를
받고 출가하여 곧 아라한이 된 뒤에 전생을 기억하는 지혜가 생겼
다고 한다.)

✽ 밧다 깟짜나의 경. Bhaddakaccana-s.(A. 1:14:58)

5-11. "위대한 최상의 지혜[초월지]를 얻은 자들 가운데서
'밧다 깟짜나'가 으뜸이다."

(* 밧다 깟짜나 장로니는 다름 아닌 **세존의 아내였고 라훌라 존
자의 어머니였다**. 장로니는 경과 주석서에서 밧다 깟자나라는 이름
보다는 라훌라의 어머니라는 이름으로 더 많이 나타나고 있다.

장로니는 야소다라(Yasodhara) 빔바데위 빔바순다 등으로도 나
타나며 북방 문헌에는 야소다라로 많이 나타나고 있다.

그녀는 세존과 같은 날에 태어났다고 하며 몸이 황금빛이었기
때문에 밧다 깟짜나로 불리었다고 한다. 16살에 세존과 결혼을 하
였고 라훌라를 낳은 날 세존은 출가하였다.

그녀는 숫도다나 왕이 서거한 뒤 마하빠자빠띠 고따미와 500명
의 샤까 여인들과 함께 출가하였다. 출가한 뒤에 아라한이 되었고
최상의 지혜[초월지]를 얻어 한 자리에 앉아서 수백 수천 겁 이전
을 기억할 수 있었다고 한다. 그래서 위대한 최상의 지혜를 얻은
비구니들 가운데서 으뜸이라고 세존께서 칭찬하시는 것이다)

✳ 끼사의 경. Kisa-s.(A. 1:14:59)

5-12. "남루한 옷을 입는 자들 가운데서 '끼사고따미'가 으
뜸이다."

(* 끼사고따미 장로니는 사왓티의 가난한 집안 출신이다. 그녀는
아주 말랐기 때문에 끼사라고 불리었고 고따미는 그의 이름이다.
그녀는 부잣집에 시집가서 구박을 받았지만 사내아이를 낳자 대접
을 받았다. 그러나 막 걸을만했을 때 아이는 죽어버렸다. 그녀는
죽은 아이를 허리에 끼고 거의 미쳐서 아들을 살리려 이리저리 뛰
어다녔다.

그녀를 불쌍히 여긴 사람들이 세존께로 보내었고 세존께서는 아
직 사람이 죽은 적이 없는 집안에서 겨자씨를 구해오면 아들을 살
려주겠노라고 하셨다. 그녀는 하루 종일 그런 겨자씨를 구하러 다
녔지만 헛수고였다.

그녀는 마침내 죽음은 필연적이라는 사실을 깨닫고 아이를 공
동묘지에 내려놓고 세존께 와서 출가하도록 허락해달라고 하였
다. 그때 그녀는 예류과[수다원과]를 얻었다. 출가 뒤 어느 날 그
녀가 깊게 위빠사나를 닦고 있는데 세존께서 광휘로운 모습으로
오셔서 설법하셨고 그래서 아라한이 되었다. 그 후 그녀는 항상
남루한 옷만을 입고 다녔기 때문에 세존께서는 이렇게 말씀하신
것이다.)

✳ 시갈라마따의 경. Sigalamata-s.(A. 1:14:60)

5-13. "신심 깊은 자들 가운데서 '시갈라마따'가 으뜸이다."

(* 시갈라마따 장로니는 라자가하의 상인의 집안에서 태어났다. 결혼하여 시갈라 라는 아이를 낳았다. 그래서 승단에서도 시갈라마따[시가라의 어머니]라 불리게 되었다. 그녀는 세존의 가르침을 듣고 출가하였다. 세존에 대한 지극한 믿음을 가졌는데 부처님께서는 그것을 아시고 그 믿음을 깨달음으로 승화시키도록 가르침을 베푸셔서 그녀는 마침내 아라한이 되었다고 한다.)

<청신사. 남자 신도 편>

✳ 따빳사수와 발리까의 경. Tapassabhallika(A. 1:14:61)

6-1. "먼저 나의 가르침에 귀의한 남자 신도 제자들 가운데서 '따빳사수와 발리까'상인이 으뜸이다."

(* 땃빳수와 발리까는 욱갈라 지방의 상인었는데, 세존께서 깨달으신 후 8주째에 녹야원을 향하고 계실 때 라자가하를 향하다가 라자야따나 나무 아래서 쉬고 계시는 세존을 뵙고 세존께 떡과 굴을 공양올린 뒤 첫 번째 재가신도가 되었다.)

✳ 수닷따의 경. Sudatta-s(A. 1:14:62)

6-2. "보시자들 가운데서 '수닷따 급고독' 장자가 으뜸이다."

(* 급고독 장자(아나타삔디카)는 부처님 당시 제일의 재가신도로 우리에게 잘 알려져 있다. 그는 사왓티의 상인이었으며 무의탁자들에게 많은 자선을 베풀었기 때문에 급고독[給孤獨: Anathapindika : 무의탁자들에게 음식을 베푸는 자] 이라는 이름을 가지게 되었다.

급고독 장자가 세존을 처음 뵌 것은 세존께서 성도하신 다음 해에 그가 사업상 라자가하를 방문했을 때라고 한다. 그래서 그는 일찍부터 세존의 신도가 되었다. 수보리존자의 형이기도 한 급고독(안타삔디카)장자가 제따 왕자와 함께 승단에 기증한 사원의 이름이 바로 사왓티에 있는 제따 숲[기원祇園]의 급고독원이다. 이것은 세존 성도 21년째 되는 해의 일이다. 급고독 장자의 아들도 동생인 수보리(수부띠)존자의 제자로 출가하였다.)

✽ 찟따의 경. Citta-s(A. 1:14:63)

6-3. "법을 설하는 자들 가운데서 맛치까산다의 '찟따'장자가 제일이다."

(✽ 맛치까산다의 '찟따' 장자는 까시에 있는 맛치까산다의 상인이다. 그가 태어나는 날 여러 가지(citta) 꽃비가 흩날렸다고 해서 붙인 이름이라 한다.

그는 5비구 가운데 한 분인 마하나마 장로(아래 나타나는 삭까의 왕인 마하나마가 아님)를 뵙고 자신의 망고 원림에 정사를 짓고 머물게 하였으며 마하나마 장로로부터 법을 듣고 **불환과(아나함과)**를 얻었다.

그 후 많은 비구들이 망고 원림을 방문하여 그의 환대를 받았다. 그가 여러 장로 비구들과 나눈 대화가 『상윳따 니까야』의 「찟따 상응」에 전해오는데 여기에 포함되어 있는 경들은 왜 부처님께서 그를 두고 법을 설하는 자들 가운데서 으뜸이라고 칭찬하셨는지를 보여 주는 좋은 보기가 된다.)

✽ 핫타까의 경. Hatthaka-s(A. 1:14:64)

6-4. "네 가지 섭수하는 행위[사섭법四攝法]로 회중을 섭수하는 자들 가운데서 알라위의 '핫타까'가 으뜸이다."

(* 알라위는 사왓티에서 30요자나 정도 떨어진 곳에 잇는 지방이며, 그곳의 왕은 알라와까이다. 핫타까는 알라위의 왕자이다. 재가자들이 본받아야 할 사람으로 부처님께서 말씀하고 계실 만큼 그는 뛰어난 재가자였다. 그가 아이였을 때 알라가의 약카(야차)에게 먹힐 뻔했던 것을 세존께서 구해주셨으며 약카가 손으로 그를 세존의 손에 놓아주었기 때문에 핫타까(hattha:손을 뜻함)라 불리게 되었다고 한다. 그 만큼 세존과 많은 인연이 있는 사람이다.

그는 커서 세존의 법문을 듣고 불환과(아나함과)를 얻었으며 500명의 재가자들을 거느렸다고 한다.「핫타까 경」에 나타나는 신의 아들 핫타까는 바로 이 핫타까 왕자가 죽어서 색계천의 14번째의 무번천에 태어난 것을 밝히고 있다.)

✽ 마하나마의 경. Mahanama-s(A. 1:14:65)

6-5. "뛰어난 보시를 하는 자 가운데서 사꺄 족의 '마하나마'가 으뜸이다."

(* 마하나마는 사꺄의 왕이었으며 아누룻다 존자의 형이고 **세존의 사촌이** 된다. 정성을 다하여 세존을 모시고 승가를 후원하였다. 그때 강국의 빠세나디 꼬살라 왕은 부처님과 인척관계를 맺고 싶어 하였으며, 그래서 삭꺄족의 딸과 결혼하고자 하였다.

자부심 강한 샤까족은 마하나마와 하녀 사이에서 난 딸 '와사바 캇띠야'를 보냈으며, 이들 사이에서 난 아들이 바로 위두다바(유리태자)왕자이다. 위두다바 왕자가 커서 까삘라왓투를 방문하였다 이 이야기를 듣고 격분하였고, 그 후에 위두다바는 샤까를 정복하여 남녀노소를 가리지 않고 무참히 살육하였다고 한다.)

✽ 욱가의 경. Ugga-s(A. 1:14:66)

6-6. "마음에 흡족한 보시를 하는 자들 가운데서 웨살리의

‘욱가’장자가 으뜸이다.”

(* 웨살리의 욱가 장자의 원래 이름은 알려지지 않았다. 그는 키가 크고 덕스러운 성품을 가졌기 때문에 욱가(ugga:고상한) 상인이라고 불리었다 한다. 그는 세존을 처음 뵙고 예류과(수다함)를 얻었고 뒤에 불환과(아나함)를 얻었다고 한다.)

✸ 욱가따의 경. Uggata-s(A. 1:14:67)

6-7. “승가를 시봉하는 자들 가운데서 ‘욱가따’장자가 으뜸이다.”

(* 욱가따 장자는 앗지에 있는 핫타가마의 장자이다. 한번은 세존께서 유행을 하시다가 핫티가마의 나가와누야나에 머무셨는데 그는 7일 동안 계속되는 그 지방의 축제에서 흥청망청 마시며 무희들과 놀다가 부처님의 모습을 뵙고 정신이 들어 크게 부끄러워하였으며 세존의 설법을 듣고 바로 불환과(아나함)를 얻었다고 한다.

그 뒤로 무희들을 멀리하고 승가를 시봉하는 일에 몰두하였다고 한다.)

✸ 수라의 경. Sura-s(A. 1:14:68)

6-8. “흔들림 없는 청정한 믿음을 가진 자들 가운데서 ‘수라 암밧타’가 으뜸이다.”

(* 수라 암밧타는 사왓티의 상인이었다. 그는 외도를 섬기고 있었는데 부처님께서 그의 집에 탁발을 오시자 공양을 올리고 설법을 듣고 예류과(수다함)를 얻었다고 한다.

세존이 떠나시고 나서 악마가 세존의 모습을 하고 그에게 와서 말하길, 아까 모든 형성된 것은 무상하고 고통스럽고 무아라고 했는데, 그것은 형성된 것 가운데 어떤 특정한 것만이 그러하지 모든 형성된 것이 무상하고 고통스럽고 무아인 것은 아니라고 했다.

그는 세존에게 흔들림 없는 청정한 믿음이 있었기 때문에 그가 악마라는 것을 알고 물리쳤다고 한다. 그래서 세존께서는 그를 흔들림 없는 청정한 믿음을 가진 자들 가운데 으뜸이라고 칭찬하신 것이다.)

✻ 지와까의 경. Jivaka-s(A. 1:14:69)

6-9. "사람들을 신뢰하는 자들 가운데서 '지와까 꼬마라밧짜'가 으뜸이다."

(✻ 지와까는 부처님의 주치의로 잘 알려진 부처님 당시의 명의이다. 중국에서 지와까를 기구(耆舊)로 음역하기도 하였고 꼬마라빗짜를 수명(壽命)이나 수명동자(壽命童子)로 의역하기도 하였다.

그는 라자가하의 기녀였던 살리와따의 아들로 태어났으며 나자마자 광주리에 담아서 쓰레기 더미 위에 버렸다고 한다. 빔비사라왕의 아들이며 아자따삿뚜와는 이복형제인 아비야 왕자가 이를 발견하고 사람들에게 살아있는가 묻자, '그는 아직 살아 있습니다.' 라고 대답하여서 그의 이름이 지와까가 되었으며, 왕자에 의해서 양육되었다고 해서 꼬마라밧짜라고 불리게 되었다고 한다.

그는 자라서 그의 출산에 대해서 알게 되자 아비야 왕자 몰래 딱까실라로 가서 7년 동안 의술을 배웠다고 한다. 공부를 마치고 라자가하로 돌아와서 빔비사라왕의 고질병을 치료하여 유명해졌다고 한다. 그래서 왕과 궁중의 주치의로 임명되었고 부처님과 승가의 주치의 역할도 하였다. 아버지 빔비사라왕을 시해하고 왕위를 찬탈한 아자따삿뚜도 지와까를 주치의로 삼아서 가까이에 두었다.)

✳ **나꿀라삐따의 경**. Nakulapita-s(A. 1:14:70)

6-10. "[나와] 친근한 자들 가운데서 '나꿀라삐따'장자가 으뜸이다.

(✳ 나꿀라삐따, 나꿀라의 아버지)와 나꿀라마따(나꿀라의 어머니)는 박가의 숨수마라기리에 살고 있었으며 세존께서 베사깔라 숲에 오셔서 머무실 때 처음으로 세존을 찾아 뵙고 발에 엎드려 '아들이여, 왜 이렇게 늦게 오셨습니까? 라고 하면서 좋아했다고 한다.

그들은 500생은 부처님의 부모였고 500생은 부처님의 큰 아버지와 큰 어머니였고 500생은 부처님의 작은 아버지와 작은 어머니였다고 한다.

세존께서는 그들에게 설법을 하셨고 그들은 예류과(수다함)를 얻었다고 한다.)

<청신녀, 여자신도편>

✳ **수자따의 경**. Sujata-s(A. 1:14:71)

7-1. "먼저 나의 가르침에 귀의한 여자 신도 제자들 가운데서 세나니의 딸 '수자따'가 으뜸이다."

(✳ 세나니의 딸 수자따는 고행을 버리신 세존께 우유죽을 공양 올린 바로 그 수자따이다. 그녀는 마을 주위에 있는 보리수나무의 목신에게 만일 아들을 낳게 해주면 우유죽을 바치겠다고 빌었고 마침내 아들을 낳자 하녀를 시켜서 목신에게 우유죽을 바치게 했다.

그날 세존께서는 고행을 버린 뒤 그 나무 아래 앉아 계셨는데 하녀는 그분이 목신의 화현이라 믿고 기뻐하며 수자따에게 알렸다. 수자따는 황금 그릇에 우유죽을 담아서 공양을 올렸으며 세존께서는 49일 만에 처음으로 음식을 드시고 그날 저녁(정확히 다음 날 새벽)에 깨달음을 증득하신 것이다.

본경에 해당하는 주석서는 야사(Yasa)존자(오비구를 제외한 첫 번째 출가제자)가 수자따의 아들이었다고 한다. 야사 존자는 부처님의 설법을 듣고 아라한이 되었는데, 그를 찾아서 달려온 그의 아버지의 초청으로 세존께서는 야사 존자와 함께 그의 집에 가서 공양을 받고 법을 설하셔서 부부는 예류과(수다원)를 얻었다고 한다. 그때 수자따는 여자신도로는 처음으로 불·법·승 모두에게 귀의하는 삼귀의를 할 수 있었기 때문에 수자따를 첫 번째 여신도로 말씀하신 것이라 한다.)

✻ 위사카의 경. Visakha-s(A. 1:14:72)

7-2. "보시자들 가운데서 '미가라마따(녹자모)위사카'가 으뜸이다."

(✻ 미가라마따 위사카는 앙가의 밧다야에서 '다난자야' 라는 아주 부유한 장자의 딸로 태어났다. 그녀는 어렸을 때 자기 고장으로 오신 부처님의 법문을 듣고 예류과를 얻었다고 한다.

뒤에 아버지가 꼬살라의 사께따로 이사를 가게 되어 사께따에 정착해서 살았으며 그래서 사왓티의 미가라와 결혼하였다고 한다. 위사카는 미가라의 아내였다. 그런데도 위사카가 미가라마따 즉 미가라의 어머니[녹자모鹿子母]라고 불린 데는 재미있는 일화가 있다. 그녀의 남편 미가라는 니간타의 열렬한 신도였는데 나중에 위사카의 설득으로 휘장 뒤에서나마 부처님의 설법을 듣고 예류과를 얻었다고 한다.

그래서 그의 아내에게 너무도 감사하여 '당신은 오늘부터 나의 어머니요.'라고 하였다고 한다. 그래서 그녀는 위사카라는 이름보다 미가라의 어머니(미가라마따)로 더 알려지게 되었다고 한다.)

✳ 쿳줏따라의 경. Khujjuttara-s(A. 1:14:73)

7-3. "많이들은 자들[다문多聞] 가운데서 '쿳줏따라'가 으뜸이다."

(* 쿳줏따라는 꼬삼비의 고시따(고시따 원림을 지어 승가에 보시한 자) 장자의 보모로 있다가 뒤에는 꼬삼비의 우데나 왕의 첫째 왕비인 사미와따의 하녀가 되었다. 세존이 꼬삼비에 오셨을 때 가르침을 듣고 예류과를 얻었다.

환희로 가득한 그녀를 보고 사미와따가 전말을 묻자 모두 이야기 해주었으며 사미와따는 그녀로부터 부처님의 가르침을 들었으며, 그날부터 그녀를 자신의 어머니처럼 대했다고 한다.

사미와따는 환희심이 생겨서 매일 그녀가 법을 듣고 와서 자신과 측근들에게 설해주도록 하였다. 그들은 쿳줏따라가 들려주는 부처님의 가르침을 듣고 모두 예류과를 얻었다고 한다.

이런 연유로 세존께서는 그녀를 많이들은 여자 신도 가운데 으뜸이라고 하신 것이다.)

✳ 사마와띠의 경. Samavati-s(A. 1:14:74)

7-4. "자애가 가득한 마음으로 머무는 자들 가운데서 '사마와띠'가 으뜸이다."

(* 사마와띠는 꼬삼비의 우데나 왕의 첫째 왕비였다. 그녀는 맛다왓띠 지방의 밧다와띠야 장자의 딸이었는데, 그곳에 질병이 돌자 장자는 가족을 데리고 친구인 고시따 혹은 고사까가 살고 있는 꼬삼비로 피난을 왔다고 한다. 난민 수용소에 첫날에 아버지가 돌아가시고 둘째 날에 어머니가 돌아가셨는데 그녀를 불쌍히 여긴 맛따의 양녀가 되었다고 한다.

후에 우데나 왕이 그녀에게 반해서 결혼을 하였으며 첫째 왕비가 되었다. 그녀는 쿳줏따라를 통해서 부처님 가르침을 듣고 환희심이 생겼으며, 이를 안 둘째 왕비이자 부처님을 싫어한 마간디야,(그녀의 아버지가 세존께 마간디야를 시집보내려 하였으나 세존이 거절하여 그녀는 세존께 앙심을 품고 있었다고 함)의 모함과 계략에 휘말려 끝내 그녀와 500명의 측근들이 모두 불에 타 죽고 말았다고 한다.

뒤늦게 이를 안 '우데나'왕이 부처님께 그들에 대해서 묻자 세존께서는 그들은 모두 예류과 이상을 얻은 자들이라고 하셨다.

사마와띠는 마간다야가 쏜 화살을 자애의 마음으로 무력하게 만들기도 하였으며 그녀의 계략으로 끝내 죽음을 맞았지만 끝까지 그녀에 대해서 증오심을 내지 않고 자애의 마음을 가졌다고 한다. 그래서 세존께서 사마와띠를 자애가 가득하나 마음으로 머무는 자들 가운데서 으뜸이라 칭찬하신 것이다.)

＊ 웃따라의 경. Uttara-s(A. 1:14:75)

7-5. "선禪을 얻은 자들 가운데서 '웃따라 난다마따(난다의 어머니)'가 으뜸이다.

(＊ 웃따라 난다마따는 라자가하의 뿐나시하 혹은 분나까 장자의 딸이었다. 그녀의 남편은 수마나 장자의 아들이었는데 방탕한 삶을 살았다고 한다. 그녀는 시리마 라는 기녀를 남편에게 딸려주고 자신은 부처님 가르침에 충실하였다.

한번은 포살일에 그녀가 승원에서 열심히 자원봉사하고 있었는데 그때 그녀의 남편과 시리마가 원림으로 놀러 나왔다. 그녀가 남편을 보고 미소를 짓는 것을 보고 질투가 난 시리마는 끓는 기름 대야를 그녀의 머리에 부었다.

웃따라는 그 순간에 자애의 삼매에 들었기 때문에 기름은 연잎의 물방울처럼 흘러내렸다고 한다. 이런 일화 때문에 세존께서는 그녀를 선(禪)을 얻은 자들 가운데서 으뜸이라고 한다.)

✳ 숩빠와사의 경. Suppavasa-s(A. 1:14:76)

7-6. "뛰어난 보시를 하는 자들 가운데서 꼴리야의 딸 '숩빠와사'가 으뜸이다."

(✳ 숩빠와사는 초기경전에 자주 언급되는 릿치위 마할리의 아내였다고 하며 사꺄 청년의 아내였다고도 한다. 꼴리야 사람인 그녀는 부처님의 가르침을 처음 듣고 바로 수다원과를 얻었다고 한다. 세존께서는 본경을 숩빠와사에게 설하실 정도로 그녀를 훌륭한 보시(布施)자였다. 그녀는 시왈리 존자의 어머니이기도 하다.)

✳ 숩삐야의 경. Suppiya-s(A. 1:14:77)

7-7. "병자를 돌보는 자들 가운데서 '숩삐야'가 으뜸이다."

(✳ 숩삐야는 바라나시에 살고 있었다. 그녀는 승원에 가는 도중에 고기죽을 먹어야 하는 중병에 걸린 비구를 보고 집에 와서 하인을 시켜 고기를 구해오라 했지만 구할 수가 없자 자신의 허벅지 살을 도려내어서 고기죽을 끓여 비구를 공양하게 하였다. 이런 이유로 세존께서 그녀를 병자를 돌보는 자들 가운데서 으뜸이라고 칭찬하신 것이다.

세존께서는 이 사실을 알고 그녀를 위로하셨으며 세존의 말씀을 들은 그녀의 상처는 깨끗하게 아물었다고 한다. 이런 사건을 계기로 해서 세존께서는 비구는 어떤 경우에도, 비록 상대방이 자발적으로 바친다 하더라도 사람의 고기는 먹어서 안 된다는 율의 조목을 정하셨다.)

✳ 까띠야니의 경. katiyani-s(A. 1:14:78)

7-8. "흔들림 없는 믿음을 가진 자들 가운데서 '까띠야니'가 으뜸이다."

(* 까띠야니는 아완띠의 꾸라라가라 사람이었다. 어느 날 그녀는 친구 깔리와 함께 소나 꾸띠깐나 존자가 하는 설법을 들으러 갔다. 그새 집에 도둑이 들었는데 하녀가 이를 알려주었지만 그녀는 동요하지 않고 끝까지 설법을 들어서 예류과(수다원과)를 얻었다.

이런 광경을 지켜보던 도둑의 두목은 그녀에게 감탄을 하여 물건을 도로 가져다 두게 하였으며 다음날 찾아가서 그녀에게 사과하였다. 그녀는 그들을 소나 존자에게 인도하였으며 그들은 모두 출가하였다고 한다. 이런 사실 때문에 그녀는 흔들리지 않는 믿음을 가진 여자 신도들 가운데서 으뜸이라고 한다.)

✻ 나꿀라마따의 경. Nakulamata-s(A. 1:14:79)

7-9. "[나와] 친근한 자들 가운데서 '나꿀라**마따**'가 으뜸이다."

(* 나꿀라마따 6-10"[나와] 친근한 자들 가운데서 '나꿀라**삐따**'장자가 으뜸이다. 참조

(* 나꿀라**삐따**, 나꿀라의 아버지)와 나꿀라**마따**(나꿀라의 어머니)는 박가의 숨수마라기리에 살고 있었으며 세존께서 베사깔라 숲에 오셔서 머무실 때 처음으로 세존을 찾아 뵙고 발에 엎드려 '아들이여, 왜 이렇게 늦게 오셨습니까? 라고 하면서 좋아했다고 한다.

그들은 500생은 부처님의 부모였고 500생은 부처님의 큰 아버지와 큰 어머니였고 500생은 부처님의 작은 아버지와 작은 어머니였다고 한다.

세존께서는 그들에게 설법을 하셨고 그들은 예류과를 얻었다고 한다.)

✻ 깔리의 경. kali-s(A. 1:14:80)

7-10. "소문을 통해서도 청정한 믿음을 일으키는 자들 가운데서 꾸라라가라의 '깔리'가 으뜸이다."

(* 꾸라라가라의 깔리는 소나 꾸띠깐나 존자의 어머니이다. 그녀는 임신을 했을 때 라자가하에 갔는데 거기서 사따기리 약카와 헤마와따 약카가 부처님과 그분의 가르침의 탁월함을 이야기하는 것을 듣고 큰 환희심이 생겼으며 예류과를 얻었다고 한다. 바로 그날 밤에 그녀는 아이를 낳았는데 그가 바로 소나 꾸띠깐나 존자이다.

이런 인연 때문에 그녀는 소문을 통해서 청정한 믿음을 일으킨 자들 가운데 으뜸이라고 한다. 그녀는 꾸라라가라로 돌아와서 깟짜나 존자의 신도가 되었으며 소나는 깟짜나 존자의 제자로 출가를 하였다).

[이상의 내용은 앙굿따라 니까야 전재성 박사와 대림스님의 내용이다.]

❋ 교리문답의 작은 경(M44)

1. 이와 같이 나는 들었다. 한때 세존께서 라자가하 시의 벨루 숲에 있는 깔란다까니바삐에 계셨다.

2. 마침 재가의 신도인 위사카가 수행녀 담마딘나가 있는 곳을 찾아갔다. 가까이 다가가서 수행녀 담마딘나에게 인사를 드리고 한 쪽으로 물러앉았다. 한 쪽으로 물러앉아 재가의 신도 위사카는 수행녀 담마딘나에게 이와 같이 말했다.

3. [위사카] "존귀한 여인이여, '개체, 개체'라고 말하는데, 세존께서는 어떠한 것을 두고 개체라고 합니까?"

[담마딘나] "벗이여 위사카여, 세존께서는 '개체, 개체'라고 말하는데, 다섯 가지 존재의 집착다발, 즉 물질의 집착다발, 느낌의 집착다발, 지각의 집착다발, 형성의 집착다발, 의식의 집착다발을 두고 개체라고 합니다. 벗이여 위사카여, 세존께

서는 이러한 다섯 가지 존재의 집착다발을 두고 개체라고 합
니다."

[위사카] "존귀한 여인이여, 훌륭하십니다."

재가의 신도 위사카는 수행녀 담마딘나가 말한 것에 환희
하고 기뻐하며 수행녀 담마딘나에게 다른 질문을 제기했다.

4. [위사카] "존귀한 여인이여, '개체의 발생, 개체의 발생'
이라고 말하는데, 세존께서는 어떠한 것을 두고 개체의 발생
이라고 합니까?"

[담마딘나] "벗이여 위사카여, 다시 태어나고자 하고 환희
와 탐욕을 갖추고 여기저기서 향락을 구하는 갈애 즉, 감각적
쾌락에 대한 갈애, 존재에 대한 갈애, 비존재에 대한 갈애가
있습니다. 세존께서는 이것을 두고 개체의 발생이라고 합니
다."

5. [위사카] "존귀한 여인이여, '개체의 소멸 개체의 소멸'이
라고 말하는데, 세존께서는 어떠한 것을 두고 개체의 소멸이
라고 합니까?"

[담마딘나] "벗이여 위사카여, 그 갈애가 남김없이 소멸되
고 버려져서 보내버려지면 집착 없이 해탈합니다. 세존께서
는 이것을 두고 개체의 소멸이라고 합니다."

6. [위사카] "존귀한 여인이여 '개체의 소멸에 이르는 길 개
체의 소멸에 이르는 길'이라고 말하는데, 세존께서는 어떠한
것을 두고 개체의 소멸에 이르는 길이라고 합니까.?"

[담마딘나] "벗이여 위사카여, 그것은 여덟 가지 고귀한 길,
곧 올바른 견해, 올바른 사유, 올바른 언어, 올바른 행위, 올
바른 생활, 올바른 정진, 올바른 새김, 올바른 집중입니다. 세

존께서는 이것을 두고 개체의 소멸에 이르는 길이라고 합니
다."

7. [위사카] "존귀한 여인이여, 그 집착은 다섯 가지 존재의
집착다발과 동일한 것인가, 아니면 다섯 가지 존재의 집착다
발과는 별도로 집착이 있는 것입니까?"

[담마딘나] "벗이여 위사카여, 그 집착은 다섯 가지 존재의
집착다발과 동일한 것도 아니며, 다섯 가지 존재의 집착다발
과는 별도로 집착이 있는 것도 아닙니다. 벗이여 위사카여,
다섯 가지 존재의 집착다발에 대하여 욕망과 탐욕을 지니면,
그것에 대한 욕망과 탐욕이 바로 그 집착입니다 "

8. [위사카] "존귀한 여인이여 개체가 있다는 견해는 어떠
한 것입니까?"

[담마딘나] "벗이여 위사카여, 세상의 배우지 못한 일반사
람은 고귀한 님을 인정하지 않고, 고귀한 님의 가르침을 알지
못하고, 고귀한 님의 가르침에 이끌리지 않고, 참사람을 인정
하지 않고, 참사람의 가르침을 알지 못하고, 참사람의 가르침
에 이끌리지 않습니다.

1) 그는 물질을 자아로 여기고, 물질을 가진 것을 자아로
여기고 자아 가운데 물질이 있다고 여기고, 물질 가운데 자아
가 있다고 여깁니다.

2) 그는 느낌을 자아로 여기고, 느낌을 가진 것을 자아로
여기고, 자아 가운데 느낌이 있다고 여기고, 느낌 가운데 자
아가 있다고 여깁니다.

3) 그는 지각을 자아로 여기고 지각을 가진 것을 자아로
여기고, 자아 가운데 지각이 있다고 여기고, 지각 가운데 자

아가 있다고 여깁니다.

4) 그는 형성을 자아로 여기고, 형성을 가진 것을 자아로 여기고 자아 가운데 형성이 있다고 여기고, 형성 가운데 자아가 있다고 여깁니다.

5) 그는 의식을 자아로 여기고, 의식을 가진 것을 자아로 여기고, 자아 가운데 의식이 있다고 여기고, 의식 가운데 자아가 있다고 여깁니다.

벗이여 위사카여, 개체가 있다는 견해는 이러한 것입니다."

9. [위사카] "존귀한 여인이여, 개체가 있다는 견해를 갖지 않는 것은 어떠한 것입니까?"

[담마딘나] "벗이여 위사카여, 세상의 잘 배운 고귀한 제자는 고귀한 님을 인정하고 고귀한 님의 가르침을 잘 알고, 고귀한 님의 가르침에 이끌리고, 참사람을 인정하고, 참사람의 가르침을 잘 알고, 참사람의 가르침에 이끌립니다.

1) 그는 물질을 자아로 여기지 않고 물질을 가진 것을 자아로 여기지 않고 자아 가운데 물질이 있다고 여기지 않고, 물질 가운데 자아가 있다고 여기지 않습니다.

2) 그는 느낌을 자아로 여기지 않고 느낌을 가진 것을 자아로 여기지 않고 자아 가운데 느낌 이 있다고 여기지 않고, 느낌 가운데 자아가 있다고 여기지 않습니다.

3) 그는 지각을 자아로 여기지 않고 지각을 가진 것을 자아로 여기지 않고 자아 가운데 지각이 있다고 여기지 않고, 지각 가운데 자아가 있다고 여기지 않습니다.

4) 그는 형성을 자아로 여기지 않고 형성을 가진 것을 자아로 여기지 않고 자아 기운데 형성이 있다고 여기지 않고,

형성 가운데 자아가 있다고 여기지 않습니다.

5) 그는 의식을 자아로 여기지 않고 의식을 가진 것을 자아로 여기지 않고 자아 가운데 의식이 있다고 여기지 않고, 의식 가운데 자아가 있다고 여기지 않습니다.

벗이여 위사카여, 개체가 있다는 견해를 갖지 않는 것은 이와 같은 것입니다."

10. [위사카} "존귀한 여인이여, 어떠한 것 이 여덟 가지 고귀한 길입니까?"

[담마딘나] "벗이여 위사카여, 그것은 여덟 가지 고귀한 길이니 곧, 올바른 견해, 올바른 사유, 올바른 언어, 올바른 행위, 올바른 생활, 올바른 정진, 올바른 새김, 올바른 집중입니다."

11. [위사카] "존귀한 여인이여 여덟 가지 고귀한 길은 조건 지어진 것입니까 조건 지어지지 않은 것입니까?"

[담마딘나] "벗이여 위사카여, 여덟 가지 고귀한 길은 조건 지어진 것입니다."

12. [위사카] "존귀한 여인이여, 여덟 가지 고귀한 길이 세 가지 다발에 포함됩니까? 또는 세 가지 다발이 여덟 가지 고귀한 길에 포함됩니까?"

[담마딘나] "벗이여 위사카여, 여덟 가지 고귀한 길이 세 가지 다발에 포함되지, 세 가지 다발이 여덟 가지 고귀한 길에 포함되는 것이 아닙니다. 벗이여, 위사카여, 올바른 언어, 올바른 행위, 올바른 생활 이러한 현상들은 계행의 다발에 포함되고 올바른 정진, 올바른 새김, 올바른 집중은 삼매의 다발에 포함됩니다. 올바른 견해와 올바른 사유는 지혜의 다발

에 포함됩니다."

13. [위사카] "존귀한 여인이여, 어떠한 것이 삼매이고 어떠한 것이 삼매의 인상이고 어떠한 것이 삼매의 도구이고, 어떠한 것이 삼매의 수행입니까?"

[담마딘나] "벗이여 위사카여, 마음의 통일이 삼매이며, 네 가지 새김의 토대가 삼매의 인상이고 네 가지 올바른 노력이 삼매의 도구이고, 이들 가르침들을 공부하고 수행하고 복습하면, 그것이 삼매의 수행입니다."

14. [위사카] "존귀한 여인이여, 어떠한 것이 형성입니까?"

[담마딘나] "벗이여 위사카여, 이와 같은 세 가지 형성 이 있습니다. 즉 신체적 형성, 언어적 형성, 정신적 형성입니다."

15. [위사카] "존귀한 여인이여, 어떠한 것이 신체 적 형성이고, 어떠한 것이 언어적 형성, 어떠한 것이 정신적 형성입니까?"

[담마딘나] "벗이여 위사카여, 들이쉬는 것과 내쉬는 것이 신체적 형성입니다. 사유하는 것과 숙고하는 것이 언어적 형성입니다. 지각하는 것과 느끼는 것이 정신적 형성 입니다 "

16. [위사카] "존귀한 여인이여, 무슨 까닭으로 들이쉬는 것과 내쉬는 것이 신체적 형성이고 무슨 까닭으로 사유하는 것과 숙고하는 것이 언어적 형성이고 무슨 까닭으로 지각하는 것과 느끼는 것이 정신적 형성입니까?"

[담마딘나] "벗이여 위사카여, 들이쉬는 것과 내쉬는 것은 신체에 속하고 그것들은 신체에 묶여있습니다. 그러므로 들이쉬는 것과 내쉬는 것은 신체적 형성입니다. 벗이여 위사카여, 먼저 사유하고 숙고한 뒤에 말을 합니다. 그러므로 사유

하는 것과 숙고하는 것은 언어적 형성입니다. 벗이여 위사카여, 지각하는 것과 느끼는 것은 마음에 속하고 그것들은 마음에 묶여있습니다. 그러므로 지각하는 것과 느끼는 것은 정신적 형성입니다 "

17. [위사카] "존귀한 여인이여, 지각과 느낌의 소멸을 성취한다는 것이란 무엇입니까?"

[담마딘나] "벗이여 위사카여, 지각과 느낌의 소멸을 성취하는 수행승에게는 이와 같이 '나는 지각과 느낌의 소멸을 성취할 것이다.'라든가 '나는 지각과 느낌의 소멸을 성취하고 있다.'라든가 '나는 지각과 느낌의 소멸을 성취했다.'라든가 하는 생각이 없습니다. 그러나 그의 마음은 그렇게 수련되어 그를 그러한 상태로 이끕니다."

18. [위사카] "존귀한 여인이여, 지각과 느낌의 소멸을 성취하는 수행승에게 어느 것이 제일 먼저 소멸합니까, 신체적 형성입니까 언어적 형성입니까 정신적 형성입니까?"

[담마딘나] "벗이여 위사카여, 지각과 느낌의 소멸을 성취하는 수행승에게 먼저 언어적 형성이 소멸하고 그 후에 신체적 형성이 소멸하고 그 후에 정신적 형성이 소멸합니다."

19. [위사카] "존귀한 여인이여, 어떻게 하면 지각과 느낌의 소멸에서 나옵니까?"

[담마딘나] "벗이여 위사카여, 지각과 느낌의 소멸에서 나오는 수행승에게는 '나는 지각과 느낌이 소멸한 상태의 성취에서 나올 것이다.'라든가 '나는 지각과 느낌이 소멸한 상태의 성취에서 나온다.'라든가 '나는 지각과 느낌이 소멸한 상태의 성취에서 나왔다.' 라든가 하는 이와 같은 생각이 일어나지

않습니다. 그러나 그의 마음은 그렇게 수련되어 그를 그러한 상태로 이끕니다."

20. [위사카] "존귀한 여인이여, 지각과 느낌의 소멸에서 나오는 수행승에게 어느 것이 제일 먼저 생겨납니까, 신체적 형성입니까 언어적 형성입니까, 정신적 형성입니까?"

[담마딘나] "벗이여 위사카여, 지각과 느낌이 소멸에서 나오는 수행승에게 먼저 정신적 형성이 생겨나고 그 후에 신체적 형성이 생겨나고 그 후에 언어적 형성이 생겨납니다."

21. [위사카] "존귀한 여인이여, 지각과 느낌의 소멸에서 나온 수행승에게 어떠한 접촉이 경험됩니까?"

[담마딘나] "벗이여 위사카여, 지각과 느낌의 소멸에서 나온 수행승에게는 세 가지접촉, 즉 비움의 접촉, 인상 없음의 접촉, 바램 없음의 접촉이 경험됩니다."

22. [위사카] "존귀한 여인이여, 지각과 느낌의 소멸에서 나온 수행승의 마음은 어떠한 곳으로 기울고, 어떠한 곳으로 향하고, 어떠한 곳으로 나아갑니까?"

[담마딘나] "벗이여 위사카여, 지각과 느낌의 소멸에서 나온 수행승의 마음은 멀리 여읨으로 기울고, 멀리 여읨으로 향하고, 멀리 여읨으로 나아갑니다."

23. [위사카] "존귀한 여인이여, 얼마나 여러 가지 느낌 이 있습니까?"

[담마딘나] "벗이여 위사카여, 이러한 세 가지 느낌이 있습니다. 즐겁거나 괴롭거나 괴롭지도 즐겁지도 않은 것입니다."

24. [위사카] "존귀한 여인이여, 어떠한 것이 즐거운 느낌이고 어떠한 것이 괴로운 느낌이고 어떠한 것이 괴롭지도 즐겁

지도 않은 느낌입니까?"

[담마딘나] "벗이여 위사카여, 정신과 관련되거나 신체와
관련된 즐거움으로 유쾌한 느낌이 있는데, 이것이 즐거운 느
낌입니다. 벗이여 위사카여, 정신과 관련되거나 신체와 관련
된 괴로움으로 불쾌한 느낌이 있는데, 이것이 괴로운 느낌입
니다. 벗이여 위사카여, 정신과 관련되거나 신체와 관련된 불
쾌하지도 유쾌하지도 않은 느낌이 있는데, 이것이 괴롭지도
즐겁지도 않은 느낌입니다."

25. [위사카] "존귀한 여인이여, 즐거운 느낌은 무엇을 즐거
움으로 하고 무엇을 괴로움으로 하고 괴로운 느낌은 무엇을
괴로움으로 하고 무엇을 즐거움으로 하고, 괴롭지도 즐겁지
도 않은 느낌은 무엇을 즐거움으로 하고 무엇을 괴로움으로
합니까?"

[담마딘나] "벗이여 위사카여, 즐거운 느낌은 자신이 유지
되는 것을 즐거움으로 하고 변화를 괴로움으로 하고, 괴로운
느낌은 자신이 유지되는 것을 괴로움으로 하고 변화를 즐거
움으로 하고, 괴롭지도 즐겁지도 않은 느낌은 앎을 즐거움으
로 하고 알지 못함을 괴로움으로 합니다."

26. [위사카] "존귀한 여인이여, 즐거운 느낌에는 어떠한 경
향이 따르고, 괴로운 느낌에는 어떠한 경향이 따르고 괴롭지
도 즐겁지도 않은 느낌에는 어떠한 경향이 따릅니까?"

[담마딘나] "벗이여 위사카여, 즐거운 느낌에는 탐욕의 경
향이 따르고, 괴로운 느낌에는 분노의 경향이 따르고, 괴롭지
도 즐겁지도 않은 느낌에는 무명의 경향이 따릅니다."

27. [위사카] "존귀한 여인이여, 모든 즐거운 느낌에는 탐욕

의 경향이 따르고, 모든 괴로운 느낌 에는 분노의 경향이 따르고, 모든 괴롭지도 즐겁지도 않은 느낌에는 무지의 경향이 따릅니까?"

[담마딘나] "벗이여 위사카여, 모든 즐거운 느낌에 탐욕의 경향이 따르는 것은 아니고, 모든 괴로운 느낌에 분노의 경향이 따르는 것은 아니고, 모든 괴롭지도 즐겁지도 않은 느낌에 무명의 경향이 따르는 것은 아닙니다."

28. [위사카] "존귀한 여인이여, 즐거운 느낌에 대하여 무엇을 버려야 하고, 괴로운 느낌에 대하여 무엇을 버려야 하고, 괴롭지 도 즐겁지도 않은 느낌 에 대하여 무엇을 버려야 합니까?"

[담마딘나] "벗이여 위사카여, 즐거운 느낌에 대하여 탐욕의 경향을 버려야 하고, 괴로운 느낌에 대하여 분노의 경향을 버려야 하고, 괴롭지도 즐겁지도 않은 느낌에 대하여 무명의 경향을 버려야 합니다."

29. [위사카] "존귀한 여인이여, 모든 즐거운 느낌에 대하여 탐욕의 경향을 버려야 하고 모든 괴로운 느낌에 대하여 분노의 경향을 버려야 하고 모든 괴롭지도 즐겁지도 않은 느낌에 대하여 무명의 경향을 버려야 합니까?"

[담마딘나] "벗이여 위사카여, 모든 즐거운 느낌에 대하여 탐욕의 경향을 버려야 하는 것은 아니고 모든 괴로운 느낌에 대하여 분노의 경향을 버려야 하는 것은 아니고 모든 괴롭지도 즐겁지도 않은 느낌에 대하여 무명의 경향을 버려야 하는 것은 아닙니다.

1) 벗이여 위사카여, 세상에서 수행승은 감각적 쾌락에 대

한 욕망을 여의고 악하고 불건전한 상태를 떠나서, 사유를 갖추고 숙고를 갖추어, 멀리 여읨에서 생겨나는 희열과 행복으로 가득한 첫 번째 선정을 성취합니다. 그렇게 해서 탐욕을 버리고 탐욕의 경향을 잠재시키지 않습니다.

2) 벗이여 위사카여, 세상에서 수행승은 이와 같이 생각합니다. '지금 고귀한 님이 성취한 그러한 경지에 내가 반드시 도달하리라.'라고. 이와 같이 위없는 해탈에 대하여 서원을 세운 사람은 서원을 조건으로 불만은 생겨나지만, 그렇게 해서 분노를 버리게 되며, 분노의 경향을 잠재시키지 않습니다.

3) 벗이여 위사카여, 세상에서 수행승은 즐거움도 버리고, 괴로움도 버리고, 이미 생겨난 만족과 불만이 사라지면 즐거움도 뛰어넘고 괴로움도 뛰어넘어 평정하고 새김이 있고 청정한 네 번째 선정을 성취합니다. 그렇게 해서 무명 을 버리게 되며, 무명의 경향을 잠재시키지 않습니다."

30. [위사카] "존귀한 여인이여, 즐거운 느낌에 대응하는 것은 무엇입니까?"

[담마딘나] "벗이여 위사카여, 즐거운 느낌에 대응하는 것은 괴로운 느낌입니다."

31. [위사카] "존귀한 여인이여, 괴로운 느낌에 대응하는 것은 무엇입니까?"

[담마딘나] "벗이여 위사카여 괴로운 느낌에 대응하는 것은 즐거운 느낌입니다."

32. [위사카] "존귀한 여인이여, 괴롭지도 즐겁지도 않은 느낌에 대응하는 것은 무엇입니까?"

[담마딘나] "벗이여 위사카여, 괴롭지도 즐겁지도 않은 느

낌에 대응하는 것은 무명입니다."

33. [위사카] "존귀한 여인이여, 무명에 대응하는 것은 무엇입니까?"

[담마딘 나] "벗이여 위사카여, 무명에 대응하는 것은 명지(明智)입니다."

34. [위사카] "존귀한 여인이여 명지에 대응하는 것은 무엇입니까?"

[담마딘나] "벗이여 위사카여, 명지에 대응하는 것은 해탈입니다."

35. [위사카] "존귀한 여인이여, 해탈에 대응하는 것은 무엇입니까?"

[담마딘나] "벗이여 위사카여, 해탈에 대응하는 것은 열반입니다."

36. [위사카] "존귀한 여인이여, 열반에 대응하는 것은 무엇입니까?"

[담마딘나] "벗이여 위사카여, 그대의 질문의 범주를 벗어난 것입니다. 질문의 끝을 파악할 수 없습니다. 벗이여 위사카여, 참으로 청정한 삶은 열반으로 드는 것이며, 열반을 목표로 하는 것이며, 열반을 궁극으로 하는 것입니다. 벗이여 위사카여, 그대가 원한다면, 세존을 찾아뵙고 그 의미를 질문하십시오. 그래서 세존께서 그대에게 설명 하시는 대로 받아 지니십시오."

37. 그래서 재가의 신도 위사카는 수행녀 담마딘나가 말한 것에 기뻐하고 환희하며, 자리에서 일어나 수행녀 담마딘나에게 인사를 드리고 오른쪽으로 돌아 세존께서 계신 곳을 찾

아갔다. 가까이 다가가서 세존께 인사를 드리고 한 쪽으로 물러앉았다. 한쪽으로 물러앉아 재가의 신도 위사카는 수행녀 담마딘나와 함께 문답한 그 모든 것을 세존께 알렸다. 그것을 듣고 세존께서는 재가의 신도 위사카에게 말씀했다.

[세존] "위사카여, 수행녀 담마딘나는 현명한 사람입니다. 수행녀 담마딘나는 크게 지혜로운 사람입니다. 위사카여, 그대가 나에게 그 의미를 묻는다면, 나도 역시 수행녀 담마딘나가 설한 것과 같이 그와 같이 설명할 것입니다. 그 의미는 그와 같으니, 그와 같이 받아 지니십시오."

38. 이와 같이 세존께서 말씀하시자 재가신도 위사카는 세존께서 하신 말씀에 만족하며 기뻐했다.

교리 문답의 작은 경이 끝났다.

❖ [위사카 Visakha는 담마딘나Dhammadinna의 남편이었다.(사왓티에 녹자모의 남편 위사카가 아님) 그는 라자가하의 부유한 상인이었는데, 세존께서 깨달음을 성취하신 뒤 첫번째로 라자가하에 와서 빔비사라 왕을 만날 때 함께 배석해 있었다. 그때 그는 설법을 듣고 예류자[수다원]가 되었으며 나중에 불환자[아나함]까지 되었다.

그는 불환자가 되고나서부터 아내에 대한 태도가 완전히 바뀌었으며 아내에게 모든 재산을 물려주고 원하는 대로 하라고 자유를 주었다. 그녀는 출가하기를 원했고, 위사카는 빔비사라 왕에게 이 말을 전했다. 왕은 그녀의 출가를 기념하기 위해서 온 도시를 장식하도록 하고 황금 가마에 태워서 그녀를 출가하게 했다고 한다.

담마딘나Dhammadinna 비구니는 라자가하의 거부 위사카 Visakha 장자의 아내였다. 남편은 그녀를 황금 가마에 태워 출가시켰다고 한다. 출가하여 무애해를 갖춘 **아라한이** 되었다.

위사카 Visakha는 마가다 국의 지방호족의 아들이었다. 그의 어머니는 빤짤라(Pancala)왕의 딸이었으므로 그는 빤짤라 뿟따(Pancalaputta)라고 불렸다. 그는 아버지를 계승했으나 어느 날 부처님이 그 근처에 도착하셨다는 소문을 들었다. 그는 그 곳으로 가서 가르침을 듣고는 곧바로 출가해 사왓티로 가서 수행한 뒤에 **아라한이** 되었다. Theg. 209~210에 따르면 그는 가르침을 설하는데 능숙한 장로였다 부처님은 그의 설법을 듣고 칭찬을 아끼지 않았다.]

✱ 다난자니 경. Dhananjani-s.(S7:1)

1. 이와 같이 나는 들었다. 한때 부처님께서는 라자가하에서 대나무 숲의 다람쥐보호구역에 머무셨다.

2. 그 무렵 바라드와자 족성을 가진 어떤 바라문의 아내인 다난자니라는 바라문녀가 있었는데, 부처님과 법과 승가에 청정한 믿음을 지니고 있었다.

그때 다난자니 바라문여인은 바라드와자 족성을 가진 그녀의 남편 바라문에게 음식을 차려서 가다가 넘어졌다. 넘어져서는,

"그분 세존·아라한·정등각 자께 귀의합니다.
그분 세존·아라한·정등각 자께 귀의합니다.
그분 세존·아라한·정등각 자께 귀의합니다."
라고 세 번 감흥어를 읊었다.

3. 이렇게 말하자 바라드와자 족성을 가진 바라문은 다난자니에게 이렇게 말했다.

"그런데 이 비천한 여자는 시도 때도 없이 저 빡빡머리 사문을 칭송하는 말만 하는구나, 비천한 여자야, 이제 내가 가서 그대의 그 스승을 논파할 것이다."

"바라문이여, 저는 신과 악마와 하느님을 포함한 세상에서, 사문, 바라문과 신과 사람을 포함한 무리가운데서 그분 세존·아라한·정등각 자를 논파할 수 있는 사람을 아무도 보지 못했습니다. 바라문이여, 그렇더라도 가십시오, 가보면 알게 될 것입니다.

4. 그러자 바라드와자 족성 바라문은 분노하고 마음이 언짢아서 세존께 다가갔다. 가서는 세존과 함께 환담을 나누었다. 유쾌하고 기억할 만한 이야기로 서로 담소를 하고 한 곁에 앉았다. 한 곁에 앉은 바라드와자는 세존께 게송으로 말씀드렸다.

　"무엇을 끊은 뒤에 깊이 잠들고
　　무엇을 끊고 나면 슬퍼하지 않습니까?
　　어떤 하나의 법 죽이는 것을
　　당신은 허락하십니까, 고따마시여?"

5. [세존]
　"분노를 끊은 뒤에 깊이 잠들고
　　분노를 끊고 나면 슬퍼하지 않노라.
　　바라문이여, 분노는 뿌리에 독이 있고
　　꼭대기에 꿀이 듬뿍 들어 있어서
　　이런 분노 죽이는 것 성자들은 칭송하니
　　이것을 끊고 나면 슬퍼 않기 때문이니라."

6. 이렇게 말씀하시자, 바라드와자 족성을 가진 바라문은 세존께 이렇게 말씀드렸다.

"경이롭습니다. 고따마 존자시여, 경이롭습니다. 고따마 존자시여, 마치 넘어진 자를 일으켜 세우시듯, 덮여 있는 것을 걷어내 보이시듯, 방향을 잃어버린 자에게 길을 가리켜 주시듯, 눈 있는 자 형색을 보라고 어둠 속에서 등불을 비춰 주시듯, 고따마 존자께서는 여러 가지 방편으로 법을 설해 주셨습니다.

저는 이제 고따마 존자께 귀의하옵고 법과 비구 승가에 귀의합니다. 세존이시여, 저는 세존의 곁에 출가하고자 합니다. 저는 구족계를 받고자 합니다."

7. 바라드와자 족성의 바라문은 세존의 곁으로 출가하여 구족계를 받았다.

구족계를 받은 지 얼마 되지 않아서 바라드와자 존자는 혼자 은둔하여 방일하지 않고 열심히, 스스로 독려하며 지냈다. 그는 오래지 않아서 좋은 가문의 아들들이 집에서 나와 출가하는 목적인 그 위없는 청정범행의 완성을 지금, 여기에서 스스로 최상의 지혜로 알고 실현하고 구족하여 머물렀다. '태어남을 다했다. 청정범행은 성취되었다. 할 일을 다 해 마쳤다. 다시는 어떤 존재로도 돌아오지 않을 것이다.'라고 최상의 지혜로 알았다.

8. 바라드와자 존자는 **아라한**들 중의 한 분이 되었다.

☞ [* 바라문 족성 중에 다난자니 족성이 가장 높은 족성이라 한다. 바라드와자도 바라문 족성 중에 한 가문이다. 바라드와자는 4형제가 있는데 맏형인 바라드와자가 출가 하니까,

둘째 셋째 넷째도 부처님께 항의하러 갔다가 출가하여 아라
한이 된다. 10명의 바라드와자 바라문들이 모두 출가하여 아
라한이 된다. 내용을 다 쓸 수 없어, 게송만 옮기겠다.]

✳ 욕설 경. Akkosa-s(S7:2)

〈형이 출가하여 화가 나서 욕하는 둘째 바라드와자도 부처
님의 게송을 듣고 출가하여 아라한이 된다.〉

[세존]

"유순하고 바르게 생계를 유지하고
바른 구경의 지혜로 해탈하고
지극히 평화롭고 모든 것에 여여(如如)하고
분노가 없는 자가 어떻게 분노하는가?

분노에 맞서서 분노하는 그런 자는
더욱 더 사악한 자가 되나니
분노에 맞서서 분노하지 않으면
이기기 어려운 전쟁에서 승리하도다.

그런 사람 자신과 상대 둘 다의
이익을 도모하는 여여한 사람이니
상대가 크게 성이 난 것을 알면
마음 챙기고 고요하게 처신하노라.

그런 그는 자기 자신뿐만이 아니라
상대방까지 둘 다 구제하나니
이런 그를 어리석다 여기는 사람들은
법에 능숙하지 못한 자들이로다."

288

＊ **아수라왕 같은 자경**. Asuridaka-s(S7:3)

〈둘째형이 출가하여 더욱 화가 난 셋째 바라드와자도 부처
님의 게송을 듣고 출가하여 아라한이 된다.〉

[세존]

"어리석은 자 거친 말 내뿜으면서
 자신이 승리했다고 생각하지만
 진정한 승리는 그것을 이해하고
 견뎌내는 그런 자의 것이로다.

 분노에 맞서서 분노하는 그런 자는
 더욱 더 사악한 자가 되나니
 분노에 맞서서 분노하지 않으면
 이기기 어려운 전쟁에서 승리하도다.

 그런 사람 자신과 상대 둘 다의
 이익을 도모하는 여여한 사람이니
 상대가 크게 성이 난 것을 알면
 마음 챙기고 고요하게 처신하노라.

 그런 그는 자기 자신뿐만이 아니라
 상대방까지 둘 다 구제하나니
 이런 그를 어리석다 여기는 사람들은
 법에 능숙하지 못한 자들이로다."

＊ **시큼한 죽 장수 경**. Bilanhika-s(S7:4)

〈셋째형이 출가하여 더욱 화가 난 넷째 바라드와자도 부처
님의 게송을 듣고 출가하여 아라한이 된다.〉

[세존]

"청정하고 흠이 없고 타락하지 않는 분
　그런 사람에게 잘못을 범하면
　그 어리석은 자에게 죄악은 되돌아오나니
　바람을 거슬러 던진 먼지더미처럼."

[*이외에 6명의 바라드와자 바라문 족성이 모두 출가하여
아라한이 된다.]

✽ 청정 경. Suddhika-s(S7:7)

[세존]

"비록 많은 **만뜨라**를 외우더라도
　안이 썩어문드러졌고
　부정한 방법으로 삶을 연명한다면
　태생에 의해 바라문이 되지 않도다.
　끄샤뜨리야든 바라문이든 와이샤든
　수드라든 불가촉천민이든 야만인이든
　부지런히 정진하고 스스로 독려하고
　항상 분발하는 자가 최상의 청정을 얻나니,
　바라문이여. 이렇게 알지니라."

✽ 순다리까 경. Sundarika-s(S7:9)

[세존]

"태생을 묻지 말고 행실을 물어라.
　어떤 장작으로든 불을 지필 수 있노라
　낮은 가문에서도 결연한 성자가 나오는 법

양심으로 자신을 제어하는 자가
혈통 좋은 사람이니라.
진리로 길들여지고 감각기능을 길들였으며
지혜의 끝에 도달했고 청정범행 완성한 분
올바른 때에 공양 받아 마땅한 그에게 헌공하라."

[세존]
"나무에 불을 지피는 바라문이여.
밖으로 청정을 구할 생각조차 하지 말라.
밖으로 청정을 구하는 자 청정을 구하지
못한다고 능숙한 자들은 말하도다.

바라문이여, 나무에 불을 지피는 것 버리고
내적인 광명으로 나는 항상 타오르나니
내게는 항상 불이 있고 마음은 항상 삼매에 드나니
그런 나는 아라한이요, 청정범행을 닦도다."
바라드와자 존자는 **아라한**들 중의 한 분이 되었다.

✴ 중일아함경 제22권. 30.수타품 [3]
〈**수마제의 부처님에 대한 굳건한 믿음**〉

이와 같이 들었다.
어느 때 부처님께서 사위국(舍衛國) 기수급고독원에서 대
비구들 1250명과 함께 계셨다.
그때 아나빈저(阿那邠邸:Anathapindika아나타삔디까. 급고
독)라는 장자가 있었다. 그는 재물이 풍족하고 하인 등도 헤
아릴 수 없이 많았다.

그때 만부성(萬富城) 안에는 만재(滿財)라는 장자가 있었다. 그 또한 재물과 하인들이 헤아릴 수 없이 많았다. 그는 아나빈저 장자와 어려서부터 서로 친해 사랑하고 공경하여 잊어버린 일이 없었다.

아나빈저 장자는 항상 수천만의 보배와 재물을 저 만부성 안에 두고 장사를 하면서 만재 장자로 하여금 기록하고 보호하게 하였다. 만재 장자 역시 수천수만의 보배와 재물을 사위성 안에 두고 장사하면서 아나빈저 장자로 하여금 기록하고 돌보게 하였다.

이때 아나빈저 장자에게 수마제(修摩提)라는 딸이 있었다. 그녀는 얼굴이 단정하고 복사꽃처럼 고와서 세상에서 보기 드문 존재였다.

그때 만재 장자는 작은 볼일이 있어서 사위성 아나빈저 장자의 집으로 찾아가 자리에 나아가 앉았다. 그때 수마제는 고요한 방에서 나와 먼저 그 부모에게 절을 하고 다음에 만재 장자에게 절을 하고 고요한 방으로 다시 들어갔다.

그때 만재 장자는 수마제의 얼굴이 단정하고 도화 빛처럼 고와 세상에 보기 드문 존재라는 것을 알고는 아나빈저 장자에게 물었다.

"저 여인은 어느 집 딸입니까?"

"아까 본 그 아이는 내 딸입니다.

만재 장자는 말했다.

"내게 아들이 있는데 아직 혼인을 시키지 못했으니, 저희 집으로 시집보내 주실 수 있겠습니까?

이때 아나빈저 장자가 대답하였다.

“그것은 마땅치 않습니다.”

만재 장자가 대답했다.

“무엇 때문에 마땅치 않다고 하십니까? 족성(族姓) 때문입니까, 아니면 재물 때문입니까?

아나빈저 장자가 대답하였다.

“족성(族姓)이나 재물은 서로 걸맞습니다. 다만 섬기는 신사(神祠)가 우리와 다르기 때문입니다. 딸아이는 부처님을 섬기는 석가(釋迦)의 제자이고, 당신들은 외도(外道)를 섬기는 이학(異學)의 무리들입니다. 그 때문에 그 청을 받아들일 수 없습니다.”

그때 만재 장자가 말하였다.

“우리들이 섬기는 것은 스스로 따로 특별하게 제사를 지내고, 그 처녀가 섬기는 것은 또 따로 공양하면 되지 않겠습니까?”

아나빈저 장자가 말하였다.

“만일 내 딸을 당신 집으로 시집보낸다면 헤아릴 수 없이 많은 재보(財寶)를 내놓아야 할 텐데, 당신이 헤아릴 수 없는 재보를 내놓으시겠습니까?”

만재 장자가 말하였다.

“당신이 지금 얼마큼의 재보를 요구하는 것입니까?”

아나빈저 장자가 말하였다.

“나는 지금 6만 냥을 요구하려고 합니다.”

이때 아나빈저 장자는 다시 이렇게 생각하였다.

‘내가 방편을 써서 먼저 거절하려고 한 것이었는데, 오히려 물리치지 못했다.’

다시 장자에게 말하였다.

"만일 내가 딸을 보내려면 마땅히 부처님께 가서 여쭈어 보아야 합니다. 만일 세존께서 무슨 분부가 계시면 나는 그대로 받들어 행할 것입니다."

아나빈저 장자는 거짓으로 일을 만들어 마치 무슨 일이 있어서인 것처럼 곧 성을 빠져나가 세존께서 계신 곳을 찾아갔다. 그는 머리를 조아려 세존의 발에 예를 올리고 한쪽에 섰다. 그때 아나빈저 장자가 세존께 아뢰었다.

"제 딸 수마제를 만부성의 만재 장자가 며느리로 달라고 요구하고 있습니다. 보내야 합니까, 말아야 합니까?

세존께서 말씀하셨다.

"만일 그대의 딸 수마제가 그 나라에 간다면 그 나라에 많은 이익을 주고 한량없이 많은 사람들을 제도할 것이다."

아나빈저 장자는 다시 이렇게 생각하였다.

'세존께서는 방편의 지혜로서 틀림없이 저 나라로 가실 모양이다.'

그는 집으로 돌아와 갖가지 맛있는 음식을 만들어 만재 장자를 대접하였다. 이때 만재 장자가 다시 물었다.

"내가 이 음식을 먹겠지만 딸을 우리 집에 시집보내시겠습니까, 안보내시겠습니까?"

아나빈저 장자가 대답했다.

"생각이 꼭 그러하시면 그 뜻을 따르겠습니다. 지금부터 보름 뒤에 아들을 저희 집으로 오라고 하십시오."

그때 만부성 사람들은 이런 규칙을 만들어 놓았었다. '만일 이 성에 살던 처녀가 다른 나라로 나가게 되면 중한 벌을 받

는다. 또 다른 나라의 여자를 데리고 들어오는 사람도 중한 벌을 받는다.'

그때 그 나라에는 6천명의 범지(梵志)들이 살고 있었다. 그들은 이 나라 사람들이 받들어야 할 규칙을 만들어 놓고, 만일 이 규칙을 어기는 자가 있으면 그는 6천 명의 범지들에게 식사를 대접해야 한다고 말하고 있었다.

그때 만재 장자는 그 규칙을 범한 것을 스스로 알았기 때문에 곧 6천 명의 범지들에게 식사대접을 하기로 하였다. 그런데 그 범지들은 법에 나라로 들어올 때에는 옷으로 오른쪽 어깨만 덮고 몸의 반은 드러내게 되어 있었다.

식사 준비를 끝내고 장자는 그들에게 알렸다.

그때 6천 명의 범지들은 모두 한 쪽만 옷으로 가리고 몸의 반은 드러낸 채 장자의 집으로 들어갔다. 장자는 범지들이 오는 것을 보고 무릎으로 걸어 나아가 맞이하여 공경을 다해 예를 올렸다. 그러자 그 중 우두머리 범지가 손을 들어 장하다고 칭찬하고는 장자의 목을 끌어안고 자리에 앉았다. 다른 범지들도 저마다 차례로 앉았다.

장자가 수마제에게 말하였다.

"너는 화장을 하고 나와서 우리 스승들을 향하여 예를 올려라."

수마제가 대답하였다.

"그만두십시오, 제발 그만두십시오. 시아버님 저는 옷을 벗은 사람들에게 예를 올릴 수 없습니다."

장자가 말하였다.

"저분들은 옷을 벗은 것이 아니다. 부끄러움이 없는 것도 아니다. 다만 저분들이 입은 옷은 곧 법복(法服)일 따름이다.”

수마제가 말하였다.

‘저들은 부끄러운 줄도 모르는 사람들입니다. 모두 몸을 밖으로 드러내 놓고 있습니다. 무슨 저런 옷을 법복이라 합니까? 장자께서는 들어 보소서, 세존께서는 세상 사람들이 귀하게 여겨야 할 것으로 두 가지를 말씀하셨습니다. 이른바 제 자신에 대한 부끄러움과 다른 사람에 부끄러워하는 것입니다.

만일 이 두 가지가 없었다면 부모·형제·친척과 다섯 친족들의 높고 낮음을 분별할 수 없게 되어, 지금의 닭·개·돼지·양·나귀의 무리들과 다를 바 없이 높고 낮음이 없게 되었을 것입니다. 이 두 가지 법이 세상에 있기 때문에 곧 높고 낮음의 구분이 있는 줄을 알게 된 것입니다.

그런데 사람들은 이 두 가지 법을 여의어 흡사 닭·개·돼지·양·나귀의 무리들과 같습니다. 저는 결코 저들을 향해 예를 올릴 수 없습니다.

수마제의 남편이 그 아내에게 말하였다.

“당신은 일어나 우리 스승님들께 인사를 드리시오. 이분들 모두 내가 하늘처럼 섬기는 분들이오.”

수마제가 대답하였다.

“그만두십시오, 족성자(族姓子)여, 나는 스스로 부끄러워할 줄 모르고 몸을 드러낸 사람들에게 예를 올릴 수 없습니다. 나는 사람인데 어떻게 짐승들을 향해 예를 올리겠습니까?”

남편이 다시 말하였다.

“그만두시오, 그런 말하지 마시오. 그대의 입을 조심하여

죄를 짓지 마시오. 저분들은 짐승이 아니고, 또 미친 사람들
도 아니오. 저분들이 입은 옷은 바로 법복일 뿐이오."

그때 수마제 여인은 얼굴빛이 변하여 눈물을 흘리며 슬피
울면서 이렇게 말하였다.

"차라리 우리 부모와 다섯 친척들에게 몸이 다섯 조각이
나 이 목숨이 끊길지언정 끝내 이러한 삿된 소견에 떨어지지
는 않겠습니다."

그때 6천의 범지들이 저마다 큰 소리로 고함을 치면서 이
렇게 말하였다.

"그만두시오. 제발 그만 하시오. 장자여, 무슨 까닭에 그 여
인으로 하여금 저렇게 욕을 하게 하는가? 만약 청하는 사람
이 있으면 곧 음식을 돌리시오."

그때 장자와 수마제의 남편은 곧 돼지고기와 돼지고기 국
과 맑은 술을 내어 6천 범지들을 배불리 먹였다. 모든 범지들
은 그것을 먹고 나서 얼마동안 이야기를 나누다가 곧 일어나
떠나갔다.

그때 만재 장자는 높은 누각에 혼자 앉아서 근심하고 슬퍼
하면서 이렇게 생각하였다.

'내가 저 여자를 데리고 와서 이제 우리 집이 망하게 되었
구나, 내가 우리 문중을 욕되게 한 것이나 다름없다.'

그때 다섯 가지 신통을 얻고 모든 선정을 다 얻어 만재 장
자의 존경을 받고 있던 수발(須跋: Sudhad- da)이라는 범지
가 있었다. 그때 수발 범지는 이렇게 생각하였다.

'내가 장자와 헤어진 지도 오래되었다. 지금 가서 만나보
리라.'

그는 만부성으로 들어가 장자의 집에 이르러 문지기에게
물었다. "장자께서 계십니까?"

문기기가 대답하되"장자께서는 누각에서 말할 수 없이 깊
은 시름에 빠져 계십니다."

범지는 누각위로 재빨리 올라가 장자를 만나보았다.

"무엇 때문에 이처럼 근심하고 계십니까? 관청이나 도둑이
나 수재(水災) 혹은 화재의 변을 당했습니까? 아니면 집안에
무슨 불화라도 생긴 것은 아닙니까?"

장자가 대답하였다.

"관청이나 도둑의 변은 없습니다. 다만 집안 일이 조금 뜻
대로 되지 않아서 그럽니다."

범지가 물었다.

"그 사정을 듣고 싶습니다. 무슨 사연입니까?"

장자가 대답하며, 그간의 사정을 이야기 했다.

범지가 대답하였다.

"장자여, 그대는 그 여인의 스승들이 가진 신령스러운 덕에
대하여 듣고 싶습니까? 내가 이제 대충 그 내력을 말해 주겠
습니다."

장자는 듣고 싶다고 대답하였다고 범지가 말하였다.

"나는 옛날 설산 북쪽에 가서 어떤 마을에서 걸식을 한 적
이 있습니다. 나는 밥을 빌어 가지고 '아뇩달'이라는 못으로
날아 왔습니다. 그때 저 하늘·용·귀신들이 멀리서 내가 오는
것을 보고 모두 칼을 들고 내게 와서 말하였습니다.

'수발 선인이여, 이 못엔 오지 마시오. 제발 이 못을 더럽히
지 마시오. 만일 우리의 말을 듣지 않으면 바로 그대의 목숨

298

을 끊어버리겠소.'

나는 그 말을 듣고 곧 그 못을 떠나 그리 멀지 않은 곳에서 밥을 먹었습니다.

장자여 마땅히 알아야 합니다. 그 여자가 섬기는 스승들 중에 가장 어린 제자로서 균두(均斗)라는 사미가 있었습니다. 그 사미도 설산 북쪽에 가서 걸식을 하다가 아뇩달이라는 못으로 날아와 두 손으로 무덤 사이에 있는 죽은 사람의 옷을 집었습니다. 그 옷은 피투성이에 매우 더러웠습니다. 그때 아뇩달이라는 못에 사는 큰 신과 하늘·용·귀신들은 모두 일어나서 나아가 맞이하며 공경하고 문안하였습니다.

'잘 오셨습니다. 사람들의 스승이시여, 이 자리에 앉으십시오.'

그때 균두 사미는 그 못으로 갔습니다. 장자여, 그 못 속에는 순금으로 된 책상이 있었습니다. 그때 그 사미는 죽은 사람의 옷을 물에 담가 푹 젖게 놔두고 물러나 앉아서 밥을 먹었습니다. 밥을 다 먹고 나서는 발우를 씻고 순금 책상 위에서 가부좌하고 앉아 몸과 마음을 바르게 하고 생각을 매어 앞에 두고 초선(初禪)에 들었습니다.

그는 다시 초선에서 일어나 제2선에 들고, 제2선에서 일어나 제3선에 들고, 제 3선에서 일어나 제 4선에 들고, 제 4선에서 일어나 공처(空處)에 들고, 공처에서 일어나 식처(識處)에 들고, 식처에서 일어나 불용처(不用處)에 들고, 불용처에서 일어나 유상무상처(有想無想處)에 들고, 유상무상처에서 일어나 멸진삼매(滅盡三昧)에 들고, 멸진삼매에서 일어나 염광삼매(炎光三昧)에 들고, 염광삼매에서 일어나 수기삼매(水

氣三昧)에 들었습니다.

다시 수기삼매에서 일어나 염광삼매에 들고, 다시 멸진삼매에 들고, 다시 유상무상삼매에 들고, 다시 불용처삼매에 들고, 다시 식처삼매에 들고, 다시 공처삼매에 들고, 다시 제4선 제3선 제2선 초선에 들고 일어나 그 죽은 사람의 옷을 빨았습니다.

그때 하늘·용·귀신들 중에 혹 그 옷을 밟아 주는 이도 있었고, 혹 씻어 주는 이도 있었으며, 혹은 물을 길어 마시는 이도 있었습니다. 그때 그는 옷을 다 빨고 나서는 공중에 널어 말렸습니다. 그리고 그 사미는 옷을 거두어가지고 허공을 날아 돌아갔습니다.

장자여, 꼭 알아야 합니다. 나는 그때 멀리서 바라보기기만 하고 가까이 갈 수 없었습니다. 그 여자가 섬기는 스승의 제일 어린 제자에게도 그런 신력(神力)이 있었는데, 하물며 가장 큰 제자에게야 어떻게 미칠 수가 있겠습니까? 더구나 그들의 스승이신 여래·지진(至眞: 아라한)·등정각(等正覺)이야 어떠하겠습니까?

나는 이런 사실을 보았기 때문에 '매우 기이한 일이고 매우 특별한 일입니다. 그 여자가 아직 그대로 살아 있습니까? 또 자살을 하지 않았고, 목숨도 끊지 않았습니까,'하고 말한 것입니다.

그때 장자가 범지에게 말하였다.

"우리도 그 여자가 섬기는 그 스승을 뵐 수 있겠습니까?

범지가 대답했다.

"그 여자에게 물어 보십시오."

그때 장자는 수마제 여인에게 물었다.

"나는 네가 섬기는 스승을 뵙고 싶다. 그 분을 오시게 할 수 있겠느냐?"

그때 그 여자는 이 말을 듣고 못내 기뻐 뛰면서 어쩔 줄을 몰랐다. 그리고 이렇게 말하였다.

"원컨대 지금 음식을 준비하십시오. 내일 여래와 그 비구스님들이 장차 이리로 오실 것입니다."

장자가 말하였다.

"네가 지금 청해보아라. 나는 그 방법을 알지 못한다."

그때 장자의 여자는 곧 목욕을 하고 손에 향로를 들고 누각위에 올라가 여래가 계신 곳을 향해 합장하고 이렇게 말하였다.

"원컨대 세존께서는 마땅히 잘 관찰해 보십시오. 당신의 정수리를 보는 자는 아무도 없습니다. 그러므로 세존께서는 아무 일도 없고 살피지 못하시는 일도 없습니다. 소녀는 지금 여기서 곤액(困厄)을 당하고 있습니다. 원컨대 세존께서는 곧 잘 관찰해 보십시오."

그는 또 게송으로 말하였다.

"보시지 못하는 세계가 없는
　　부처님 눈이 살피는 힘이시네.
　　온갖 귀신과 신의 왕들과
　　귀신들의 자식과 어미를 항복 받았네.
　　------중략------
　　헤아릴 수 없는 그 신통력
　　모든 것을 바른 길에 세워 주시네,

제가 지금 이 곤욕 당했으니
원컨대 세존이시여 굽어 살피소서.
　　-----중략-------
　그때 아난이 기원정사에 있는 미묘한 향을 보고 나서, 세존의 처소에 이르러 머리를 조아려 그 발에 예를 올리고 한 쪽에 서 있었다.
　그때 아난이 세존께 아뢰었다.
　"세존이시여, 이것은 어떤 향이기에 기원정사에 두루 가득 찼습니까?"
　세존께서 말씀하셨다.
　"이 향은 부처님의 사자(使者)이다. 만부성에 살고 있는 수마제 여인이 청하고 있다. 너는 지금 모든 비구들을 불러 한 곳에 모아 산지[주籌]를 돌리고 이렇게 명령하라. '모든 비구들이여, 번뇌가 없어진 아라한으로서 신통을 얻은 이는 곧 이 사라(舍羅 :식권)를 집어라. 내일은 마땅히 만부성으로 가서 수마제의 청을 받으리라."
　아난이 부처님께 아뢰었다.
　"그렇게 하겠습니다."
　그때 아난은 부처님의 분부를 받고 나서 곧 모든 비구들을 보회강당(普會講堂)에 모으고 이렇게 말하였다.
　"도를 얻은 아라한은 이 사라를 집으시오."
　그 당시 많은 스님들의 상좌(上座) 군두파한(君頭波漢)은 수다원(須陀洹)이 되었으나 아직 번뇌가 다하지 못해 신통을 얻지 못했다. 그때 상좌는 이렇게 생각했다.
　'나는 지금 대중들 가운데서 제일 나이가 많지만 아직 번뇌가 다하지 못해 신통을 얻지 못했다. 나는 내일 만부성으로 가서 공양을 받지 못하게 되었다. 그러나 여래의 여러 제자들 중에서 가장 나이 어린 균두 사미는 이런 신통이 있고 큰 위력이 있어서 저기에 가서 청을 받는다. 나도 이제 저기 가서 청을 받으리라.'

그때 그 상좌는 깨끗한 마음으로 아직 배워야 할 자리에 있지만 사라를 받았다.

그때 세존께서는 군두파한이 배워야 할 자리에 있으면서 사라를 받고 곧 무학(無學:아라한)이 된 것을 청정한 천안(天眼)으로 보셨다.

그때 세존께서는 모든 비구들에게 말씀하셨다.

"내 제자들 중에서 사라를 받기로 으뜸가는 사람은 바로 군두파한 비구니라."

그때 세존께서 이어 신통을 얻은 비구들인, 대목련, 대가섭, 아나율, 이바다, 수보리, 우비가섭, 마하가필나, 존자 라운, 주리반특, 균두사미 등에게 말씀하셨다.

"너희들은 신통으로 먼저 저 성으로 들어가라."

그때 많은 스님들의 사환으로 건다(乾茶)라고 하는 이가 있었다. 그는 이튿날 아침에 큰 가마를 몸소 지고 공중으로 날아올라 그 성으로 갔다. 이때 장자는 높은 누각에 올라 세존을 뵈려고 하다가 멀리서 그 사환이 가마를 지고 날아오는 것을 보았다.

장자는 며느리에게 다음 게송으로 말하였다.

[장자]

"흰옷 입고 머리 기르고

드러낸 몸 빠르기가 바람 같구나.
　거기에 또 큰 가마솥을 등에 졌으니
　저분이 바로 너의 스승이신가?“
［수마제］
“저자는 스승의 제자가 아니라
　저자는 여래의 심부름꾼입니다.
　그는 세 길에서 다섯 신통 갖추었으니
　저자의 이름은 건다(乾茶)라고 합니다.”

　그때 하인 건다는 성을 세 바퀴 돌고 장자의 집으로 갔다. 그때 균두 사미는 신통으로 5백 그루의 꽃나무를 만들었는데, 여러 가지 빛깔의 꽃이 피어 모두 무성하였고, 그 모양은 매우 아름다운 우발연화(優鉢蓮花) 같은 것이 이루 다 헤아릴 수 없을 만큼 많았다. 그는 그 꽃을 가지고 그 성으로 갔다.
　이때 장자는 멀리서 사미가 오는 것을 보고 다시 게송으로 물었다.
［장자］
“저런 아름다운 여러 가지 꽃들이
　모두다 허공에 널려 있고
　거기 또 신통을 부리는 사람
　저분이 바로 너의 스승이신가?“
［수마제］
“저 분은 수발(修跋)이 예전에 말했던
　못가의 바로 그 사미입니다.
　그의 스승 이름은 사리불이고

저분은 그분의 제자입니다."

이때 균두 사미는 성을 세 바퀴 돌고 장자의 집으로 갔다.

이때 존자 반특화(般特化)는 신통으로 5백 마리 소를 만들었는데 그 털은 모두 푸른빛이었다. 그는 소의 등에 가부좌하고 앉은 채 그 성으로 갔다. 그때 장자는 멀리서 그 모습을 보고 게송으로 여인에게 물었다.

[장자]

　　"저 많은 5백 마리의 소떼들

　　　그 털이 모두 푸르구나,

　　　그 위에 혼자 앉아 있는 이

　　　저분이 바로 너의 스승이신가?"

[수마제]

　　"1천 비구를 잘 교화하여

　　　기역원(耆域園)에서 살고

　　　마음과 정신이 매우 총명하신 분

　　　저분의 이름은 반특화입니다."

그때 존자 반특화는 성을 세 바퀴 돌고 나서 장자의집으로 갔다. 그때 또 라운(羅云)은 다시 신통으로 5백 마리의 공작을 만들었는데 그 빛깔이 갖가지였다. 그는 공작의 등에 가부좌하고 앉은 채 그 성으로 갔다. 장자는 게송으로 물었다.

[장자]

　　"저 5백 마리 공작 떼

　　　그 빛깔 너무도 아름답구나,

　　　저 군사들의 대장 같은

　　　저분이 바로 너의 스승이신가?"

［수마제］

　　"여래께서 금계(禁戒)를 말씀하시면
　　　그 일체를 범하는 일 없이
　　　계(戒)를 능히 잘 지키는
　　　저 분은 부처님의 아들 라운입니다."

　이때 라운은 성을 세 바퀴 돌고 장자의 집으로 갔다. 그때 존자 가필나는 신통으로 5백 마리 금시조(金翅鳥)를 만들었다. 그 새들은 모두 매우 용맹스러웠다. 그는 그 새의 등에 가부좌하고 앉은 채 그 성으로 갔다. 장자는 게송으로 물었다.

［장자］

　　"저 5백 마리의 금시조 떼
　　　저들은 매우 용맹스럽구나,
　　　그 등에 앉아 있는 두려움 없는
　　　저분이 바로 너의 스승이신가?"

［수마제］

　　"드나드는 숨길은 잘 헤아릴 줄 알아
　　　그것을 돌려 마음이 착해지고
　　　지혜의 힘이 매우 용맹스러운
　　　저분의 이름은 가필라입니다."

　존자 가필라는 성을 세 바퀴 돌고 장자의 집으로 갔다. 그때 우비가섭은 신통으로 5백 마리의 용을 만들었다. 그는 용의 등에 가부좌하고 앉은 채 그 성으로 갔다. 장자는 게송으로 물었다.

［장자］

　　"지금 일곱 개의 머리 달린 용들

위엄스러운 그 얼굴 너무도 두려워라
다가오는 저 헤아릴 수 없는 자
저분이 바로 너의 스승이신가?"
[수마제]
"항상 1천명의 제자를 거느리고
신통으로 빔비사라를 교화하신
우비가섭(優毗迦葉)이라는 분
저 분이 바로 그분입니다."

우비가섭은 성을 세 바퀴 돌고 장자의 집으로 갔다. 그대 존자 수보리는 신통으로 유리 산을 만들어 그 산에 들어가 가부좌하고 앉은 채 그 성으로 갔다. 그때 장자는 멀리서 그것을 보고 게송으로 여자에게 물었다.
[장자]
"저산은 너무 아름답구나,
모두 다 유리로 만들어 졌네.
지금 저 굴속에 앉아 있는 자
저분이 바로 너의 스승이신가?"
[수마제]
"과거에 보시한 과보로 인해
지금 저러한 공덕을 얻고
이미 좋은 복밭(福田)을 이룬
공(空)을 잘 아는 수보리이십니다."
그때 수보리는 성을 세 바퀴 돌고 장자의 집으로 갔다. 그때 존자 대가전연은 신통으로 5백 마리의 고니를 만들었는데,

그 새들은 모두 새하얀 빛깔이었다. 그는 그 새떼를 거느리고 그 성으로 갔다. 장자는 멀리서 그것을 보고 게송으로 여자에게 물었다.

［장자］

　“지금 저 5백 마리 고니(鵠)

　　그 빛깔 모두 새하얗구나,

　　저 허공을 가득 채웠으니

　　저분이 바로 너의 스승이신가?”

［수마제］

　“부처님의 경전에서 말씀하신바

　　그 같은 이치를 잘 분별하고

　　또 번뇌의 무더기를 연설하나니

　　저분의 이름은 가전연입니다.”

　그때 존자 대가전연은 그 성을 세 바퀴 돌고 장자의 집으로 갔다. 이때 이바다는 신통으로 5백 마리의 호랑이를 만들어 그 호랑이의 등에 앉은 채 그 성으로 갔다. 장자는 게송으로 물었다.

［장자］

　“지금 저 5백 마리의 호랑이 떼

　　그 털은 윤기가 잘잘 흐르네.

　　그리고 그 위에 앉아 있는

　　저분이 바로 너의 스승이신가?”

［수마제］

　“옛날에 저 기원사(祇洹寺)에 있을 때

　　6년을 움직이지 않으셨네,

좌선으로 가장 으뜸이 되는

저분의 이름은 이바다(離婆多)입니다."*선정제일

이때 존자 이바다는 성을 세 바퀴 돌고 장자의 집으로 갔다. 그때 존자 아나율은 신통으로 5백 마리 사자를 만들었는데, 그 사자들은 매우 용맹스러웠다. 그는 사자 등에 앉은 채 그 성으로 갔다. 장자는 게송으로 물었다.

[장자]

"이 5백 마리 사자 떼

용맹스러워 참으로 무섭구나,

저 사자 등에 앉아 있는 분

저분이 바로 너의 스승이신가?"

[수마제]

"저 분이 태어났을 때 천지가 진동하고

온갖 보배는 땅위로 솟아올랐네,

깨끗한 눈에 티가 없는 이

부처님의 제자 아나율입니다."

이때 아나율은 성을 세 바퀴 돌고 장자의 집으로 갔다. 그때 존자 대가섭은 신통으로 5백 마리 말을 만들었는데, 그 말들은 꼬리털이 붉고 금과 은으로 치렁치렁 장식하였다. 그는 그 말 등에 앉아 하늘 꽃을 뿌리면서 그 성으로 갔다. 장자는 멀리서 그것을 보고 게송으로 여자에게 물었다.

[장자]

"저 말은 금빛에 꼬리가 붉고

그 마리 수는 5백이나 되네,

저 분은 아마 전륜성왕이려니

저분이 바로 너의 스승이신가?"

[수마제]

"두타(頭陀)행으로 으뜸이시고
　빈궁한 이를 항상 불쌍히 여기며
　여래께서 자리를 반으로 나누어 주신
　가장 어른 대가섭이 이분입니다."

이때 대가섭은 성을 세 바퀴 돌고 장자의 집으로 갔다. 그때 존자 대목련은 신통으로 5백 마리 흰 코끼리를 만들었는데, 그들은 모두 여섯 개의 어금니를 가지고 있고, 일곱 곳이 평평하며 금과 은으로 치렁치렁 장식하였다. 그는 그 코끼리 등에 앉은 채 오면서 큰 광명을 놓아 온 세계를 가득 채웠다. 성으로 갈 때에는 허공에 도 허공에 비단으로 만든 번기와 일산을 달아 놓았는데, 그것들은 매우 아름다웠다. 그때 장자는 그것을 보고 게송으로 여자에게 물었다.

[장자]

"여섯 개의 어금니를 가진 흰 코끼리
　그 등에 앉으신 분 천왕 같구나.
　이제 거기서 광명과 울리는 풍류 듣자니
　저분이 바로 석가문(釋迦文)이신가?"

[수마제]

"그는 저 큰 산에 있을 때
　난타(難陀)라는 용을 항복 받았고
　신통에 있어 가장 으뜸가는
　그 이름은 바로 대목련입니다."

310

"우리의 스승은 아직 오지 않았으니
이분들은 모두 그 제자들이십니다.
거룩한 스승님 이제 오시려니
그때는 광명이 비치지 않는 곳이 없으리."

그때 세존께서는 때가 된 줄을 아시고 승가리(僧伽梨)를 입고 땅에서 입곱 길쯤 덜어진 허공에 계셨다. 이때 존자 아야구린은 여래의 오른쪽에 서고 사리불은 여래의 왼쪽에 섰다. 그때 아난은 부처님의 위신력을 받들어 여래의 뒤에서 손으로 불자(拂子)를 잡고 있었으며, 1천 2백 제자들은 부처님을 앞뒤로 에워쌌고, 여래와 신통을 얻는 제자들은 그 한가운데에 있었다.

아야구린은 변화하여 월천자가 되고 사리불은 변화하여 일천자가 되었다. 그밖에 다른 여러 신통력을 얻은 비구들은 혹은 석제환인으로 변화하기도 하고, 혹은 범천왕(梵天王)으로 변화하기도 하였으며, 혹은 제두뢰타(提頭賴吒:동방지국천왕) 비류륵(毗留勒:남방증장천왕) 비류박차(毗留博叉:서방광목천왕) 비사문(毗沙門:북방다문천왕)의 형상이 되어 여러 귀신들을 거느리기도 하였고, 혹은 전륜성왕의 모양이 되기도 하였다. 혹은 화광삼매에 들기도 하고 혹은 수정삼매에 드는 이도 있었으며, 혹은 광명을 내 비추기도 하고, 혹은 연기를 뿜어내는 등 이런 갖가지 신통을 나타내었다.

그때 범천왕(하느님)은 여래의 오른쪽에 있었고, 석제환인은 여래의 왼쪽에서 손에 총채를 잡고 있었으며, 밀적(密迹) 금강역사(金剛力士)는 여래 뒤에서 금강저를 손에 잡고 있었고, 비사문천왕은 7보로 장식하여 만든 일산을 들고 여래의 위쪽 허공에 있으면서 여래의 몸에 티끌이 앉을까 조심하였다.

반차순(般遮旬)은 손에 유리 거문고를 들고 여래의 공덕을 찬탄하였고, 모든 하늘 신들은 허공에 있으면서 수천만 가지의 악기를 연주하였으며, 하늘에서는 온갖 꽃을 여래 위에 뿌렸다.

그때 바사닉왕(波斯匿王)과 아나빈저 장자와 사위성 안의 모든 사람들은 여래께서 땅에서 일곱 길쯤 허공에 계시는 것을 보고 모두 기뻐 뛰면서 어쩔 줄을 몰랐다.

---- 중략 ----

그대 만재 장자는 멀리서 세존께서 오시는 것을 보았는데, 모든 감각기관이 담박하고, 세상에서 보기 드문 세존의 모습은 깨끗하기가 마치 천금(天金)과 같았으며, 32상과 80종호로 그 몸을 장엄한 것이 마치 모든 산들 중에서 가장 빼어난 수미산과 같고, 또 금 덩어리가 광명을 놓는 것 같았다. 장자는 게송으로 수마제에게 물었다.

［장자］
　"저것은 태양의 모습인가
　　내 일찍 저런 얼굴 본 적 없나니
　　저처럼 빛나는 수천 억 광명(光明)
　　감히 눈이 부셔 자세히 못 보겠네."

이때 수마제 여인은 꿇어앉아 합장하고 여래를 향해 이런 게송으로 장자에게 대답하였다.

［수마제］
 “저분은 태양도 태양이 아닌 것도 아닙니다.
　그러면서도 1천 가지 광명을 놓으시니
　그것은 모든 중생 위하기 때문이라
　저분이 바로 저의 스승이십니다.
　온갖 중생들 여래를 찬탄하는 것
　그것은 앞에서 말한 것과 같습니다.
　지금 당장 큰 과보 얻으리니
　온 정성을 다해 공양을 올리소서.”

　그때 만재 장자는 오른쪽 무릎을 땅에 대고 다시 게송으로
여래를 찬탄하였다.
［장자］
 “10력을 가진 분께 귀의하나니
　원만한 광명에 황금빛 몸
　천상과 인간의 찬탄을 받는 분
　저는 오늘 당신께 귀의합니다.

　거룩한 당신은 중생의 태양
　뭇별 속에 빛나는 달님 같구려.
　건너지 못한 이를 건네주는 분
　저는 오늘 당신께 귀의합니다.

　거룩한 당신은 천제(天帝)의 형상
　범행을 닦는 이의 자비심 같아

스스로 해탈하고 남도 해탈시키는 분.
저는 오늘 당신께 귀의합니다."

그때 수마제 여인도 꿇어앉아 합장하고 세존께 찬탄하였다.

"자기도 항복 받고 남도 항복 받으며
스스로도 바르고 남도 바르게 하며
스스로도 벗어나고 남도 벗어나게 하며
스스로도 해탈하고 남도 해탈케 하시네.
스스로 때를 버리고 남도 버리게 하며
스스로도 비추고 중생들도 비추어
제도하지 못할 이 한 사람 없고
싸움을 버리시어 다툼이 없네.
스스로 지극히 깨끗하게 머물러
그 마음 조금도 흔들리지 않으며
10력으로 세상을 가엾이 여기나니
거듭거듭 머리 조아려 예를 올립니다."

자애로운 마음·불쌍히 여기는 마음 기뻐하는 마음·평정한 마음을 가지시고, 공(空)·무상(無相)·무원(無願)을 갖추시어 욕계(欲界)에서 가장 높으시고, 천상에서 가장 뛰어나시며, 일곱 가지 재물을 원만하게 다 갖추시어 모든 천상이나 인간이나 자연이나 하늘로서는 비교할 만한 이도 없고 본뜰 이도 없습니다. 저는 지금 당신께 귀의합니다."

✻ 불설장아함경 제9권 제2분 십상경

어떤 것을 8수법이라 하는가? 현성의 여덟 가지 도를 말하는데, 바른 견해·바른 뜻·바른 말·바른 행동·바른 생활·바른 방편·바른 집념·바른 선정이다.

어떤 것이 8각법이라 하는가? 세간의 여덟 가지 법을 말하는데, 이로움[이利]·쇠함[쇠衰]·헐뜯음[훼毀]·기림[예譽]·칭찬[칭稱]·비방[기譏]·괴로움[고苦]·즐거움[낙樂]이다.

어떤 것이 8멸법이라고 하는가? 8사법을 말하는데, 삿된 견해·삿된 생각·삿된 말·삿된 행동·삿된 생활·삿된 방편·삿된 집념·삿된 선정이다.

어떤 것이 8해태라고 하는가? 비구가 걸식하여 밥을 얻지 못하면 이렇게 생각한다.

'오늘 나는 마을로 내려가 걸식하였으나 얻지 못해 몸이 피로하다. 좌선도 경행도 감당할 수 없구나, 이제 누워서 좀 쉬어야겠다.'

그리하여 게으른 비구는 곧 누워서 쉬며 부지런히 힘써, 얻지 못한 것을 얻으려 하거나 거두지 못한 것을 거두려 하거나 증득하지 못한 것을 증득하려 하지 않는다. 이것을 초해태(初懈怠)라 한다. 게으른 비구는 이미 넉넉하게 걸식하여 먹고도 이렇게 생각한다.

'나는 아침에 마을로 들어가 걸식하여 과하게 얻어먹고 나니 몸이 나른하고 무겁다. 좌선도 경행도 감당할 수 없구나, 이제 좀 누워서 쉬어야겠다.'

그리하여 게으른 비구는 곧 누워서 쉬며 부지런히 힘써, 얻지 못한 것을 얻으려 하거나 거두지 못한 것을 거두려 하거나 증득하지 못한 것을 증득하려 하지 않는다. 게으른 비구는 가령 조금만 일을 하면 곧 이렇게 생각한다.

'나는 오늘 일을 해서 몸이 몹시 피곤하다. 그래서 좌선도 경행도 하지 말고 미리 누워서 쉬는 것이 좋겠다.'

그리하여 게으른 비구는 곧 누워서 쉴 것이다. 게으른 비구는 가령 조금 걸어왔더라도 곧 이렇게 생각한다.

'나는 아침부터 걸어와서 몸이 몹시 피곤하다. 그래서 좌선도 경행도 감당할 수 없구나, 나는 이제 좀 누워서 쉬어야겠다.'

그리하여 게으른 비구는 곧 누워서 쉴 것이다. 게으른 비구는 가령 조금 걸을 일이 생기면 곧 이렇게 생각한다.

'나는 내일 걸으면 반드시 몹시 피곤할 것이다. 그러니 지금은 좌선도 경행도 하지 말고 미리 누워서 쉬는 것이 좋겠다.'

그리하여 게으른 비구는 곧 누워서 쉴 것이다. 그래서 부지런히 힘써, 얻지 못한 것을 얻으려 하거나 거두지 못한 것을 거두려 하거나 증득하지 못한 것을 증득하려 하지 않는다.

게으른 비구는 가령 조금 아프더라도 이렇게 생각한다. '나는 중한 병을 얻어 몹시 피곤하고 여위어 좌선도 경행도 감당할 수 없구나, 모름지기 누워 쉬는 것이 좋겠다.'

그리하여 게으른 비구는 누워서 쉴 것이다. 그래서 부지런히 힘써, 얻지 못한 것을 얻으려 하거나 거두지 못한 것을 거두려 하거나 증득하지 못한 것을 증득하려 하지 않는다. 게으른 비구는 앓던 병이 이미 나아도 곧 이렇게 생각한다.

'내 병이 나은 지 얼마 되지 않아서 몸이 여위어 좌선도 경

행도 감당할 수 없구나. 스스로 누워 쉬는 것이 좋겠다.'

그리하여 게으른 비구는 누워서 쉴 것이다. 그래서 부지런히 힘써, 얻지 못한 것을 얻으려 하거나 거두지 못한 것을 거두려 하거나 증득하지 못한 것을 증득하려 하지 않는다.

어떤 것이 8증법[增法]이라 하는가? 8불태[不怠]를 말한다. 어떤 것을 8정진이라 하는가? 비구가 마을에 들어가 걸식했으나 밥을 얻지 못하고 곧 돌아와 이렇게 생각한다.

'내 몸이 홀가분하여 졸음도 적어졌구나. 마땅히 부지런히 힘써 좌선하고 경행해야겠다. 그래서 얻지 못한 것을 얻고 거두지 못한 것을 거두며 증득하지 못한 것을 증득해야겠다.'

그래서 비구는 곧 정진하면 이것이 초정진[初精進]이라 한다. 정진하는 비구는 걸식하여 풍족하게 먹고는 곧 이렇게 생각한다.

'나는 이제 마을에 들어가 걸식하여 배불리 먹어 기력이 충만해졌다. 마땅히 힘써 정진하여 좌선하고 경행하여야겠다. 그래서 얻지 못한 것을 얻고 거두지 못한 것을 거두며 증득하지 못한 것을 증득해야겠다.'그리하여 비구는 곧 정진한다.

정진하는 비구는 가령 일이 생기면 곧 이렇게 생각한다.

'나는 좀 전에, 일을 하기 위해 도를 닦던 것을 그만 두었다. 이제는 마땅히 정진하여 좌선하고 경행해야겠다. 그래서 얻지 못한 것을 얻고 거두지 못한 것을 거두며 증득하지 못한 것을 증득해야겠다.' 그리하여 비구는 곧 정진한다.

정진하는 비구는 가령 길을 걸을 일이 생기면 곧 이렇게 생각한다.

'나는 내일 걸어야 하기 때문에 도 닦는 일을 중단해야 할 것이니, 지금 마땅히 정진하여 좌선하고 경행해야겠다. 그래서 얻지 못한 것을 얻고 거두지 못한 것을 거두며 증득하지 못한 것을 증득해야겠다.'그리하여 비구는 곧 정진한다.

정진하는 비구는 가령 병을 앓을 때는 곧 이렇게 생각한다. '나는 중한 병을 얻어 혹 죽을 지도 모르니, 지금 마땅히 정진하여 좌선하고 경행해야겠다. 그래서 얻지 못한 것을 얻고 거두지 못한 것을 거두며 증득하지 못한 것을 증득해야겠다.' 그리하여 비구는 곧 정진한다.

정진하는 비구는 병을 앓다가 차도가 있으면 곧 이렇게 생각한다.

'내 병은 처음보다 차도가 있지만 혹 다시 도져서 내가 도 닦던 것을 중단하게 될 지도 모른다. 이제 마땅히 정진하여 좌선하고 경행해야겠다. 그래서 얻지 못한 것을 얻고 거두지 못한 것을 거두며 증득하지 못한 것을 증득해야겠다.'그리하여 비구는 곧 정진한다. 이것이 여덟 가지이다.

✻ 중일아함경 제20권 28. 성문품(聲門品)[1]

그때 발제(拔提)라는 장자가 있었는데, 그는 재물이 풍족했고 보물도 이루 다 헤아릴 수 없을 만큼 많았다.

그러나 그는 인색하고 탐욕이 많아 부처님·법·승가(僧家)에 보시하기를 좋아하지 않았고, 털끝만한 선행도 없었으며, 독실한 믿음도 없었기 때문에 지은 복이 이미 다하였고, 다시 새로운 복은 짓지 않으며, 항상 삿된 소견을 가지고 있었으니, 즉 '보시(布施)도 쓸데없는 것이고 복도 없는 것이며, 받는 사람도 없고 금세니 후세니 하는 것이라든가 선악의 과보도 없는 것이다. 부모도 없고 아라한도 없으며, 또한 진리를 증득하는 이도 없다.'고 주장하고 있었다.

그 장자의 집은 일곱 겹의 문이 있었고, 그 문마다 지키는 사람이 있어 걸인(乞人)들을 문안으로 들어오지 못하게 하였다. 다섯 개의 뜰에는 그물을 쳐 놓아 새들도 들어와 앉지 못하게 해 놓았다.

그 장자에게는 난타(難陀)라는 누이가 있었다. 그 역시 인색하고 탐욕이 많아 보시하기를 좋아하지 않았고 공덕의 뿌리를 심지 않았기 때문에 지은 복은 이미 다하였고 새 복은 짓지 않았다. 그는 게다가 삿된 소견을 가지고 있었으니, 즉 '보시(布施)도 쓸데없는 것이고 복도 없는 것이며, 받는 사람도 없고 금세니 후세니 하는 것이라든가 선악의 과보도 없는 것이다. 부모도 없고 아라한도 없으며, 또한 진리를 증득하는 이도 없다.'고 주장하고 있었다.

난타의 집은 일곱 겹의 문이 있었고, 그 문마다 지키는 사람이 있어 걸인(乞人)들을 문안으로 들어오지 못하게 하였다. 다섯 개의 뜰에는 그물을 쳐 놓아 새들도 들어와 앉지 못하게 해 놓았다.

부처님의 제자인 성문들은 이런 것을 관찰하고 나서 '우리들이 오늘 저 난타로 하여금 부처님·법·승가를 독실하게 믿게 하자.'고 의논 하였다.

그때 발제 장자는 아침에 떡을 먹고 있었다. 이때 존자 아나율이 때가 되어 가사를 입고 발우를 가지고 장자의 집으로 가서 땅 속에서 솟아올라 장자를 향해 발우를 내밀었다. 장자는 매우 근심하면서 떡을 조금 떼어 아나율의 발우에 던져주었다.

그러자 아나율은 떡을 얻어가지고 있던 곳으로 되돌아왔다.

이때 장자는 곧 화를 벌컥 내면서 문지기를 꾸짖었다.

"내가 아무도 문안에 들여보내지 말라고 그렇게 일렀는데 왜 사람을 들여보냈느냐?"

그러자 문지기가 대답하였다.

"문은 굳게 잠가 놓았습니다. 그런데 그 도인이 어디로 해서 들어 왔는지 저도 모르겠습니다."

그때 장자는 떡을 다 먹고 난 다음 고기를 먹고 있었다. 존자 마하가섭은 가사를 입고 발우를 가지고 장자의 집으로 가서 땅속에서 솟아 나와 장자를 향해 발우를 내밀었다. 그러자 장자는 매우 불쾌해 하면서 고기를 조금 떼어 주었다. 가섭은 고기를 가지고 거기서 사라져 본래 있던 곳으로 되돌아왔다.

그러자 장자는 더욱 화를 내면서 문지기를 꾸짖었다. "너는 아까도 사람을 들여보내지 말라고 일렀는데, 왜 두 사문을 다 들여보내 걸식을 하게 하였느냐?"

그러자 문지기가 대답하였다.

"나는 그 사문이 어디로 들어갔는지 보지 못했습니다."

장자가 중얼거렸다.

'저 까까머리 사문은 요술을 부려 세상을 속여 미혹하게 할 분이요, 바른 행은 없구나.'

그때 장자의 아내는 장자에게서 그리 멀리 떨어지지 않은 곳에 앉아서 이 광경을 다 지켜보았다. 그런데 그 장자의 아내는 질다 장자의 누이동생으로서 마사산(摩師山)에서 데리고 온 여자였다. 그때 아내는 장자에게 말하였다.

"입을 조심하세요, '사문더러 요술이나 배우는 사람'이라고 그렇게 비방하지 마십시오, 왜냐하면 사문들에게는 큰 위신(威神)이 있기 때문입니다. 그분들이 우리 집에 온 까닭은 우리 집에 많은 이익을 주기 위해서입니다. 당신은 아까 먼저 온 그 비구가 누구인지 아십니까?"

장자가 대답했다. "알지 못합니다."

아내가 말하였다.

"장자여! 당신은 혹 가비라위국의 곡정왕[정반왕 동생]의 아들 아나율이라는 사람을 들어본 적이 있습니까?"

장자가 대답하였다.

"나는 아나율이라는 말만 들었지 직접 보지는 못했소."

그러자 아내는 장자에게 말하였다.

"그는 귀족 집안의 아들로서 집을 버리고 출가하여 도를 배우면서 범행을 닦아 아라한이 된 사람인데 천안(天眼)으로 제일이어서 그보다 더 뛰어난 사람은 없습니다. 그래서 여래께서도 '내 제자들 중에 천안으로 제일인 사람은 바로 아나율 비구이다.'라고 말씀하셨습니다. 다음 두 번째로 들어왔던 비구는 누구인지 아십니까?"

장자는 대답했다. "나는 모르오."

그 아내는 대답했다.

"장자여, 당신은 혹 라열성(羅閱城) 안에 사는 가비라(迦毘羅:대가섭의 아버지)라는 범지에게 재물이 풍족하고 보배가 많아 이루 다 헤아릴 수 없으며 999마리의 소로 농사를 짓고 있다는 말을 들은 일이 있소."

장자가 대답했다. "나는 그 범지를 직접 보았소?"

아내가 말하였다.

"장자여, 당신은 비파라야단나(比波羅耶檀那:대가섭)라고 이름하는 그 범지의 아들이 몸은 황금빛이고 그 아내 바타(婆陀)는 여자 중에서 제일 뛰어납니다."

장자가 말하였다.

"나는 이 범지의 아들 비파라야단나가 있다는 말은 들은 적은 있지만 아직 그를 직접 보지는 못하였소."

아내가 말하였다

"좀 전에 왔던 사람 중에 뒤에 온 비구가 바로 그 사람입니다. 그는 그와 같이 아름다운 아내를 버리고 출가하여 도를 배워 지금은 아라한이 되었습니다."

이렇게 말할 때 존자 대목건련(大目犍連)은 가사를 입고 발우를 가지고 허공에 날아올라 장자의 집으로 가서 그물을 부수어 떨어드리고 허공에 가부좌하고 앉았다. 그때 발제 장자는 목건련이 허공에 앉아 있는 것을 보고 곧 두려운 마음이 생겨 이렇게 말하였다.

"그대는 하늘의 신인가? 건답화인가? 귀신인가? 나찰인가?"

----- 중략 -----

목련이 게송으로 말하였다.

"나는 하늘이나 건답화도 아니고
　귀신이나 나찰의 종류도 아니다.
　3세(世)에 걸쳐 해탈을 얻은
　지금의 나는 바로 사람의 몸이다.
　항복 받아야 할 악마를 항복 받고는
　마침내 위없는 큰 도를 이루신
　그 스승 이름은 석가모니이시고

내 이름은 대목련(大目連)이다.

----- 중략 -----

"장자여, 마땅히 알아야 한다. 여래께서는 다섯 가지 큰 보시를 말씀하셨다. 목숨이 마칠 때까지 마땅히 수행만을 생각하라."

"여래께서는 두 가지 큰 보시에 대하여 말씀하셨다. 이른바 법의 보시와 재물의 보시이다. 나는 이제 법의 보시를 말하고 재물의 보시에 대하여 말하지 않으리라."

"첫째는 살생하지 않는 것이니, 이것이 큰 보시이다. 장자여 마땅히 목숨을 마칠 때까지 닦아 행하시오. 둘째는 도둑질하지 않는 것이니, 이것이 큰 보시이다. 장자여 마땅히 목숨을 마칠 때까지 닦아 행하시오. 셋째는 사음을 하지 않는 것. 거짓말 하지 않는 것. 술 마시지 않는 것이다. 마땅히 목숨을 마칠 때까지 닦아 행하시오. 장자여, 이것이 이른바 다섯 가지 큰 보시이니, 항상 생각하고 닦아 행하여야 하느니라."

목련의 법문을 들은 발제 장자는 목련께 아뢰었다.

"지금부터 이 뒤로는 사부대중들과 함께 항상 내 공양을 받아 주십시오. 마땅히 의복·음식·평상·침구·의약 등을 공급해 드리되 조금도 아까워하지 않겠습니다."

----- 중략 -----

다른 큰 성문(聲聞)인 존자 대가섭(大迦葉)과 존자 아나율(阿那律)이 존자 빈두로(賓頭盧)에게 말하였다.

"우리들은 이제 발제 장자를 제도하였소. 이제는 그대가 저 늙은 할미 난타에게 가보시오."

빈두로가 대답하였다. "그 일은 매우 좋습니다."

그때 노모(老母) 난타는 소병(酥餠:떡)을 만들고 있었다.

존자 빈두로는 때가 되어 가사를 입고 발우를 가지고 라열성 (羅閱城)에 들어가 걸식하면서 점점 노모 난타의 집으로 다 가가서 땅속으로부터 솟아 나와 손에 들고 있던 발우를 내밀고 노모 난타에게 먹을 것을 빌었다. 그러자 노모는 빈두로를 보고는 벌컥 화를 내면서 욕설을 퍼부었다.

"비구여, 마땅히 알아야 하오, 내 눈알이 빠지는 한이 있더라도 나는 끝내 너에게 밥을 주지 않을 것이오."

그때 빈두로는 곧 삼매에 들어 두 눈을 뽑아내었다. 그러자 난타는 갑절이나 더 화를 내며 이렇게 욕하였다.

"설령 너 사문이 공중에 거꾸로 매달린다 하더라도 나는 끝내 너에게 밥을 주지 않으리라."

존자 빈두로는 다시 삼매의 힘으로 공중에 거꾸로 매달렸다. 그러자 노모 난타는 배나 더 화를 내면서 이렇게 말하였다.

"설령 너 사문의 온몸에서 연기가 난다하더라도 나는 끝내 너에게 밥을 주지 않으리라."

그때 빈두로는 다시 삼매에 들어 온몸에 연기를 내었다. 노모는 그것을 보고는 더욱 화를 내면서 이렇게 말하였다.

"설령 너 사문의 온몸이 다시 다 타서 없어진다 하더라도 나는 끝내 너에게 밥을 주지 않으리라."

그때 빈두로는 곧 삼매에 들어 온몸에 불을 내어 다 태웠다. 노모는 그것을 보고 나서 다시 이렇게 말하였다.

"설령 너 사문의 온몸에서 물을 낸다 하더라도 나는 끝내 너에게 밥을 주지 않을 것이다."

빈두로는 다시 삼매의 힘으로 온몸에서 물을 내었다. 노모는 그것을 보고 다시 이렇게 말하였다.

“설령 너 사문이 죽는다 하더라도 나는 끝내 너에게 밥을
주지 않을 것이다.”

그때 존자 빈두로는 곧 멸진삼매(滅盡三昧)에 들어가서 내
쉬고 들이쉬는 숨이 없이 그 노모의 앞에서 죽었다. 그러자
노모는 들이쉬고 내쉬는 숨길이 없어진 것을 보고 곧 두려운
마음이 생겨 온몸의 털이 다 곤두선 채 이렇게 말하였다.

“석씨의 아들인 이 사문은 많은 사람들에게 널리 알려져
있고 또한 국왕(國王)의 존경까지 받고 있는 자이다. 만일 우
리 집에서 죽었다는 소문이 나면 틀림없이 관청에 붙잡혀 가
서 그 죄를 면하지 못할 것이다.”

그리고 중얼거렸다. ‘만일 이 사문이 도로 살아난다면 나는
반드시 그에게 밥을 줄 터인데… ….’

그러자 빈두로는 곧 삼매에서 깨어났다.

그때 노모 난타는 다시 이렇게 생각하였다.

‘이 떡은 너무 크다. 작은 것을 새로 만들어 주리라.’

그때 노모는 밀가루를 조금 가져다가 반죽을 하여 조금만
떼어내 떡을 만들었다. 그런데 그 작은 떡은 웬일인지 점점
더 커졌다. 노모는 그것을 보고는 다시 이렇게 생각하였다.

‘이 떡은 너무 크다. 지금 다시 작은 것을 새로 만들어야겠
다.’그러나 떡은 더욱 커졌다.

‘이제 먼저 만든 것을 가져다주자.’

그리고는 먼저 만든 것을 집었다. 그러나 모든 떡이 한데
다 붙어있었다. 그때 노모 난타가 빈두로에게 말하였다.

“비구여, 떡이 먹고 싶으면 직접 집어 먹을 일이지, 왜 이렇
게 못살게 구느냐?”

빈두로가 말하였다.

"큰 누이여, 마땅히 알아야 합니다. 나는 음식이 필요 없습니다. 다만 노모에게 하고 싶은 말이 있을 뿐입니다."

노모 난타가 말하였다.

"비구여, 무슨 경계하여 부탁할 말이 있습니까?"

빈두로가 대답하였다

"노모여, 마땅히 알아야만 합니다. 우리 지금 이떡을 가지고 세존께서 계신 곳으로 찾아갑시다. 만일 세존께서 무슨 경계하여 분부하시는 말씀이 있으시면 우리는 그대로 받들어 실천합시다."

그때 노모는 몸소 그 떡을 들고 존자 빈두로의 뒤를 따라 세존의 처소로 갔다. 그곳에 이르러 그는 머리를 조아려 세존의 발에 예를 올리고 한쪽에 섰다. 그때 존자 빈두로가 세존께 아뢰었다.

"이 노모 난타는 발제 장자의 누이입니다. 인색하고 탐욕이 많아 혼자서만 먹으면서 다른 사람들에게 나누어 주기를 좋아하지 않습니다. 바라건대 세존께서는 그를 위해 독실하게 믿는 법을 말씀하시어 깨우쳐 주소서."

그러자 세존께서 노모 난타에게 말씀하셨다.

"너는 지금 이 떡을 가지고 여래와 비구들에게 돌려라."

그러자 노모 난타는 곧 그 떡을 여래와 다른 비구들에게 바쳤다. 그래도 떡은 아직 남아 있었다. 노모 난타가 세존께 아뢰었다.

"아직 떡이 남았습니다."

세존께서 말씀하시었다.

"부처님과 비구들에게 다시 돌려라."

노모 난타는 부처님의 분부를 받고, 다시 그 떡을 부처님과 비구들에게 돌렸다. 그런데도 아직 떡이 남았다.

그때 부처님께서 노모 난타에게 말씀하셨다.

"너는 이제 이 떡을 가지고 가서 저 비구니·우바새·우바이에게 주어라."

그런데도 떡은 여전히 남았다. 세존께서 말씀하셨다.

"너는 이 떡을 가져다 저 가난한 이들에게 나누어 주어라."

시키는 대로 다 했는데도 떡은 아직 남았다.

----- 중략 -----

난타는 세존의 설법을 듣고 법안이 깨끗하게 되었다.

"지금부터 이후로는 사부대중들이 저의 집에서 보시를 받게 하소서 지금부터는 항상 보시를 행하고 온갖 공덕을 닦으며, 모든 성현들을 받들겠습니다."

그때 세존께서 모든 비구들에게 말씀하셨다.

"해와 달에는 네 가지로 그늘이 드리워져 있어 광명(光明)을 드러내지 못하게 한다. 어떤 것이 그 4가지인가? 첫째는 구름이요, 둘째는 티끌이며, 셋째는 연기요, 넷째는 일식과 월식이다. 그것들이 해와 달을 가려 광명을 나타내지 못하게 한다.

비구들아, 이와 같이 사람에게도 4결(結)이 있어 사람의 마음을 덮고 가려 열어 깨닫지 못하게 한다. 어떤 것이 4가지인가? 첫째는 탐욕의 번뇌[욕결欲結]이니 그것이 사람의 마음을 덮고 가려서 열어 깨닫지 못하게 한다. 둘째는 성냄이고, 셋째는 어리석음이며, 넷째는 이양(利養)이니 이런 것들이 사람의 마음을 가려서 열어 깨닫지 못하게 한다.

✻ 중일아함경 제25권 33. 오왕품(五王品)[2]
〈시바라 존자의 신통〉

어느 때 부처님께서 사위국 기수급고독원에 계셨다. 그때 사위성에 살고 있는 월광(月光)장자는 7보를 다 갖춘 재물이 풍족하고 보배가 많았다.

그러나 자식이 없었다. 장자는 자식을 얻기 위해 온갖 정성을 다 들여 천신 산신 해 달 하늘 제석천 하느님 등에게 기도했다. 이런 일이 있고나서 장자는 아들을 낳았다. 그때 그 아이는 두 손에 값을 매길 수 없이 값진 마니주(摩尼珠)를 쥐고 곧 이런 게송을 읊었다.

보물과 곡식 등 이 집에는 재물이 많다.
나는 이제 그것을 보시해
가난한 이들이 부족함이 없게 하리라.
값을 매길 수 없는 구슬이 여기 있나니
이것으로서 항상 보시하리라.

그러자 부모와 사람들은 이 말을 듣고 모두 달아났다.
"어쩌다 이런 귀매(鬼魅) 종자가 낳는가?"
----- 중략 -----
장자는 아들의 장래에 대하여 여러 사문이나 바라문에게 물었지만, 모두가 말하기를"이 아이는 박복한 사람이다. 이 아이를 죽이지 않으면 온 집안이 망할 것이고 또 장차 집안 사람들이 다 죽고 말 것이다."

그래서 부처님께 찾아가게 되는데, 부처님이 성도하신지 얼마 안 되었기 때문에 장자는 이렇게 생각했다. '나이 많은 사

문이나 바라문들도 모르는데 젊은 사문이 어찌 알겠나?'하고
머뭇거렸다.

그때 옛날에 장자와 친구였던 어떤 하늘 신이 있었다. 그는
장자가 어떤 생각을 하고 있는지 알고는 허공에서 그에게 말
하였다.

"장자는 마땅히 알아야 하리라. 어서 앞으로 나아가라. 반
드시 큰 이익을 얻을 것이다. 여래께서 세상에 출현하심을 만
나기는 참으로 어려운 일이다. 여래께서 감로를 내리시는 것
은 자주 있는 일이 아니다.

또 장자여, 아무리 작다고 해도 가벼이 여겨서는 안 되는
네 가지가 있다. 국왕은 아무리 어려도 가벼이 여겨서는 안
되고, 불은 아무리 작아도 가벼이 여겨서는 안 되며, 용은 아
무리 어려도 가벼이 여겨서는 안 되고, 도를 배우는 이는 아
무리 어려도 거벼이 여겨서는 안 된다."

국왕은 아무리 나이가 어려도
국법에 따라 사람을 죽인다.
작은 불씨는 아직 치성하지 못하지만
결국 온 산의 초목을 다 태운다.
신령한 용은 아무리 작게 보여도
그때를 맞춰 비를 내린다.
배우는 이는 나이가 어려도
한량없는 사람을 건지느니라.

그때 월광장자는 마음이 열리고 세존께 찾아가 한쪽에 앉
아 그 사실을 세존께 아뢰었다.

그때 세존께서 장자에게 말씀하셨다.

"지금 이 아이는 매우 큰 복이 있다. 어른이 되면 틀림없이 5백 제자를 데리고 나에게 와서 출가하여 도를 배워 아라한이 될 것이며, 내 성문(聲聞)들 중에 복덕이 제일이어서 아무도 그에게 미칠 자가 없을 것이다."

----- 중략 -----

"이 아이가 처음 태어났을 때에 사람들은 모두 동서로 달아나면서 말하기를 '저것은 시바라(尸婆羅) 귀신(鬼神)이라고 하였을 것이다. 그러니 이 아이의 이름을 시바라라고 하여라"

----- 중략 -----

부처님은 시바라의 부모에게 설법하고 게송을 설하셨다.

제사에는 불이 으뜸이 되고
온갖 문장에는 게송이 제일이며
왕은 사람 중에 가장 높은 이요
바다는 모든 물의 근원이 되며
달은 별 가운데 제일이고
해는 밝은 빛 중에 제일이라네.
팔방과 위아래 거기서 태어난 모든 중생들
만일 복을 구하려 한다면
삼존(三尊)이 그 중에 가장 높다네.

----- 중략 -----

그 후 시바라는 나이 20세가 되어 5백 동자와 같이 부처님께 출가하여 며칠이 못되어 아라한이 되어 여섯 가지 신통이 맑게 통하고 여덟 가지 해탈을 모두 갖추었다. 5백 동자도 얼마 안 되어 모두 아라한이 되었다.

----- 중략 -----

그는 5백 비구들을 데리고 사위성으로 갔다. 그때는 한창 더운 철이어서 비구 대중들이 모두 땀을 흘려 온몸이 더러웠다. 그때 시바라 존자는 이렇게 생각했다.

'지금 비구 대중들이 매우 더워하고 있다. 잠시나마 구름이 끼고 보슬비가 내렸으면 좋겠다. 또 목욕할 못이 있고, 장(漿)이라도 조금 얻었으면 좋겠다.'

이렇게 생각하자 큰 구름이 끼고 보슬비가 내렸으며, 목욕할 못이 나타났다. 또 비사문왕(毗沙門王)이 보낸 비인(非人) 네 사람이 달고 맛있는 장을 지고 와서 말하였다.

"원컨대 존자시여, 이 달고 맛있는 장을 받아 비구승들에게 주십시오."

그래서 그 장을 받아 비구승들에게 주며 마시게 하였다. 그때 시바라 존자는 다시 이렇게 생각하였다.

'나는 지금 여기서 쉬어야 하겠다.'

그때 석제환인(釋帝桓因:하느님)은 시바라 존자가 마음속으로 생각하고 있는 것을 알고, 곧 길가에다 5백 개의 방을 변화로 만들었다. 그리고 평상과 침구도 모두 갖추어 놓았다. 그때 모든 하늘들이 음식을 바쳤다. 시바라는 공양을 마치고 곧 자리에서 일어나 떠나갔다.

----- 중략 -----

그때 시바라 존자는 장자를 제도 하려고 곧 공중으로 날아올라 몸에서 물과 불을 뿜고 앉아있기도 하고 눕기도 하고 거닐기도 하면서 마음대로 신통을 부렸다.

----- 중략 -----

좋은 음식을 보시하는 것은 큰 보시이니

저 시바라 존자에게 곧 보시하여라.
탐욕이 없으면 곧 해탈할 것이요.
욕망이 끊어지면 의심이 없으리라.

옷이나 그 밖의 물건을 보시하여
그에 다른 복과 덕을 구하려고 하면
그는 천상이나 인간에 태어나
다섯 가지 즐거움을 스스로 누리리라.

그는 천상으로부터 인간에 태어나
존재를 끊고 의심이 없으리니
함이 없는 저 열반의 경계는
모든 부처님께서 즐기시는 것이다.

보시하면서 의심이 없으면
그것으로 말미암아 복 얻으리니
마땅히 사랑하고 은혜로운 마음 내어
복을 짓되 게으름 없이 하여라.
----- 중략 -----
그때 시바라 존자가 부처님께 아뢰었다.
"바라옵건대 이 낙(酪)을 받아 주십시오."
그러자 여래께서 곧 발우를 내밀어 낙을 받으시고 다시 비
구들에게 나누어 주셨다. 그랬는데도 낙은 아직 남아 있었다.
그때 소치는 사람이 세존께 아뢰었다.
"아직도 낙이 남았습니다."
"그대는 다시 그 낙을 가져다가 부처님과 비구 대중들에게

돌려라"

그때 소치는 사람은 다시 낙을 돌렸다. 그래도 낙은 남았다. 소치는 사람이 부처님께 아뢰었다.

"아직도 낙이 남았습니다."

"지금 그 낙을 가지고 가서 비구니들과 우바새 대중들과 우바이 대중들에게 나누어 주어 배불리 먹게 하라."

그래도 낙은 남았다. 그때 부처님께서 말씀하셨다.

"너는 지금 그 낙을 가지고 가서 시주들에게 나누어 주어라."

그는 곧 낙을 가져다가 시주들에게 나누어 주었다. 그런데도 낙은 여전히 남아 있었다. 다시 걸인들과 가난한 이들에게 나누어 주었다. 그래도 낙은 남아 있었다.

*** 앙굴리말라의 경**Angulimalasutta(M.86)

*** 중일아함경 제**31**권** 38. **역품**(力品)① [6]
  〈**살인마 앙굴리말라의 교화**〉

이와 같이 들었다.

어느 때 부처님께서 사위국 기수급고독원에 계셨다.

그때 모든 비구들이 사위성에 가서 걸식을 하다가 바사닉 왕의 궁궐문 밖에서 많은 사람들이 손을 들고 부르짖으며 원통함을 호소하는 소리를 들었다.

"우리나라에 앙굴마(鴦掘魔: Angulimala 앙굴리말라)라는 도적이 있습니다. 그는 매우 흉포(凶暴)하여 중생을 수 없이 죽입니다. 중생들에게 무자비하기 때문에 온 나라 사람들이 모두 그를 두려워합니다. 그는 날마다 사람들을 죽여 그 손가락으로 목걸이를 만들므로 이름을 지만(指鬘)이라고 합니다.

원컨대 대왕께서 가시어 그와 싸우소서.”

비구들은 걸식을 마치고 기원정사로 돌아와 세존께 그와 같은 사실을 아뢰었다.

세존께서는 비구들의 말을 듣고 곧 자리에서 일어나 잠자코 걸어가셨다. 그때 세존께서는 곧장 그가 있는 곳으로 가셨고, 땔감을 줍고 풀을 지며 밭갈이를 하던 사람들과 소나 염소를 치던 사람들은 세존께서 그 길로 가시는 것을 만류하였다.

그때 앙굴리말라의 어머니는 음식을 가지고 앙굴리마라가 있는 곳으로 갔다. 그때 앙굴리말라는 ‘내 손가락 목걸이는 이제 그 수가 찼을까?’하고 생각하고는 곧 손가락 숫자를 세어 보았으나 아직 수가 차지 않았다. 다시 세어 보았으나 꼭 한 사람의 손가락이 모자랐다. 앙굴리말라는 좌우를 둘러보며 살아 있는 사람이 있는지 찾아보고 잡아 죽이려고 하였다. 그러나 사방으로 멀리까지 살펴보았으나 사람은 보이지 않았다. 그는 이렇게 생각하였다.

‘우리 스승께선 〈만일 어머니를 죽일 수 있는 자라면 반드시 천상에 태어나리라.〉고 가르치셨다. 그런데 지금 어머니가 몸소 이곳에 와 있다. 즉시 잡아 죽인다면 손가락 수도 채우고 또 천상에 태어날 수도 있으리라.’

이때 앙굴리마라는 왼손으로 어머니의 머리를 붙잡고 오른손으로 칼을 빼어들고는 어머니에게 말하였다.

“잠깐만 그렇게 계십시오. 어머니,”

그때 세존께서는 ‘저 앙굴리말라가 5역죄를 짓겠구나.’하고 생각하고는 곧 눈썹 사이에서 광명을 놓아 그 산을 두루 비추었다. 앙굴리말라는 광명을 보고 다시 어머니에게 말하였다.

"이 산을 비추는 것이 무슨 광명입니까? 국왕이 군사를 모아 나를 치려고 하는 것이 아닐까요?"

"너는 이제 알아야 한다. 이것은 해나 달이나 불의 광명이 아니고 제석이나 범천왕의 광명도 아니다."

그때 어머니는 곧 이런 게송을 말하였다.

이것은 불빛이 아니고
해나 달, 제석이나 하느님의 광명도 아니라네.
새와 짐승들도 놀라지 않고
즐거이 우는 소리 보통 때와 다르구나.

이 광명 너무도 맑고 깨끗해
사람을 한량없이 기쁘게 하나니
분명 저 존귀하고 가장 훌륭하신
10력(力)을 지니신 분 이곳에 오셨으리.

천상과 이 세상사람 중에서
천안으로 이 세계를 살펴보시고
일부러 너를 제도하시고자
세존께서 이곳으로 오신 것이라.

앙굴리말라는 부처라는 말을 듣고 너무 기뻐 어쩔 줄을 모르면서 중얼거렸다.

"우리 스승께선 내게 '만일 네가 어머니를 죽일 수 있고 또 사문 구담을 죽일 수 있다면 반드시 천상에 태어날 것이다.'라고 가르치셨다."

이때 앙굴리마라가 어머니께 말하였다.

"어머니는 여기 잠깐만 계십시오, 저는 먼저 사문 구담을 잡아 죽이고, 그런 뒤에 밥을 먹겠습니다."

앙굴리말라는 곧 어머니를 놓아주고 세존을 쫓아갔다. 세존이 오는 모습을 멀리서 바라보니 마치 금덩이 같아서 비추지 않는 곳이 없었다. 그는 그 모습을 보고 웃으며 이렇게 말하였다.

"이제 저 사문은 내 손아귀에 들어 왔으니, 반드시 죽이리라. 이 길을 지나가려는 백성들은 모두 무리지어 함께 지나가는데, 저 사문은 혼자 길동무도 없구나, 내 이제 저자를 잡아 죽이리라."

앙굴리말라는 곧 허리에 찼던 칼을 빼어 세존을 향하여 달려들었다. 그러자 세존은 곧 왔던 길로 발길을 돌려 천천히 걸어갔다. 앙굴리말라는 온 힘을 다해 달리며 뒤쫓았지만 여래를 따라 잡을 수 없었다. 앙굴리말라는 세존을 향해 소리쳤다.

"멈춰라. 멈춰라. 사문아,"

세존께서 말씀하셨다.

"나는 멈추었는데 네가 멈추지 않는구나."

세존이 멈추었다는 것은

모든 중생을 해치지 않는 것.

너는 지금 죽이려는 마음을 가져

악의 근본을 벗어나지 못하는구나.

자비스런 마음의 땅에 나는 머물러

모든 사람 가엾이 여겨 보호하거늘

너는 지옥 고통의 종자를 심으며

악의 근본을 벗어나지 못하는 구나.

앙굴리말라는 이 게송을 듣고 생각하였다.

'내가 정말 악한 걸까? 우리 스승은 나에게 〈이것이 바로 큰 제자로서 큰 과보를 얻는 것이니, 천 사람을 죽여 그 손가락으로 목걸이를 만들 수 있다면 그는 소원을 이룰 것이다. 그런 사람은 목숨을 마친 뒤에 천상의 좋은 곳에 태어날 것이요. 만일 그를 낳은 어머니와 사문 구담을 죽인다면 반드시 하늘에 태어날 것이다.〉라고 말하지 않았는가?

그때 부처님께서는 큰 위신력을 부려 그가 정신이 번쩍 차리게 하셨다. 그는 생각하였다.

'범지의 여러 서적에 〈여래께서 세상에 출현하심을 만나기는 참으로 어려운 일이니, 아주 가끔씩 몇 억겁 만에 출현하신다. 그분이 세상에 출현 하시면 건너지 못한 이는 건너게 하고 해탈하지 못한 이는 해탈하게 하신다.〉이런 말이 있다.

그때 앙굴리말라는 곧 부처님 앞으로 나아가 부처님께 귀의하고 사문이 되었다.

그때, 바사익왕은 네 종류의 군사를 모아 앙굴리말라를 치러가려고 하였고, 왕은 '나는 지금 세존께 나아가 이 사실을 자세히 아뢰고, 만일 세존께서 무슨 말이 있으면 받들어 행하리라. 고 생각하였다.

그때 세존께서 왕에게 물으셨다.

"대왕께선 지금 어딜 가시는 길이기에 몸에 그처럼 먼지를 뒤집어썼습니까?"

"지금 우리나라에 너무도 흉포하고 무자비한 앙굴리말라라는 도적이 있습니다. 제가 지금 그를 치려고합니다."

"만일 앙굴리말라가 견고한 신심으로 출가하여 도를 배우는 것을 대왕께서 보신다면 어떻게 하시겠습니까?"

"만일 그러는 줄 안다면 마땅히 받들어 섬기고 공양하며 때맞춰 예배할 것입니다. 그러나 세존이시여, 그는 악한 사람으로 착함이란 털끝만큼도 없어 중생을 죽이기만 하는데, 어떻게 그런 마음이 있어 출가해 도를 배울 수 있겠습니까? 결코 그럴 리가 없습니다."

그때 앙굴리말라는 세존께서 멀지 않은 곳에서 가부좌하고 앉아 몸과 마음을 바르게 하고 생각을 매어 두고 있었다. 세존께서 오른손을 뻗어 그를 가리키며 대왕에게 말씀하셨다.

"저 자가 바로 그 도적 앙굴리말라입니다."

----- 중략 -----

대왕은 머리를 조아려 세존의 발에 예를 올리며 말하였다.

"항복하지 않는 자를 항복받고, 굴복하지 않는 자를 굴복시키시다니, 참으로 기이하고 참으로 놀랍습니다. 원컨대 세존께서는 무궁한 수명을 누리시며 온 백성들을 길러 주소서. 세존의 은혜를 입어 이 어려움을 면하였습니다."하고 대왕은 물러갔다.

그때 앙굴리말라는 '나고 죽음이 이미 다하고 범행은 이미 섰으며, 할 일을 이미 마쳐 다시는 태를 받지 않는다.'고 사실그대로 알았다. 이때 앙굴리말라는 바로 아라한이 되어 여섯 가지 신통이 맑게 트이고 더러움이 전혀 없게 되었다.

〈맛지마 니까야. 86. 앙굴리말라의 경〉

✴ 증일아함경 제32권 38. 역품(力品)② [11]
〈수로니 비구니의 신통으로 육사외도 항복 받다.〉

부처님 당시 육사(六邪)외도(外道)가 있었다. 육사란 여섯 명의 삿된 소견을 가진 자와 외도란 진리 밖의 도란 뜻이다. ①자이나교의 창시자인 니간타 나타풋따(Nigantha Nataputta). ②유물론자인 아지타 케사캄발리(Ajita Kesakambalin 阿耆多翅舍鈙婆羅). ③회의론자 또는 불가지론자(不可知論者)인 산자야 벨라지푸타 (Sanjaya Belattiputta). ④도덕부정론자인 푸라나 카사파(Purana Kassapa 富蘭那迦葉). ⑤결정론자인 마칼리 고살라(Makkhali Gosala 末伽梨拘痂梨子). ⑥불멸론자인 파구타 카자야나(Pakudha Kaccayana 迦羅鳩馱迦卯延)가 특히 잘 알려져 있다.

이들은 부처님께 괴변으로 따지러 왔다.

----- 중략 -----

그때 수로니(輪盧尼) 비구니는 허공으로 날아올라 그 여섯 스승에게 이런 게송을 읊었다.

아무도 우리 스승을 짝 할이 없고
가장 높아 그보다 나은 이 없네.
나는 바로 그 분의 제자
그 이름 수로니(輪盧尼)라네.

만일 너희에게 깨침이 있다면
나와 함께 변론해 보자.
나는 낱낱이 그 물음에 대답하리라,
마치 사자가 사슴을 낚아채듯이,

거룩한 우리 스승 제해 놓고는
여래라 일컬을 이 본래 없나니
내 비록 비구니이지만
외도들 항복 받기엔 충분하다네.

비구니가 이렇게 말했을 때 외도들의 여섯 스승은 그 얼굴
조차 우러러보지 못하였다.

그때 비사리성 사람들은 비구니가 허공에서 여섯 스승과
변론하는데 여섯 스승들이 능히 대답하지 못하는 것을 멀리
서 보고 모두들 칭찬하고 한없이 기뻐하면서 말하였다.

"여섯 스승들이 오늘 저 분에게 항복하였다."

＊ 선(禪)과 최상의 지혜경. Jhanabhinna-s(S16:9)
(부처님이 깟사빠 존자와 동일하다고 인정함)

1. 〈사왓티의 아나타삔디까(급고독원)에서〉

2. ----

3. "비구들이여, 나는 원하는 만큼 감각적 욕망들을 완전히
떨쳐버리고 해로운 법들을 떨쳐버린 뒤, 일으킨 생각과 지속
적인 고찰이 있고, 떨쳐버렸음에서 생긴 희열과 행복이 있는
초선(初禪)에 들어 머문다."

"비구들이여, 깟사빠도 원하는 만큼 감각적 욕망들을 완전
히 떨쳐버리고 해로운 법[불선법不善法]들을 떨쳐버린 뒤, 일으
킨 생각과 지속적인 고찰이 있고, 떨쳐버렸음에서 생긴 희열
과 행복이 있는 초선(初禪)에 들어 머문다."

4. "비구들이여, 나는 원하는 만큼 일으킨 생각 지속적인
고찰을 가라앉혔기 때문에 [더 이상 존재하지 않으며], 자기

내면의 것이고, 확신이 있으며, 마음의 단일화 상태이고, 일으킨 생각과 지속적인 고찰은 없고, 삼매에서 생긴 희열과 행복이 있는 제2선(禪)에 들어 머문다."

비구들이여, 깟사빠도 원하는 만큼 일으킨 생각 지속적인 고찰을 가라앉혔기 때문에 자기 내면의 것이고, 확신이 있으며, 마음의 단일화 상태이고, 일으킨 생각과 지속적인 고찰은 없고, 삼매에서 생긴 희열과 행복이 있는 제2선(禪)에 들어 머문다."

5. "비구들이여, 나는 원하는 만큼 희열이 빛바랬기 때문에 평온하게 머물고, 마음 챙기고 알아차리며 몸으로 행복을 경험한다. 이[禪 때문에] '평온하고 마음 챙기며 행복하게 머문다.'고 성자들이 묘사하는 제3선(三禪)에 들어 머문다."

"비구들이여, 깟사빠도 원하는 만큼 희열이 빛바랬기 때문에 평온하게 머물고, 마음 챙기고 알아차리며 몸으로 행복을 경험한다. 이[禪 때문에] '평온하고 마음 챙기며 행복하게 머문다.'고 성자들이 묘사하는 제3선(三禪)에 들어 머문다."

6. "비구들이여, 나는 원하는 만큼 행복도 버리고 괴로움도 버리고, 아울러 그 이전에 이미 기쁨과 슬픔이 소멸되었으므로 괴롭지도 즐겁지도 않으며, 평온으로 인해 마음챙김이 청정한[사념청정捨念淸淨] 제4선(四禪)에 들어 머문다."

"비구들이여, 깟사빠도 원하는 만큼 행복도 버리고 괴로움도 버리고, 아울러 그 이전에 이미 기쁨과 슬픔이 소멸되었으므로 괴롭지도 즐겁지도 않으며, 평온으로 인해 마음챙김이 청정한[사념청정捨念淸淨] 제4선(四禪)에 들어 머문다."

7. "비구들이여, 나는 원하는 만큼 물질에 대한 인식(산냐)

을 완전히 초월하고, 부딪힘의 인식을 소멸하고, 갖가지 인식을 마음에 잡도리하지 않기 때문에 '무한한 허공'이라고 하면서 공무변처(空無邊處)를 구족하여 머문다."

"비구들이여, 깟사빠도 원하는 만큼 물질에 대한 인식(산냐)을 완전히 초월하고, 부딪힘의 인식을 소멸하고, 갖가지 인식을 마음에 잡도리하지 않기 때문에 '무한한 허공'이라고 하면서 공무변처(空無邊處)를 구족하여 머문다."

8. "비구들이여, 나는 원하는 만큼 공무변처를 완전히 초월하여 '무한한 알음알이[識識]'라고 하면서 식무변처(識無邊處)를 구족하여 머문다."

"비구들이여, 깟사빠도 원하는 만큼 공무변처를 완전히 초월하여 '무한한 알음알이[識識]'라고 하면서 식무변처(識無邊處)를 구족하여 머문다."

9. "비구들이여, 나는 원하는 만큼 식무변처를 완전히 초월하여 '아무것도 없다.'라고 하면서 무소유처(無所有處)를 구족하여 머문다."

"비구들이여, 깟사빠도 원하는 만큼 식무변처를 완전히 초월하여 '아무것도 없다.'라고 하면서 무소유처(無所有處)를 구족하여 머문다."

10. "비구들이여, 나는 원하는 만큼 무소유처(無所有處)를 완전히 초월하여 비상비비상처(非想非非想處)를 구족하여 머문다."

"비구들이여, 깟사빠도 원하는 만큼 무소유처(無所有處)를 완전히 초월하여 비상비비상처(非想非非想處)를 구족하여 머문다."

11. "비구들이여, 나는 원하는 만큼 일체 비상비비상처(非想非非想處)를 완전히 초월하여 상수멸(想受滅:인식과 느낌의 그침)에 들어 머문다."

"비구들이여, 깟사빠도 원하는 만큼 일체 비상비비상처(非想非非想處)를 완전히 초월하여 상수멸(想受滅:인식과 느낌의 그침)에 들어 머문다."

12. "비구들이여, 나는 원하는 만큼 신통변화를 나툰다. 하나인체 여럿이 되기도 여럿이 되었다가 하나가 되기도 한다. 나타났다 사라졌다 하고 벽이나 담이나 산을 아무런 장애 없이 통과하기를 마치 허공에서처럼 한다.

땅에서 떠올랐다 잠겼다 하기를 물속에서처럼 한다. 물 위에서 빠지지 않고 걸어가기를 땅 위에서처럼 한다. 가부좌한 채 허공을 날아가기를 날개 달린 새처럼 한다. 저 막강하고 위력적인 태양과 달을 손으로 만져 쓰다듬기도 하며 심지어는 저 멀리 하느님 세상까지도 몸을 자유자재함을 발한다.[신족통神足通]"

"비구들이여, 깟사빠도 원하는 만큼 신통변화를 나툰다. 하나인체 여럿이 되기도 여럿이 되었다가 하나가 되기도 한다. 나타났다 사라졌다 하고 벽이나 담이나 산을 아무런 장애 없이 통과하기를 마치 허공에서처럼 한다.

땅에서 떠올랐다 잠겼다 하기를 물속에서처럼 한다. 물 위에서 빠지지 않고 걸어가기를 땅 위에서처럼 한다. 가부좌한 채 허공을 날아가기를 날개 달린 새처럼 한다. 저 막강하고 위력적인 태양과 달을 손으로 만져 쓰다듬기도 하며 심지어는 저 멀리 하느님 세상까지도 몸을 자유자재함을 발한다.[신족통神足通]"

13. "비구들이여, 나는 인간의 능력을 넘어선 청정하고 신성한 귀의 요소[천이계天耳界]로 천상이나 인간의 소리 둘 다를 멀든 가깝든 간에 원하는 만큼 다 듣는다.[천이통天耳通]"

"비구들이여, 깟사빠도 인간의 능력을 넘어선 청정하고 신성한 귀의 요소[천이계天耳界]로 천상이나 인간의 소리 둘 다를 멀든 가깝든 간에 원하는 만큼 다 듣는다.[천이통天耳通]"

14. "비구들이여, 나는 원하는 만큼 자기의 마음으로 다른 중생들과 다른 인간들의 마음을 꿰뚫어 안다. 탐욕이 있는 마음은 탐욕이 있는 마음이라고 꿰뚫어 알고 탐욕을 여읜 마음은 탐욕을 여읜 마음이라고 꿰뚫어 안다.

성냄이 있는 마음은 성냄이 있는 마음이라고 꿰뚫어 알고 성냄을 여읜 마음은 성냄을 여읜 마음이라고 꿰뚫어 안다. 어리석음이 있는 마음은 어리석음이 있는 마음이라고 꿰뚫어 알고 어리석음을 여읜 마음은 어리석음을 여읜 마음이라고 꿰뚫어 안다.

수축한 마음은 수축한 마음이라고 꿰뚫어 알고 흩어진 마음은 흩어진 마음이라고 꿰뚫어 안다. 고귀한 마음은 고귀한 마음이라고 꿰뚫어 알고, 고귀하지 않은 마음은 고귀하지 않은 마음이라고 꿰뚫어 안다.

위가 있는 마음은 위가 있는 마음이라고 꿰뚫어 알고 위가 없는 마음은 위가 없는 마음이라고 꿰뚫어 안다. 삼매에 든 마음은 삼매에 든 마음이라고 꿰뚫어 알고 삼매에 들지 않은 마음은 삼매에 들지 않은 마음이라고 꿰뚫어 안다.

해탈한 마음은 해탈한 마음이라고 꿰뚫어 알고 해탈하지 않은 마음은 해탈하지 않은 마음이라고 꿰뚫어 안다.[타심통他

心通]"

"비구들이여, 깟사빠도 원하는 만큼 자기의 마음으로 다른 중생들과 다른 인간들의 마음을 꿰뚫어 안다. …중략… 해탈하지 않은 마음이라고 꿰뚫어 안다.[타심통他心通]"

15. "비구들이여, 나는 원하는 만큼 수많은 전생의 갖가지 삶들을 기억한다. 즉 한생, 두 생, 세 생, 네 생, 다섯 생, 열 생, 스무 생, 서른 생, 마흔 생, 쉰 생, 백 생, 천 생, 만 생, 세계가 수축하는 여러 겁, 세계기 팽창하는 여러 겁, 세계가 수축하고 팽창하는 여러 겁을 안다. '어느 곳에서 이런 이름을 가졌고, 이런 종족이었고, 이런 용모를 가졌고, 이런 음식을 먹었고, 이런 행복과 고통을 경험했고, 이런 수명의 한계를 가졌고, 그곳에서 죽어 다른 어떤 곳에 다시 태어나고 그곳에서 이런 이름을 가졌고, 이런 종족이었고, 이런 용모를 가졌고, 이런 음식을 먹었고, 이런 행복과 고통을 경험했고, 이런 수명의 한계를 가졌고, 그곳에서 죽어 여기 다시 태어났다.'라고 이처럼 한량없는 전생의 갖가지 모습들을 그 특색과 더불어 상세하게 기억해낸다.[숙명통宿命通]"

"비구들이여, 깟사빠도 원하는 만큼 수많은 전생의 갖가지 삶들을 기억한다. --- 이처럼 한량없는 전생의 갖가지 모습들을 그 특색과 더불어 상세하게 기억해낸다.[숙명통宿命通]"

16. "비구들이여, 나는 원하는 만큼 청정하고 인간의 한계를 넘어선 신성한 눈[천안天眼]으로 중생들이 죽고 태어나고, 천박하고 고상하고, 잘생기고 못생기고, 좋은 곳에 가고 나쁜 곳에 가는 것을 보고, 중생들이 지은 바 그 업에 따라가는 것을 꿰뚫어 안다. '이들은 몸으로 못된 짓을 골고루 하고, 입으로

못된 짓을 골고루 하고, 또 마음으로 못된 짓을 골고루 하고, 성자들을 비방하고, 삿된 견해를 지니어 사견업(邪見業)을 지었다.

이들은 죽어서 몸이 무너진 다음에 처참한 곳, 불행한 곳, 파멸처, 지옥에 태어난다. 그러나 이들은 몸으로 좋은 일을 골고루 하고 입으로 좋은 일을 골고루 하고 마음으로 좋은 일을 골고루 하고 성자들을 비방하지 않고 바른 견해를 지니고 정견업(正見業)을 지었다. 이들은 죽어서 몸이 무너진 다음에는 좋은 곳, 천상세계에 태어났다.'라고 이와 같이 나는 청정하고 인간을 넘어선 신성한 눈으로 중생들이 죽고 태어나고, 천박하고 고상하고, 잘생기고 못생기고, 좋은 곳에 가고 나쁜 곳에 가는 것을 보고, 중생들이 지은 바 그 업에 따라가는 것을 꿰뚫어 안다.[천안통天眼通]

비구들이여, 깟사빠도 원하는 만큼 청정하고 인간의 한계를 넘어선 신성한 눈[天眼]으로 중생들이 죽고 태어나고, --- 좋은 곳에 가고 나쁜 곳에 가는 것을 보고, 중생들이 지은 바 그 업에 따라가는 것을 꿰뚫어 안다.[천안통天眼通]"

17, "비구들이여, 나는 원하는 만큼 모든 번뇌가 다하여 아무 번뇌가 없는 마음[心解脫]과 통찰지를 해탈[慧解脫]을 바로 지금 여기에서 스스로 지혜로 실현하고 구족하여 머문다.[누진통漏盡通]

비구들이여, 깟사빠도 원하는 만큼 모든 번뇌가 다하여 아무 번뇌가 없는 마음[心解脫]과 통찰지를 해탈[慧解脫]을 바로 지금 여기에서 스스로 지혜로 실현하고 구족하여 머문다.[누진통漏盡通]"

✳ **짤라 경**. Cala-s(S5:6)

2. 그때 짤라 비구니가 오전에 옷매무새를 가다듬고 발우와 가사를 수하고 걸식을 위하여 사왓티로 들어갔다. 사왓티에서 걸식하여 공양을 마치고 걸식에서 돌아와 장님들의 숲으로 들어가서 낮 동안의 머묾을 위해 어떤 나무 아래 앉았다.

3. 그때 마라 빠삐만이 짤라 비구니에게 다가갔다. 가서는 짤라 비구니에게 이렇게 말했다.

"비구니여, 그대는 무엇을 좋아하지 않는가?"

"도반이여, 나는 태어남을 좋아하지 않는다."

"왜 그대 태어남을 좋아하지 않는가?
 태어나면 감각적 욕망을 즐기게 된다.
 비구니여, 태어남을 좋아하지 말라고
 대체 누가 이것을 받아들이라 했는가?"

[짤라 비구니]

"태어난 자에게는 죽음이 있어서
 태어난 자야말로 속박, 살해, 외로움 등
 괴로움을 겪게 될 것이다.
 그러므로 태어남을 좋아하면 안 되노라.

 태어남을 완전히 건너는 법을
 나의 스승 부처님은 가르치셨으니
 괴로움을 모두 제거할 수 있도록
 그분은 나를 진리에 안주하게 하셨도다.

 색계에 도달한 자들도
 무색계에 도달한 자들도

소멸을 꿰뚫지 못하였기 때문에

다시 태어남으로 돌아오도다.”

5. 그러자 마라 빠삐만은 “짤라 비구니는 나를 알아버렸구나.”라고 하면서 괴로워하고 실망하여 거기서 바로 사라졌다.

[짤라. 우빠짤라. 시수빠짤라 삼명의 비구니는 사리뿟따 존자의 여동생이다.]

✻ 불설장아함경 제4권 [제1분]④ 2. 유행경 ③
〈부처님의 마지막 제자 수발(須跋)〉

-- 그때 구시성 안에 한 범지가 있었다. 이름은 수발(須跋)이고, 나이는 120이나 되는 늙은이로서 지혜가 많았다. 사문 구담께서 오늘밤 쌍수 사이에서 멸도 하신다는 소식을 듣고 스스로 생각하였다.

‘나는 법에 대해서 의심되는 것이 있다. 오직 구담만이 내 뜻을 풀어 줄 수 있을 것이다. 이제 때를 만났으니 진실로 힘써 나아갈 것이다.’

그는 곧 그 밤으로 구시성을 나와 쌍수 사이를 향해 가서 아난이 있는 곳에 이르렀다. 그리고 아난에게 말했다.

“오늘밤에 구담 사문께서 멸도 하신다는 말을 저는 들었습니다. 그래서 한 번 뵙고자 여기 왔습니다. 원컨대 구담을 뵙고 제 의심을 단번에 풀고 싶습니다. 어떻게 뵈올 틈이 없겠습니까?”

“그만 두시오, 그만 두시오, 수발이여 부처님께서 피곤하시니 여래를 성가시게 하지 마십시오.

두 번째… 세 번째 간청했지만 아난은 부처님이 피곤하다는 이유로 거절했다. 그때 부처님께서는 아난에게 말씀하셨다.

"너는 그를 막지마라. 들어오도록 하라. 의심을 풀려하는 것이니 조금도 귀찮을 것 없다. 만일 내 법을 들으면 그는 반드시 깨달아 알게 될 것이다."

수발은 세존의 곁으로 출가하였고 구족계를 받았다. 구족계를 받은 지 얼마 되지 않아서 위없는 청정 범행을 성취하여 다시는 어떤 존재로도 돌아오지 않는 아라한이 되었다.

[*수발은 수밧다(:Subhadda) 수발다(須跋陀)라고 한다.]

✱ 띳사 경. Tissa-s(S22:84)

2. 그 무렵 세존의 고종사촌인 띳사 존자가 많은 비구들에게 이렇게 말했다.

"도반들이여, 요즘 저의 몸은 무겁고 방향감각을 잃어버리게 됩니다. 법들도 제게 분명하게 드러나지 않습니다. 해태와 혼침이 저의 마음을 사로잡아 버립니다. 아무런 즐거움이 없이 청정범행을 닦고 있고 법들에 대한 의심이 있습니다."

3. 그때 많은 비구들은 세존께 다가갔다. 가서는 세존께 절을 올리고 한 곁에 앉았다. 한 곁에 앉은 비구들은 세존께 이렇게 말씀드렸다.

"세존이시여, 세존의 고종사촌인 띳사 존자가 많은 비구들에게 이렇게 말하였습니다. '도반들이여, 요즘 저의 몸은 무겁고 방향감각을 잃어버리게 됩니다. 법들도 제게 분명하게 드러나지 않습니다. 해태와 혼침이 저의 마음을 사로잡아 버립니다. 아무런 즐거움이 없이 청정범행을 닦고 있고 법들에 대한 의심이 있습니다.'라고

4. 그때 세존께서는 어떤 비구를 불러서 말씀하셨다.

"오라, 비구여, 그대는 내 이름으로 '도반 띳사여, 스승께서 그대를 부르십니다.'라고 띳사 비구를 불러오라.

"그렇게 하겠습니다. 세존이시여,"라고 비구는 세존께 대답한 뒤 띳사 존자에게 갔다. 가서 띳사 존자에게 이렇게 말했다.

"도반 띳사여, 스승께서 그대를 부르십니다."

"알겠습니다. 도반이여,"라고 띳사 존자는 비구에게 대답한 뒤 세존께 다가갔다. 가서는 세존께 절을 올리고 한 곁에 앉았다. 한 곁에 앉은 띳사 존자에게 세존께서는 이렇게 말씀하셨다.

5. "띳사여, 그대가 많은 비구들에게 '도반들이여, 요즘 저의 몸은 무겁고 방향감각을 잃어버리게 됩니다.… 법들에 대한 의심이 있습니다.'라고 말한 것이 사실인가?"

"그렇습니다. 세존이시여,"

"띳사여, 이를 어떻게 생각하는가? 물질에 대한 탐욕을 여의지 못하고 욕구를 여의지 못하고 애정을 여의지 못하고 갈증을 여의지 못하고 열기를 여의지 못하고 갈애를 여의지 못하는 자의 물질은 변하고 다른 상태로 되어가기 때문에 그에게는 근심·탄식·육체적 고통·정신적 고통·절망이 일어나는가?"

"그렇습니다. 세존이시여,"

"장하고 장하구나, 띳사여, 띳사여, 물질에 대한 탐욕을 여의지 못한 자는 이와 같이 된다."

띳사여, 이를 어떻게 생각하는가? 느낌에 대한… 인식에 대한… 심리현상들에 대한… 알음알이에 대한 탐욕을 여의지 못하고 욕구를 여의지 못하고 애정을 여의지 못하고 갈증을 여의지 못하고 열기를 여의지 못하고 갈애를 여의지 못한 자의 알음알이는 변하고 다른 상태로 되어가기 때문에 그에게는 근심·탄식·육체적 고통·정신적 고통·절망이 일어나는가?”

“그렇습니다. 세존이시여,”

“장하고 장하구나, 띳사여, 띳사여, 물질에 대한 탐욕을 여의지 못한 자는 이와 같이 된다.”

6. “띳사여, 이를 어떻게 생각하는가? 물질에 대한 탐욕을 여의고 욕구를 여의고 애정을 여의고 갈증을 여의고 열기를 여의고 갈애를 여의는 자의 물질은 변하고 다른 상태로 되어가지만 그 때문에 그에게 근심·탄식·육체적 고통·정신적 고통·절망이 일어나는가?”

“그렇습니다. 세존이시여,”

“장하고 장하구나, 띳사여, 띳사여, 알음알이에 대한 탐욕을 여읜 자는 이와 같이 된다.”

7. “띳사여, 이를 어떻게 생각하는가? 물질은 항상한가. 무상한가?”

“무상합니다. 세존이시여.”

“그러면 무상한 것은 괴로움인가? 즐거움인가?”

“괴로움입니다. 세존이시여.”

“그러면 무상하고 괴로움이고 변하기 마련인 것을 두고 ‘이것은 내 것이다. 이것은 나다. 이것은 나의 자아다.’라고 관찰하는 것이 타당하겠는가?”

"그렇지 않습니다. 세존이시여."

"띳사여, 이를 어떻게 생각하는가? 느낌은⋯ 인식은⋯ 심리현상들은⋯ 알음알이는 항상한가. 무상한가?"

"무상합니다. 세존이시여."

"그러면 무상한 것은 괴로움인가, 즐거움인가?"

"괴로움입니다. 세존이시여."

"그러면 무상하고 괴로움이고 변하기 마련인 것을 두고 '이것은 내 것이다. 이것은 나다. 이것은 나의 자아다.'라고 관찰하는 것이 타당하겠는가?"

"괴로움입니다. 세존이시여."

8. "띳사여, 그러므로 그것이 어떠한 물질이건⋯ 어떠한 느낌이건 어떠한 인식이건 어떠한 심리현상들이건 그것이 어떠한 알음알이건, 그것이 과거의 것이건 미래의 것이건 현재의 것이건 안의 것이건 밖의 것이건 거칠건 미세하건 저열하건 수승하건 멀리 있건 가까이 있건 '이것은 나의 것이 아니요, 이것은 내가 아니며, 이것은 나의 자아가 아니다.'라고 있는 그대로 바르게 통찰지로 보아야 한다."

9. "띳사여, 이와 같이 보는 잘 배운 성스러운 제자는 물질에 대해서도 염오하고 느낌에 대해서도 염오하고 인식에 대해서도 염오하고 심리현상들에 대해서도 염오하고 알음알이에 대해서도 염오한다.

염오하면 탐욕이 빛바래고, 탐욕이 빛바래기 때문에 해탈한다. 해탈하면 해탈했다는 지혜가 있다. '태어남이 다했다. 청정범행은 성취되었다. 할 일을 다 해 마쳤다. 다시는 어떤 존재로도 돌아오지 않을 것이다.'라고 꿰뚫어 안다."

10. "띳사여, 예를 들면 여기 두 사람이 있는데 한 사람은 길을 알지 못하고 다른 한 사람은 길을 잘 안다고 하자. 길을 잘 알지 못하는 사람이 길을 잘 아는 사람에게 길을 물으면 그 사람은 이렇게 대답할 것이다. '여보시오, 이 길을 따라 가시오. 그러면 왼쪽을 버리고 오른 쪽으로 가시오. 그리고 그 길을 따라 잠시 가시오. 그 길을 따라 잠시 가면 깊은 밀림이 나타날 것이오. 그러면 그 길을 따라 잠시 가시오. 그 길을 잠시 가면 크게 패인 늪지대가 나타날 것이오. 그러면 그 길을 따라 가시오. 그 길을 따라 잠시 가면 험한 낭떠러지가 나타날 것이오. 그러면 그 길을 다라 잠시 가시오. 그 길을 따라 잠시 가면 아름다운 평원이 나타날 것이오.'라고"

11. "띳사여, 이 비유는 뜻을 바르게 전달하기 위해서 내가 만든 것이다. 그 뜻은 이와 같다.

띳사여, 길을 잘 알지 못하는 사람은 범부를 두고 한 말이고, 길을 잘 아는 사람은 여래·아라한·정등각자를 두고 한 말이다.

두 갈래 길은 의심을 두고 한 말이고, 왼쪽 길은 여덟 가지로 된 그릇된 도를 두고 한 말이니 그릇된 견해, 그릇된 사유, 그릇된 말, 그릇된 행위, 그릇된 생활, 그릇된 노력, 그릇된 집중, 그릇된 삼매이며, 오른쪽 길은 여덟 가지로 된 성스러운 도를 두고 한 말이니 바른 견해, 바른 사유, 바른 말, 바른 행위, 바른 생활, 바른 노력, 바른 마음집중, 바른 삼매이다.

깊은 밀림은 무명을 두고 한 말이고, 크게 패인 늪지대는 감각적 욕망들을 두고 한 말이며, 험한 낭떠러지기는 절망과 분노를 두고 한 말이고, 아름다운 평온은 열반을 두고 한 말이다.

즐거워하라, 띳사여, 즐거워하라, 띳사여, 나는 교계하기 위해서 있고 나는 보호하기 위해서 있으며 나는 가르치기 위해서 있다."

12. 세존께서는 이렇게 말씀하셨다. 띳사 존자는 마음이 흡족해져서 세존의 말씀을 크게 기뻐하였다.

✻ 철저하게 앎 경. Parijanan-s.(S35:26)

3. "비구들이여, 일체를 최상의 지혜로 알지 못하고 철저하게 알지 못하고 탐욕이 빛바래지 못하고 버리지 못하면 괴로움을 멸진할 수 없다.

비구들이여, 그러면 어떠한 일체를 최상의 지혜로 알지 못하고 철저하게 알지 못하고 탐욕이 빛바래지 못하고 버리지 못하면 괴로움을 멸진할 수 없는가?

눈을 최상의 지혜로 알지 못하고 철저하게 알지 못하고 탐욕이 빛바래지 못하고 버리지 못하면 괴로움을 멸진할 수 없다.

형색을 최상의 지혜로 알지 못하고 철저하게 알지 못하고 탐욕이 빛바래지 못하고 버리지 못하면 괴로움을 멸진할 수 없다.

눈을 알음알이를 최상의 지혜로 알지 못하고 철저하게 알지 못하고 탐욕이 빛바래지 못하고 버리지 못하면 괴로움을 멸진할 수 없다.

눈의 감각접촉을 최상의 지혜로 알지 못하고 철저하게 알지 못하고 탐욕이 빛바래지 못하고 버리지 못하면 괴로움을 멸진할 수 없다.

눈의 감각접촉을 조건으로 하여 일어나는 즐겁거나 괴롭거
나 괴롭지도 즐겁지도 않은 느낌을 최상의 지혜로 알지 못하
고 철저하게 알지 못하고 탐욕이 빛바래지 못하고 버리지 못
하면 괴로움을 멸진할 수 없다.

귀를… 소리를… 귀의 알음알이를… 귀의 감각접촉을…
느낌을…

코를… 냄새를… 코의 알음알이를… 코의 감각접촉을…
느낌을…

혀를… 맛을… 혀의 알음알이를… 혀의 감각접촉을…
느낌을…

몸을… 감촉을… 몸의 알음알이를… 몸의 감각접촉을…
느낌을…

마노[의意]를 최상의 지혜로 알지 못하고 철저하게 알지 못
하고 탐욕이 빛바래지 못하고 버리지 못하면 괴로움을 멸진
할 수 없다. 법을 최상의 지혜로 알지 못하고 철저하게 알지
못하고 탐욕이 빛바래지 못하고 버리지 못하면 괴로움을 멸
진 할 수 없다.

마노[의식]의 알음알이를 최상의 지혜로 알지 못하고 철저
하게 알지 못하고 탐욕이 빛바래지 못하고 버리지 못하면 괴
로움을 멸진할 수 없다. 마노의 감각접촉을 최상의 지혜로 알
지 못하고 철저하게 알지 못하고 탐욕이 빛바래지 못하고 버
리지 못하면 괴로움을 멸진 할 수 없다.

마노의 감각접촉을 조건으로 하여 일어나는 즐겁거나 괴롭
거나 즐겁지도 괴롭지도 않은 느낌을 최상의 지혜로 알지 못
하고 철저하게 알지 못하고 탐욕이 빛바래지 못하고 버리지

못하면 괴로움을 멸진 할 수 없다.

비구들이여, 이러한 일체를 최상의 지혜로 알지 못하고 철저하게 알지 못하고 탐욕이 빛바래지 못하고 버리지 못하면 괴로움을 멸진할 수 없다.”

4. “비구들이여, 일체를 최상의 지혜로 알고 철저하게 알고 탐욕이 빛바래고 버리면 괴로움을 멸진할 수 있다. 비구들이여, 그러면 어떠한 일체를 최상의 지혜로 알고 철저하게 알고 탐욕이 빛바래고 버리면 괴로움을 멸진할 수 있는가?

눈을 최상의 지혜로 알고 철저하게 알고 탐욕이 빛바래고 버리면 괴로움을 멸진할 수 있다.

형색을 최상의 지혜로 알고 철저하게 알고 탐욕이 빛바래고 버리면 괴로움을 멸진할 수 있다.

눈의 알음알이를 최상의 지혜로 알고 철저하게 알고 탐욕이 빛바래고 버리면 괴로움을 멸진할 수 있다.

눈의 감각접촉을 최상의 지혜로 알고 철저하게 알고 탐욕이 빛바래고 버리면 괴로움을 멸진할 수 있다.

눈의 감각접촉을 조건으로 하여 일어나는 즐겁거나 괴롭거나 즐겁지도 괴롭지도 않은 느낌을 최상의 지혜로 알고 철저하게 알고 탐욕이 빛바래고 버리면 괴로움을 멸진할 수 있다.

귀를… 소리를… 귀의 알음알이를… 귀의 감각접촉을… 느낌을…

코를… 냄새를… 코의 알음알이를… 코의 감각접촉을… 느낌을…

혀를… 맛을… 혀의 알음알이를… 혀의 감각접촉을… 느낌을…

몸을… 감촉을… 몸의 알음알이를… 몸의 감각접촉을… 느낌을…

마노[意]를 최상의 지혜로 알고 철저하게 알고 탐욕이 빛바래고 버리면 괴로움을 멸진할 수 있다. 법을 최상의 지혜로 알고 철저하게 알고 탐욕이 빛바래고 버리면 괴로움을 멸진할 수 있다.

마노의 알음알이[의식意識]를 최상의 지혜로 알고 철저하게 알고 탐욕이 빛바래고 버리면 괴로움을 멸진할 수 있다. 마노의 감각접촉을 최상의 지혜로 알고 철저하게 알고 탐욕이 빛바래고 버리면 괴로움을 멸진 할 수 있다.

마노의 감각접촉을 조건으로 하여 일어나는 즐겁거나 괴롭거나 즐겁지도 괴롭지도 않은 느낌을 최상의 지혜로 알고 철저하게 알고 탐욕이 빛바래고 버리면 괴로움을 멸진할 수 있다.

비구들이여, 이러한 일체를 최상의 지혜로 알고 철저하게 알고 탐욕이 빛바래고 버리면 괴로움을 멸진 할 수 있다.”

✻ 불타오름 경. Aditta-s(S35:28)

1. 이와 같이 들었다. 한때 세존께서는 비구 승가와 함께 가야에서 가야시사에 머무셨다.

2. 거기서 세존께서는 “비구들이여,”라고 비구들을 불러서 말씀하셨다.

3. “비구들이여, 일체는 불타오르고 있다. 비구들이여, 그러면 어떤 일체가 불타오르고 있는가?

눈이 불타오르고 있다. 형색이 불타오르고 있다. 눈의 알음알이는 불타오르고 있다. 눈의 감각접촉은 불타오르고 있다. 눈의 감각접촉을 조건으로 하여 일어나는 즐겁거나 괴롭거나 괴롭지도 즐겁지도 않은 느낌은 불타오르고 있다.

그러면 무엇에 의해서 불타오르고 있는가? 탐욕과 성냄과 어리석음으로 불타오르고 있다. 태어남과 늙음·죽음과 근심·탄식·육체적 고통·정신적 고통·절망으로 불타오르고 있다고 나는 말한다.

귀는… 소리는… 귀의 알음알이는… 귀의 감각접촉은… 느낌은…

코는… 냄새는… 코의 알음알이는… 코의 감각접촉은… 느낌은…

혀는 맛은 혀의 알음알이는 혀의 감각접촉 느낌은

몸은… 감촉은… 몸의 알음알이는… 몸의 감각접촉은… 느낌은…

마노[의意]는 불타오르고 있다. [마노의 대상인] 법은 불타오르고 있다. 마노의 알음알이는 불타오르고 있다. 마노의 감각접촉은 조건으로 하여 일어나는 즐겁거나 괴롭거나 괴롭지도 즐겁지도 않은 느낌은 불타오르고 있다.

그러면 무엇에 의해서 불타오르고 있는가? 탐욕과 성냄과 어리석음으로 불타오르고 있다. 태어남과 늙음·죽음과 근심·탄식·육체적 고통·정신적 고통·절망으로 불타오르고 있다고 나는 말한다.

4. "비구들이여, 이렇게 보는 잘 배운 성스러운 제자는 눈에 대해서도 염오하고 형색에 대해서도 염오하고 눈의 알음알이에 대해서도 염오하고 눈의 감각접촉에 대해서도 염오하

고 눈의 감각접촉을 조건으로 하여 일어나는 즐겁거나 괴롭
거나 괴롭지도 즐겁지도 않은 느낌에 대해서도 염오한다.

귀에 대해서도… 소리에 대해서도… 귀의 알음알이에 대해
서도… 귀의 감각접촉에 대해서도… 느낌에 대해서도 …

코에 대해서도… 냄새에 대해서도… 코의 알음알이에 대해
서도… 코의 감각접촉에 대해서도… 느낌에 대해서도…

혀에 대해서도… 맛에 대해서도… 혀의 알음알이에 대해서
도… 혀의 감각접촉에 대해서도… 느낌에 대해서도…

몸에 대해서도… 감촉에 대해서도… 몸의 알음알이에 대해
서도… 몸의 감각접촉에 대해서도… 느낌에 대해서도…

마노[의意]에 대해서도 염오하고 [마노의 대상인]법에 대해서
도 염오하고 마노의 알음알이에 대해서도 염오하고 마노의
감각접촉에 대해서도 염오하고 마노의 감각접촉을 조건으로
하여 일어나는 즐겁거나 괴롭거나 괴롭지도 즐겁지도 않은
느낌에 대해서도 염오한다.

5. "염오하면서 탐욕이 빛바래고, 탐욕이 빛바래기 때문에
해탈한다. 해탈하면 해탈했다는 지혜가 있다. '태어남은 다했
다. 청정범행은 성취되었다. 할 일을 다 해 마쳤다. 다시는 어
떤 존재로도 돌아오지 않는 것이다.'라고 꿰뚫어 안다."

6. 세존께서는 이렇게 말씀하셨다. 그 비구들은 흡족한 마
음으로 세존의 말씀을 크게 기뻐하였다.

7. 이 상세한 설명[수기授記]이 설해졌을 때 그 비구 승가는
취착이 없어져서 번뇌들로부터 마음이 해탈하였다.

＊ **미가잘라 경**2. Migajala-s(S35:64)

2. 그때 미가잘라 존자가 세존께 다가갔다. 가서는 세존께 절을 올리고 한 곁에 앉았다. 한 곁에 앉은 미가잘라 존자는 세존께 이렇게 말씀드렸다.

3. "세존이시여, 세존께서 제게 간략하게 법을 설해 주시면 감사하겠습니다. 그러면 저는 세존으로부터 법을 들은 뒤 혼자 은둔하여 방일하지 않고 열심히, 스스로 독려하여 지내고자 합니다."

4. "미가잘라여, 눈으로 인식되는 형색들이 있으니, 원하고 좋아하고 마음에 들고 사랑스럽고 감각적 욕망을 짝하고 매혹적인 것을 즐기고 환영하고 묶여 있기 때문에 즐김이 일어난다. 미가잘라여, 즐김이 일어나는 것이 바로 괴로움의 일어남이라고 나는 말한다.

미가잘라여, 귀로 인식되는 소리들이 있으니…

미가잘라여, 코로 인식되는 냄새들이 있으니…

미가잘라여, 혀로 인식되는 맛들이 있으니…

미가잘라여, 몸으로 인식되는 감촉들이 있으니…

미가잘라여, 마노로 인식되는 법들이 있으니… 미가잘라여, 즐김이 일어나는 것이 바로 괴로움의 일어남이라고 나는 말한다."

5. "미가잘라여, 눈으로 인식되는 형색들이 있으니, 원하고 좋아하고 마음에 들고 사랑스럽고 감각적 욕망을 짝하고 매혹적인 것들이다. 만일 비구가 그것을 즐기지 않고 환영하지 않고 묶여 있지 않으면 그가 그것을 즐기지 않고 환영하지 않고 묶여있지 않기 때문에 즐김이 소멸한다. 미가잘라여, 즐

김이 소멸하는 것이 바로 괴로움의 소멸이라고 나는 말한다."

6. 그때 미가잘라 존자는 세존의 말씀을 기뻐하고 감사드린 뒤 자리에서 일어나 세존께 절을 올리고 오른쪽으로 세 번 돌아 경의를 표한 뒤 물러갔다.

7. 그때 미가잘라 존자는 혼자 은둔하여 방일 하지 않고 열심히 스스로 독려하며 지냈다. 그는 오래지 않아 좋은 가문의 아들들이 집에서 나와 출가하는 목적인 그 위없는 청정범행의 완성을 지금, 여기서 스스로 최상의 지혜로 알고 실현하고 구족하여 머물렀다. '태어남은 다했다. 청정범행은 성취되었다. 할 일을 다 해 마쳤다. 다시는 어떠한 존재로도 돌아오지 않을 것이다.'라고 최상의 지혜로 알았다.

8 미가잘라 존자는 아라한들 중의 한 분이 되었다.

✳ 라다 경. Radha-s(S35:76)

2. 그때 라다 존자가 세존께 다가갔다. 가서는 세존께 절을 올리고 한 곁에 앉았다. 한 곁에 앉은 라다 존자는 세존께 이렇게 말씀드렸다.

3. "세존이시여, 세존께서는 제게 간략한 법을 설해주시면 감사하겠습니다. 그러면 저는 세존으로부터 법을 들은 뒤 혼자 은둔하여 방일하지 않고 열심히, 스스로 독려하며 지내고자 합니다."

4. "라다여, 무상한 것에 대한 그대의 욕구를 버려야 한다. 라다여, 그러면 무엇이 무상한 것인가? 라다여, 눈은 무상하다. 여기에 대한 그대의 욕구를 버려야 한다. 형색은 무상하다.… 눈의 알음알이는 무상하다.… 눈의 감각접촉은 무상하

다.… 눈의 감각접촉을 조건으로 하여 일어나는 즐겁거나 괴롭거나 괴롭지도 즐겁지도 않은 느낌은 무상하다. 여기에 대한 그대의 욕구를 버려야 한다.

귀는 무상하다. 소리는… 귀의 알음알이는… 귀의 감각접촉은… 느낌은…

코는 무상하다… 냄새는 무상하다… 코의 알음알이는 무상하다… 코의 감각접촉은… 느낌은…

혀는 무상하다… 맛은 무상하다… 혀의 알음알이는… 혀의 감각접촉은… 느낌은 무상하다.…

몸은 무상하다.… 감촉은… 몸의 알음알이는… 몸의 감각접촉은… 느낌은 무상하다.…

마노[의意]는 법은… 마노의 알음알이는… 마노의 감각접촉은… 마노의 감각접촉을 조건으로 하여 일어나는 즐겁거나 괴롭거나 괴롭지도 즐겁지도 않은 느낌은 **무상**하다. 여기에 대한 그대의 욕구를 버려야 한다.

라다여, **무상**한 것에 대한 그대의 욕구를 버려야 한다.” …
… … … … … … …

라다여, **무아**인 것에 대한 그대의 욕구를 버려야 한다.”

✽ 공한 세상 경. Sunnataloka-s(S35:85)

2. 그때 아난다 존자가 세존께 다가갔다. 가서는 세존께 절을 올리고 한 곁에 앉았다. 한 곁에 앉은 아난다 존자는 세존께 이렇게 여쭈었다.

3 “세존이시여, ‘공한 세상, 공한 세상’이라고들 합니다. 도대체 왜 공한 세상이라고 합니까?”

4. "아난다여, 자아나 자아에 속하는 것이 공하기 때문에 공한 세상이라고 한다. 아난다여, 그러면 무엇이 자아나 자아에 속하는 것이 공한 것인가?

아난다여, 눈은 자아나 자아에 속하는 것이 공한 것이다. 형색은… 눈의 알음알이는… 눈의 감각접촉은… 눈의 감각접촉을 조건으로 하여 일어나는 즐겁거나 괴롭거나 괴롭지도 즐겁지도 않은 느낌은 자아나 자아에 속하는 공한 것이다.

귀는… 소리는… 귀의 알음알이는… 귀의 감각접촉은… 느낌은…

코는… 냄새는… 코의 알음알이는… 코의 감각접촉은… 느낌은…

혀는… 맛은… 혀의 알음알이는… 혀의 감각접촉은… 느낌은…

몸은… 감촉은… 몸의 알음알이는… 몸의 감각접촉은… 느낌은…

마노[意]의 법은… 마노의 알음알이는… 마노의 각각접촉은… 마노의 감각접촉을 조건으로 하여 일어나는 즐겁거나 괴롭거나 괴롭지도 즐겁지도 않은 느낌은 자아나 자아에 속하는 것이 공한 것이다."

아난다여, 자아나 자아에 속하는 것이 공하기 때문에 공한 세상이라 한다."

✽ 동요 경. Eja-s(S35:90)

2. "비구들이여, 동요는 병이요, 동요는 종기요, 동요는 쇠살이다. 비구들이여, 그러므로 여기 여래는 쇠살을 뽑아 버리

고 동요 없이 머문다.”

3. “비구들이여, 그러므로 만일 비구가 원하기를 ‘나는 쇠살을 뽑아버리고 동요 없이 머무르리라.’ 한다면 그는 눈을 사량(思量)하지 않아야 하고, 눈에서 사량하지 않아야 하고, 눈으로부터 사량하지 않아야 하고, ‘눈은 나의 것이다.’라고 사량하지 않아야 한다.

형색을… 눈의 알음알이를… 눈의 감각접촉을… 눈의 감각접촉을 조건으로 하여 일어나는 즐겁거나 괴롭거나 괴롭지도 즐겁지도 않은 느낌을 사량하지 않아야 하고, 이것에서 사량하지 않아야 하고, 이것으로부터 사량하지 않아야 하고, ‘이것은 나의 것이다.’라고 사량하지 않아야 한다.

귀를… 소리를… 귀의 알음알이를… 귀의 감각접촉을… 느낌을…

코를… 냄새를… 코의 알음알이를… 코의 감각접촉을… 느낌을…

혀를… 맛을… 혀의 알음알이를… 혀의 감각접촉을… 느낌을…

몸을… 감촉을… 몸의 알음알이를… 몸의 감각접촉을… 느낌을…

마노[意]를 사량하지 않아야 하고, 마노에서 사량하지 않아야 하고, 마노로부터 사량하지 않아야 하고, ‘마노[의식]는 나의 것이다.’라고 사량하지 않아야 한다. 법을… 의식의 알음알이를… 의식의 감각접촉을… 의식의 감각접촉을 조건으로 하여 일어나는 즐겁거나 괴롭거나 괴롭지도 즐겁지도 않은 느낌을 사량하지 않아야 하고 이것에서 사량하지 않아야 하고,

이것으로부터 사량하지 않아야 하고, '이것은 나의 것이다.'라
고 사량하지 않아야 한다."

4. "그는 일체를 사량하지 않아야 하고, 일체에서 사량하지
않아야 하고, 일체로부터 사량하지 않아야 하고. '일체는 나의
것이다.'라고 사량하지 않아야 한다."

5. 그는 이와 같이 사량하지 않기 때문에 세상에 대해서 어
떤 것도 취착하지 않는다. 취착하지 않으면 갈증 내지 않는
다. 갈증 내지 않으면 스스로 완전히 열반에 든다. '태어남은
다했다. 청정범행은 성취되었다. 할 일을 다 해 마쳤다. 다시
는 어떤 존재로도 돌아오지 않을 것이다.'라고 꿰뚫어 안다. "

✷ 길들이지 않고 보호하지 않음 경. Adantagutta-s(S 35:94)

3. "비구들이여, 여섯 가지 감각접촉의 장소들을 길들이지
않고 보호하지 않고 제어하지 않고 단속하지 않으면 괴로움
을 실어 나른다. 무엇이 여섯인가?

비구들이여, 눈의 감각접촉의 장소이니 이를 길들이지 않고
보호하지 않고, 제어하지 않고, 단속하지 않으면 괴로움을 실
어 나른다.

비구들이여, 귀는… 코는… 혀는… 몸은… 의식은 감각접촉
의 장소이니 이를 길들이지 않고 보호하지 않고 제어하지 않
고 단속하지 않으면 괴로움을 실어 나른다.

비구들이여, 이러한 여섯 가지 감각접촉의 장소들을 길들이
지 않고 보호하지 않고 제어하지 않고 단속하지 않으면 괴로
움을 실어 나른다."

4. "비구들이여, 여섯 가지 감각접촉의 장소들을 길들이고

보호하고 제어하고 단속하면 행복을 실어 나른다. 무엇이 여섯인가?

"비구들이여, 눈은 감각접촉의 장소이니 이를 길들이고 보호하고 제어하고 단속하면 행복을 실어 나른다.

비구들이여, 귀는… 코는… 혀는… 몸은… 의식은 감각접촉이 장소이니 이를 길들이고 보호하고 제어하고 단속하면 행복을 실어 나른다.

비구들이여, 이러한 여섯 가지 감각접촉의 장소들을 길들이고 보호하고 제어하고 단속하면 행복을 실어 나른다."

5. 세존께서는 이렇게 말씀하셨다. 선서이신 스승께서는 이렇게 말씀하신 뒤 다시 게송으로 이와 같이 설하셨다.

"비구들이여, 여섯 가지 감각접촉의 장소들을
　단속하지 못하면 괴로움을 만나도다.
　그러나 이들의 단속을 잘 아는 자들은
　믿음을 동반자 삼아 타락하지 않고 지내도다.

　마음에 드는 형색들을 보거나
　마음에 들지 않는 것들을 보게 되면
　마음에 드는 것에 대한 애욕의 길은 없애야 하고
　'내 마음에 들지 않는다.'고
　그 마음을 더럽혀서 안 되리.

　사랑스럽거나 사랑스럽지 않은 소리를 듣고
　사랑스런 소리에 혹해서는 안 되고.
　사랑스럽지도 않은 것에 대해서는
　증오를 없애야 하나니.

366

'내 맘에 들지 않는다.'고
마음을 더럽혀서는 안 되리라.

향기롭고 마음을 끄는 냄새를 맡거나
불결하고 악취 나는 냄새를 맡고
악취 나는 것에 대해서는 저항을 없애야 하고
향기로운 것에 대해 욕망을 일으켜서는 안 되리.

달콤하고 감미로운 맛을 즐기거나
때로는 맛없는 음식을 먹더라도
감미로운 맛에 탐착하지 말고 먹어야 하며
맛없는 음식들을 혐오해서는 안 되리.

즐거운 감촉에 닿더라도 홀리지 않고
괴로운 것에 닿더라도 동요하지 않으면
즐겁고 괴로운 두 가지 감촉에 평온하여
어떤 것에도 끌리거나 거부하지 않으리.

사량분별 하는 인식을 가진 이런저런 인간들은
인식하면서 사량분별 하는 데 빠져 지내지만
세속에 의지한 모든 정신적 상태를 몰아내고
출리에 의지한 길을 걸어가야 하리.

이와 같이 마음이 여섯 가지를 잘 닦으면
닿더라도 마음은 어디서건 동요하지 않으리니
비구들이여, 그대들은 탐욕과 성냄을 지배하여
태어남과 죽음의 피안에 이른 자가 될지어다."

2. 그때 말룽까뿟따 존자가 세존께 다가갔다. 가서는 세존께 절을 올리고 한 곁에 앉았다. 한 곁에 앉은 말룽까뿟따 존자는 세존께 이렇게 말씀드렸다.

3. "세존이시여, 세존께서 제게 간략하게 법을 설해 주시면 감사하겠습니다. 그러면 저는 세존으로부터 법을 들은 뒤 혼자 은둔하여 방일하지 않고 열심히 스스로 독려하며 지내고자 합니다."

4. "말룽까뿟따여, 이미 늙어서 나이 들고 노쇠하고 연로하고 삶의 완숙기에 이른 그대가 이제야 여래에게 법을 간략하게 설해줄 것을 요청하니, 참으로 내가 젊은 비구들에게는 무엇을 설하겠는가?"

5. "선서시여, 저는 늙어서 나이 들고 노쇠하고 연로하여 삶의 완숙기에 이르렀습니다. 제게 간략하게 법을 설해 주소서, 참으로 저는 세존께서 말씀하신 뜻을 잘 이해할 것입니다. 참으로 저는 세존께서 해 주신 말씀의 성숙지가 될 것입니다."

6. "말룽까뿟따, 이를 어떻게 생각하는가? 그대가 보지 못했고 전에도 본 적이 없으며 지금 보지도 못하고 앞으로도 보지 못할, 눈으로 알아야 형색들이 있다면 그대는 그것들에 대한 욕망이나 탐욕이나 애정을 가지겠는가?"

"그렇지 않습니다. 세존이시여,"

7. "그대가 듣지 못했고 전에도 들은 적이 없으며 지금 듣지도 못하고 앞으로도 듣지 못할, 귀로 알아야 하는 소리들이 있다면 그대는 그것들에 대한 욕구나 탐욕이나 애정을 가지

겠는가?"

"그렇지 않습니다. 세존이시여."

8. "그대가 맡지 못했고 전에도 맡은 적이 없으며 지금 맡지도 못하고 앞으로도 맡지 못할, 코로 알아야 하는 냄새들이 있다면 그대는 그것들에 대한 욕구나 탐욕이나 애정을 가지겠는가?"

"그렇지 않습니다. 세존이시여."

9. "그대가 맛보지 못했고, 전에도 맛본 적이 없으며 지금 맛보지도 못하고 앞으로도 맛보지 못할, 혀로 알아야 하는 맛들이 있다면 그대는 그것들에 대한 욕구나 탐욕이나 애정을 가지겠는가?"

"그렇지 않습니다. 세존이시여."

10. "그대가 닿지 못했고 전에도 닿은 적이 없으며 지금 닿지도 못하고 앞으로도 닿지 못할, 몸으로 알아야 하는 감촉들이 있다면 그대는 그것들에 대한 욕구나 탐욕이나 애정을 가지겠는가?"

"그렇지 않습니다. 세존이시여."

11. "그대가 알지 못했고, 전에도 안 적이 없으며 지금 알지도 못하고 앞으로도 알지 못할, 의식으로 알아야 하는 법들이 있다면 그대는 그것들에 대한 욕구나 탐욕이나 애정을 가지겠는가?"

"그렇지 않습니다. 세존이시여."

12. "말룽까뿟따, 그대가 보고 듣고 감지하고 알아야 하는 법들에 대해서 볼 때는 단지 봄만이 있을 것이고, 들을 때는 단지 들음만이 있을 것이고 감지할 때는 단지 감지함만이 있

을 것이고 알 때는 단지 앎만이 있을 것이다.”

13. “말룽까뿟따, 그대가 보고 듣고 감지하고 알아야 하는 법들에 대해서 볼 때는 단지 봄만이 있을 것이고, 들을 때는 단지 들음만이 있을 것이고 감지할 때는 단지 감지함만이 있을 것이고 알 때는 단지 앎만이 있을 것이면 그대에게는 ‘그것에 의함’이란 것이 있지 않다. 말룽까뿟따여, ‘그것에 의함’이 있지 않으면 그대에게는 ‘거기에’라는 것이 있지 않다. 말룽까뿟따여, 그대에게 ‘거기에’가 있지 않으면 그대에게는 여기 [이 세상]도 없고 저기[저 세상]도 없고 이 둘의 가운데도 없다. 이것이 바로 괴로움의 끝이다.”

14. “세존이시여, 저는 세존께서 간략하게 말씀하신 뜻을 이렇게 자세하게 압니다.

형색을 보고 마음 챙김을 놓아버리고
아름다운 표상을 마음에 잡도리하는 자는
애욕에 물든 마음으로 그것을 경험하고
거기에 묶여 있습니다.
형색에서 생겨난 여러 가지 느낌들은
그에게서 증장하고.
마음을 어지럽히는 욕심과 불쾌함도 그러하나니
이처럼 괴로움을 쌓는 자에게
열반은 아주 멀다고 말합니다.

소리를 듣고 마음 챙김을 놓아버리고
아름다운 표상을 마음에 잡도리하는 자는
애욕에 물든 마음으로 그것을 경험하고
거기에 묶여 있습니다.

소리에서 생겨난 여러 가지 느낌들은
그에게서 증장하고
마음을 어지럽히는 욕심과 불쾌함도 그러하나니
이처럼 괴로움을 쌓는 자에게
열반은 아주 멀다고 합니다.

냄새를 맡고 마음 챙김을 놓아버리고
아름다운 표상을 마음에 잡도리 하는 자는…
감촉에 닿고 마음 챙김을 놓아버리고
아름다운 표상을 마음에 잡도리 하는 자는…
법을 알고 마음 챙김을 놓아버리고
아름다운 표상을 마음에 잡도리 하는 자는…

마음 챙기면서 형색을 보고
형색에 물들지 않는 자는
애욕에 물들지 않은 마음으로 그것을 경험하고
거기에 묶여 있지 않습니다.
그는 형색을 보고 아울러 느낌도 감수하지만
[괴로움은] 소멸하고 쌓이지 않나니
그는 이처럼 마음 챙기며 유행합니다.
이처럼 괴로움을 쌓지 않는 자에게
열반은 가깝다고 말하나이다.

마음을 챙기면서 소리를 듣고 소리에 물들지 않는 자는
애욕에 물들지 않은 마음으로 그것을 경험하고
거기에 묶여 있지 않습니다.

그는 소리를 듣고 아울러 느낌도 감수하지만
[괴로움은]소멸하고 쌓이지 않나니
그는 이처럼 마음 챙기며 유행합니다.
이처럼 괴로움을 쌓지 않는 자에게
열반은 가깝다고 말하나이다.

마음 챙기면서 냄새를 맡고 냄새에 물들지 않는 자는…
마음 챙기면서 맛을 보고 맛에 물들지 않는 자는…
마음 챙기면서 감촉에 닿고 감촉에 물들지 않는 자는…
마음 챙기면서 법을 알고
그것에 물들지 않는 자는
애욕에 물들지 않은 마음으로 그것을 경험하고
거기에 묶여 있지 않습니다.
그는 법을 알고 아울러 느낌도 감수하지만
[괴로움은] 소멸하고 쌓이지 않나니
그는 이처럼 마음 챙기며 유행합니다.
이처럼 괴로움을 쌓지 않는 자에게
열반은 가깝다고 말하나이다.
세존이시여, 저는 세존께서 간략하게 말씀하신 뜻을 이와 같이 자세하게 압니다.

15. 장하고 장하구나, 말룽까뿟따여, 그대는 내가 간략하게 말한 뜻을 자세하게 알았으니 참으로 장하구나.---

16. 그때 말룽까뿟따 존자는 세존의 말씀을 기뻐하고 감사드린 뒤 자리에서 일어나 세존께 절을 올리고 오른쪽으로 세 번 돌아 경의를 표한 뒤에 물러갔다.

17. 그때 말룽까뿟따 존자는 혼자 은둔하여 방일하지 않고

열심히, 스스로 독려하며 지냈다. -- '다시는 어떤 존재로도 돌아오지 않을 것이다.'라고 최상의 지혜로 알았다.

18. 말룽까뿟따 존자는 아라한들 중에 한 분이 되었다.

✻ 고닷따 경. Godatta-s(S41:7)⟨찟따장자⟩

1. 이와 같이 나는 들었다. 한때 고닷따 존자는 맛치까산다에서 망고 원림에 머물렀다.

2. 그때 찟따 장자가 고닷따 존자에게 다가갔다. 가서는 고닷따 존자에게 절을 올리고 한 곁에 앉았다. 한 곁에 앉은 찟따 장자에게 고닷따 존자가 이렇게 말했다.

3. "장자여, 무량한 마음의 해탈과 무소유 마음의 해탈과 공한 마음의 해탈과 표상 없는 마음의 해탈이라는 이러한 법들은 뜻도 다르고 문자도 다릅니까? 아니면 뜻은 하나이고 문자만 다릅니까?"

4. "존자시여, 여기에 하나의 방법이 있어서 이 방법에 의하면 이 법들은 뜻도 다르고 문자도 다릅니다. 그리고 다른 방법이 있어서 이 방법에 의하면 이 법들은 뜻은 하나이고 문자만 다릅니다."

5. "존자시여, 그러면 어떤 방법이 있어서 그 방법에 의하면 이 법들은 뜻도 다르고 문자도 다릅니까?

존자시여, 여기 수행자는 자애가 함께한 마음으로 한 방향을 가득 채우면서 머뭅니다. 그처럼 두 번째 방향을, 그처럼 세 번째 방향을, 그처럼 네 번째 방향을 가득 채우면서 머뭅니다. 이와 같이 위로, 아래로 주위로, 모든 곳에 모두를 자신처럼 여기고, 충만하고 광대하고 무량하고 원한 없고 악의 없고 자애가 함께한 마음으로 모든 세상을 가득 채우고 머뭅니다.

연민이 함께한 마음으로 … 더불어 기뻐함이 함께한 마음으로 … 평온이 함께한 마음으로 한 방향을 가득 채우면서 머뭅니다. 그처럼 두 번째 방향을, 그처럼 세 번째 방향을, 그처럼 네 번째 방향을 가득 채우면서 머뭅니다. 이와 같이 위로, 아래로, 주위로, 모든 곳에서 모두를 자신처럼 여기고, 충만하고 광대하고 무량하고 원한 없고 악의 없고 평온이 함께한 마음으로 모든 세상을 가득 채우고 머뭅니다. 존자시여, 이를 일러 무량한 마음의 해탈이라 합니다.”

6. “존자시여, 그러면 어떤 것이 무소유의 마음의 해탈입니까? 존자시여, 여기 수행자는 식무변처를 완전히 초월하여 ‘아무것도 없다.’라고 하면서 무소유처에 들어 머뭅니다. 존자시여, 이를 일러 무소유의 마음의 해탈이라고 합니다.”

7. “존자시여, 그러면 어떤 것이 공한 마음의 해탈입니까? 여기 수행자는 숲으로 가거나 나무 아래로 가거나 빈집으로 가서 ‘이것은 자아나 자아에 속하는 것이 공하다.’라고 숙고합니다. 존자여 이를 일러 공한 마음의 해탈이라고 합니다.”

8. “존자시여 그러면 어떤 것이 표상 없는 마음의 해탈입니까? 존자시여, 여기 수행자는 모든 표상들을 마음에 집중하지 않아서 표상 없는 마음의 삼매에 들어 머뭅니다. 존자시여, 이를 일러 표상 없는 마음의 해탈이라 합니다.”

9. “존자시여, 이런 방법이 있어서 이 방법에 의하면 이 법들은 뜻도 다르고 문자도 다릅니다.”

10. “존자시여, 그러면 어떤 방법이 있어서 그 방법에 의하면 이 법들은 뜻이 하나이고 문자만 다릅니까?”

11. "존자시여, 탐욕은 한계를 짓는 것이고 성냄과 어리석음은 한계를 짓는 것입니다. 번뇌를 다한 수행자는 이것들을 제거하였고 그 뿌리를 잘랐고 줄기만 남은 야자수처럼 만들었고 존재하지 않게 하였고 미래에 다시는 일어나지 않게끔 하였습니다. 존자시여, 어떠한 무량한 마음의 해탈이 있더라도 확고부동한 마음의 해탈이 그 가운데 으뜸이라고 일컬어집니다. 그런데 이 확고부동한 마음의 해탈은 탐욕이 공하고 성냄이 공하고 어리석음이 공합니다."

12. "존자시여, 탐욕은 무엇이 있는 것이고, 성냄은 무엇이 있는 것이고, 어리석음은 무엇이 있는 것입니다. 번뇌 다한 비구들은 이것들을 제거하였고 그 뿌리를 잘랐고 줄기만 남은 야자수처럼 만들었고 존재하지 않게 하였고 미래에 다시는 일어나지 않게끔 하였습니다.

존자시여, 어떠한 무소유의 마음의 해탈이 있더라도 확고부동한 마음의 해탈이 그 가운데서 으뜸이라고 일컬어집니다. 그런데 이 확고부동한 마음의 해탈은 탐욕이 공하고 성냄이 공하고 어리석음이 공합니다."

13. "존자시여, 탐욕은 표상들을 만드는 것이고, 성냄은 표상들을 만드는 것이고 어리석음은 표상들을 만드는 것입니다. 번뇌를 다한 수행자는 이것을 제거하였고 뿌리를 잘랐고 줄기만 남은 야자수처럼 만들었고 존재하지 않게 하였고 미래에 다시는 일어나지 않게끔 하였습니다.

존자시여, 어떠한 표상 없는 마음의 해탈이 있더라도 확고부동한 마음의 해탈은 탐욕이 공하고 성냄이 공하고 어리석음이 공합니다.

14. "존자시여, 이런 방법이 있어서 이 방법에 의하면 이 법들은 뜻은 하나이고 문자만 다릅니다."

15. "장자여, 그대는 심오한 부처님의 말씀에 정통한 통찰지의 눈[혜안慧眼]을 가졌으니 이것은 참으로 그대에게 이득입니다. 이것은 참으로 그대에게 큰 이득입니다."

[고닷따 존자는 사와티 대상의 집안에 태어났는데, 아버지의 뒤를이어 500대의 수레로 짐을 날라다 주는 일을 하였다고 한다. 그러다가 소가 사람소리로 말하는 것을 듣고 발심하여 출가하여 **아라한**이 되었다고 한다.

찟따 장자는 불환과(아나함)을 이루었다.]

✱ 나체수행자 깟사빠 경. Acelakassapa-s(S41:9)

2. 그 무렵 나체수행자 깟사빠가 맛치까산다에 도착했다. 그는 재가에 있을 때 찟따 장자의 오랜 친구였다. 찟따 장자는 재가에 있을 때 자신의 오랜 친구였던 나체수행자 깟사빠가 맛치까산다에 도착했다고 들었다.

그때 찟따 장자는 나체수행자 깟사빠에게 다가갔다. 가서는 나체수행자 깟사빠와 함께 환담을 나누었다. 유쾌하고 기억할 만한 이야기로 서로 담소를 나누고 한 곁에 앉았다. 한 곁에 앉은 찟따 장자는 나체수행자 깟사빠에게 이렇게 말했다.

3. "깟사빠 존자시여, 당신은 출가한지 얼마나 되었습니까?"

"장자여, 내가 출가한지 30년이 되었습니다."

"존자시여, 그러면 당신은 이 30년 동안에 인간의 법을 초월하고 성자들에게 적합한, 지(知)와 견(見)의 특별함을 증득하여 편안하게 머무르십니까?"

376

"장자여, 나는 이 30년 동안에 인간의 법을 초월하고 성자들에 적합한, 지와 견의 특별함을 그 어떤 것도 증득하지 못했고 편안하게 머무르지도 못합니다. 단지 나체로 살고 머리를 깎고 자리를 터는 불자(拂子)를 가지고 있을 뿐입니다."

4. 이렇게 말하자 찟따 장자는 나체수행자 깟사빠에게 이렇게 말했다.

"경이롭습니다. 존자시여, 존자시여, 얼마나 법이 잘 설해졌으면 30년 동안에 인간의 법을 초월하고 성자들에게 적합한, 지와 견의 특별함을 그 어떤 것도 증득하지 못했고 편안하게 머무르지도 못하며, 단지 나체로 살고 머리를 깎고 자리를 터는 불자(拂子)를 가지고 있을 뿐이라니요!"

5. "장자여, 그러면 그대는 얼마나 오랫동안 재가신도로 있었습니까?"

"존자시여, 제가 재가신도가 된지도 30년이 되었습니다."

"장자여, 그러면 그대는 이 30년 동안에 인간의 법을 초월하고 성자들에게 적합한 지와 견의 특별함을 증득하여 편안하게 머무릅니까?"

"존자시여, 어찌 그렇지 않겠습니까? 존자시여, 저는 원하기만 하면 감각적 욕망들을 완전히 떨쳐버리고 해로운 법들을 떨쳐버린 뒤, …초선(初禪)에 들어 머뭅니다.

존자시여, 저는 원하기만 하면 일으킨 생각과 지속적인 고찰을 가라앉혔기 때문에 …제2선(二禪)에 들어 머뭅니다.

존자시여, 저는 원하기만 하면 희열이 빛바랬기 때문에 …제3선(三禪)에 들어 머뭅니다.

존자시여, 저는 원하기만 하면 행복도 버리고 괴로움도 버리고…제4선(四禪)에 들어 머뭅니다.

존자시여, 만일 제가 세존보다 먼저 죽는다면 세존께서 저를 두고 '찟따 장자에게는 이 세상으로 다시 돌아오게 될 그런 족쇄가 남아있지 않다.'라고 설명하시는 것은 경이로운 일이 아닙니다."

6. 이렇게 말하자 나체수행자 깟사빠는 찟따 장자에게 이렇게 말했다.

"경이롭습니다. 장자여, 놀랍습니다. 장자여, 얼마나 법이 잘 설해졌으면 흰 옷을 입은 재가자가 인간의 법을 초월하고 성자들에게 적합한, 지와 견의 특별함을 증득할 수 있고 편안하게 머무를 수 있다니요! 장자여, 나는 이 법과 율에 출가하고자 합니다. 구족계를 받고자 합니다."

7. 그러자 찟따 장자는 나체수행자 깟사빠를 데리고 장로 비구들에게로 갔다. 가서는 장로 비구들에게 이렇게 말했다.

"존자들이시여, 이 나체수행자 깟사빠는 재가에 있었을 때 저의 오랜 친구였습니다. 장로들께서는 이 사람을 출가시켜 주십시오. 구족계를 주십시오, 제가 이 사람의 의복과 탁발음식과 거처와 병구완을 위한 약품으로 성심을 다해 잘 보필하겠습니다."

8. 나체수행자 깟사빠는 이 법과 율에 출가하였고 구족계를 받았다. 구족계를 받은 지 얼마 되지 않아서 깟사빠 존자는 혼자 은둔하여 방일하지 않고 열심히, 스스로 독려하여 지냈다.

그는 오래지 않아 좋은 가문의 아들들이 집을 나와 출가하는 목적인 그 위없는 청정범행의 완성을 지금, 여기에서 스스로 최상의 지혜로 알고 실현하고 구족하여 머물렀다. '태어남은 다했다. 청정범행은 성취되었다. 할 일을 다 해 마쳤다. 다시는 어떤 존재로도 돌아오지 않을 것이다.'라고 최상의 지혜로 알았다.

9. 깟사빠 존자는 **아라한들 중**의 한 분이되었다.

[찟따 장자는 그 당시 불환과(아나함)이었다.]

✽ **라훌라 경**. Rahula-s(S.35:121)

2. 그때 세존께서 한적한 곳에서 홀로 앉아계시는 중에 문득 이런 생각이 일어났다.

'라훌라의 해탈을 무르익게 할 법들이 성숙했다. 나는 라훌라에게 가서 그가 번뇌들을 멸진하도록 더 높이 인도 하리라.'라고

3. 그때 세존께서는 오전에 옷매무새를 가다듬고 발우와 가사를 수하시고 걸식을 위해서 사왓티로 들어가셨다. 사왓티에서 걸식을 하여 공양을 마치시고 걸식에서 돌아오셔서 라훌라 존자를 불러서 말씀하셨다.

"라훌라야, 자리를 가지고 오라. 낮 동안의 한거를 위해서 장님들의 숲으로 가자꾸나."

"그렇게 하겠습니다. 세존이시여,"라고 라훌라 존자는 세존께 응답한 뒤 자리를 가지고 세존의 뒤를 따라갔다.

4. 그 무렵 수천 명의 천신들이 '오늘 세존께서 라후라 존자에게 번뇌들을 멸진하도록 더 높이 인도하실 것이다.'라고 생각하면서 세존의 뒤를 따라갔다.

그때 세존께서는 장님들의 숲으로 들어가셔서 어떤 나무

아래 자리를 마련하여 앉으셨다. 라훌라 존자도 세존께 절을 올리고 한 곁에 앉았다. 한 곁에 앉은 라훌라 존자에게 세존께서는 이렇게 말씀하셨다.

5. "라훌라여, 이를 어떻게 생각하는가? 눈은 항상한가, 무상한가?"

"무상합니다. 세존이시여,"

"그러면 무상한 것은 괴로움인가, 즐거움인가?"

"괴로움입니다. 세존이시여,"

"그러면 무상하고 괴로움이고 변하기 마련인 것을 두고 '이것은 내 것이다. 이것은 나다. 이것은 나의 자아다.'라고 관찰하는 것이 타당하겠는가?"

"그렇지 않습니다. 세존이시여,"

6. "라훌라여, 이를 어떻게 생각하는가? 형색은… 눈의 알음알이는… 눈의 감각접촉은… 눈의 감각접촉을 조건으로 하여 일어난 느낌에 포함된 것이나 인식에 포함된 것이나 심리현상들에 포함된 것이나 알음알이에 포함된 것은 항상한가, 무상한가?"

"무상합니다. 세존이시여,"

"그러면 무상한 것은 괴로움인가, 즐거움인가?"

"괴로움입니다. 세존이시여,"

"그러면 무상하고 괴로움이고 변하기 마련인 것을 두고 '이것은 내 것이다. 이것은 나다. 이것은 나의 자아다.'라고 관찰하는 것이 타당하겠는가?"

"그렇지 않습니다. 세존이시여,"

7. "귀는… 소리는… 귀의 알음알이는… 귀의 감각접촉은…

귀의 감각접촉을 조건으로 하여 일어난 느낌에 포함된 것이나 인식에 포함된 것이나 심리현상들에 포함된 것이나 알음알이에 포함된 것은 항상한가, 무상한가?"

8. "코는… 냄새는… 코의 알음알이는… 코의 감각접촉은… 코의 감각접촉을 조건으로 하여 일어난 느낌에 포함된 것이나 인식에 포함된 것이나 심리현상들에 것이나 알음알이에 포함된 것은 항상한가, 무상한가?"

9. "혀는… 맛은… 혀의 알음알이는… 혀의 감각접촉은… 혀의 감각접촉을 조건으로 하여 일어난 느낌에 포함된 것이나 인식에 포함된 것이나 심리현상들에 것이나 알음알이에 포함된 것은 항상한가, 무상한가?"

10. "몸은… 감촉은… 몸의 알음알이는… 몸의 감각접촉은… 몸의 감각접촉을 조건으로 하여 일어난 느낌에 포함된 것이나 인식에 포함된 것이나 심리현상들에 것이나 알음알이에 포함된 것은 항상한가, 무상한가?"

11. "마노[意]는… 법은… 마노의 알음알이는… 마노의 감각접촉은… 마노의 감각접촉을 조건으로 하여 일어난 느낌에 포함된 것이나 인식에 포함된 것이나 심리현상들에 것이나 알음알이에 포함된 것은 항상한가, 무상한가?"

"무상합니다. 세존이시여,"

"그러면 무상한 것은 괴로움인가, 즐거움인가?"

"괴로움입니다. 세존이시여,"

"그러면 무상하고 괴로움이고 변하기 마련인 것을 두고 '이것은 내 것이다. 이것은 나다. 이것은 나의 자아다.'라고 관찰하는 것이 타당하겠는가?"

"그렇지 않습니다. 세존이시여,"

12. "라훌라여, 이렇게 보는 잘 배운 성스러운 제자는 눈에 대해서도 염오하고 형색에 대해서도 염오하고 눈의 알음알이에 대해서도 염오하고 눈의 감각접촉에 대해서도 염오하고 눈의 감각접촉을 조건으로 하여 일어난 느낌에 포함된 것이나 인식에 포함된 것이나 심리현상들에 포함된 것이나 알음알이에 포함된 것에 대해서도 염오한다.

귀에 대해서도… 소리에 대해서도… 귀의 알음알이에 대해서도… 귀의 감각접촉에 대해서도… 포함된 것에 대해서도…

코에 대해서도… 냄새에 대해서도… 코의 알음알이에 대해서도… 코의 감각접촉에 대해서도… 포함된 것에 대해서도 …

혀에 대해서도… 맛에 대해서도… 혀의 알음알이에 대해서도… 혀의 감각접촉에 대해서도… 포함된 것에 대해서도 …

몸에 대해서도… 감촉에 대해서도… 몸의 알음알이에 대해서도… 몸의 감각접촉에 대해서도… 포함된 것에 대해서도 …

마노에 대해서도 염오하고 법에 대해서도 염오하고 마노의 알음알이에 대해서도 염오하고 마노의 감각접촉에 대해서도 염오하고 마노의 감각접촉을 조건으로 하여 일어나는 즐겁거나 괴롭거나 괴롭지도 즐겁지도 않은 느낌에 포함된 것이나 인식에 포함된 것이나 심리현상들에 포함된 것이나 알음알이에 포함된 것에 대해서도 염오한다.

염오하면 탐욕이 빛바래고, 탐욕이 빛바래므로 해탈한다. 해탈하면 해탈했다는 지혜가 있다. '태어남은 다했다. 청정범행은 성취되었다. 할 일을 다 해 마쳤다. 다시는 어떤 존재로도 돌아오지 않을 것이다.'라고 꿰뚫어 안다."

13. 세존께서는 이렇게 말씀하셨다. 라훌라 존자는 마음이 흡족해져서 세존의 말씀을 크게 기뻐하였다. 이 상세한 설명[수기授記]이 설해졌을 때 라훌라 존자는 취착이 없어져서 번뇌들로부터 마음이 해탈하였다.

14. 그리고 수천 명의 천신들에게는 '일어나는 법은 그 무엇이건 모두 소멸하기 마련인 법이다.'라는 티 없고 때가 없는 법의 눈[법안法眼]이 생겼다.

☞ [북방불교에서 진언(眞言)밀교(密敎)라고 하며 라훌라 존자에게 특별히 무엇인가 전했을 것으로 흔히들 알고 있지만, 진언이나 밀교는 없다. 니까야를 읽기 전까지만 해도 필자도 그렇게 알고 있었다.

그러나 특별한 법이 없고 누구나 바로 고집멸도(苦集滅道)와 색수상행식(色受想行識) 안이비설신의(眼耳鼻舌身意) 색성향미촉법(色聲香味觸法)의 무상과 괴로움과 무아를 설명했을 뿐, 이 보다 이다 더한 비법이나 비밀한 법은 없었다. 이것으로 깨달음을 얻는 것이다.]

✳ 바라드와자 경. Bharadvaja-s.(S35:127)

1. 이와 같이 들었다. 한때 삔돌라 바라드와자 존자가 꼬삼비에서 고시따 원림에 머물렀다.

2. 그때 우데나 왕이 삔돌라 바라드와자 존자에게 다가갔다. 가서는 삔돌라 바라드와자 존자와 함께 환담을 나누었다. 유쾌하고 기억할 만한 이야기로 서로 담소를 하고서 한 곁에 앉았다. 한 곁에 앉은 우데나 왕은 삔돌라 바라드와자 존자에게 이렇게 말했다.

3. "바라드와자 존자여, 무슨 원인과 무슨 조건 때문에 여기 젊은 비구들은 젊고 청춘이고 활기차며 머리칼이 검고 축복 받은 젊음을 구족한 초년의 나이에 감각적 욕망에 빠져보지 못한 채 동진(童眞)으로 출가한 뒤 감각적 욕망에 물들지 않고 살아있는 동안 더할 나위 없이 완벽하고 지극히 청정한 범행(梵行)을 닦고 오래오래 지켜나갑니까?"

4. "대왕이여, 아시는 분, 보시는 분, 그분 세존·아라한·정등각께서는 이렇게 말씀하셨습니다.

'오라, 비구들이여, 그대들은 어머니 연배의 여인들에게는 어머니라는 마음을 확립하라. 누이의 연배의 여인들에게는 누이라는 마음을 확립하라. 딸의 연배의 여인들에게는 딸이라는 마음을 확립하라.'

대왕이여, 이런 원인과 조건 때문에 여기 젊은 비구들은 젊고 청춘이고 활기차며 머리칼이 검고 축복 받은 젊음을 구족한 초년의 나이에 감각적 욕망에 빠져보지 못한 채 동진으로 출가한 뒤 감각적 욕망에 물들지 않고 살아있는 동안 더할 나위 없이 완벽하고 지극히 범행을 닦고 오래오래 지켜 나갑니다."

5. "바라드와자 존자여, 마음은 음란한 것입니다. 그래서 어떤 때는 어머니 연배의 여인들에 대해서도 음란한 생각이 일어나고 딸의 연배의 연인들에 대해서도 음란한 생각들이 일어납니다."

6. "대왕이여, 아시는 분, 보시는 분, 그분 세존·아라한·정등각께서는 이렇게 말씀하셨습니다.

'오라, 비구들이여, 그대들은 발바닥에서부터 위로 올라가며 그리고 머리카락에서부터 아래로 내려가며 이 몸은 살갗으로 둘러싸여 있고 여러 가지 깨끗하지 못한 것으로 가득 차 있음을 반조해야 한다. 즉 '이 몸에는 머리털 ·몸털·손발톱·이빨·살갗·살·힘줄·뼈·골수·콩팥·염통 간·늑막·지라·허파·창자·장간막·위·똥·쓸개즙·가래·고름·피·땀·굳기름·눈물·개기름·침·콧물·관절활액·오줌 등이 있다.'고

　대왕이여, 이런 원인과 이런 조건 때문에 물들지 않고 … 청정한 범행을 닦고 오래오래 지켜나갑니다."

　7. "바라드와자 존자여, 몸을 닦고 계를 닦고 마음을 닦고 통찰지를 닦은 비구들에게는 그것이 쉽습니다. 바라드와자 존자여, 그러나 몸을 닦지 못하고 계를 닦지 못하고 마음을 닦지 못하고 통찰지를 닦지 못한 비구들에게는 그것을 행하기가 어렵습니다. 오히려 어떤 때는 '나는 부정함을 마음에 집중하리라.'라고 생각하지만 아름답다고 보기 일쑤입니다."

　"바라드와자 존자여, 그러니 여기 젊은 비구들이 … 동진으로 출가한 뒤 감각적 욕망들에 물들지 않고 … 청정한 범행을 닦고 오래오래 지켜나가는 다른 원인과 다른 조건이 있습니까?"

　8. "대왕이여, 아시는 분, 보시는 분, 그분 세존·아라한·정등각께서는 이렇게 말씀하셨습니다.

　'오라, 비구들이여, 그대들은 감각의 대문을 잘 지키며 머물러라. 그대들은 눈으로 형색을 봄에 그 표상[전체상全體相]을 취하지 말며, 또 그 세세한 부분상[세상細相]을 취하지 말라. 만약 그대들이 감각기능이 제어되어 있지 않으면 욕심과 싫어하는 마음이라는 나쁘고 해로운 법들이 그대들에게 흘러들

어 올 것이다. 따라서 그런 그대들은 눈의 감각기능을 잘 단속하기 위해 수행하며, 눈의 감각기능을 잘 방호하고, 눈의 감각기능을 잘 단속하라.

귀로 소리를 들음에… 코로 냄새를 맡음에… 혀로 맛을 봄에… 몸으로 감촉을 느낌에… 마노[意]로 법을 지각함에 그 표상을 취하지 말고, 또 그 세세한 부분상을 취하지도 말라. 만약 그대들의 마노의 감각기능이 제어되어 있지 않으면 욕심과 싫어하는 마음이라는 나쁘고 해로운 법들이 그대들에게 흘러들어 올 것이다. 따라서 그런 그대들은 마노의 감각기능을 잘 단속하기 위해 수행하며, 마노의 감각기능을 잘 방호하고 마노의 감각기능을 잘 단속하라.'라고

대왕이여, 이런 원인과 이런 조건 때문에 여기 젊은 비구들은… 동진으로 출가한 뒤 감각적 욕망들에 물들지 않고… 청정범행을 닦고 오래오래 지켜나갑니다."

9. "바라드와자 존자여, 참으로 경이롭습니다. 바라드와자 존자여, 참으로 놀랍습니다. 아시는 분, 보시는 분, 그분 세존·아라한·정등각께서는 이렇게 좋은 말씀을 하셨습니다.

바라드와자 존자여, 이런 원인과 이런 조건 때문에 여기 젊은 비구들은 젊고 청춘이고 활기차며 머리칼이 검고 축복 받은 젊음을 구족한 초년의 나이에 감각적 욕망에 빠져보지 못한 채 동진으로 출가한 뒤 감각적 욕망에 물들지 않고 살아 있는 동안 더할 나위 없이 완벽하고 지극히 청정한 범행(梵行)을 닦고 오래오래 지켜나갑니다.… 바라드와자 존자께서는 저를 재가신자로 받아주소서, 오늘부터 목숨이 붙어 있는 그날까지 귀의하옵니다."

✷ **로힛짜 경.** Lohicca-s(S35:132)

1. 이와 같이 나는 들었다. 한때 마하깟짜나 존자는 아완띠에서 막까라까따의 밀림에 있는 초막에 머물렀다.

2. 그때 로힛짜 바라문에게는 많은 바라문 학도들이 도제로 있었는데 그들은 땔나무를 모으기 위해서 밀림에 있는 마하깟짜나 존자의 초막으로 다가갔다. 가서는 초막의 이곳저곳을 돌아다니고 쏘다니며 시끄럽게 떠들고 이런저런 장난질을 하면서 이렇게 말했다.

3. "까까머리 사문, 비천한 깜둥이들은 우리 조상의 발에서 태어난 자들인데, 그러면서도 미천한 부자들로부터 존경받고 존중받고 공경받고 숭상받는다네."

그때 마하깟짜나 존자는 승원 밖으로 나가서 바라문 학도들에게 이렇게 말했다.

"학도들이여, 그대들은 떠들지 말거라. 내가 그대들에게 법을 설해 줄 것이다."

이렇게 말하자 그 바라문 학도들은 침묵했다.

4. 그러자 마하깟짜나 존자는 바라문 학도들에게 게송으로 말했다.

"옛날을 기억하는 예전의 바라문들은
계행에 으뜸가는 자들이었도다.
그들은 감각의 대문을 잘 지키고 보호하였으며
그들은 분노를 잘 정복했도다.
옛날을 기억하는 그 바라문들은
법과 선(禪)을 기뻐하였도다.

그러나 요즘의 바라문들은 타락하여
'우리는 찬미하도다.'하면서도
족성에 의기양양하여 옳지 못한 짓을 저지르며
분노에 지배되고 여러 가지 몽둥이로 무장하여
약자에게 강자에게나 다 치근덕거리도다.

감각의 대문을 지키지 못하는 자에게
모든 서계(瑞戒)는 헛된 것이니
그것은 꿈에 얻은 재물과도 같도다.
금식, 땅바닥에 잠자기
새벽에 목욕하기, 삼베다 공부하기
거친 동물 가죽입기, 엉킨 머리, 더러움,
만뜨라, 세계, 의례의식, 고행.
위선적 행동, 굽은 지팡이, 목욕재계-
이러한 바라문들의 상징은
다만 세속적인 하찮은 수행일 뿐이로다.
마음이 잘 삼매에 들고 깨끗하고 흐리지 않으며
모든 존재들에 대해서 부드러운 것-
이것이 참으로 브라흐마를 증득하는 길이로다.”

5. 그러자 바라문 학도들은 화가 나고 마음이 언짢아서 로힛짜 바라문에게 갔다. 가서는 로힛짜 바라문에게 이렇게 말했다.

“존자는 아셔야 합니다. 사문 마하깟짜나가 바라문들의 **만뜨라**를 전적으로 모욕하고 경멸했습니다.”

6. 이렇게 말하자 로힛짜 바라문은 화가 나고 마음이 언짢아졌다. 그때 로힛짜 바라문에게 이런 생각이 들었다. ‘그런데

내가 학도들의 말만을 듣고 사문 마하깟짜나를 욕하고 비난하는 것은 나에게 어울리지 않는다. 그러니 나는 가서 직접 물어봐야겠다.'

그러자 로힛짜 바라문은 그 바라문 학도들과 함께 마하깟짜나 존자에게 갔다. 가서는 마하깟짜나 존자와 함께 환담을 나누었다. 유쾌하고 기억할 만한 이야기로 서로 담소를 하고서 한 곁에 앉았다. 한 곁에 앉은 로힛짜 바라문은 마하깟짜나 존자에게 이렇게 말했다.

7. "깟짜나 존자여, 나의 도제인 많은 바라문 학도들이 땔나무를 모으기 위해서 왔습니까?"

"바라문이여, 그대의 도제인 많은 바라문 학도들이 땔나무 모으기 위해서 왔습니다."

"깟짜나 존자여, 그런데 깟짜나 존자는 그 학도들과 어떤 대화를 나누었습니까?"

8. "바라문이여, 나는 그 학도들과 이런 대화를 나누었습니다.
'옛날을 기억하는 예전의 바라문들은
계행에 으뜸가는 자들이었도다.
… …
마음에 잘 삼매에 들고 깨끗하고 흐리지 않으며
모든 존재들에 대해서 부드러운 것-
이것이 참으로 브라흐마를 증득하는 길이로다.'
바라문이여, 나는 그 학도들과 이런 대화를 나누었습니다."

"깟짜나 존자는 감각의 대문들을 지키지 못하는 것을 말씀하셨습니다. 깟짜나 존자여, 어떻게 감각의 대문들을 지키지 못합니까?"

9. "바라문이여, 여기 어떤 자는 눈으로 형색을 보고 사랑스러운 형색에는 열중하고 사랑스럽지 않은 형색은 혐오합니다. 그는 마음 챙김을 확립하지 못한 채 머물고 제한되어 있습니다. 그리고 그는 이미 일어난 삿되고 해로운 법들이 남김없이 소멸되어버리는 마음의 해탈[심해탈心解脫]과 통찰지를 통한 해탈[혜해탈慧解脫]을 있는 그대로 꿰뚫어 알지 못합니다.

귀로 소리를 듣고 … 코로 냄새를 맡고 … 혀로 맛을 보고 … 몸으로 감촉을 느끼고 … 마노[의意]로 법을 지각하고 사랑스러운 대상에는 열중하고 사랑스럽지 않은 대상은 혐오합니다. 그는 마음 챙김을 확립하지 못한 채 머물고 제한되어 있습니다. 그리고 그는 이미 일어난 삿되고 해로운 법들이 남김없이 소멸되어버리는 마음의 해탈 통찰지의 해탈을 있는 그대로 꿰뚫어 알지 못합니다. 바라문이여, 이렇게 감각의 대문들을 지키지 못합니다."

10. "깟짜나 존자여, 참으로 경이롭습니다. 깟짜나 존자여, 참으로 놀랍습니다. 깟짜나 존자는 감각의 대문들을 지키지 못하는 자를 감각의 대문들을 지키지 못하는 자라고 말씀하셨습니다. 깟짜나 존자여, 어떻게 감각의 대문을 지킵니까?"

11. "바라문이여, 여기 어떤 자는 눈으로 형색을 보고 사랑스러운 형색에도 흘리지 않고 사랑스럽지 않은 형색에도 혐오하지 않습니다. 그는 마음 챙김을 확립하여 머물고 마음은 제한되어 있지 않습니다. 그리고 그는 이미 일어난 삿되고 해로운 법들이 남김없이 소멸되어버리는 마음의 해탈[심해탈心解脫]과 통찰지의 해탈[혜해탈慧解脫]을 있는 그대로 꿰뚫어 압니다.

귀로 소리를 듣고 … 코로 냄새를 맡고 … 혀로 맛을 보고
… 몸으로 감촉을 느끼고 … 마노[의意]로 법을 지각하고 사랑
스러운 대상에도 흘리지 않고 사랑스럽지 않는 대상도 혐오
하지 않습니다. 그는 마음 챙김을 확립하여 머물고, 마음은
제한되어 있지 않습니다. 그리고 그는 이미 일어난 삿되고 해
로운 법들이 남김없이 소멸되어버리는 마음의 해탈 통찰지의
해탈을 있는 그대로 꿰뚫어 압니다. 바라문이여, 이렇게 감각
의 대문들을 지킵니다."

12. ---이제 저는 세존에 귀의하옵고, 법과 비구 승가에 귀
의합니다. 오늘부터 목숨이 붙어 있는 그날까지 귀의합니다."

✽ 딸라뿌따 경. Talaputa-s(S42;2)

1. 이와 같이 나는 들었다. 한때 세존께서는 라자가하에서
대나무 숲의 다람쥐 보호구역에 머무셨다.

2. 그때 연극단장 딸라뿌다가 세존께 다가갔다. 가서는 세
존께 절을 올리고 한 곁에 앉았다. 한 곁에 앉은 연극단장 딸
라뿟따는 세존께 이렇게 여쭈었다.

3. "세존이시여, 스승들의 전통을 이어온 이전의 배우들이
말하기를 '무대에서나 집회장에서 진실이거나 거짓으로 대중
을 웃기고 즐겁게 하는 배우는 몸이 무너져 죽은 뒤에 파안
대소하는 신들의 동료로 태어난다.'라고 하는 것을 저는 들은
적이 있습니다. 여기에 대해서 세존께서는 어떻게 말씀하십
니까?"

"그만하라 단장이여, 그쯤에서 멈추어라. 여기에 대해서 묻
지 마라."

4. 두 번째로…

5. 세 번째로 연극단장 딸라뿟따는 세존께 이렇게 여쭈었다. "세존이시여, 스승들의 전통을 이어온 이전의 배우들이 말하기를 '무대에서나 집회장에서 진실이거나 거짓으로 대중을 웃기고 즐겁게 하는 배우는 몸이 무너져 죽은 뒤에 파안대소하는 신들의 동료로 태어난다.'라고 하는 것을 저는 들은 적이 있습니다. 여기에 대해서 세존께서는 어떻게 말씀하십니까?"

"참으로 내가 '그만하라, 단장이여, 그쯤에서 멈추어라. 여기에 대해서 내게 묻지 말라.'고 그대에게 말했건만 통하지 않는구나. 그렇지만 이제 그대에게 설명하리라."

6. "단장이여, 배우는 무대에서나 집회장에서 애욕을 여의지 못하고 애욕의 폭류에 묶여 있는 중생들의 애욕을 자극하는 것들을 공연하여 그들이 더욱더 애욕에 물들게 만든다. 단장이여, 배우들은 무대에서나 집회장에서 성냄을 여의지 못하고, 성냄의 폭류에 묶여 있는 중생들의 성냄을 더욱더 자극하는 것들을 공연하여 그들이 더욱더 성내도록 만든다.

단장이여, 배우들은 무대에서나 집회장에서 어리석음을 여의지 못하고, 어리석음의 폭류에 묶여 있는 중생들의 어리석음을 더욱더 자극하는 것들을 공연하여 그들이 더욱더 어리석도록 만든다. 그는 스스로도 도취하고 방일하고 남들도 도취하게 하고 방일하게 만든 뒤 몸이 무너져 죽은 뒤에 파안대소하는 **지옥에** 태어난다."

7. "그리고 만일 그가 '무대에서나 집회장에서 진실이거나 거짓으로 대중을 웃기고 즐겁게 하는 배우는 몸이 무너져 죽

은 뒤에 파안대소하는 신들의 동료로 태어난다.'라는 견해를 가졌다면 그것은 그릇된 견해이다. 단장이여, 그릇된 견해를 가진 자는 두 가지 태어날 곳 가운데 하나로 갈 것이라고 나는 말하나니, 그것은 지옥이거나 축생의 모태이다."

8. 이와 같이 말씀하시자 연극단장 딸라뿟따는 울면서 눈물을 흘렸다.

[세존께서는 다시 말씀하셨다.]

"단장이여, 참으로 내가 '그만하라, 단장이여, 단장이여, 그쯤에서 멈추어라. 여기에 대해서 내게 묻지 마라.'고 그대에게 말하지 않았던가?"

[연극단장은 말하였다]

"세존이시여, 저는 세존께서 그렇게 말씀하셨기 때문에 우는 것이 아닙니다. 세존이시여, 단지 제가 '무대에서나 집회장에서 진실이나 거짓으로 대중을 웃기고 즐겁게 하는 배우는 몸이 무너져 죽은 뒤에 파안대소하는 신들의 동료로 태어난다.'라고 말한, 스승들의 전통을 이어온 이전의 배우들에게 속임을 당하고 기만당하고 현혹되었기 때문에 우는 것입니다."

9. "경이롭습니다. 세존이시여, 경이롭습니다. 세존이시여, 마치 넘어진 자를 일으켜 세우시듯, 덮여 있는 것을 걷어내 보이시듯, 방향을 잃은 자에게 길을 가리켜 주시듯, 눈 있는 자가 형색을 보라고 어둠속에서 등불을 비추시듯, 세존께서는 여러 가지 방편으로 설해 주셨습니다. 저는 세존께 귀의하옵고 법과 비구승가에 귀의합니다. 세존이시여, 저는 세존의 곁에 출가하고자 합니다. 저는 구족계를 받고자 합니다."

10. 참으로 연극단장 딸라뿟따는 세존의 곁에서 출가하였고 구

족계를 받았다. 구족계를 받은 지 얼마 되지 않아서 딸라뿟따 존자는 혼자 은둔하여 방일하지 않고 열심히, 스스로 독려하며 지냈다.… 다시는 어떤 존재로도 돌아오지 않을 것이라고 최상의 지혜로 알았다. 딸라뿟따 존자는 아라한 중의 한분이 되었다.

✽ 뿐나 경. Punna-s(S35:88)

2. 그때 뿐나[부루나富樓那] 존자가 세존께 다가갔다. 가서는 세존께 절을 올리고 한 곁에 앉았다. 한 곁에 앉은 뿐나 존자는 세존께 이렇게 말씀드렸다.

3. "세존이시여, 세존께서 제게 간략하게 법을 설해 주시면 감사하겠습니다. 그러면 저는 세존으로부터 법을 들은 뒤 혼자 은둔하여 방일하지 않고 열심히, 스스로 독려하며 지내고자 합니다."

4. "뿐나여, 눈으로 인식되는 형색들이 있으니, 원하고 좋아하고 마음에 들고 사랑스럽고 감각적 욕망을 짝하고 매혹적인 것들이다. 만일 비구가 그것을 환영하고 묶여 있으면 그가 그것을 즐기고 환영하고 묶여 있기 때문에 즐김이 일어난다. 뿐나여, 즐김이 일어나는 것이 바로 괴로움의 일어남이라고 나는 말한다.

뿐나여, 귀로 인식되는 소리들이 있으니…

뿐나여, 코로 인식되는 냄새들이 있으니…

뿐나여, 혀로 인식되는 맛들이 있으니…

뿐나여, 몸으로 인식되는 감촉들이 있으니…

뿐나여, 마노로 인식되는 법들이 있으니… 뿐나여, 즐김이 일어나나는 것이 바로 괴로움의 일어남이라고 나는 말한다."

5. "뿐나여, 눈으로 인식되는 형색들이 있으니, 원하고 좋아하고 마음에 들고 사랑스럽고 감각적 욕망을 짝하고 매혹적인 것들이다. 만일 비구가 그것을 환영하고 묶여 있지 않으면 그가 그것을 즐기고 환영하고 묶여 있지 않기 때문에 즐김이 소멸한다. 뿐나여 즐김이 소멸하는 것이 바로 괴로움의 소멸이라고 나는 말한다.

뿐나여, 귀로 인식되는 소리들이 있으니…

뿐나여, 코로 인식되는 냄새들이 있으니…

뿐나여, 혀로 인식되는 맛들이 있으니…

뿐나여, 몸으로 인식되는 감촉들이 있으니…

뿐나여, 마노로 인식되는 법들이 있으니…

뿐나여, 즐김이 소멸하는 것이 바로 괴로움의 소멸이라고 나는 말한다."

6. "뿐나여, 나의 이러한 간략한 교계를 받아서 그대는 어떤 지방에서 머물려고 하는가?"

"세존이시여, 수나빠란따라는 지방이 있습니다. 저는 거기에서 머물 것입니다."

"뿐나여, 수나빠란따 사람들은 거칠다. 뿐나여, 수나빠란따 사람들은 험하다. 뿐나여, 만일 수나빠란따 사람들이 그대에게 욕설을 하고 험담을 하면 거기서 그대는 어떻게 할 것인가?"

"세존이시여, 만일 수나빠란따 사람들이 저에게 욕설을 하고 험담을 하면 저는 이렇게 여길 것입니다. '이 수나빠란따 사람들은 친절하구나, 수나빠란따 사람들은 참으로 친절하구나, 이들은 나에게 손찌검을 하지는 않는구나.'라고 세존이시여, 거기서 저는 그렇게 여길 것입니다. 선서시여, 거기서 저는 그렇게 여길 것입니다.”

“뿐나여, 만일 수나빠란따 사람들이 그대에게 손찌검을 하면 그대는 어떻게 할 것인가.?”

“세존이시여, 만일 수나빠란따 사람들이 저에게 손찌검을 하면 저는 이렇게 여길 것입니다. ‘이 수나빠란따 사람들은 친절하구나. 이들은 나를 흙덩이로 때리지는 않는구나.’라고. 세존이시여, 거기서 저는 그렇게 여길 것입니다. 선서시여, 거기서 저는 그렇게 여길 것입니다.”

“뿐나여, 만일 수나빠란따 사람들이 그대를 흙덩이로 때리면 그대는 어떻게 할 것인가?”

“세존이시여, 만일 수나빠란따 사람들이 저를 흙덩이로 때리면 저는 이렇게 여길 것입니다. ‘이 수나빠란따 사람들은 친절하구나. 수나빠란따 사람들은 참으로 친절하구나. 이들은 나를 몽둥이로 때리지 않는구나.’라고. 세존이시여, 거기서 저는 그렇게 여길 것입니다. 선서시여, 거기서 저는 그렇게 여길 것입니다.”

“뿐나여, 만일 수나빠란따 사람들이 그대를 몽둥이로 때리면 그대는 어떻게 할 것인가?”

“세존이시여, 만일 수나빠란따 사람들이 저를 몽둥이로 때리면 저는 이렇게 여길 것입니다. ‘이 수나빠란따 사람들은 친절하구나. 수나빠란따 사람들은 참으로 친절하구나. 이들은 나를 칼로써 때리지는 않는구나.’라고. … 저는 그렇게 여길 것입니다.”

“뿐나여, 만일 수나빠란따 사람들이 그대를 칼로써 때리면 그대는 어떻게 할 것인가?”

396

“세존이시여, 만일 수나빠란따 사람들이 저를 칼로써 때리면 저는 이렇게 여길 것입니다. ‘이 수나빠란따 사람들은 친절하구나. 수나빠란따 사람들은 참으로 친절하구나. 이들은 날카로운 칼로써 내 목숨을 빼앗아 가지는 않는구나.’라고. … 저는 그렇게 여길 것입니다.”

“뿐나여, 만일 수나빠란따 사람들이 그대를 칼로써 그대의 목숨을 빼앗아 간다면 어떻게 할 것인가?”

“세존이시여, 만일 수나빠란따 사람들이 날카로운 칼로써 저의 목숨을 빼앗아 간다면 저는 이렇게 여길 것입니다. ‘세존의 제자들 가운데는 몸이나 생명에 대해서 모욕을 당하고 혐오하게 되면 칼을 사용해서 자결하는 것을 구한다. 그러나 나는 이것을 구하지 않았는데도 칼을 사용하는 것을 만났구나.’라고 세존이시여, 거기서 저는 그렇게 여길 것입니다. 선서시여, 거기서 저는 그렇게 여길 것입니다.”

7. “장하구나, 뿐나여, 장하구나, 뿐나여, 그대는 이러한 자기 제어와 고요함을 구족하여 수나빠란따 지방에서 살 수 있을 것이다. 뿐나여, 그대가 적당하다고 생각하면 지금이 좋은 시간이구나.”

8. 그러자 뿐나 존자는 세존의 말씀을 기뻐하고 감사드린 뒤 자리에서 일어나 세존께 절을 올리고 오른쪽으로 세 번 돌아 경의를 표한 뒤 거처를 정돈하고 발우와 가사를 수하고 수나빠란따 지방으로 유행을 떠났다. 그는 차례대로 유행을 하여 수나빠란따 지방에 도착했다. 참으로 뿐나 존자는 수나빠란따 지방에서 머물렀다.

그때 뿐나 존자는 그곳에서 안거를 하면서 오백 명의 남자신도들이 생겼고, 오백 명의 여자 신도들이 생겼다. 그는 안거 도중에 세 가지 명지[三明]를 실현 하였다. 그리고 그 안거 도중에 뿐나 존자는 완전한 열반에 들었다.

9. 그때 많은 비구들이 세존께 다가갔다. 세존께 가서는 세존께 절을 올리고 한 곁에 앉았다. 한 곁에 앉은 비구는 세존께 이렇게 말씀드렸다.

"세존이시여, 간략하게 교계해 주신 적이 있는 좋은 가문의 아들 뿐나가 임종했습니다. 그의 태어날 곳은 어디이고 그는 어떤 경지에 도달하겠습니까?"

"비구들이여, 좋은 가문의 아들 뿐나는 현자다. 그는 법답게 도를 닦았다. 그는 법을 이유로 나를 성가시게 한 적이 없다. 비구들이여, 좋은 가문의 아들 뿐나는 완전한 열반에 들었다."

∗∗ '꾸시나라'사라쌍수 아래에서 열반에 드시니 대지는 고요로 적막하고 달빛은 교교하여 나뭇잎 반짝일 때, 부처님은 오른쪽 옆구리를 땅에 대시고, 고요히 선정에 들려할 때 '아난'은 슬피 울고 많은 신들과 하느님들도 슬퍼하였다.

∗ 대반열반경. Mahaparinibbana-s(D16)

5:4. 그때 우빠와나(Upavana)존자가 세존의 앞에 서서 세존께 부채를 부쳐드리고 있었다. 그러자 세존께서는 "비구여, 저리로 가거라. 내 앞에 서지 말라."고 하시면서 우빠와나 존자를 달가워하지 않으셨다.

----- 중략 -----

5:5. 그래서 아난다 존자는 세존께 이렇게 말씀드렸다. "세존이시여, 우빠와나 존자는 오랜 세월 세존의 시자였으며 항상 임석해 있었고 항상 곁에 모시고 살았습니다. 그런데 지금 세존께서는 마지막[임종] 시간에 이르러 '비구여, 저리로 가거라. 내 앞에 서지 말라.'고 하시면서 우빠와나 존자를 달가워 않으십니다. 세존이시여, 무슨 이유와 무슨 조건 때문에 세존께서 '비구여, 저리로 가거라. 내 앞에 서지 말라.'고 하시면서 우빠와나 존자를 달가워하지 않으시는 것입니까?"

"아난다여, 여래를 친견하기 위해 신들은 구시나라 근처에 있는 말라들의 실라 숲을 12요자나까지 가득 채우고, 대략 열 곳의 세계로부터 모여들었다. 이 지역은 머리카락 한 올이 들어갈 틈이 없을 정도로, 큰 위력을 지닌 신들로 채워지지 않은 곳이 없다.

아난다여, 신들은 이렇게 푸념하고 있다. '우리는 참으로 여래를 친견하기 위해서 멀리서 왔다. 참으로 드물게 여래·아라한·정등각께서는 세상에 태어나신다. 오늘밤 삼경에 그런 여래의 반열반이 있을 것이다. 그런데 이 <u>큰 위력을 가진 비</u>구가 세존의 앞에 서서 막고 있어서, 우리는 마지막[임종]시간에 여래를 친견할 수가 없구나.'라고"

5.6. "세존이시여, 그러면 세존께서는 어떠한 신들을 마음에 잡도리하십니까?"

"아난다여, 허공에서 [땅을 창조하여]땅의 인식을 가진 신들이 있나니, 그들은 머리칼을 뜯으면서 울부짖고 손을 마구 흔들면서 울부짖고 다리가 잘린 듯이 넘어지고 이리 뒹굴고 저리 뒹굴면서 '세존께서는 너무 빨리 반열반하려 하시는구나, 너무 빨리 선서께서는 반 열반하려 하시는구나, 너무 빨리 눈을 가진 분이 세상에서 사라지려 하시는구나.'라고 한다.

"아난다여, 땅에서 [땅을 창조하여]땅의 인식을 가진 신들이 있나니, 그들은 머리칼을 뜯으면서 울부짖고 손을 마구 흔들면서 울부짖고 다리가 잘린 듯이 넘어지고 이리 뒹굴고 저리 뒹굴면서 '세존께서는 너무 빨리 반열반하려 하시는구나, 너무 빨리 선서께서는 반 열반하려 하시는구나, 너무 빨리 눈을 가진 분이 세상에서 사라지려 하시는구나.'라고 한다.

그러나 애욕을 벗어난 신들은 마음챙기고 알아차리면서 '형성된 것들은 무상하다. 그러나 여기서[울부짖는다 해서] 무슨 소용이 있겠는가?'라고 한다."

[불설장아함경 제3권 유행경에서는 우빠와나 존자를 범마나(梵摩那)라고 부르고 있고. 내용은 유사하다.]

✱ 완전한 열반의 큰경. .Mahaparinibbana-s 127(D)

127. 세존께서 완전한 열반에 완전히 입멸하시자 동시에 몸의 털이 곤두서는 전율을 일으키는 대지의 진동이 일어나고 천둥이 내리쳤다. 세존께서 완전한 열반에 완전히 입멸하시자 **하느님** 싸함빠띠는 이와 같이 시를 읊었다.

"세상에 생존하는 것은
모두 몸을 버려야 한다.
마찬가지로 세상에서
견줄 수 없는 힘을 갖춘
올바로 원만히 깨달은 님

이 같은 스승, 여래께서
완전한 열반으로 입멸하셨다.

세존께서 완전한 열반에 완전히 입멸하시자 동시에 신들의 제왕 제석천도 이와 같은 시를 읊었다.
"형성된 것들은 참으로 무상하다.
생겨난 것은 사라지고야 만다.
생겨나고 사라지는 것들.
그것들의 지멸(至滅)이야말로 행복이다.

✻ 증일아함경 제 7권 16. 화멸품(火滅品)[2]

이와 같이 들었다.
어느 때 부처님께서는 사위국 기수급고독원에 계셨다. 그때 세존께서 모든 비구들에게 말씀하셨다.
"두 가지 열반의 세계가 있다. 어떤 것이 그 두 가지인가? 유여열반(有餘涅槃)의 세계와 무여열반(無餘涅槃)의 세계이니라.

어떤 것이 유여열반의 세계라고 하는가? 비구가 5하분결(下分結)을 없애고, 저 반열반(般涅槃)에 들어 이 세상에 다시는 돌아오지 않는 것을 곧 유여열반의 세계라 한다. 저 어떤 것을 무여열반(無餘涅槃)의 세계라고 하는가? 비구가 번뇌를 다 끊고 번뇌가 없어져서 마음이 해탈하고 지혜로 해탈하며 몸으로 증득하여 스스로 즐겁게 노닐며, '나고 죽음은 이미 다하고 범행은 이미 섰으며, 해야 할 일을 이미 마쳐 다시는 후세의 몸을 받지 않는다.'고 사실 그대로 알면, 이것이 무여열반의 세계라고 한다.

**∴ 부처님께서 마지막 유훈을 남기시니
'법을 등불 삼고, 법에 귀의하며 자신을 등불 삼고,
자신을 의지하라.' 의문이 나면 나의 가르침을 잘
살피라하시고 멸진정에 드시니 대지가 진동하고
달빛이 흐리니라.**

*** 대열반경.** Mahaparinibbana-s(D:16)2.26

*** 병 경.** Gilana-s(S47:9)[(D:16)과 동일한 내용]
〈자신과 법을 섬으로 삼고 귀의처로 삼아라.〉

2.26. "아난다여, 그러므로 여기서 그대들은 자신을 섬으로 삼고[자등명自燈明] 자신을 귀의처로 삼아[자귀의自歸依] 머물고 남을 귀의처로 삼아 머물지 말라. 법을 섬으로 삼고,[법등명法燈明] 법을 귀의처로 삼아[법귀의法歸依] 머물고 다른 것을 귀의처로 삼아 머물지 말라.

----- 중략 -----

아난다여, 그러면 어떻게 비구는 자신을 섬으로 삼고 자신을 귀의처로 삼아 머물고 남을 귀의처로 삼아 머물지 말라. 법을 섬으로 삼고, 법을 귀의처로 삼아 머물고 다른 것을 귀의처로 삼아 머물지 않는다.

비구들이여, 여기 비구는 몸에서 몸을 관찰하며[신수관身隨觀] 머문다. 세상에 대한 욕심과 싫어하는 마음을 버리면서 근면하게, 분명하게 알아차리고 마음챙기는 자 되어 머문다. 느낌에서 느낌을 관찰하며[수수관受隨觀]머문다. …마음에서 마음을 관찰하며[심수관心隨觀] 머문다.… 법에서 법을 관찰하며

[법수관法隨觀] 머문다. 세상에 대한 욕심과 싫어하는 마음을 버리면서 근면하게, 분명하게 알아차리고 마음 챙기는 자 되어 머문다.

아난다여, 이와 같이 비구는 자신을 섬으로 삼고 자신을 귀의처로 삼아 머물고 남을 귀의처로 삼아 머물지 않으며, 법을 섬으로 삼고, 법을 귀의처로 삼아 머물고 다른 것을 귀의처로 삼아 머물지 않는다.

아난다여, 누구든지 지금이나 내가 죽고 난 후에 자신을 섬으로 삼고 자신을 귀의처로 삼아 머물고 남을 귀의처로 삼아 머물지 않으며, 법을 섬으로 삼고, 법을 귀의처로 삼아 머물고 다른 것을 귀의처로 삼아 머물지 않으면서 공부 짓기를 원하는 비구들은 최고 중의 최고가 될 것이다.

✻ 자신을 섬으로 삼음 경. Attadipa-s(S,22:43)

3. "비구들이여, 자신을 섬으로 삼고[자등명自燈明] 자신을 귀의처로 삼아[자귀의自歸依] 머물고 남을 귀의처로 삼아 머물지 말라. 법을 섬으로 삼고,[법등명法燈明] 법을 귀의처로 삼아[법귀의法歸依] 머물고 다른 것을 귀의처로 삼아 머물지 말라.

비구들이여, 자신을 섬으로 삼고 자신을 귀의처로 삼아 머물고 남을 귀의처로 삼아 머물지 않으며, 법을 섬으로 삼고, 법을 귀의처로 삼아 머물고 다른 것을 귀의처로 삼아 머물지 않는 자들은 '근심·탄식·육체적 고통·정신적 고통·절망은 무엇으로부터 생기고 무엇으로부터 발생하는가?'라고 그 근원을 살펴보아야 한다.

4. "비구들이여, 그러면 근심·탄식·육체적 고통·정신적 고

통·절망은 무엇으로부터 생기고 무엇으로부터 발생하는가?

비구들이여, 여기 배우지 못한 범부는 성자들을 친견하지 못하고 성스러운 법에 능숙하지 못하고 성스러운 법에 인도되지 못하고 참된 사람들을 친견하지 못하고 참된 사람의 법에 능숙하지 못하여 물질[색色]을 자아라고 관찰하고, 물질을 가진 것이 자아라고 관찰하고, 물질이 자아 안에 있다고 관찰하고, 물질 안에 자아가 있다고 관찰한다.

그러나 그런 그의 물질은 변하고 다른 상태로 되어 간다. 그의 물질이 변하고 다른 상태로 되어 가기 때문에 그에게는 근심·탄식·육체적 고통·정신적 고통·절망이 일어난다.

그는 느낌[수受]을 자아라고 관찰하고, 느낌을 가진 것이 자아라고 관찰하고, 느낌이 자아 안에 있다고 관찰하고, 느낌 안에 자아가 있다고 관찰한다.

그러나 그런 그의 느낌은 변하고 다른 상태로 되어 간다. 그의 느낌이 변하고 다른 상태로 되어 가기 때문에 그에게는 근심·탄식·육체적 고통·정신적 고통·절망이 일어난다.

그는 인식[상想]… 심리현상들을[행行]…알음알이[식識]를 자아라고 관찰하고, 알음알이를 가진 것이 자아라고 관찰하고, 알음알이가 자아 안에 있다고 관찰하고, 알음알이 안에 자아가 있다고 관찰한다.

그러나 그런 그의 알음알이는 변하고 다른 상태로 되어 간다. 그의 알음알이는 변하고 다른 상태로 되어 가기 때문에 그에게는 근심·탄식·육체적 고통·정신적 고통·절망이 일어난다.

6. 비구들이여, 그러나 물질[색色]의 무상함과 변화와 빛바램과 소멸을 체득하여 '이전의 물질과 자금의 물질, 그 모든

물질은 무상하고 괴로움이고 변화하기 마련인 법이다.'라고
있는 그대로 바른 통찰지로 보는 자들은 근심·탄식·육체적
고통·정신적 고통·절망을 모두 버린다. 이런 것들을 버리면
갈증을 내지 않는다. 갈증을 내지 않으면 행복하게 머문다.
행복하게 머무는 비구를 [위빳사나의] 측면에서 삼독의 불이
꺼졌다고 한다.

비구들이여, 느낌[수受]의 … 인식[상想]의… 심리현상들을
[행행]…알음알이[식識]의 무상함과 변화와 빛바램과 소멸을
체득하여 '이전의 알음알이와 지금의 알음알이, 그 모든 알음
알이는 무상하고 괴로움이고 변화하기 마련인 법이다.'라고
있는 그대로 바른 통찰지로 보는 자들은 근심·탄식·육체적
고통·정신적 고통·절망을 모두 버린다. 이런 것들을 버리면
갈증을 내지 않는다. 갈증을 내지 않으면 행복하게 머문다.
행복하게 머무는 비구를 [위빳사나의] 측면에서 삼독의 불이
꺼졌다고 한다.

✳ 대반열반경. Mahaparinibbana-s(D:16) 6.1
〈여래의 마지막 유훈〉

6;1. 그때 세존께서 아난다 존자를 불러서 말씀하셨다. "아
난다여, 그런데 아마 그대들에게 '스승의 가르침은 이제 끝나
버렸다. 이제 스승은 계시지 않는다.'라는 이런 생각이 들지도
모른다. 아난다여, 그러나 그렇게 봐서는 안 된다. 아난다여,
내가 가고난 후에는 내가 그대들에게 가르치고 천명한 법과
율이 그대들의 스승이 될 것이다."

6:2. "아난다여, 그리고 지금 비구들은 서로를 모두 도반

(avuso)이라는 말로 부르고 있다. 그러나 내가 가고 난 후에는 그대들은 이렇게 불러서는 안 된다. 아난다여, 구참(舊參) 비구는 신참 비구를 이름이나 성이나 도반이라는 말로 불러야 한다. 그러나 신참 비구는 구참 비구를 존자(bhante)라거나 장로(ayasma)라고 불러야 한다."

6:3. "아난다여, 승가가 원한다면 내가 가고난 후에는 사소한 학습계목은 폐지해도 좋다."

6:4 "아난다여, 내가 가고난 후에 찬나 비구에게는 최고의 처벌을 주어야 한다."

"세존이시여, 그러면 어떤 것이 최고의 처벌입니까?"

"아난다여, 찬나 비구가 자기가 하고 싶은 대로 말하더라도 비구들은 그에게 말을 해서도 안 되고, 훈계해서도 안 되고, 가르쳐서도 안 된다."

(*찬나는 부처님이 출가할 때 마부였던 찬다카이다. 부처님이 성도(成道)후에 까삘라왓투를 방문하셨을 때 출가하였다. 그는 부처님과 법에 대하여 집착과 자만심이 너무 강하여 출가의 이익을 체득할 수 없다고 한다. 찬다 비구는 참회하고 열심히 정진하여 아라한이 되었다. 부처님의 자비이다.)

6:5. 세존께서 비구들을 불러서 말씀하셨다. "비구들이여, 어느 한 비구라도 부처나 법이나 승가나 도나 도 닦음에 대해서 의심이 있거나 혼란이 있으면 지금 물어라. 비구들이여, 그대들은 '우리의 스승은 면전에 계셨다. 그러나 우리는 세존의 면전에서 제대로 여쭈어 보지 못했다.'라고 나중에 자책하는 자가 되지 말라." 이렇게 말씀하셨지만 비구들은 침묵하고 있었다.(3번)

6:6. 아난다 존자는 세존께 이렇게 말씀드렸다.

"세존이시여, 참으로 경이롭습니다. 세존이시여, 참으로 놀랐습니다. 세존이시여, 이 비구 승가에는 부처님이나 법이나 승가나 도나 도닦음에 대해서 의심이 있거나 혼란이 있는 비구는 단 한명도 없다고 제게는 청정한 믿음이 있습니다."

6:7. 세존께서 비구들을 불러서 말씀하셨다. "참으로 이제 그대들에게 당부하노니, 형성된 것들은 소멸하기 마련인 법이다. 방일하지 말고 해야 할 바를 모두 성취하라." 이것이 여래의 마지막 유훈이다.

6:8. 그러자 세존께서 초선(初禪)에 드셨다. 초선에서 출정하신 뒤 제2선(禪)에 드셨다. 제 2선에서 출정하신 뒤 제 3선에 드셨다. 제 3선에서 출정하신 뒤 제 4선에 드셨다. 제 4선에서 출정하신 뒤 공무변처[무한 공간의 세계의 성취]에 드셨다. 공무변처의 증득에서 출정하신 뒤 식무변처[무한의식의 세계의 성취]에 드셨다. 식무변처의 증득에서 출정하신 뒤 무소유처[아무것도 없는 세계의 성취]에 드셨다. 무소유처의 증득에서 출정하신 뒤 비상비비상처[지각하는 것도 없고 지각하지 않는 것도 없는 세계의 성취]에 드셨다. 비상비비상처의 증득에서 출정하신 뒤 상수멸[느낌의 소멸]에 드셨다.

그러자 아난다 존자는 아누룻다 존자에게 이렇게 말하였다.

"아누룻다 존자시여, 세존께서는 반열반하셨습니까?"

"도반 아난다여, 세존께서는 반열반하시지 않았습니다. 상수멸에 드신 것입니다."

6:9. 그러자 세존께서는 상수멸의 증득에서 출정하신 뒤 비상비비상처에 드셨다. 비상비비상처의 증득에서 출정하신 뒤

무소유처에 드셨다. 무소유처의 증득에서 출정하신 뒤 식무변처에 드셨다. 식무변처의 증득에서 출정하신 뒤 공무변처에 드셨다. 공무변처의 증득에서 출정하신 뒤 제 4선에 드셨다. 제 4선에서 출정하신 뒤 제 3선에 드셨다. 제 3선에서 출정하신 뒤 제 2선에 드셨다. 제 2선에서 출정하신 뒤 제 3선에 드셨다. 제 3선에서 출정하신 뒤 제 4선에 드셨다. 제 4선에서 출정하신 뒤 바로 다음에 세존께서 반열반 하셨다.

6:10. 세존께서 반열반하시자 반열반과 함께 두려움과 공포의 전율을 일으키는 큰 지진이 있었으며 천둥번개가 내리쳤다.

∴ 멀리 외지에서 돌아온 상수제자
　　'깟사빠'는 관속에 계신 부처님을 뵙고자
　　생각하니 관에서 두발이 저절로 내보이니,
　　열반이란 삶도 아니요, 죽음도 아닌 초월된 것.
　　이것이 위대한 곽시쌍부(槨示雙趺)이니라.

＊ 대반열반경. Mahaparinibbana-s(D:16)6.21
　　〈불이 붙지 않는 이유〉

6.21. 그때 네 명의 말라의 수장들은 머리를 깎고 새 옷으로 갈아입고 '우리는 세존의 화장용 장작더미에 불을 붙이리라.' 라고 하였지만 불을 붙일 수가 없었다. 그러자 꾸시나라에 사는 말라들은 아누룻다 존자에게 이렇게 말했다.

"아누룻다 존자시여, 무슨 이유 때문에 우리 네 명의 말라들의 수장들이 머리를 깎고 새 옷을 갈아입고 '우리는 세존의 화장용 장작더미에 불을 붙이리라.'라고 하였지만 불을 붙일 수가 없습니까?"

"와셋타들이여, 그대들이 뜻하는 바와 신들이 뜻하는 바가 다르기 때문입니다."

"존자시여, 그러면 신들이 뜻하는 바는 무엇입니까?"

"와셋타들이여, 그대들이 뜻하는 바는 '우리는 세존의 화장용 장작더미에 불을 붙이리라.'는 것입니다. 와셋타들이여, 그러나 신들이 뜻하는 바는 '그분 마하깟사빠 존자가 500명의 많은 비구 승가와 함께 빠와로부터 꾸시나라로 통하는 대로를 따라 오고 있다. 마하깟사빠 존자가 세존의 발에 머리로 절을 하기 전에는 세존의 장작더미가 타지 말기를!'이라는 것입니다."

"존자시여, 그러면 신들이 뜻하는 바대로 하겠습니다."

6.22. 그때 마하깟사빠 존자가 꾸시나라의 마구따반다나라는 말라들의 탑묘에 있는 세존의 화장용 장작더미로 왔다. 와서는 한쪽 어깨가 드러나게 옷을 입고 합장하고 화장용 장작더미를 오른쪽으로 세 번 돌아 경의를 표한 뒤 발쪽을 열고* 세존의 발에 절을 올렸다.

함께 온 500명의 비구들도 한쪽 어깨가 드러나게 옷을 입고 합장하고 화장용 장작더미를 오른쪽으로 세 번 돌아 경의를 표한 뒤 발쪽을 열고 세존의 발에 머리로 절을 올렸다. 마하깟사빠 존자와 500명의 비구들이 절을 하자 세존의 화장용 장작불은 저절로 타올랐다.

❖[*마하깟사빠 존자는 세존의 발의 근처에 서서 신통지의 기초(abhinnapadaka)가 되는 삼매에 들었다가 출정해서 '열

가지 힘[十力]을 가지신 부처님의 두발이 500겹으로 싸인 천과 황금통과 장작더미를 둘로 열어 제치고, 우리의 제일 높은 머리에 놓이게 되기를'이라고 결심하였다. 이렇게 결심하는 마음과 더불어 500겹의 천을 둘로 제치고 마치 먹구름 사이에서 보름달이 나타나듯이 두발이 나왔다. 상좌부 주석서는 이것을 마하깟사빠의 신통력에 의해서 이루어진 것으로 설명하고 있다. 신통지는 항상 4선(禪)과 연결되어 있다.]

✽ 불설장아함경 제4권 [제1분]④ 유행경

"그때 대가섭은 5백 명의 제자를 데리고 파바국에서 오는 도중에 길에서 한 니건자(尼乾子)를 만났다. 그는 손에 문다라꽃(文陀羅花:우담발화)을 쥐고 있었다. 대가섭은 멀리서 니건자를 보고 가까이 가서 물었다.

"그대는 어디서 오십니까?"

"저는 구지성에서 옵니다."가섭은 또 물었다.

"그대는 우리 스승을 아십니까?"

"압니다."또 물었다.

"우리 스승은 살아 계십니까?"

"멸도하신지 벌써 7일이 지났습니다. 저는 거기서 오다가 이 하늘 꽃을 얻었습니다."

가섭은 이 말을 듣고 슬퍼하였다. 그때 5백 명의 비구들도 부처님께서 멸도 하셨다는 말을 듣고 모두 슬피 울면서 뒹굴고 부르짖으며 스스로 억제하지 못했다. 그들은 눈물을 닦으며 말했다.

"여래께서 멸도 하심이 어찌 이리도 빠른가. 세존께서 멸

410

도하심이 어찌 이리도 빠른가. 큰 법이 사라지고 가려짐이 어찌 이리도 빠른가? 중생은 영영 쇠하고 세간의 안목은 없어졌구나."

마치 큰 나무가 뿌리 채 뽑혀 가지들이 꺾인 것 같았고, 또 허리 잘린 뱀이 뒹굴고 헤매며 나아갈 길을 모르는 것 같았다.

----- 중략 -----

가섭은 모든 비구들에게 말했다.

"빨리 옷과 발우를 단속하라. 어서 쌍수가 있는 곳으로 가자. 화장하기 전에 도착하면 부처님을 뵐 수 있을 것이다."

모든 비구들은 대가섭의 말을 듣고 곧 자리에서 일어나 가섭을 모시고 따라갔다. 그리고 구시성으로 가서 니련선하를 건너 천관사에 도착했다. 가섭과 비구들은 아난이 있는 곳으로 가서 인사를 나누고 한쪽에 앉아 아난에게 말했다.

"우리들은 한 번만이라도 사리를 직접 뵙기 위해 화장하기 전에 도착했습니다. 어떻게 뵐 수 없겠습니까?"

아난이 대답했다.

"아직 화장하지 않았지만 다시 뵙기는 어렵습니다. 왜냐하면 부처님 몸은 벌써 향탕으로 목욕시켰고, 겁패로 몸을 두루 감되 5백 겹으로 차곡차곡 묶듯이 감싸고, 금관에 넣어 쇠곽에 안치하고, 전단향나무로 만든 덧관으로 그 겉을 싸서 덮었습니다. 그러므로 부처님 몸을 다시 뵙기가 어렵다는 것입니다."

가섭이 세 번이나 청했지만 아난은 처음과 같이 부처님 몸을 다시 뵙기가 어렵다고 대답했다. 대가섭은 향더미로 향해 걸어갔다. 바로 그때 부처님께서 겹곽[重槨]속에서 두 발을 나란히 내미셨는데, 발에 이상한 빛이 있었다. 가섭은 그것을 보고 이상히 여겨 아난에게 물었다.

"부처님 몸은 금빛인데 지금 발은 왜 이상합니까?"

아난이 대답했다.

"아까 어떤 노파가 못내 슬퍼하면서 앞으로 나아가 손으로 부처님 발을 어루만졌습니다. 그때 눈물이 그 위에 떨어졌기 때문에 그 빛이 이상한 것입니다."

가섭은 그 말을 듣고 매우 불쾌했다. 곧 향 더미를 향해 부처님의 사리에 예배했다. 4부중과 위의 모든 하늘도 동시에 예배했다. 이에 부처님의 발이 갑자기 사라졌다. 대가섭은 향 더미를 세 번 돌고 게송을 지어 말했다.

> 부처님께서는 짝할 데 없으신 분
> 거룩한 지혜 이루 헤아릴 수 없으니
> 짝할 데 없는 거룩한 지혜에
> 저는 이제 머리 조아려 예배합니다.
> 짝할 데 없는 높은 사문은
> 가장 높고 더러움 없네.
>
> 모니께서는 애욕의 가지를 끊고
> 큰 신선이며 천인 가운데 높은 이,
> 사람 중에서 제일의 영웅
> 저는 이제 머리 조아려 예배합니다.
>
> 고행(苦行)에는 짝할 이 없고

집착을 떠나 사람을 가르치시던
물듦도 없고 티끌도 때도 없는
위없는 어른[무상존無上尊]께 머리 조아립니다.

세 가지 때는 이미 다하고
공(空)하고 고요한 해를 즐기며
둘도 없고 또 견줄 데 없는
10력의 어른께 머리 조아립니다.

선서(善逝)는 가장 높으신 어른
양족존(兩足尊) 중에서도 높으니
4제(諦)와 지식(止息: 禪定)을 깨달은 사람
안온한 지혜 갖춘 이에게 머리 조아립니다.

모든 사문 중에서 가장 높으시며
삿됨을 돌이켜 바름에 들게 하셨던
세존께서 적멸(寂滅)을 보여주시니
고요한 그 자취에 머리 조아립니다.

번뇌도 없고 티도 틈도 없으시고
그 마음은 항상 적정(寂定)하여라
모든 티끌과 더러움을 없애신
때 없는 어른[무구존無垢尊]께 머리 조아립니다.

지혜의 눈은 한량이 없고
감로 같은 위엄 있는 말씀
과거에는 없었고 사의(思議)하기 어려워라.

짝할 이 없는 이께 머리 조아립니다.

외치는 소리는 사자가
숲속에서 두려워함이 없음 같고
악마를 항복받고 4성(姓)을 뛰어넘으시니
그러므로 머리 조아립니다.

큰 위엄과 덕이 있고 네 가지 변재를 갖춘 대가섭이 이 게
송을 설하고 나자 그때 그 화장 더미는 불을 붙이지 않았는
데도 저절로 탔다. 모든 말라 족 사람들이 서로 말했다.
"지금 불이 맹렬하게 타올라 불꽃이 너무 거세어 제어할
수 없다. 화장한 사리가 혹시 녹아버리지나 않았을까? 어디에
서 물을 구해 이 불을 꺼야할까?"
그때 화장 더미 곁에 불도를 독실하게 믿던 사라수신(娑羅
樹神)이 있었다. 그는 곧 신력(神力)으로써 화장 더미에 불을
껐다. 그대 모든 말라족 사람들은 또 서로 말했다.
"이 구시성 부근 12유순에 있는 향과 꽃을 모두 채취해 부
처님의 사리에 공양하자."

✻ 마하까 기적 경. Mahakapatihariya-s(S41:4)

✻ 잡아함경. 제21권 [571] **마하가경(摩訶迦經)**
〈아함경 내용은 상윳따니까야의 내용과 같으므로 아함경
　내용을 택했음.〉
이와 같이 들었다.
어느 때 부처님께서 암라부락 암라림에서 많은 상좌 비구
들과 함께 계셨다.

그때 질다라[찟따] 장자는 여러 장로 비구들이 있는 곳으로 나아가, 그 발에 머리를 조아려 예배하고 한쪽에 물러앉아 여러 상좌 비구들에게 아뢰었다.

"여러 존자들께서 목장에서 제 공양을 받아 주시기를 간절히 바랍니다."

그때 여러 상좌들은 잠자코 그 청을 받아들였다. 질다라[찟따] 장자는 여러 상좌들이 잠자코 그 청을 받아들인 줄을 알고, 자기 집으로 돌아가 밤새도록 음식을 장만하였다. 그리고 이른 아침에 자리를 펴고 사람을 보내어, 여러 상좌들에게 때가 되었음을 알리게 했다.

여러 상좌들은 가사를 입고 발우를 가지고, 목장에 있는 질다라[찟따] 장자의 집으로 가서 자리에 앉았다.

그때 질다라[찟따] 장자는 손수 여러 가지 음식을 공양하였다. 공양을 마친 뒤에 발우를 씻고 양치질을 마치자, 찟따 장자는 낮은 평상 하나를 깔고 상좌들 앞에 앉아 법을 들었다.

그때 여러 상좌들은 질다라[찟따] 장자를 위해 갖가지로 설법하여 가르쳐 보이고 기뻐하게 하였고, 자리에서 일어나 떠났는데, 질다라[찟따] 장자도 그 뒤를 따랐다. 여러 상좌들은 소락과 꿀을 배불리 먹은 데다 늦은 봄 더운 때라, 길을 걷기가 너무 힘들었다.

그 때에 마하가(摩訶迦)라는 하좌(下座 : 서열이 낮은) 비구는 여러 상좌들께 말하였다.

"오늘은 너무 덥습니다. 제가 구름과 비와 실바람을 일으키면 좋지 않겠습니까?"

여러 상좌들은 대답했다.

"그대가 그렇게 할 수 있으면 좋을 것입니다."

그때 마하가가 곧 삼매에 들어 그와 같이 정수의 신통을 발휘하자, 바로 구름이 일고 보슬비가 내리며 시원한 바람이 살랑살랑 사방에서 불어 왔다. 정사(精舍 : 절)문에 도착하자 존자 마하가가 여러 상좌들께 말하였다.

"이제 그만두어도 될까요?"

"그만 두어도 좋소."

그때 존자 마하가는 곧 신통을 그치고 자기 방으로 들어갔다.

그 때에 질다라[찟따] 장자는 이런 생각을 하였다.

'제일 낮은 서열의 비구도 이런 큰 신통을 부리는데 하물며 중간이나 상급의 비구는 어떠하겠는가?' 그리고는 곧 여러 상좌들 발에 예배하고 마하가 비구를 따라 그가 있는 방으로 가서 존자 마하가 발에 예배하고 한쪽에 물러 앉아 말했다.

"존자여, 저는 보통사람들을 뛰어 넘는 존자의 신통변화를 보고 싶습니다."

존자 마하가가 말했다.

"장자는 무서울 테니 보지 마십시오."

이와 같이 세 번을 청하였으나 세 번 다 허락하지 않았다. 장자는 그래도 거듭해서 존자의 신통변화 보기를 청하였다.

"당신은 잠깐 밖에 나가 마른 나무를 가져다 쌓은 뒤에 담요 한 장을 그 위에 덮으시오."

찟따 장자는 곧 지시대로 밖에 나가, 섶을 모아 더미를 만

416

들어 놓고 와서, 존자에게 말했다.

"섶을 쌓아 더미를 만들고 담요로 그 위에 덮었습니다."

그때 존자 마하가가 곧 화광삼매(火光三昧)에 들어, 자물쇠 구멍으로 불꽃을 내보내어, 불이 섶을 태워 섶 더미가 다 탔으나 오직 흰 담요만은 타지 않았다. 그리고 장자에게 말했다.

"당신은 이제 보았습니까?"

"보았습니다. 존자시여, 진실로 신기합니다."

"알아야 합니다. 이것은 다 방일하지 않은 데서 생긴 것이요, 방일하지 않은 것이 변한 것으로서, 방일하지 않기 때문에 아뇩다라삼먁삼보리를 얻는 것입니다. 그러므로 장자여, 이것이나 그 밖의 다른 공덕도, 모두 다 방일하지 않은 것이 근본이 되고, 방일하지 않은 것이 원인이며, 방일하지 않은 데서 생기고, 방일하지 않은 것이 변화한 것으로서, 방일하지 않기 때문에 아뇩다라삼먁삼보리와 그 밖의 다른 도품법(道品法)도 얻는 것입니다."

질다라[찟따] 장자는 존자 마하가에게 말했다.

"언제나 이 숲에 머물러 주십시오. 그러면 저는 마땅히 목숨을 다하도록 의복, 음식과 병에 따른 탕약을 공양하겠습니다."

그러나 존자 마하가는 가봐야 할 일이 있었기 때문에 그 청을 받아들이지 않았고, 질다라[찟따] 장자는 설법을 듣고 기뻐하면서, 곧 자리에서 일어나 예배하고 떠나갔다. [마하가경摩訶迦經]

**❖ 화광삼매에 드셔 불이 절로 지펴지니
사리가 8가마4말이 나왔으니,
이것이 쌍림열반상(雙林涅槃相)이니라.**

☞ 부처님의 곽시쌍부(槨示雙趺)와 8가마 4말인 팔곡(八
斛)사두(四斗)의 사리(舍利), 달마대사가 무덤에서 3년 만에
짚신 한 짝 갖고 나왔다는 척리상(隻履相), 그 외에 역대조사
님들의 특이한 열반에 대하여 소개하려면 사리(舍利)에 대한
소개를 간단히 해야겠다.

대만 인승사(人乘寺)주지 석대원(釋大願)스님의 저술『舍
利와 肉身』에 볼 것 같으면, 사리의 종류에 대하여 다음과
같이 나누고 있다.

1. 법신사리(法身舍利) 2. 생신사리(生身舍利) 3. 전신사리
(全身舍利) 4. 진신사리(眞身舍利) 5. 영골사리(影骨舍利) 6.
은골사리(隱骨舍利) 7. 의골사리(疑骨舍利) 8. 감생사리(感生
舍利) 9. 원생사리(原生舍利) 10. 신성사리(神聖舍利)등으로
나누는데, 대만의 자항스님 청엄스님 영묘스님 등, 위에서 설
명한 육신성도 스님들은 전신사리(全身舍利)에 해당한다.

신기사리(神奇舍利)에 대하여 석대원스님의 저술에 다음과
같이 설명하고 있다.

《한현종개불화법본내전(漢懸宗開佛化法本內傳)》에,『--때
에 불사리(佛舍利)가 오색광명을 발하는데, 곧바로 허공으로
솟아 보개(寶蓋)와 같이 선환(旋環)빙빙돔)하며, 대중들을 덮
고, 밝은 햇빛과 같이 덮고 있을 때, 마등법사(摩騰法師)가 몸
을 공중으로 높이 솟구쳐 공중에서 앉고, 누우며 신변(神變)

을 널리 나타낼 때, 하늘에서 꽃비가 내리고, 아름다운 천악(天樂)이 들리니 대중들이 모두 환희심(歡喜心)을 내었다.

　이 때 사공(司空)·양성(陽城)의 제후 유준(劉峻)과 모든 관리와 학자 서민 등 1,000여명이 출가했고, 사악제산(四嶽諸山) 도사(道士) 여혜통(呂惠通)등 6백3십명이 출가했고, 부녀자등 2백 3십 명도 출가했다.』

　부처님께서 열반하실 때, 사리가 팔곡사두(八斛四斗) 즉 8가마 4말 혹은 8만 4천개가 나왔다고 한다. 도저히 믿겨지지 않는 허무맹랑한 이야기 같은 불가사의한 일이다. 그러나 위의 내용을 본다면 100% 사실이라고 믿어야 한다.

　역대조사님들의 열반상이 필자의 저작, 〈**멋진 죽음과 개죽음**〉에 자세히 소개 돼있다. 조사님들 중에는 사리가 몇 자씩 쌓였다고 했을 때, 부처님 사리가 8가마 나왔다는 것은 조금도 의심의 여지가 없는 것이다.

　중국의 홍일(弘一)스님은 1천8백여 개의 사리가 나왔고, 1957년 장가활불(章嘉活佛)스님은 6천개가 넘는 사리가 나왔고, 1998년 중국 정원사(淨願寺)의 성지(聖智)노스님은 1만개가 넘는 사리가 나왔다. 고 한다.

　1966년 능해(能海)스님은 열반을 자재하여 다비 후 사리가 무수히 나왔으며, 기이(奇異)한 향내가 진동했다. 1991년 통원(通願)스님은 1만 1천개의 사리가 나왔고, 1996년 정여(淨如)스님은 오안(五顔) 육색(六色) 사리가 5천여 개 나왔다. 고 한다.

　무릇 탐욕의 소멸, 노여움의 소멸,
　어리석음의 완전한 소멸이 열반이다.

✳ 광채 경. Pajjota-sutta(S1:26)

"세상에는 네 가지 광채가 있나니
　다섯 번째 광채란 존재하지 않노라.
　낮에는 저 태양이 빛나고
　밤에는 저 달 역시 비추고 있네.
　불이 있어 밤낮 없이 빛을 발하나
　완전하게 깨달은 그 자야말로
　빛나는 것 가운데 으뜸이로니
　이 광명은 위없는 밝은 것이라."

세존의 시자소임을 맡아 본 분은 모두 여덟 분이었다.
① 마가사말라(Magasamala)
② 나기따(Nagita)
③ 우빠와나(Upavana) : 부처님이 열반에 들 무렵 부채로
　부처님을 부처 드리고 있었다. 그때 부처님은 우빠와나
　존자에게 '저리로 가거라. 내 앞에서 서지 말라.'고 하셨
　다. (한역애선 범마나(梵摩那)라 부름)
④ 수낙캇따(Sunakkhatta)
⑤ 사미라 불린 쭌다(Cunda)
⑥ 사가따(Sagata)
⑦ 메기야(Meghiya)
⑧ 아난다(Ananda)

❖ 부처님은 욕계·색계·무색계의 큰 스승이시며,
　난생·태생·습생·화생의 자비로운 아버지니라,
　화생은 신들과 귀신들, 천신인 하느님도
　화생이므로 신들이나 하느님도
　부처님 자식이며 제도 받을 자,
　만유의 스승이며 만생의 자비로운 아버지이니라.

☞ 욕계 색계 무색계는 앞머리 불교의 우주관에서 자세히 밝혔지만, 간략하게 다시 한 번 집고 넘어간다.

세계(世界)란, 삼세(三世)와 삼계(三界)를 일컫는 말이다. 세계란 불교의 고유 용어이며 우주관이다. 삼세란 시간을 나타내는 단위로 과거 현재 미래를 말하는 것이며, 삼계란 욕계(欲界) 색계(色界) 무색계(無色界)를 말하는 것으로 공간을 의미한다. 우리는 무한 공간에서 시간의 흐름 속에 중생들이 변화하며 살아간다.

난생(卵生) 태생(胎生) 습생(濕生) 화생(化生)을 사생(四生)이라 한다. 난생이란 알에서 태어나는 모든 생명체인 중생들이며, 태생이란 태에서 태어나는 모든 중생들이며, 습생이란 습기에 의해서 태어나는 모든 생명체의 중생들이며. 화생이란 변화해서 태어나는 모든 중생들이다.

난생 태생 습생은 굳이 설명을 하지 않아도 알겠지만, 화생은 설명이 좀 필요하다. 천당이나 지옥이 본래부터 있던 것이 아니라, 끝없는 중생들의 반복적인 선악(善惡)과 변화의 삶에 의해서 만들어지는 것으로 거기에 정착하는 생명들이 지옥의 귀신이나 천상의 천신들이다. 혹은 떠돌이 객귀(客鬼)들은 굶주린 아귀(餓鬼)가 되는 것이다.

　부처님 당시에 인도에 존재했던 신(神)들은 추상적이거나 관념상에 추측으로 만들어진 것이 아니라, 많은 수행자들 힌두교의 거장들과 육사외도들까지도 그들의 나름대로의 수행으로 본 것들이며, 부처님과 제자들에 의하여 확실하고 정확하게 관찰되어 보여 졌고, 부처님께 제도 받은 신들이다.

　아함경이나 빠알리 장경인 니까야에 무수히 많은 신들이 등장하며 찬란한 빛과 아름다움으로 등장하며 부처님과 제자들에게 나타난다.

　신들의 왕인 인드라라고 하는 샤카와 브라만이라는 창조신과 비슈누라는 보존신과 시바라는 파괴신이 삼신(三神)이 되어왔다.

　전지전능하며 우주를 창조했다고 착각했던 이들 신들도 부처님께 교화되어 불교에 유입된다. 기독교에서 '여호와'라 신이 7일 만에 우주를 창조했다고 착각하는 무지한 인간들과는 다른 차원이다.

　예불문에 삼계도사(三界導師) 사생자부(四生慈父) 시아본사(是我本師) 석가모니불(釋迦牟尼佛)이라 한다. 삼계도사란 욕계의 지옥에서부터 천상까지의 중생들과 귀신과 신들, 색계천(色界天)의 하느님들과 무색계천(無色界天)의 하느님을 제도한 스승이란 뜻이며, 시아본사란, 우리의 본존이신 스승이란 뜻이며, 사생자부(四生慈父)란 알에서 태어나는 중생, 태에서 태어나는 중생, 습기에서 생기는 중생 변화해서 생긴 온갖 천신과 귀신들 또는 하느님의 어진 아버지라는 뜻이다.

422

<하느님이 되는 길>

✻ 서계의 조목 경 Vatapada(S11:11)

2. 세존께서 이렇게 말씀하셨다.

3. "비구들이여, 신들의 왕 삭까가 전에 인간이었을 때 그는 일곱 가지 서계의 조목을 완전하게 받아서 지켰다. 이것을 지켰기 때문에 그는 지금의 삭까의 지위를 얻게 되었다.

그러면 어떤 것이 일곱 가지 서계의 조목인가?

살아있는 한 나는 부모를 봉양할 것이다.

살아있는 한 나는 가문의 연장자를 공경할 것이다.

살아있는 한 나는 부드러운 말을 할 것이다.

살아있는 한 나는 중상모략을 하지 않을 것이다.

살아있는 한 나는 인색함의 때가 없는 마음으로 재가에 살고, 아낌없이 보시하고, 손은 깨끗하고, 주는 것을 좋아하고, 다른 사람의 요구에 반드시 부응하고, 보시하고 나누어 가지는 것을 좋아할 것이다.

살아있는 한 나는 진실할 것이다.

살아있는 한 나는 분노하지 않을 것이고 만일 내게서 분노가 일어나면 즉시에 그것을 없앨 것이다.

비구들이여, 신들의 왕 삭까가 전에 인간이었을 때 그는 일곱 가지 서계의 조목을 완전하게 받아서 지켰다. 이것을 지켰기 때문에 그는 지금의 삭까의 지위를 얻게 되었다.

4. "부모를 봉양하고

가문의 연장자를 공경하며

부드럽고 예의 바른 말을 하고

중상모략을 하지 않는 사람
인색함을 제거하고 진실을 말하고
분노를 정복한 사람
그를 삼십삼천의 신들은
참된 사람이라 부르느니라."

[삭까(Sakka, Sk. Sakra)는 중국에서 제석(帝釋) 혹은 석제(釋帝)로 음역되었고, 천주(天主:하느님)로 번역되기도 한 신이다. 즉 하느님이다]

✳ 불설장아함경 제20권[제4분]
8).도리천품(忉利天品)

하늘에게는 열 가지 법이 있다. 어떤 것이 열 가지 법이라 하는가?

첫째. 날아가는데 제한이 없는 것이며,

둘째. 날아오는데 제한이 없는 것이다.

셋째. 가는데 걸림이 없는 것이며,

넷째. 오는데 걸림이 없는 것이다.

다섯째. 하늘 신의 몸에는 피부·뼈·힘줄·피·살이 없는 것이며, 여섯째. 몸에 대 소변과 같은 더러운 곳이 없는 것이다.

일곱째. 몸이 극심하게 피로해지는 일이 없는 것이며, 여덟째. 천녀(天女)는 아이를 낳지 않는 것이다. 아홉째. 하늘신은 눈을 깜빡거리지 않는 것이며, 열째. 몸에서 마음대로 빛깔을 내는 나타내는 것이다. 푸른색을 좋아하면 푸른색을, 노란색을 좋아하면 노란색을, 등등 온갖 빛깔을 마음대로 나타낸다.

----- 중략 -----

　모든 비구들이여, 반딧불의 광명은 등불만 못하고, 등불의 광명은 횃불만 못하고, 횃불의 광명은 불더미만 못하고, 불더미의 광명은 사천왕의 궁전·성곽·영락·의복·몸빛의 광명만 못하다.

　사천왕의 광명은 삼십삼천의 광명만 못하고, 염마천의 광명만 못하고, 도솔천, 화자재천 타화자재천 범가이천 광음천 변정천 무상천 무열천 선견천 등의 광명은 부처님 광명만 못하다.

----- 중략 -----

　이와 같은 것을 중생이라 하고 이와 같은 것을 수명이라 하고 이와 같은 것을 세계라 하고, 이와 같은 것을 나고 죽고 하면서 여러 갈래 세계를 오고 가는 무리들이라 한다.

　일체 중생은 4식(食)으로 살아간다. 무엇을 네가지라고 하는가? 단식(搏食:뭉친 음식)과 세활식(細滑食)이 첫째이고, 촉식(觸食)이 두 번째이며, 염식(念食)이 세 번째이고, 식식(識食)이 네 번째이다. 저 중생들이 먹는 것이 같지 않다. 염부제 사람들은 여러 가지 밥, 밀가루, 어육 등 단식을 하고, 사천왕천 도리천 염마천 도솔천 화락천 타화자재천 등은 세활식(細滑食)을 한다.

　그 이상의 모든 하늘은 선정(禪定)의 희락(喜樂)을 음식으로 삼는다.

　어떤 중생이 촉식(觸食)을 하는가? 난생(卵生)의 중생은 촉식을 한다. 어떤 중생이 염식(念食)을 하는가? 어떤 중생은 생각[念]으로 인하여 생존할 수 있어 모든 근(根)이 증장하고 수명이 끊어지지 않는다. 이것을 염식이라 한다.

어떤 것이 식식(識食)인가? 지옥의 중생과 무색천(無色天)들이 먹은 것이니, 이것을 식식이라 한다.

----- 중략 -----

어떤 중생은 몸으로 나쁜 행동을 하고 입으로 나쁜 말을 하며 마음으로 나쁜 생각을 해 몸이 무너지고 목숨이 끝나면 **지옥**에 떨어진다.

이 후식(後識:죽기 전의 의식意識)은 멸하고, **지옥**의 초식(初識:죽은 후의 의식)이 생기며, 인식작용[識]으로 말미암아 이름과 색[名色]이 있고, 이름과 색[名色]으로 말미암아 여섯 감각기관[六根:눈, 귀, 코, 혀, 몸, 의식]이 있게 된다.

혹 어떤 중생은 몸으로 나쁜 행동을 하고 입으로 나쁜 말을 하며 마음으로 나쁜 생각을 해 몸이 무너지고 목숨이 끝나면 **축생** 가운데 떨어진다. 이 후식(後은 멸하고, **축생**의 초식(初識)이 생기며, 인식작용[식識]으로 말미암아 이름과 색[名色]이 있고, 이름과 색[名色]으로 말미암아 여섯 감각기관이 있게 된다. 혹 어떤 중생은 몸으로 착한 행동을 하고 입으로 착한 말을 하며 마음으로 착한 생각을 해 몸이 무너지고 목숨이 끝나면 **사람** 가운데 태어난다. 이 후식(後識)은 멸하고, **사람**의 초식(初識)이 생기며, 인식작용[識]으로 말미암아 정신과 물질[명색名色]이 있고, 정신과 물질[명색名色]로 말미암아 여섯 감각기관이 있게 된다.

혹 어떤 중생은 몸으로 착한 행동을 하고 입으로 착한 말을 하며 마음으로 착한 생각을 해 몸이 무너지고 목숨이 끝나면 **사천왕천**에 태어난다. 이 후식(後識)은 멸하고, **사천왕천**의 초식(初識)이 생기며, 인식작용[식識]으로 말미암아 이름과 색[명색名色]이 있고, 이름과 색[名色]으로 말미암아 여섯 감각기관이 있게 된다.

----- 중략 -----

부처님께서 비구들에게 말씀하셨다.

"모든 사람이 살고 있는 집에는 빈틈없이 귀신들이 가득 차 있다. 모든 큰 길, 작은 길, 뒷골목, 사거리와 백정의 장터 및 묘지에도 빈틈없이 귀신이 가득 차 있다.

무릇 귀신들은 다 그 의지하는 곳을 따라 곧 이름이 붙여 진다. 사람에 의지하면 사람을 이름으로 하고, 마을을 의자하 면 마을을 이름으로 하고, 마을·성(城)·나라·흙·산·강을 의 지하면 강 이름으로 한다.

모든 수목과 아주 작은 수레바퀴의 굴대에도 귀신이 의지 해 있어 빈틈이 없다. 모든 남자나 여자가 처음 태어날 때에 도 다 귀신이 있어 따라다니면서 옹호하고 만일 그가 죽으려 할 때에는 그를 수호하던 귀신이 그의 정기를 취하여 그 사 람은 죽게 된다.

열 가지 악업을 진 무리들 백이나 천이나 된다 해도 오직 〈한 귀신만의 수호〉를 받는다.

선업을 가춘 사람은 〈백 천의 신이 수호〉한다. 이 인연으로 세상 사람들은 귀신 때문에 장애를 받는 자도 있고, 귀신 때 문에 장애를 받지 않는 자도 있다."

☞ 〈한 귀신만의 수호〉를 받는 다는 것은 양떼의 무리가 많 아도 한 사람의 목동의 감시를 받는다는 것이며, 감옥에 죄수 가 많아도 한 사람의 간수(看守)가 지킨다는 뜻이며, 〈백 천 의 신이 수호〉한다는 것은 왕을 백 천의 대신이나 장군과 백

성이나 수호한다는 뜻이다.

〈맛지마 니가야 주석서〉는 신들은 세 종류가 있다.

인습적인 신들(sammuti-deva), 태생적인 신들(upapatti), 청정한 신들(visuddhi-deva)이다. 인습적인 신들이란 왕들과 왕비들과 왕자들을 말한다. 태생적인 신들이란 사대천왕의 신들을 포함하여 그보다 높은 신들이다. 청정한 신들이란 번뇌가 다한 아라한들이다.

✽✽ 부처님의 은혜는 바닷물을 모두 마시고 우주를 헤아린다 해도 그 공덕을 다 말할 수 없네.

찰진심념가수지(刹塵心念可數知)
대해중수가음진(大海中水可飮盡)
허공가량풍가계(虛空可量風可繫)
무능진설불공덕(無能盡說佛功德)
"생각으로 헤아려 모든 수를 다 안다 해도
모든 바닷물을 다 마신다 해도
허공을 가히 헤아려 묶고 엮는다 해도
부처님의 한량없는 공덕은 능히 말할 수 없네."

✽ 법화경의 여래수량품제 16에 보면

그때 부처님이 여러 보살과 모든 대중들에게 말씀하셨다.

『여러 선남자들아, 그대들은 여래의 진실하고 참된 말을 마땅히 믿고 이해하라』

또 대중들에게 말씀하셨다.

『그대들은 여래의 진실하고 참된 말을 마땅히 믿고 이해하라』

428

또 다시 대중들에게 말씀하셨다.

『그대들은 여래의 진실하고 참된 말을 마땅히 믿고 이해하라』

이때에 보살 대중에서 미륵보살이 우두머리가 되어 합장하고 부처님께 사뢰었다.

『세존이시여, 원컨대 말씀하옵소서. 저희들이 마땅히 부처님의 말씀을 믿겠나이다.』

이렇게 세 번 사뢰고 다시 말씀하였다.

『원컨대 말씀하옵소서. 저희들이 마땅히 부처님의 말씀을 믿겠나이다.』

이때 세존께서 보살들이 세 번 청하여 그치지 아니함을 아시고 말씀하셨다.

『그대들은 여래의 비밀하고 신통한 힘을 자세히 들으라. 모든 세간의 하늘과 사람과 아수라들이 모두 말하기를 「지금 석가모니불이 석가씨의 궁전에서 나와 가야성에서 멀지 아니한 도량에 앉아서 아뇩다라삼먁삼보리를 얻었다.」 하지마는, 그러나 선남자여 나는 참으로 성불한지가 한량없고 그지없는 백천만억 나유타 겁이니라. ----------

선남자들아, 이제 분명히 그대들에게 말하노니, 이 모든 세계에서 가는 티끌이 내리쳐졌거나 내리쳐지지 아니한 것을 모두 티끌을 만들어서 한 티끌로 한 겁을 삼는다 하여도 내가 성불한 지는 이보다도 더 지나기 백천만억 나유타 아승지 겁이니라.

이때부터 나는 이 사바세계에 항상 있으면서 법을 말하여 교화하였고 또 다른 세계의 백천만억 나유타 아승지 국토에서도 중생을 제도하여 이익케 하였느니라.--』

∴ 부처님의 수명은 한량없는 것,
  열반 또한 중생 교화를 위한 방편인 것을,
  하늘 위나 하늘 아래 부처님과 비교할 자 없으니,
  오직! 부처님 법 유일하며 깨달음이 유일하네.
  나무석가모니불. 나무석가모니불
  나무 시아본사 석가모니불
  sadhu!(사두) (3번)

☞부처님은 이미 생사가 없어졌는데, 수명이 무슨 소용이 있겠는가? 삶이다, 죽음이다, 하는 것은 중생들의 소견이니, 부처님의 출현도 부처님의 열반도 모두 부처님의 대자대비의 마음이 있을 뿐이다.

우리의 마음속에 자비심이 있다면 삼매의 힘이 있다면 부처님을 항상 친견하고 있는 것이다.

꾸준히 열심히 하고 있는 마음인 항심(恒心)이, 자신의 마음을 항복 받은 마음인 항심(降心)이 우리를 부처님 곁으로 인도하여 항시 열려 있는 마음엔 찬란한 부처님의 광명이 항상 하고 있다.

∴ 온도량이 깨끗하여 티끌없으니
  삼보님과 천용님들 강림하소서

☞ 꾸준히 하고 있는 마음인 항심(恒心)이 도량(道場)이요. 항복 받은 마음인 항심(降心)이 도량(道場)이다. 깨끗한 마음인 정심(淨心)이 도량이요. 바른 마음인 정심(正心)이 도량이요. 정진 하는 마음인 정심(精心)이 도량이요. 고요한

마음인 정심(定心)이 도량이이니, 어찌 부처님과 부처님의 가르침과 스승님들이 강림하지 않을 것이며. 천룡팔부 신장님들이 강림하지 않겠는가? 부처님께 귀의하고 부처님을 찬탄하면 신장님들과 사대천왕이 보호한다고 아따나띠야 경에 (D:32) 있다.

석가모니 부처님 수행 기도 성취 문을 읽는 모든 분들은 마음이 맑고 깨끗해져 뜻을 이룰 것이다.

❖ 제가이제 참된진리 실천하오니
크신자비 베푸시어 가호하소서

☞ 불교의 참된 진리란 무엇인가? 이제 부처님의 가르침이란 무엇인지, 이제 확실히 알았을 것이다.

1. 부처님은 삼법인을 말씀하셨다. 모든 것은 무상(無常)하다. 무상하니 괴로움[苦]이다. 괴로움에는 실체가 없다. 즉 무아(無我)이다.

2. 이것은 괴로움이다. 이것은 괴로움의 일어남이다. 이것은 괴로움의 소멸이다. 이것은 괴로움의 소멸의 길로 인도되는 도 닦음이다. 라는 사성제(四聖諦)인 고집멸도(苦集滅道)를.

3. 오온(五蘊)인 색(色;물질), 수(受:느낌), 상(想:인식, 지각), 행(行: 심리현상들, 지어감) 식(識: 알음알이, 의식)

4. 육근(六根)인 안(眼:눈), 이(耳:귀), 비(鼻:코), 설(舌:혀), 신(身:몸), 의(意:의식)

5. 육경(六境)인 색(色:색깔), 성(聲:소리), 향(香:냄새), 미(味:맛), 촉(觸:감촉), 법(法:이치)

6. 팔성도인. 바른 견해, 바른 사유, 바른 말, 바른 행위, 바른 생계, 바른 노력, 바른 집중, 바른 삼매, 이것을 잘 알고 실천하는 것이다.

설사 실천을 다 못해도 이것만을 알고 있는 것으로도 대단한 지혜가 생기는 것이며, 삶의 고통이나 괴로움을 이겨내는 힘이 생긴다. 부처님만 열심히 생각하며, **법회에 참석하여** 좋은 법문을 열심히 듣고 동참의식이 투철하여 불교를 홍보하는 것만으로도 청정한 삶이 향유되고 청정한 삶속엔 언제나 선신들이 옹호하며 천룡팔부신장님들이 언제나 강림하고 있다.

❋❋ 지난동안 제가지은 모든악업은
**　　시작없는 탐진치로 말미암아서**
**　　몸과 말과 뜻으로 지었사오니**
**　　제가이제 그모두를 참회합니다.**
**　　나무석가모니불(3회)**

☞ 악업이란 어리석음에서 비롯되는 것이다. 불교에서 가장 무서워하는 것이 무명(無明)이다. 확실하게 통철하게 아는 것에서 무명은 사라진다. 저 살인마 앙굴리말라도 무명이라는 어리석음에서 살인을 하지 않았는가!? 탐욕도 성냄도 무명에서 어리석음에서 비롯되는 것이니 부처님의 가르침을 확실히 알고 올바로 실천하는 것이 참회이다.

❖ 살생한 죄 참회하고 방생합니다.
　도적한 죄 참회하고 보시합니다.
　사음한 죄 참회하고 정행합니다.

☞ 살생하고 도적질 하고 사음하는 것은 몸으로 짓는 행위
이다.

✳ 좋은 경. Sadhu-s(S1:33)

"세존이시여, 보시란 참으로 좋은 것입니다.
　인색하고 방일하여 보시하지 않습니다.
　세존이시여, 보시란 참으로 좋은 것입니다.
　아울러, 적은 것일지라도 보시하는 것은
　좋은 것입니다.
　적게 가져도 어떤 자들은 나누어 가지고
　많이 가져도 어떤 자들 베풀려하지 않습니다.
　적게 가졌지만 베푸는 보시
　그 가치는 천 배는 되는 법입니다.
　세존이시여, 보시란 참으로 좋은 것입니다.
　적은 것일지라도 보시하는 것은 좋은 것입니다.
　아울러, 믿음으로 하는 보시도 좋은 것입니다.

　보시와 전쟁은 같다고 사람들은 말합니다.
　적은 수의 참된 사람 많은 것을 정복하기 때문이니
　만일 적은 것일지라도 믿음으로 보시하면
　이 때문에 저 세상에서 행복하게 됩니다.

✻ 중일아함경 제4권 10. 호심품(護心品)[3]

이와 같이 들었다.

어느 때 부처님께서 사위국 기수급고독원에 계셨다.

그때 세존께서 모든 비구들에게 말씀하셨다.

"신도들의 시주는 마땅히 공경해야 한다. 마치 자식이 부모에게 효순(孝順)하고 봉양하고 섬겨서 부모님의 몸을 오래 유익하게 하는 것처럼 너희들도 시주를 위하여 염부리(閻浮利 ; 지구)에 갖가지 이치를 나타내 주어야 한다." --중략--

그때 세존께서 곧 게송으로 말씀하셨다.

"**보시는 큰 재물을** 이룩하게 하고
바라는 일 성취하게 할 수 있나니
나라의 왕이나 도둑이라 할지라도
그가 가진 것을 빼앗지 못하리라.

보시는 왕위를 얻을 수도 있고
또 전륜성왕의 지위를 이어받아서
7보를 완전히 갖추기도 하나니
그것은 본래 보시한 공덕 때문이니라.

보시함으로써 천신(天身)을 이루어
머리에는 갖가지 보배 갓 쓰고
온갖 기녀들과 함께 즐겁게 지내니
그것도 본래 보시한 과보니라

보시함으로써 제석천(帝釋天 ; 하느님)이 되어
천왕(天王 ; 하느님)의 그 위력 매우 장하다.

천개의 눈이 얼굴을 장엄하였으니
그것은 본래 보시한 과보니라.

보시함으로써 불도를 이루어
32상을 갖추어
위없는 법륜(法輪)을 굴리나니
그것은 본래 보시한 과보이니라."

✽ 중일아함경 제5권 12. 일입도품(壹入道品)[4]
〈병자를 돌보는 것이 최고의 보시〉

이와 같이 들었다.

어느 때 부처님께서 사위국 기수급고독원에 계셨다.

그때 세존께서 비구들에게 말씀하셨다.

'병든 사람을 돌보아 주는 것은 곧 나 부처를 돌보는 것이요, **병자를 간호하는 것은 곧 나를 간호하**는 것이다. 왜냐하면 내가 지금 직접 병자를 간호해 주려고 하기 때문이다.

비구들아, 나는 어떤 사람이 하늘·세간·사문·바라문을 보시하는 것 중에 최상이어서 이 보시보다 더 훌륭한 것이 있는 것을 보지 못하였다. 그러니 이 보시를 행해야 비로소 참다운 보시가 되어 큰 과보를 얻고 큰 공덕을 얻어 그 명성이 널리 골고루 퍼지고 감로법의 맛을 얻게 될 것이다. 그 한 분이란 여래·지진(至眞)·등정각을 말하느니라.

온갖 보시 가운데 가장 훌륭한 것은 이 보시보다 더 나은 것이 없는 줄 알고 이 보시를 행하면. 그것은 참다운 보시가 되어 큰 과보와 큰 공덕을 얻을 것이다. 그러므로 나는 지금 이런 인연으로 인하여 이렇게 말한다.

'병자를 돌보아 주는 이는 곧 나를 돌보는 것과 다름없다.'
그렇게 하면 너희들은 언제나 큰 복을 얻을 것이다. 모든 비구들아, 마땅히 이와 같이 배워야 한다."

그때 비구들은 부처님 말씀을 듣고 기뻐하며 받들어 행하였다.

✳ 보시의 이익 경. Dananisamsa-s(A.5:35)

1. "비구들이여, 다섯 가지 보시의 이익이 있다. 무엇이 다섯 가지인가?"

2. "많은 사람들이 좋아하고, 마음에 들어 하고, 선하고 참된 사람들이 가까이하고, 좋은 명성이 따르고, 재가자의 법으로부터 멀어지지 않고, 몸이 무너져 죽은 뒤에 좋은 곳 천상에 태어난다. 비구들이여, 이런 다섯 가지 보시의 이익이 있다.

3. "보시하는 사람은 사랑받고
훌륭한 사람들의 법을 따른다.
선하고 자신을 제어하고
청정범행을 닦는 자들이 그를 가까이하며
그에게 모든 괴로움을 몰아내는 법을 가르쳐준다.
그는 여기서 그 법을 알아 번뇌 다하여
완전한 열반에 이른다."

✳ 웰라마경. Velama-s(A,9:20) 〈공양의 공덕〉

1. 한때 세존께서 사왓티에서 제따 숲의 급고독원에 머무셨다. 그때 급고독 장자가 세존께 다가갔다. (급고독장자에게

보시에 대한 말씀으로 중간생략.)

5. --장자여, 웰라마 바라문이 큰 보시를 했지만 견해를 구족한 백 명의 사람을 공양하는 것보다 한 사람의 일래자(사다함)을 공양한다면, 이것이 그것보다 더 큰 결실이 있다.

장자여, 웰라마 바라문이 큰 보시를 했지만 백 명의 일래자를 공양한는 것보다 한 사람의 불환자(아나함)을 공양한다면……

백명의 불환자를 공양하는 것보다 한사람의 아라한을 공양한다면……

백 명의 아라한을 공양하는 것보다 한 사람의 벽지불을 공양한다면………

백 명의 벽지불을 공양하는 것보다 한 사람의 여래·아라한·정등각을 공양한다면……

부처님을 상수로 하는 비구 승가를 공양한다면……

사방 승가를 위하여 승원을 짓는다면……

청정한 마음으로 학습계목을 받아 지녀서 생명을 죽이는 것을 멀리 여의고, 주지 않는 것을 가지는 것을 멀리 여의고, 삿된 음행을 멀리 여의고, 거짓말을 멀리 여의고, 방일하는 근본이 되는 술과 중독성 물질을 멀리 여윈다면……

소젖을 한번 짜는 동안만큼이라도 자애의 마음을 닦는다면……

손가락을 튕기는 순간만큼이라도 무상이라고 관찰하는 지혜에서 생긴 인식을 닦는다면 이것이 그것보다 더 큰 결실이 있다."

⁂ 거짓말 죄 참회하고 진실합니다..

잡담한 죄 참회하고 신중합니다.

이간한 죄 참회하고 화합합니다.

욕설한 죄 참회하고 애어합니다.

☞ 입으로 짓는 네 가지 행위이다.

✻ 하느님 뚜뚜의 경. Tudurahma-s(S6 : 9)(1-9),

"사람이 태어날 때 입에 도끼가 함께 생겨나서

어리석은 이는 나쁜 말로 자신을 찍도다.

책망을 받아 마땅한 것을 칭송하거나

칭송받아 마땅한 것을 책망하는 자

입으로 최악의 패를 모은 것이니

그런 최악의 패로는 결코 행복을 얻지 못하리.

노름에서 자기의 모든 재산을 잃고

자기 자신까지 잃는 자.

그의 최악의 패는 오히려 하찮은 것이니

바른 삶을 사는 사람들에 대해 마음 더럽힌 자

그의 최악의 패는 아주 낭패스러운 것.

성자(聖者)를 비난하는 자

말과 마음으로 악을 지어

10만과 36 니랍부다 동안

그리고 5압부다 만큼 **지옥에** 떨어질지니."

☞ [1압부다＝10의42승. 1니랍부다 20 × 10의42승]

438

☞ [성자를 비난하는 자가 지옥에 간다는 것은 우리의 수적(數的)지식으로는 거의 영원하다 할 정도의 긴 시간이다. 여기서 성자는 부처님을 비롯한 수다원 사다함 아나함 아라한들이다. 특히 불교를 비방하는 일도 여기에 해당한다.

불법을 비방하는 죄는 무량겁 동안 지옥이나 축생의 고통에서 벗어나기가 어려운 것이다. 어리석음에서 언제 깨어날 것인가? 대학교수 물리학 박사 철학박사 의학박사 문학박사 온갖 박사들… 이런 세속의 박사들도 지혜가 없이 사견(邪見)으로 조물주가 있다고 착각하여 신(神)을 믿는 착각의 연속은 어리석음의 연속으로 또 믿게 되는 사람들은 참으로 어리석은 것이다.

교인들의 사견(邪見)으로 부처님을 비방하고 불법을 비방하는 죄는 정말로 무서운 것이다. 삿된 견해는 지옥에 간다. 교인은 100% 지옥에 간다. 불교를 비방하고 무량한 세월을 지옥에서 지내지 않길 바란다.]

❖ 탐애한 죄 참회하고 소멸합니다.

탐욕(Raga)

❋ 여덟 가지 길의 고리에 대한 경. (A8-92)

1. "수행승들이여, **탐욕**을 곧바로 알고, 완전히 알고, 완전히 부수고, 끊어 버리고, 부서뜨리고, 무너뜨리고, 사라지게 하고, 소멸하고, 포기하고, 놓아버리기 위해 이와 같이 여덟 가지 원리를 닦아야 한다. 여덟 가지 원리란 무엇인가?

2. 수행승들이여, 올바른 견해, 올바른 사유, 올바른 언어, 올바른 행위, 올바른 정진, 올바른 새김, 올바른 집중이다. 수행승들이여, 탐욕을 곧바로 알고, 완전히 알고, 완전히 부수

고, 끊어 버리고, 부서뜨리고, 무너뜨리고, 사라지게 하고, 소
멸하고, 포기하고, 놓아버리기 위해 이와 같이 여덟 가지 원
리를 닦아야 한다.…

✽ 여덟 가지 초월의 기초에 대한 경. (A8:93)

1. "수행승들이여, **탐욕**을 곧바로 알고, 완전히 알고, 완전히
부수고, 끊어 버리고, 부서뜨리고, 무너뜨리고, 사라지게 하고,
소멸하고, 포기하고, 놓아버리기 위해 이와 같이 여덟 가지 초
월의 기초를 닦아야 한다. 여덟 가지 원리란 무엇인가?

2. 안으로 형상에 대한 지각을 가지고 밖으로 한계가 **있는**
아름답거나 추한 형상들을 본다. 이것들을 초월해서 이와 같
이 '나는 안다, 나는 본다.'라고 지각한다. 이것이 첫 번째 초
월의 기초이다.

3. 안으로 형상에 대한 지각을 가지고 밖으로 한계가 **없는**
아름답거나 추한 형상들을 본다. 이것들을 초월해서 이와 같
이 '나는 안다, 나는 본다.'라고 지각한다. 이것이 두 번째 초
월의 기초이다.

4. 안으로 형상에 대한 지각이 없이 밖으로 한계가 **있는** 아
름답거나 추한 형상들을 본다. 이것들을 초월해서 이와 같이
'나는 안다, 나는 본다.'라고 지각한다. 이것이 세 번째 초월의
기초이다.

5. 안으로 형상에 대한 지각이 없이 밖으로 한계가 **없는** 아
름답거나 추한 형상들을 본다. 이것들을 초월해서 이와 같이
'나는 안다, 나는 본다.'라고 지각한다. 이것이 네 번째 초월의
기초이다.

6. 안으로 형상에 대한 지각이 없이 밖으로 푸름, 푸른 색, 푸른 외관, 푸른 광채를 본다. 이것들을 초월해서 이와 같이 '나는 안다, 나는 본다.'라고 지각한다. 이것이 다섯 번째 초월의 기초이다.

7. 안으로 형상에 대한 지각이 없이 밖으로 노람, 노란 색, 노란 외관, 노란 광채를 본다. 이것들을 초월해서 이와 같이 '나는 안다, 나는 본다.'라고 지각한다. 이것이 여섯 번째 초월의 기초이다.

8. 안으로 형상에 대한 지각이 없이 밖으로 붉음, 붉은 색, 붉은 외관, 붉은 광채를 본다. 이것들을 초월해서 이와 같이 '나는 안다, 나는 본다.'라고 지각한다. 이것이 일곱 번째 초월의 기초이다.

9. 안으로 형상에 대한 지각이 없이 밖으로 흼, 흰 색, 흰 외관, 흰 광채를 본다. 이것들을 초월해서 이와 같이 '나는 안다, 나는 본다.'라고 지각한다. 이것이 일곱 번째 초월의 기초이다. 수행승들이여, 탐욕을 곧바로 알고, 완전히 알고, 완전히 부수고, 끊어 버리고, 부서뜨리고, 무너뜨리고, 사라지게 하고, 소멸하고, 포기하고, 놓아버리기 위해 이와 같이 여덟 가지 초월의 기초를 닦아야 한다."

✽ 여덟 가지 해탈의 경. (A8:94)

1. 수행승들이여, **탐욕**을 곧 바로 알고, 완전히 알고, 완전히 부수고, 끊어 버리고, 부서뜨리고, 무너뜨리고, 사라지게 하고, 소멸하고, 포기하고, 놓아버리기 위해 이와 같이 여덟 가지 해탈을 닦아야 한다.

2. 물질을 지닌 자로서 물질을 본다. 이것이 첫 번째 해탈이다.

3. 안으로 물질의 지각을 여의고 밖으로 물질을 본다. 이것이 두 번째 해탈이다.

4. 청정한 아름다움에 전념한다. 이것이 세 번째 해탈이다.

5. 물질에 대한 지각을 완전히 뛰어넘어 감각적 저촉에 대한 지각을 종식하고 다양성에 대한 지각에 정신활동을 일으키지 않음으로써 '공간이 무한하다'라고 알아채며 무한공간의 세계에 든다. 이것이 네 번째 해탈이다.

6. 무한 공간의 세계를 완전히 뛰어넘어 '의식이 무한하다'고 알아채며 무한의식의 세계에 든다. 이것이 다섯 번째 해탈이다.

7. 무한의식의 세계를 완전히 뛰어넘어 '아무것도 없다'고 알아채며 아무것도 없는 세계에 든다. 이것이 여섯 번째 해탈이다.

8. 아무 것도 없는 세계를 완전히 뛰어넘어 지각하는 것도 아니고 지각하지 않는 것도 아닌 세계에 든다. 이것이 일곱 번째 해탈이다.

9. 지각하는 것도 아니고 지각하지 않는 것도 아닌 세계를 완전히 뛰어넘어 지각과 느낌의 소멸에 든다. 이것이 여덟 번째 해탈이다.

수행승들이여, 탐욕을 곧 바로 알고, 완전히 알고, 완전히 부수고, 끊어 버리고, 부서뜨리고, 무너뜨리고, 사라지게 하고, 소멸하고, 포기하고, 놓아버리기 위해 이와 같이 여덟 가지 해탈을 닦아야 한다.

✽ 아난다 경. Ananda-s(S22:21)

2. 그때 아난다 존자가 세존께 다가갔다. 가서는 세존께 절을 올리고 한 곁에 앉았다. 한 곁에 앉은 아난다 존자는 세존께 이렇게 여쭈었다.

3. "세존이시여, '**소멸, 소멸**'이라고들 합니다. 세존이시여 어떤 법들이 소멸하기 때문에 소멸이라고 합니까?"

4. "아난다여, **물질**은 무상하고 형성되었고[유의有爲] 조건에 의해서 생겨난 것이고 부서지기 마련한 법이며 사라지기 마련인 법이며 탐욕이 빛바래기 마련인 법이며 소멸하기 마련인 법이다. 이것이 소멸하기 때문에 소멸이라고 한다.

아난다여, 느낌은… 인식은… 심리현상들은…알음알이는 무상하고 형성되었고 조건에 의해서 생겨난 것이고 부서지기 마련인 법이며 사라지기 마련인 법이며 탐욕이 빛바래기 마련인 법이며 소멸하기 마련인 법이다. 이것이 소멸하기 때문에 소멸이라고 한다. 아난다여, 이러한 법들이 소멸하기 때문에 소멸이라고 한다."

✾ 성질낸 죄 참회하고 자애합니다.

☞ 성났다는 이야기는 화났다는 뜻이며, 불났다는 뜻이며, 다급하다는 뜻이며, 핏대 났다는 뜻이며, 성질났다는 뜻으로 모두를 태운다. 화(火)가 났다는 것은 화(禍)가 났으므로 재앙이 난 것이요. 불이 났다는 것은 불이 났으므로 모든 것을 태우므로 하루아침에 잿더미가 되어 공든 탑이 무너지는 것이다.

『일념진심기(一念嗔心起) 백만장문(百萬障門) 일시개(一時開)』 『한 생각에 화내는 마음이 일어나면 백만 가지 장애의 문이 일시에 열린다.』

✽ 여덟 가지 길의 고리에 대한 경. (A8:95)

1. "수행승들이여, **성냄**을 곧 바로 알고, 완전히 알고, 완전히 부수고, 끊어 버리고, 부서뜨리고, 무너뜨리고, 사라지게 하고, 소멸하고, 포기하고, 놓아버리기 위해 이와 같이 여덟 가지 원리를 닦아야 한다.

2. 수행승들이여, 올바른 견해, 올바른 사유, 올바른 언어, 올바른 행위, 올바른 정진, 올바른 새김, 올바른 집중이다. 수행승들이여, **성냄을** 곧바로 알고, 완전히 알고, 완전히 부수고, 끊어 버리고, 부서뜨리고, 무너뜨리고, 사라지게 하고, 소멸하고, 포기하고, 놓아버리기 위해 이와 같이 여덟 가지 원리를 닦아야 한다."

✽ 여덟 가지 초월의 기초에 대한 경. (A8:96)

1. 수행승들이여, **성냄**을 곧 바로 알고, 완전히 알고, 완전히 부수고, 끊어 버리고, 부서뜨리고, 무너뜨리고, 사라지게 하고, 소멸하고, 포기하고, 놓아버리기 위해 이와 같은 여덟 가지 초월의 기초를 닦아야 한다.

2. 안으로 형상에 대한 지각을 가지고 밖으로 **한계가 있는** 아름답거나 추한 형상들을 본다. 이것들을 초월해서 이와 같이 '나는 안다, 나는 본다.'라고 지각한다. 이것이 첫 번째 초월의 기초이다.

3. 안으로 형상에 대한 지각을 가지고 밖으로 **한계가 없는** 아름답거나 추한 형상들을 본다. 이것들을 초월해서 이와 같이 '나는 안다, 나는 본다.'라고 지각한다. 이것이 두 번째 초월의 기초이다.

4. 안으로 형상에 대한 지각이 없이 밖으로 **한계가 있는** 아름답거나 추한 형상들을 본다. 이것들을 초월해서 이와 같이 '나는 안다, 나는 본다.'라고 지각한다. 이것이 세 번째 초월의 기초이다.

5. 안으로 형상에 대한 지각이 없이 밖으로 **한계가 없는** 아름답거나 추한 형상들을 본다. 이것들을 초월해서 이와 같이 '나는 안다, 나는 본다.'라고 지각한다. 이것이 네 번째 초월의 기초이다.

6. 안으로 형상에 대한 지각이 없이 밖으로 푸름, 푸른 색, 푸른 외관, 푸른 광채를 본다. 이것들을 초월해서 이와 같이 '나는 안다, 나는 본다.'라고 지각한다. 이것이 다섯 번째 초월의 기초이다.

7. 안으로 형상에 대한 지각이 없이 밖으로 노람, 노란 색, 노란 외관, 노란 광채를 본다. 이것들을 초월해서 이와 같이 '나는 안다, 나는 본다.'라고 지각한다. 이것이 여섯 번째 초월의 기초이다.

8. 안으로 형상에 대한 지각이 없이 밖으로 붉음, 붉은 색, 붉은 외관, 붉은 광채를 본다. 이것들을 초월해서 이와 같이 '나는 안다, 나는 본다.'라고 지각한다. 이것이 일곱 번째 초월의 기초이다.

9. 안으로 형상에 대한 지각이 없이 밖으로 흼, 흰 색, 흰

외관, 흰 광채를 본다. 이것들을 초월해서 이와 같이 '나는 안다, 나는 본다.'라고 지각한다. 이것이 여덟 번째 초월의 기초이다. 수행승들이여, **성냄**을 곧바로 알고, 완전히 알고, 완전히 부수고, 끊어 버리고, 부서뜨리고, 무너뜨리고, 사라지게 하고, 소멸하고, 포기하고, 놓아버리기 위해 이와 같이 여덟 가지 초월의 기초를 닦아야 한다."

✳ **여덟 가지 해탈의 경.** (A,8:9)

1.수행승들이여, **성냄**을 곧 바로 알고, 완전히 알고, 완전히 부수고, 끊어 버리고, 부서뜨리고, 무너뜨리고, 사라지게 하고, 소멸하고, 포기하고, 놓아버리기 위해 이와 같은 여덟 가지 해탈을 닦아야 한다.

2. 물질을 지닌 자로서 물질을 본다. 이것이 첫 번째 해탈이다.

3. 안으로 물질의 지각을 여의고 밖으로 물질을 본다. 이것이 두 번째 해탈이다.

4. 청정한 아름다움에 전념한다. 이것이 세 번째 해탈이다.

5. 물질에 대한 지각을 완전히 뛰어넘어 감각적 저촉에 대한 지각을 종식하고 다양성에 대한 지각에 정신활동을 일으키지 않음으로써 '공간이 무한하다'라고 알아채며 무한공간의 세계에 든다. 이것이 네 번째 해탈이다.

6. 무한 공간의 세계를 완전히 뛰어넘어 '의식이 무한하다'고 알아채며 무한의식의 세계에 든다. 이것이 다섯 번째 해탈이다.

7. 무한의식의 세계를 완전히 뛰어넘어 '아무것도 없다'고

알아채며 아무것도 없는 세계에 든다. 이것이 여섯 번째 해탈이다.

8. 아무 것도 없는 세계를 완전히 뛰어넘어 지각하는 것도 아니고 지각하지 않는 것도 아닌 세계에 든다. 이것이 일곱 번째 해탈이다.

9. 지각하는 것도 아니고 지각하지 않는 것도 아닌 세계를 완전히 뛰어넘어 지각과 느낌의 소멸에 든다. 이것이 여덟 번째 해탈이다.

수행승들이여, **성냄을** 곧 바로 알고, 완전히 알고, 완전히 부수고, 끊어 버리고, 부서뜨리고, 무너뜨리고, 사라지게 하고, 소멸하고, 포기하고, 놓아버리기 위해 이와 같이 여덟 가지 해탈을 닦아야 한다.

✱ 분노 경. Kodhana-s(A7:60)

1, 성냄에 압도 되면 흉한 꼴이 된다.
2, 성냄에 압도 되면 잠을 못 잔다.
3, 성냄에 압도 되면 괴로움이 있게 된다.
4, 성냄에 압도 되면 재물을 모두 잃는다.
5, 성냄에 압도 되면 명성을 잃는다.
6, 성냄에 압도 되면 친 인척이 떠난다.
7, 성냄에 압도 되면 지옥에 떨어진다.

"성난 자는 용모가 나쁘고 잠을 잘 못 잔다.
  이익을 얻어도 손해가 되어 버린다.
  그리하여 성을 내어 몸과 말로 상처를 주고는
  성냄에 압도된 사람은 그의 재산을 몰수당하노라.

성냄을 취한 사람은 그의 명성도 떠나고
친지들도 친구들도 우정을 나누는 자들도
성난 자를 피하나니
성냄은 손해를 낳고 성냄은 마음을 요동치게 하고
두려움이 안에서 생기지만
사람은 그것을 깨닫지 못한다.

성난 자는 이익을 알지 못하고
성난 자는 법을 보지 못하나니
성냄이 사람을 지배하면
그때는 칠흑 같은 어둠만 있을 뿐
성난 자는 하기 쉬운 것을 부수듯이
하기 어려운 것도 부숴버리고
그러다 뒤에 성냄이 풀리면
불에 덴 사람처럼 괴로워하면서
추한 모습을 드러내나니
마치 연기를 가진 불이 연기를 드러내듯이.

성냄이 다시 일어나서 그것으로 인해
젊은이가 화를 내면, 그에게는
양심도 없고 수치심도 없고 존경심도 없다.
성냄에 지배된 사람에게는 의지할 곳은 어디에도 없고
회한을 가져오는 업들은 법들로부터 멀리 있나니,
이제 그것을 일러 주리니 설하는 대로 잘 들을지어다.

성난 자는 아버지를 죽이고
성난 자는 자기 어머니도 죽이고

성난 자는 번뇌를 다한 바라문도 죽이고
성난 자는 범부도 죽인다.
어머니가 키워주고 양육해주셔서
이 세상을 보게 되지만,
성난 범부는 그 생명의 원천도 죽인다.
중생들은 자신을 보기로 삼아서
각자 자기를 가장 사랑한다.

성난 범부는 여러 대상에 혹해서 자신을 죽이나니
칼로 자신을 죽이고, 미쳐서 독약을 먹고
밧줄로 자신을 묶어서 죽고,
산의 협곡에 떨어져 죽는다.
성난 자는 중생을 죽이고 자신을 죽이는 업을 짓고서도
그것을 깨닫지 못하고 파멸을 부른다.

이처럼 분노의 모습을 한 마라(악마)의 사슬이
동굴(심장)에 누워 있나니
통찰지와 정진과 견해로 이것을 길들여서
뿌리를 잘라야 하며
현자는 하나하나 해로움을 잘라내야 한다.
그렇게 법들을 공부 지어라.

우리의 추한 모습을 보이지 말라.
성냄을 건너고 근심을 건너고
탐욕을 건너고 질투하지 않아서
성냄을 길들이고 제거하여
번뇌 없이 완전히 열반에 들지니라."

✽ **분노하지 않음 경**. Akodha-s(S11:25)

2. 세존께서 이렇게 말씀하셨다.

3. "비구들이여, 옛날에 신들의 왕 삭까는 수담마 의회에서 삼십삼천의 신들을 가르치면서 이 사실에 대해서 게송으로 읊었다.

'분노가 그대들을 제압하게 하지 말고
분노하는 자에게 분노하지 마시오.
분노하지 않음과 해코지 않음은
언제나 성자들의 가슴속에 머문다오.
사악한 사람들을 분노는 짓누르고
산사태가 마을을 짓누르는 것처럼.'"

✽ **자애 경**. Metta-s(A.9:18)

1, "비구들이여, 아홉 가지 구성요소를 갖춘 포살을 준수하면 큰 결실이 있고, 큰 이익이 있고, 크게 과보가 퍼진다.

비구들이여, 그러면 아홉 가지 구성요소를 갖춘 포살을 준수하면 큰 결실이 있고, 큰 이익이 있고, 큰 빛이 있고, 크게 과보가 퍼지는가?"

"비구들이여, 여기 성스러운 제자는 이렇게 숙고한다. '아라한들은 일생 생명을 죽이는 것을 버리고, 생명을 죽이는 것을 멀리 여의고, 몽둥이를 내려놓고, 칼을 내려놓는다. 그분들은 양심적이고, 동정심이 있으며, 모든 생명의 이익을 위하고, 연민하며 머문다.

나 역시 오늘 이 밤과 이 낮이 다가도록 생명을 죽이는 것을 버리고, 생명을 죽이는 것을 멀리 여의고, 몽둥이를 내려놓고,

칼을 내려놓으리라. 나도 양심적이고, 동정심이 있으며, 모든 생명의 이익을 위하고, 연민하며 머물리라. 이러한 공덕으로 나는 아라한을 본받으리라. 그러면 나의 포살은 바르게 준수될 것이다.'라고 그는 이러한 첫 번째 구성요소를 구족한다."

3. "'아라한은 일생 내내 주지 않는 것을 가지는 것을 버리고, 주지 않는 것을 가지는 것을 멀리 여의었다. 그분들은 준 것만을 받고, 준 것만을 받으려 하며, 스스로 훔치지 않아 자신을 깨끗하게 하여 머문다. 나 역시 오늘 이 밤이 가고 이 낮이 다가도록 주지 않은 것을 가지는 것을 버리고, 주지 않는 것을 가지는 것을 멀리 여의리라. 나도 준 것만을 받고, 준 것만을 받으려고 하고, 스스로 훔치지 않아 자신을 깨끗하게 하여 머물리라. 이러한 공덕으로 아라한을 본받으리라. 그러면 나의 포살은 바르게 준수될 갓이다.'라고 그는 이러한 두 번째 구성요소를 구족한다."

4. "'아라한들은 일생 내내 금욕적이지 못한 삶을 버리고, 청정범행을 닦는다. 그분들은 도덕적이고 성행위의 저속함을 멀리 여의었다. 나 역시 오늘 이 밤과 이 낮이 다가도록 금욕적이지 못한 삶을 버리고, 청정범행을 닦으리라. 도덕적이고 성행위의 저속함을 멀리 여의리라. 이러한 공덕으로 나는 아라한을 본받으리라. 그러면 나의 포살은 바르게 준수될 것이다.'라고 그는 이러한 세 번째 구성요소를 구족한다."

5. "'아라한들은 일생 내내 거짓말을 버리고, 거짓말을 멀리 여의었다. 그분들은 진실을 말하며, 진실에 부합하고, 굳건하고, 믿음직하며, 세상을 속이지 않는다. 나 역시 오늘 이 밤과 이 낮이 다가도록 거짓말을 버리고 거짓말을 멀리 여의리

라. 나도 진실을 말하며, 진실에 부합하고, 굳건하고, 믿음직하며, 세상을 속이지 않으리라. 이러한 공덕으로 나는 아라한을 본받으리라. 그러면 나의 포살은 바르게 준수될 것이다.'라고 그는 이러한 네 번째 구성요소를 구족한다."

6. "'아라한들은 일생 내내 방일하는 근본이 되는 술과 중독성 물질을 섭취하는 것을 버리고, 방일하는 근본이 되는 술과 중독성 물질을 멀리 여의었다. 나 역시 오늘 이 밤과 이 낮이 다가도록 방일하는 근본이 되는 술과 중독성 물질을 멀리 여의리라. 이러한 공덕으로 나는 아라한을 본받으리라. 그러면 나의 포살은 바르게 준수될 것이다.'라고 그는 이러한 다섯 번째 구성요소를 구족한다."

7. "'아라한들은 일생 내내 하루 한 끼만 먹는다. 그분들은 밤에 먹는 것을 여의고, 때 아닌 때에 먹는 것을 멀리 여의었다. 나 역시 오늘 이 밤과 이 낮이 다가도록 한 끼만 먹으리라. 나도 밤에 먹는 것을 여의고, 때 아닌 때에 먹는 것을 여의리라. 이러한 공덕으로 나는 아라한을 본받으리라. 그러면 나의 포살은 바르게 준수될 것이다.'라고 그는 이러한 여섯 번째 구성요소를 구족한다."

8. "'아라한들은 일생 내내 춤, 노래, 연주, 연극을 관람하는 것을 멀리 여의었다. 그분들은 화환과 향과 화장품으로 치장하는 것을 멀리 여의었다. 나 역시 오늘 이 밤과 이 낮이 다가도록 춤, 노래, 연극을 관람하는 것을 멀리 여의리라. 화환을 목에 거는 것을 멀리 여의리라. 이러한 공덕으로 나는 아라한을 본받으리라. 그러면 나의 포살은 바르게 준수될 것이다.'라고 그는 이러한 일곱 번째 구성요소를 구족한다."

452

9. "'아라한들은 일생 내내 높고 큰 침상을 버리고, 높고 큰 침상을 멀리 여의었다. 그분들은 긴 의자나 골풀로 만든 돗자리의 낮은 침상에서 잠을 잔다. 나 역시 오늘 이 밤과 이 낮이 다가도록 높고 큰 침상을 버리고, 높고 큰 침상을 멀리 여의리라. 긴 의자나 골풀로 만든 돗자리의 낮은 침상에서 잠을 자리라. 이러한 공덕으로 나는 아라한을 본받으리라. 그러면 나의 포살은 바르게 준수될 것이다.'라고 그는 이러한 일곱 번째 구성요소를 구족한다."

10. "비구들이여, 여기 비구는 자애(慈)가 함께한 마음으로 한 방향을 가득 채우면서 머문다. 그처럼 두 번째 방향을, 그처럼 세 번째 방향을, 그처럼 네 번째 방향을, 이와 같이 위로, 아래로 주위로, 모든 곳에서 모두를 자신처럼 여기고, 모든 세상을 풍만하고, 광대하고, 무량하고, 원한 없고, 고통 없는, 자애가 함께한 마음으로 가득 채우고 머문다. 그는 이러한 아홉 번째 구성요소를 구족한다.

비구들이여, 이와 같이 아홉 가지 구성요소를 갖춘 포살을 준수하면 큰 결실이 있고, 큰 이익이 있고, 큰 빛이 있고, 크게 과보가 퍼진다."

✤ 미련한 죄 참회하고 숙고합니다.

☞ 어리석은 것이나 **미련하다**는 것이나 같은 뜻으로 한문으로는 우치(愚癡)라 한다. 탐욕도 성냄도 모두 어리석고 미련한데서 나오는 것으로 어리석은 죄가 가장 크다고 볼 수 있다. 다음의 경전 내용을 읽어보자.

어리석음(Moha)

✳ 여덟 가지 길의 고리에 대한 경. (A.8:98)

1. "수행승들이여, **어리석음**을 곧 바로 알고, 완전히 알고, 완전히 부수고, 끊어 버리고, 부서뜨리고, 무너뜨리고, 사라지게 하고, 소멸하고, 포기하고, 놓아버리기 위해 이와 같이 여덟 가지 원리를 닦아야 한다.

2. 수행승들이여, 올바른 견해, 올바른 사유, 올바른 언어, 올바른 행위, 올바른 정진, 올바른 새김, 올바른 집중이다. 수행승들이여, **어리석음을** 곧바로 알고, 완전히 알고, 완전히 부수고, 끊어 버리고, 부서뜨리고, 무너뜨리고, 사라지게 하고, 소멸하고, 포기하고, 놓아버리기 위해 이와 같이 여덟 가지 원리를 닦아야 한다."

✳ 여덟 가지 초월의 기초에 대한 경. (A.8:99)

1. "수행승들이여, **어리석음**을 곧 바로 알고, 완전히 알고, 완전히 부수고, 끊어 버리고, 부서뜨리고, 무너뜨리고, 사라지게 하고, 소멸하고, 포기하고, 놓아버리기 위해 이와 같은 여덟 가지 초월의 기초를 닦아야 한다.

2. 안으로 형상에 대한 지각을 가지고 밖으로 한계가 **있는** 아름답거나 추한 형상들을 본다. 이것들을 초월해서 이와 같이 '나는 안다, 나는 본다.'라고 지각한다. 이것이 첫 번째 초월의 기초이다.

3. 안으로 형상에 대한 지각을 가지고 밖으로 한계가 **없는** 아름답거나 추한 형상들을 본다. 이것들을 초월해서 이와 같

이 '나는 안다, 나는 본다.'라고 지각한다. 이것이 두 번째 초월의 기초이다.

4. 안으로 형상에 대한 지각이 없이 밖으로 한계가 **있는** 아름답거나 추한 형상들을 본다. 이것들을 초월해서 이와 같이 '나는 안다, 나는 본다.'라고 지각한다. 이것이 세 번째 초월의 기초이다.

5. 안으로 형상에 대한 지각이 없이 밖으로 한계가 **없는** 아름답거나 추한 형상들을 본다. 이것들을 초월해서 이와 같이 '나는 안다, 나는 본다.'라고 지각한다. 이것이 네 번째 초월의 기초이다.

6. 안으로 형상에 대한 지각이 없이 밖으로 푸름, 푸른 색, 푸른 외관, 푸른 광채를 본다. 이것들을 초월해서 이와 같이 '나는 안다, 나는 본다.'라고 지각한다. 이것이 다섯 번째 초월의 기초이다.

7. 안으로 형상에 대한 지각이 없이 밖으로 노람, 노란 색, 노란 외관, 노란 광채를 본다. 이것들을 초월해서 이와 같이 '나는 안다, 나는 본다.'라고 지각한다. 이것이 여섯 번째 초월의 기초이다.

8. 안으로 형상에 대한 지각이 없이 밖으로 붉음, 붉은 색, 붉은 외관, 붉은 광채를 본다. 이것들을 초월해서 이와 같이 '나는 안다, 나는 본다.'라고 지각한다. 이것이 일곱 번째 초월의 기초이다.

9. 안으로 형상에 대한 지각이 없이 밖으로 힘, 흰 색, 흰 외관, 흰 광채를 본다. 이것들을 초월해서 이와 같이 '나는 안다, 나는 본다.'라고 지각한다. 이것이 여덟 번째 초월의 기초

이다. 수행승들이여, **어리석음**을 곧바로 알고, 완전히 알고, 완전히 부수고, 끊어 버리고, 부서뜨리고, 무너뜨리고, 사라지게 하고, 소멸하고, 포기하고, 놓아버리기 위해 이와 같이 여덟 가지 초월의 기초를 닦아야 한다."

✱ 여덟 가지 해탈의 경. (A,8:10)

1. "수행승들이여, **어리석음**을 곧 바로 알고, 완전히 알고, 완전히 부수고, 끊어 버리고, 부서뜨리고, 무너뜨리고, 사라지게 하고, 소멸하고, 포기하고, 놓아버리기 위해 이와 같은 여덟 가지 해탈을 닦아야 한다.

2. 물질을 지닌 자로서 물질을 본다. 이것이 첫 번째 해탈이다.

3. 안으로 물질의 지각을 여의고 밖으로 물질을 본다. 이것이 두 번째 해탈이다.

4. 청정한 아름다움에 전념한다. 이것이 세 번째 해탈이다.

5. 물질에 대한 지각을 완전히 뛰어넘어 감각적 저촉에 대한 지각을 종식하고 다양성에 대한 지각에 정신활동을 일으키지 않음으로써 '공간이 무한하다'라고 알아채며 무한공간의 세계에 든다. 이것이 네 번째 해탈이다.

6. 무한 공간의 세계를 완전히 뛰어넘어 '의식이 무한하다'고 알아채며 무한의식의 세계에 든다. 이것이 다섯 번째 해탈이다.

7. 무한의식의 세계를 완전히 뛰어넘어 '아무것도 없다'고 알아채며 아무것도 없는 세계에 든다. 이것이 여섯 번째 해탈이다.

8. 아무 것도 없는 세계를 완전히 뛰어넘어 지각하는 것도 아니고 지각하지 않는 것도 아닌 세계에 든다. 이것이 일곱 번째 해탈이다.

9. 지각하는 것도 아니고 지각하지 않는 것도 아닌 세계를 완전히 뛰어넘어 지각과 느낌의 소멸에 든다. 이것이 여덟 번째 해탈이다.

수행승들이여, **어리석음을** 곧 바로 알고, 완전히 알고, 완전히 부수고, 끊어 버리고, 부서뜨리고, 무너뜨리고, 사라지게 하고, 소멸하고, 포기하고, 놓아버리기 위해 이와 같이 여덟 가지 해탈을 닦아야 한다."

✹ 백겁천겁 쌓인죄업 한생각에 없어져서
　마른풀을 불태운듯 흔적조차 사라지네.

✻ **참된 자들과 함께 경.** Sabbhi-s(S1:31)

"참된 자들과 교제해야 하고
참된 자들과 어울려야 합니다.
참된 자들과 정법을 원만하게 알면
중생들은 선처[좋은 곳]에 태어납니다.

참된 자들과 교제해야 하고
참된 자들과 어울려야 합니다.
참된 자들과 정법을 원만하게 알면
중생들은 안락하게 지냅니다.

참된 자들과 교제해야 하고
참된 자들과 어울려야 합니다.
참된 자들과 정법을 원만하게 알면
모든 괴로움에서 **해탈하리라**."

✲✲ 죄의자성 본래없어 마음따라 일어난것
  마음한번 없어지면 죄업또한 사라지네,
  죄도업도 없어지고 마음또한 공하여야
  이것모두 이름하여 진실한길 참회라네.

✱ 중일아함경 제6권 13. 이양품(利養品)[5]

"지금 어떤 중생은 21결(結) 때문에 마음이 더럽혀지고 있다. 마땅히 잘 살펴보아야 하리라. 그 사람은 좋은 곳에 태어나지 못하고 틀림없이 나쁜 세계에 떨어질 것이다. 어떤 것이 그 스물한 가지인가?

성내는 마음의 번뇌[진심결瞋心結] 해치려는 마음의 번뇌[에해심결恚害心結] 잠을 자려는 마음의 번뇌[수면심결睡眠心結] 조롱하고 희롱하는 마음의 번뇌[조희심결調戲心結] 의심하는 마음의 번뇌[의시심결疑是心結] 기피하려는 것이 마음의 번뇌가 되는 것.[기위심결悗爲心結] 고뇌가 마음의 번뇌가 되는 것[뇌위심결惱爲心結] 시기함이 마음의 번뇌가 되는 것[질위심결嫉爲心結] 미워함이 마음의 번뇌가 되는 것[증위심결憎爲心結] 스스로 부끄러워할 줄 모르는 마음의 번뇌[무참심결無慚心結] 남부끄러운 줄 모르는 마음의 번뇌[무괴심결無愧心結] 허깨비가 마음의 번뇌가 되는 것[환위심결幻爲心結] 간사함이 마음의 번뇌가 되는 것[간위심결姦爲心結] 거짓이 마음의 번뇌가 되는 것[위위심결僞爲心結] 다툼이 마음의 번뇌가 되는 것[쟁위심결諍爲心結] 교만함이 마음의 번뇌가 되는 것[교위심결憍爲心結] 거만함이 마음의 번뇌가 되는 것[만위심결慢爲心結] 질투가 마음의 번뇌가 되는 것[투위심결妬爲心結] 증상만이 마음의 번뇌가 되는 것[증상만위심결增

上慢爲心結] 탐욕이 마음의 번뇌가 되는 것[탐위심결貪爲心結] 등
이니라. 모든 비구들아, 만일 어떤 사람이 이 21결이 있어 마
음으로 집착한다면, 마땅히 관찰해 보아야 할 것이다.

비유하면 마치 흰 천으로 만든 새 옷이 오래되어 먼지와
때가 많이 묻게 되면 파랑·노랑·빨강·검정 등의 물감으로
물들이려고 하여도 끝내 뜻대로 되지 못하는 것과 같다.

⁂ 심히깊은 마음으로 참회하면서
   지극하게 부처님께 귀의하오면.
   천룡팔부 신장님들 보호하오며
   천신들과 하느님도 보호하리니
   크고작은 어려운일 사라지리라.

✳ **삭까의 예배경.** Sakkanamassana.(S11:18~20)

[마부 마딸리]
"삼 베다에 통달한 자들과
  땅을 다스리는 끄샤뜨리야들과
  사대천왕들과 명성을 가진 삼십삼천의 신들이
  모두 당신께 예배합니다.
  삭까시여, 그런데 당신이 예배하는
  그 약카는 누구입니까.
[삭까]
"삼 베다에 통달한 자들과
  땅을 다스리는 끄샤뜨리야들과
  사대천왕들과 명성을 가진 삼십삼천의 신들이

모두 나에게 예배하지만,
나는 계를 구족하고 오래 삼매를 닦고
청정범행을 구경의 경지로 삼는
바르게 출가한 분들을 예배하노라.

공덕을 짓고
법답게 아내를 부양하는
재가의 신자들에게도
나는 예배하노라. 마딸리여."
[삭까]
"신들을 포함한 여기 이 세상에서
그분은 바르게 깨달은 자이시니
휘지[굽은] 않는 이름 가지신 스승님
그분께 나는 예배하노라. 마딸리여,

탐욕과 성냄과 무명이 빛바래고
번뇌까지 모두 다한 아라한들 계시니
그분들께 예배하노라. 마딸리여,

탐욕과 성냄 길들이고 무명 극복 위해서
방일을 몰아내고 공부를 지어서
[윤회를]허물어나가기를 좋아하는 유학들
그분들께 나는 예배하노라. 마딸리여."

"마딸리여, 신들도 아수라들과 싸우고
범부들은 서로서로 싸우고 있지만
그들은 싸우는 자들 가운데 싸우지 않고

460

폭력을 휘두르는 자들 가운데 평화롭고

거머쥐고 있는 자들 가운데 거머쥐지 않으니

그분들께 마딸리여, 나는 예배하노라."

☞ 삭까는 인드라 신으로 하느님이며, 중국이나 한국에선
제석천왕(帝釋天王) 또는 석제(釋帝) 석제환인(釋帝桓因)이
라고 하여 곧 하느님을 말하는 것이다. 그 하느님인 삭까가
부처님께 예배하고 법답게 아내[가족]을 부양하는 신도에게
도 예배한다는 뜻이다.

가난한자 경Dalidda-sutta(S11:14)에 의하면 거지가 부처
님 법문을 듣고 천상에 태어 난 이야기이다.

가난한 거지 나병환자가 있었는데, 이름이 '숩빠붓다'라고 한
다. 그는 옛날에 바라나시의 왕이었는데, 나이든 벽지불에게
악의에 찬 욕설을 퍼부었다고 한다. 그 업의 과보로 그는 지옥
에 태어났으며 그 나쁜 업의 과보가 아직 남아있어서 인간으로
태어났어도 라자가하의 지지리도 가난한 곳에서 문둥병에 걸
린 거지가 되었다. 어느 날 그는 구걸을 하다가 <u>부처님께서 설
법하시는 것을 듣고 예류과(수다원)를 얻었다고 한다.</u> 그런 후
얼마 되지 않아서 그는 사나운 소에 받혀서 죽었으며, 삼십삼
천의 신들의 동료가 되었는데 그 용모와 명성으로 다른 신들을
능가하였다. <u>부처님의 법문을 들은 공덕이 그렇게 큰 것이다.</u>

✳ 중일아함경 제9권 18. 참괴품(慚愧品) [4]

욕심이 없고 성냄이 없으며

어리석음을 버려 어리석음이 없으며

온갖 번뇌 다 버린 아라한이며
그런 사람을 범지라고 말한다.

욕심이 없고 성냄이 없으며
어리석음을 버려 어리석음이 없으며
번뇌[結使]의 무더기 버려버리면
그런 사람을 범지라 말한다.

욕심이 없고 성냄이 없으며
어리석음을 버려 어리석음이 없으며
나를 내세우는 교만함을 끊으면
그런 사람을 범지라 말한다.

만일 내가 삼불[三佛]께서 말씀하신
바른 법을 알고자 한다면
지극한 정성으로 저분께 귀의하라
그는 가장 존귀한 최상의 분이시다.

제사(祭祀)에는 불이 으뜸이 되고
여러 글 중에는 게송(偈頌)이 제일이며
사람 중에는 임금이 제일 높고
모든 물에서는 바다가 으뜸이다.

뭇 별 중에는 달이 우두머리요
밝은 것에는 해가 첫째가 되며
모든 바위와 지역 경계에는
동·서·남·북과 상하가 있다.

천상이나 세간의 사람 중에는
부처님이 가장 높으신 분이니
그 복을 구하려 하는 사람은
마땅히 삼불께 귀의해야 하리라.

❋❋ 부처님께 한맘으로 큰원세우니.
모든 공덕 성취위해 봉사합니다.

❋ 공양하는 자 경. Yajamana-s(S11:16)

1. 이와 같이 나는 들었다. 한때 세존께서는 라자가하에서 독수리봉 산에 머무셨다.

2. 그때 신들의 왕 삭까가 세존께 다가갔다. 가서는 세존께 절을 올린 뒤 한 곁에 섰다. 한 곁에 선 신들의 왕 삭까는 세존께 게송으로 여쭈었다.

"공양을 올리는 사람들 가운데서
  공덕을 바라는 생명체들 가운데서
  재생을 가져오는 공덕을 지으려면
  어디에 보시해야 큰 결실이 있습니까?"
[세존]
"네 가지 도를 닦은 자들과
  네 가지 과에 머무는 자들
  이러한 승가는 올곧으며
  통찰지와 계를 구족하였노라
  공양을 올려 공덕을 찾는 생명체들이

　　재생을 가져오는 공덕 지으려
　　이런 **승가에 보시하면** 큰 결실이 있노라.”

✽ 증일아함경 제10권 19. 권청품[6-7]

「이와 같이 들었다.

어느 때 부처님께서 사위국 기수급고독원에 계셨다.

그때 세존께서 모든 비구들에게 말씀하셨다.

‘여기 두 가지 법이 있는데 그것이 사람을 빈천(貧賤)하여 재물을 없게 만든다. 어떤 것이 두 가지 법인가? 하나는 다른 사람이 보시하는 것을 보면 곧 막아 하지 못하게 하는 것이고, 다른 하나는 제 자신도 보시하기를 좋아하지 않는 것이다. 비구들아 이것이 이른바 ‘여기 두 가지 법이 있는데 그것이 사람을 빈천(貧賤)하여 재물을 없게 만든다.’는 것이다.

또 두 가지 법이 있는데 그것이 사람을 부귀(富貴)하게 만든다. 어떤 것이 두 가지 법인가? 하나는 다른 사람이 남에게 보시하는 것을 보면 그를 도와 기뻐해주는 것이고, 다른 하나는 제 자신도 보시하기를 좋아하는 것이다. 비구들아, 이것이 이른바 ‘두 가지 법이 있는데 그것이 사람을 부귀(富貴)하게 만든다.’는 것이니라.

그러므로 모든 비구들아, 너희들은 꼭 보시하기를 배우고 탐심(貪心)을 가지지 말아야 하느니라.

“여기 두 가지 법이 있는데 그것이 사람을 빈천(貧賤)한 집안에 태어나게 한다. 어떤 것이 두 가지 법인가? 하나는 부모와 여러 어른들을 그리고 스승에게 효순(孝順)하지 않는 것이요, 다른 하나는 나보다 나은 이를 받들어 섬기지 않는 것이다. 비구들아 이것이 이른바 '여기 두 가지 법이 있는데, 그것이 사람을 빈천한 집안에 태어나게 한다.'고 하는 것이다.

　모든 비구들아, 또 두 가지 법이 있는데 그것이 사람을 부호(富豪)귀족(貴族)의 집안에 태어나게 한다. 어떤 것이 두 가지 법인가? 하나는 부모·형제·종족(宗族)을 공경하는 것이요, 다른 하나는 자기 집으로 데리고 가서 가지고 있는 것들을 보시하는 것이다. 비구들아, 이것이 이른바 '두 가지 법이 있는데 그것이 사람을 부호 귀족의 집안에 태어나게 하는 것이니라. 모든 비구들아, 마땅히 이와 같이 배워야 한다."

　그때 모든 비구들은 부처님 말씀을 듣고 기뻐하며 받들어 행하였다.』

✳ 늙음 경. Jara-s(S1:51)

［천신］

"무엇이 늙어서도 좋고
　무엇이 확립되었을 때 좋습니까?
　무엇이 인간들의 보배이며
　무엇을 도둑들이 훔쳐가지 못합니까?

［세존］

"계행은 늙어서도 좋고
　믿음이 확립되었을 때 좋고
　통찰지가 인간들의 보배이고
　공덕은 도둑들이 훔쳐가지 못하도다."

✷ **할머니 경**. Ayyaka-s(S3:22)

"모든 중생은 반드시 죽게 될 것이니
목숨이란 죽음으로 끝나기 때문이라.
업에 따라 중생들은 제각각 갈 것이니
공덕과 사악함의 결실대로 가리라.
악을 지은 중생들은 지옥으로 갈 것이고
공덕을 지은 중생들은 선처로 가리로다.

그러므로 유익함을 지어야 하나니
이것이 존재들의 미래의 자신이라
살아있는 모든 생명 모든 존재에게는
공덕이 저 세상에서의 기반이로다."

✷✷ 수승한복 장엄위해 효도합니다.

✷ **마할리 경**. Mahali-s(S11:13)

3. "세존이시여, 세존께서는 신들의 왕 샥까를 본 적이 있습니까?"

"마할리여, 나는 신들의 왕 샥까를 본 적이 있다."

"세존이시여, 참으로 그는 샥까와 닮은 자였을 것입니다. 세존이시여, 참으로 신들의 왕 샥까는 보기 어렵기 때문입니다."

"마할리여, 나는 샥까를 안다. 그리고 샥까가 어떤 법들을 수지(受持)하였기 때문에 샥까의 지위를 얻게 되었는지, 지금의 샥까를 있게 한 그 법들을 나는 꿰뚫어 안다."

"마할리여, 신들의 왕 샥까가 인간이었을 때 그는 일곱 가
지 서계(誓戒)의 조목을 완전히 받아서 지켰다."
" 부모를 봉양하고.
　가문의 연장자를 공경하며.
　부드럽고 예의 바른 말을 하며.
　중상모략을 하지 않는 사람
　인색함을 제거하고.
　분노를 정복한 사람.
　그를 삼십삼천의 신들은
　참된 사람이라 부르느니라."

☞ 샥까는 인드라 신으로 하느님이며 중국이나 한국에선
제석천왕(帝釋天王) 또는 석제(釋帝) 석제환인(釋帝桓因)이
라고 하여 곧 하느님을 말하는 것이다. 효도를 잘하면 하느님
이 될 수도 있다. 〈맛지마 니까야 하느님의 초대에 대한 경
(M49)[Brarmanirnantanikasutta]〉에서 〈하느님　바까〉에게
잘못된 견해를 부처님께서 훈계하는 내용이 나오며, 〈하느님
바까〉에게 부처님께서 말씀하시길.
"그대가 할 수 있다면 나에게서 사라져보십시오."라고 했지
만 사라질 수가 없었다. 하느님도 역시 손오공처럼 부처님 손
바닥에 있다는 것이다.

✳ 어머니 봉양 경. (S7:19)

　1. 〈사왓티의 아나타삔디까(급고독원)에서〉
　2. 그때 어머니를 봉양하는 바라문이 세존께 다가갔다. 가
서는 세존과 함께 환심을 나누었다. 유쾌하고 기억할 만한 이

야기로 서로 담소를 하고 한 곁에 앉았다. 한 곁은 어머니를 봉양하는 바라문은 세존께 이렇게 여쭈었다.

"고따마 존자여, 저는 법답게 음식을 구걸합니다. 법답게 음식을 구걸해서 부모를 봉양합니다. 고따마 존자여, 제가 이렇게 하면 저의 의무를 다하는 것입니다.

3. "분명히 그렇다. 바라문이여, 그대가 이렇게 하면 그대의 의무를 다하는 것이다. 법답게 음식을 구걸하고 법답게 음식을 구걸해서 부모를 봉양하는 자는 많은 공덕을 받는다.

  인간이 부모님을 법답게 봉양하면
  이와 같이 부모님을 시중들기 때문에
  여기서는 현자의 칭송을 받게 되고
  죽어서는 천상에서 크게 기뻐하도다.

4. 이렇게 말씀하시자 어머니를 봉양하는 바라문은 세존께 이렇게 말씀드렸다.

"경이롭습니다. 고따마 존자시여, 경이롭습니다. 고따마 존자시여, 마치 넘어진 자를 일으켜 세우시듯, 덮여 있는 것을 걷어내 보이시듯, [방향] 잃어버린 자에게 길을 가리켜 주시듯, 눈 있는 자 형색을 보라고 어둠 속에서 등불을 비춰 주시듯, 고따마 존자께서는 저를 재가 신자로 받아주소서 오늘부터 목숨이 붙어 있는 그날까지 귀의하옵니다.

✽ 하느님과 함께하는 경. Brahma-s(A.4:63)

1. "비구들이여, 아들들이 집에서 부모를 공경하는 그런 가문은 하느님과 함께하는 가문이다. 아들들이 집에서 부모를 공경하는 그런 가문은 최초의 스승과 함께 사는 가문이다. 아

468

들들은 집에서 부모를 공경하는 그런 가문은 고대의 신과 함
께 사는 가문이다. 아들들이 집에서 부모를 공경하는 그런 가
문은 공양 받아 마땅한 자와 함께 사는 가문이다."

2. "비구들이여, 여기서 하느님이라는 것은 부모를 두고 한
말이다. 비구들이여, 여기서 최초의 스승이라는 것은 부모를
두고 한 말이다. 여기서 고대의 신들이라고 한 말은 부모를
두고 한 말이다. 비구들이여, 여기서 공양받아 마땅하다는 것
은 부모를 두고 한 말이다. 그것은 무슨 이유에서인가? 비구
들이여, 부모는 참으로 자식에게 많은 것을 하나니, 자식들을
키워주고 먹여주고 이 세상을 가르쳐주기 때문이다."

3. "부모는 하느님이요, 최초의 스승이라.
　　그분들은 공양물을 받을 만한 자이니
　　자식들에게 연민을 가지기 때문이다.
　　그러므로 현자들은 음식, 마실 것,
　　의복, 침상을 구비하고
　　문질러 드리고 목욕시켜드리고 발씻어드려
　　그분들께 귀의하고 존경해야 하리.
　　이렇게 부모를 잘 봉양하는 사람은
　　이생에서 현자들의 찬탄을 받고
　　다음 생에는 천상에서 기쁨을 누리리."

✱ 부자 경. Mahasala-s(S7:14)

2. 그때 바라문 부자가 남루한 모습을 하고 남루한 옷을 입
고 세존께 다가갔다. 가서는 세존과 함께 환담을 나누었다. 한
곁에 앉은 그 부자 바라문에게 세존께서는 이렇게 말씀하셨다.

3. "바라문이여, 왜 그대는 남루하고 남루한 옷을 입고 있
는가?"

"고따마 존자시여, 제게는 네 명의 아들이 있는데, 그 녀석
들이 아내의 꼬임에 빠져 저를 집에서 쫓아냈습니다."

"바라문이여, 그렇다면 이 게송을 배워서 집회소에서 많은
군중들이 모이고 아들들도 함께하였을 때 외우라."

4. "나는 그들의 탄생을 기뻐하고
   그들의 성공을 진심으로 원했건만
   아내들의 꼬임에 빠져버린 그들은
   개가 돼지를 몰아내듯 나를 몰아냈다오.

   선량하지 못한 그들 너무나 비열하여
   나를 두고 '아버지'아버지라 부르더니
   아들의 형색으로 태어난 그 악귀들
   마침내 늙은 나를 내다버렸다오.

   늙어서 쓸모가 없는 말이
   말구유에서 쫓겨나는 것처럼
   어리석은 놈들의 늙은 아버지는
   남의 집에서 구걸을 한다오.

   불효한 저 자식들보다
   내게는 지팡이가 더 나으니
   지팡이는 사나운 황소도 몰아내고
   사나운 개마져도 몰아낸다오.

   어둠속에서는 나를 앞서 가고

깊은 곳에서는 바닥을 얻나니

지팡이의 도움으로 나는

비틀거리더라도 바로 설수 있다오.

5. 그러자 그 부자 바라문은 세존의 곁에서 이 게송들을 배운 뒤 집회소에서 많은 군중들이 모이고 아들들도 함께하였을 때 외웠다.

6. 그때 그 아들들은 그 부자 바라문을 집으로 모셔가서 목욕을 시켜드리고 각각 옷 한 벌씩을 드렸다. ---

그 부자 바라문은 세존께 이렇게 말씀드렸다.

"경이롭습니다. 고따마 존자시여, 경이롭습니다.-- 고따마 존자께 저를 재가 신자로 받아주소서, 오늘부터 목숨이 붙어 있는 그날까지 귀의하옵니다."

✱ 아내 경. Bhariya-s(A7:59)

1. 한때 부처님께서 사왓티 제따숲의 급고독원에 머무셨다. 그때 세존께서는 오전에 옷매무새를 가다듬고 발우와 가사를 수하시고 급고독 장자의 집으로 가셨다. 가셔서 마련된 자리에 앉으셨다. 그 무렵에 급고독 장자의 집에서 사람들은 시끄럽게 큰 소리로 떠들고 있었다.

그때 급고독 장자가 세존께 다가갔다. 가서는 세존께 절을 올리고 한 곁에 앉았다. 한 곁에 앉은 급고독 장자에게 세존께서는 이렇게 말씀하셨다.

"장자여, 왜 그대의 집에서 사람들이 시끄럽게 큰 소리로 떠들고 있는가? 꼭 어부가 물고기들을 끌어올리는 것 같구나."

"세존이시여, 제게는 수자따라는 며느리가 있습니다. 그녀는 부유하며 부유한 가문에서 시집왔습니다. 그녀는 시어머니도 몰라보고 시아버지도 몰라보고 남편도 몰라보고 세존을 존경하지도 않고 존중하지도 않고 숭상하지도 않고 예배하지 않습니다."

2. 그때 세존께서는 그의 며느리 수자따를 부르셨다.

"수자따여, 이리 오너라."

"예, 세존이시여,"라고 수자따는 세존께 응답하고 세존께 다가갔다. 가서는 세존께 절을 올리고 한 곁에 앉았다. 한 곁에 앉은 수자따에게 세존께서는 이렇게 말씀하셨다.

"수자따여 사람에게는 일곱 부류의 아내가 있다. 무엇이 일곱인가?

살인자와 같은 아내, 도둑과 같은 아내, 악덕한 안주인과 같은 아내, 어머니와 같은 아내, 누이와 같은 아내, 친구와 같은 아내, 하녀와 같은 아내이다. 수자따여, 이러한 일곱 부류의 아내 가운데 그대는 어떤 부류의 아내인가?

"세존이시여, 저는 세존께서 간략하게 말씀해주신 그 뜻을 상세하게 알지 못합니다. 세존께서는 제게 상세하게 말씀해주시면 감사하겠습니다. 그러면 저는 세존께서 간략하게 말씀해주신 그 뜻을 자세하게 알 것입니다."

"수자따여, 그렇다면 이제 들어라. 듣고 마음에 잘 새겨라. 나는 설할 것이다."

"그렇게 하겠습니다. 세존이시여,"라고 수자따는 세존께 응답했다. 세존께서는 이렇게 말씀하셨다.

3. "타락한 마음을 가졌고, 남편의 손해를 바라며,

다른 남자들을 홀리고 남편을 무시하며
돈으로 사왔고 살인에 호기심이 있는 이러한 아내는
살인자라고 불리고 아내라고도 불린다.

기술과 장사와 농사를 열심히 하여
자기 남편이 번 재산을
적은 것일지라도 가져가고자 하는 이러한 아내는
도둑이라고도 불리고 아내라고도 불린다.

일을 하려하지 않고 게으르고 많이 먹고
욕설을 하고 고약하고 나쁜 말을 해대고
부지런한 자들을 성가시게 하는 이러한 아내는
악덕 안주인이라고 불리고 아내라고도 불린다.

항상 남편의 이로움을 바라고
마치 어머니가 아들을 보호하듯 남편을 보호하며
그의 재산을 잘 모아서 보호하는 이러한 아내는
어머니라고도 불리고 아내라고도 불린다.

마치 손아래 여동생이 손위 언니한테 하듯이
자신의 남편을 존중하며 양심을 가져
남편이 바라는 바대로 하는 이러한 아내는
누이라고도 불리고 아내라고도 불린다.

마치 친구가 오랜 만에 온 친구에게 하듯이
남편을 보고 기뻐하고 좋은 가문의 태생이며
계를 지키고 남편에 헌신하는 이러한 아내는
친구라고도 불리고 아내라고도 불린다.

몽둥이를 잡고 공격하면서 겁을 준다하더라도
성내지 않고 고요한 마음이 타락하지 않고
화내지 않고 남편이 바라는 바대로 하는 이러한
아내는 하녀라고도 불리고 아내라고도 불린다.

여기 아내는 살인자라고도 불리고
도둑이라고도 , 악덕 안주인이라고 불린다.
그녀는 계행이 나쁘고 말이 거칠고 존경받지
못하나니 몸이 무너지면 지옥으로 가노라.

여기 아내는 어머니라고도 불리고 누이라고도 불리고
친구라고도 불리고 하녀라고도 불린다.
그녀는 계행이 굳게 서고 오랜 세월
몸과 말과 마음을 잘 단속하여
몸이 무너지면 선처로 가노라.”

4. “수자따여, 이러한 일곱 부류의 아내 가운데 그대는 어떤 부류의 아내인가?

“세존이시여, 세존께서는 오늘부터 저를 남편의 하녀와 같은 아내라고 여겨주십시오.”

✣ 인색한맘 닦기 위해 보시합니다.

✳ 불 경. Aditta-s(S1 : 41)

1. 〈사왓티 아나타삔디까 원림(급고독원)에서〉

2. 그때 어떤 천신이 밤이 아주 깊었을 때 아주 멋진 모습을 하고 제따 숲을 환하게 밝히면서 세존께 다가갔다. 다가가

서는 세존께 절을 올린 뒤 한 곁에 섰다. 한 곁에 선 그 천신
은 세존의 면전에서 이 게송들을 읊었다.

　"집이 맹렬한 불로 불탈 때
　밖으로 재물을 끄집어내면
　그것이 주인에게 도움이 되지만
　안에서 타버린 것은 도움이 되지 않습니다.

　그와 같이 세상이 늙음과 죽음에 불탈 때
　보시를 통해서 자신의 재물을 꺼내야 하나니
　주인에게는 밖으로 꺼낸 재물만이 도움이 되듯
　보시야 말로 그에게 진정한 공덕입니다.

　보시한 것은 행복한 결실을 가져오지만
　보시하지 않은 것은 그렇지가 않아서
　도둑이 훔쳐가고 왕이 앗아가기도 하고
　불에 타기도 하고 잃어버리기도 합니다.

　마지막에 몸을 버릴 때 그의 재산도 버리나니
　이런 사실 잘 알아서 즐기면서 보시하오.
　현자여, 능력껏 베풀고 즐긴 뒤에는
　비난받지 않고 천상의 경지로 올라갈 것입니다."

✻ 재물 경. Bhoga-s(A5:227)

1. "비구들이여, 재물에는 다섯 가지 위험이 있다. 무엇이
다섯인가?"

2. "재물은 불과 이어져 있고, 재물은 물과 이어져 있고, 재
물은 왕과 이어져 있고, 재물은 도둑과 이어져 있고, 재물은

싫어하는 상속자들과 이어져 있다. 비구들이여, 재물에는 이런 다섯 가지 위험이 있다."

3. "비구들이여, 재물에는 다섯 가지 이로움이 있다. 무엇이 다섯 가지인가?"

4. "재물로 자신을 행복하게 하고 만족하게 하고 바르게 행복을 지킨다. 부모를 행복하게 하고 만족하게 하고 행복을 지킨다. 아들과 아내와 하인과 일꾼들을 행복하게 하고 만족하게 하고 바르게 행복을 지킨다.

재물로 친구와 친척들을 행복하게 하고 만족하게 하고 행복을 지킨다. 재물로 사문·바라문들에게 정성을 다한 보시를 한다. 그런 보시는 신성한 결말을 가져다주는 행복을 익게 하고 천상에 태어나게 한다. 비구들이여, 재물에는 이러한 다섯 가지 이로움이 있다.

✲ 인색 경. Macchariya-s(A5:239)

1. "비구들이여, 다섯 가지 법을 갖춘 소임승은 마치 누가 그를 데려다가 놓은 것처럼 반드시 지옥에 떨어진다. 무엇이 다섯인가?"

2. "거처에 대해서 인색하다. 신도 가족에 대해서 인색하다. 이득에 대해서 인색하고, 칭찬에 인색하다. 신심으로 보시한 것을 거절한다. 비구들이여, 이러한 다섯 가지 법을 갖춘 소임승은 마치 누가 그를 데려다 놓는 것처럼 반드시 지옥에 떨어진다."

3. "비구들이여, 다섯 다지 법을 갖춘 소임승은 마치 누가 데려다 놓은 것처럼 반드시 천상에 태어난다. 무엇이 다

섯인가?"

4. '거처에 인색하지 않고, 신도에 인색하지 않고, 얻은 것
에 대해서 인색하지 않고, 칭찬에 인색하지 않고, 신심으로
보시한 것을 거절하지 않는다. 이러한 다섯 가지 법을 갖춘
소임승은 마치 누가 그를 데려다 놓는 것처럼 반드시 천상에
태어난다."

✻ 시하 경. Siha-s(A.5:34)

4. "베푸는 자는 사랑받고 많은 사람들이 다가가고
　　칭송받고 명성이 증장하고 기죽지 않고
　　담대하게 회중에 들어가고 인색하지 않다.
　　그러므로 행복을 추구하는 현자들은
　　보시를 행하여 인색함의 때를 제거한다.
　　그들은 오랜 세월 삼십삼천에 확고히 머물면서
　　신들의 동료가 되어 즐거워한다.
　　기회를 얻고 선행을 한 그들은 여기서 죽어
　　스스로 빛나는 신이 되어 난다나정원에서 노닌다.
　　그들은 그곳에서 5가닥의 감각적 욕망을 갖추어
　　기뻐하고 즐거워하고 행복해 한다.
　　집착이 없이 여여한 분의 말씀을 실천한 뒤에
　　선서의 제자들은 천상에서 즐거워한다."

✻ 때에 맞는 보시 경. Kaladana-s(A.5:36)

1. "비구들이여, 다섯 가지 바른 시기에 하는 보시가 있다.
무엇이 다섯인가?"

2. "손님으로 온 자에게 보시하고, 길을 떠나는 자에게 보시하고, 병자에게 보시하고, 흉년이 들었을 때 보시하고, 승원에서 첫 번째로 열리는 가장 좋은 과일을 계를 갖춘 자들에게 보시하는 것이다."

3. "지혜롭고 걸식하는 자의 말뜻을 알고
   인색을 건넌 자들은 바른 시기에 보시하나니
   성품이 올곧고 여여한 성자들에게
   바른 시기의 보시는
   그의 마음을 맑게 하는 크나큰 보시가 된다.
   그것에 대해 한쪽에서 기뻐하고
   몸으로 봉사를 한 자들이 있으니
   그들의 보시도 부족함이 없고
   또한 공덕을 나누어 가진다.
   그러므로 큰 결실이 있는 곳에
   반대하는 마음 없이 보시하라.
   공덕은 저 세상에서 중생들에게 발판이 되리니."

❋ 바퀴 경. Ckka-s(A.4:31)

1. "비구들이여, 네 가지 번영의 바퀴가 있어서 이것을 구족한 신과 인간들은 이 네 가지 바퀴를 굴리게 되고 이것을 구족한 신과 인간들은 오래지 않아 재물이 많게 되고 가득하게 된다. 무엇이 넷인가?"

적당한 지역에 사는 것, 참된 사람을 의지하는 것, 자신을 바르게 하는 것, 전생에 지은 공덕이다. 비구들이여, 이러한

478

네 가지 번영의 바퀴가 있어서 이것을 구족한 신과 인간들은
이 네 가지 바퀴를 굴리게 되고 이것을 구족한 신과 인간들
은 오래지 않아 재물이 많게 되고 가득하게 된다.

2. "적당한 지역에 살고 성자와 친하게 지내고
    자신을 바른 흐름에 두고
    전생에 공덕을 지은 사람
    그에게 곡식과 재물과 명예와
    명성과 행복이 굴러온다."

✽ 섭수 경. Sangaha-s(A.4:32)

1. "비구들이여, 네 가지 섭수하는 행위[사섭법四攝法]가 있
다. 무엇이 넷인가? 보시(布施), 사랑스러운 말[애어(愛語)] 이
로운 행위[이행(利行)] 함께 함[동사(同事)]이다. 비구들이여, 이
것이 네 가지 섭수하는 행위이다."

2. "보시, 사랑스러운 말, 이로운 행위.
    모든 곳에서 적절하게 법과 함께하는 것.
    이 세상 이러한 네 가지 섭수는
    움직이는 바퀴의 비녀장과도 같다.
    이러한 섭수들이 없다면 아들을 낳은
    어머니와 아들을 양육하는 아버지도
    자부심과 공경 얻지 못하리.
    현자들은 이러한 섭수들을
    바르게 검증했기 때문에
    위대함 얻게 되고 칭송 받게 되리."

✸ **인색 경.** Macchari-s(S1：49)

2. [천신]

"이 세상에서 인색하고 째째하기도 하고
[걸식하는 자에게]욕설까지 퍼붓고
저들 다른 사람들이 보시하여 베풀려면
이것을방해하는 사람들이 있습니다.

그들의 과보는 대체 어떤 것이며
그들의 미래는 어디로 향할지
존자께 이것을 질문 드리러 왔습니다.
저희들은 이것을 어찌 이해하오리까?"

3. [세존]

"이 세상에서 인색하고 째째하기도 하고
[걸식하는 자에게]욕설까지 퍼붓고
저들 다른 사람들이 보시하여 베풀려면
이것을방해하는 사람들이 있으니
그들은 지옥과 축생의 모태와
아귀의 세상에 태어나리로다.
그들이 다시 만일 인간 세상 온다면
가난한 가문에 태어나게 되리니
의복과 음식과 즐거움과 오락을
구하기란 참으로 어려울 것일세.
어리석은 자들도 얻을 수 있는 것
그것조차도 그들은 얻지 못하리
이것이 인간세상 현재의 과보이며
미래에는 악처에 태어날 것이로다."

4. [천신]

　　"저희는 이 말씀을 잘 알았습니다.
　　고따마시여, 이제 다른 질문을 드립니다.
　　여기 이 세상에 인간으로 태어나
　　인색함을 건넜고 항상 두루 친절하며
　　부처님과 법에 대한 청정한 믿음 있고
　　승가를 지극하게 존중한다면
　　그들의 과보는 대체 어떤 것이며
　　그들의 미래는 어디로 향할지
　　존자께 이것을 질문 드리러 왔습니다.
　　저희들은 이것을 어찌 이해하오리까?"

5. [세존]

　　"여기 이 세상에 인간으로 태어나
　　인색함을 건넜고 항상 두루 친절하며
　　부처님과 법에 대한 청정한 믿음 있고
　　승가를 지극하게 존중한다면
　　그들은 천상을 밝히는 자 되리니
　　분명히 그들은 천상에 태어나리.
　　그들이 다시 인간 세상에 온다면
　　부유한 가문에 태어나게 되리니
　　의복과 음식과 즐거움과 오락을
　　구하는데 어려움 없을 것일세.
　　그들은 자재천의 신들과 같이
　　남들이 모은 재물을 즐길 것이니
　　이것이 인간세상 현재의 과보이며
　　미래에는 좋은 곳에 태어날 것이로다."

❈ 모든 중생 불법 믿길 원하옵니다.

✱ 믿음 경. Saddha-s(S1:36)

2. 그때 많은 사뚤라빠 무리의 천신들이 밤이 아주 깊었을 때 아주 멋진 모습을 하고 제따 숲을 환하게 밝히면서 세존께 다가갔다. 다가가서는 세존께 **절을 올린** 뒤 한 곁에 섰다. 한 곁에 선 어떤 천신은 세존의 면전에서 이 게송을 읊었다.

"믿음은 인간의 진정한 친구이니
믿음이 없다면 존속할 수 없습니다.
명성과 명예는 이것 때문에 생기고
이것 때문에 몸 버린 뒤 천상에 가게 됩니다."

3. 그러자 어떤 다른 천신이 세존의 면전에서 이 게송을 읊었다.

"분노를 버리고 자만을 내던져야 하고
모든 족쇄 끊고서 건너야 합니다.
정신과 물질에 집착하지 않기에
아무 것도 소유하지 않은 그 사람
매듭은 그런 분을 덮치지 못합니다."

[세존]

"어리석고 우둔한 사람들은 방일에 몰두하지만
현자는 불방일을 최상의 재산으로 보호하노라.
방일에 몰두하지 말고
감각적 욕망과 내통하지 말지니
방일하지 않고 참선하는 자
궁극적인 행복을 얻기 때문이로다."

482

☙ 삼악도가 없어지길 발원합니다.

✱ 탐욕 경. Chandaraga-s(S22-25)

3. "비구들이여, 그대들은 물질에 대한 탐욕을 제거하라. 그러면 물질은 제거될 것이고 그 뿌리가 잘릴 것이고 줄기만 남은 야자수처럼 될 것이고 존재하지 않게 될 것이고 미래에 다시는 일어나지 않게끔 될 것이다.

비구들이여, 그대들은 느낌에 대한 탐욕을… 인식에 대한 탐욕을… 심리현상들에 대한 탐욕을… 알음알이 대한 탐욕을 제거하라. 그러면 알음알이는 제거 될 것이고 그 뿌리가 잘릴 것이고 줄기만 남은 야자수처럼 될 것이고 존재하지 않게 될 것이고 미래에 다시는 일어나지 않게끔 될 것이다."

✱ 사밋디 경. Samiddhi-s(S1:20)

"말로든 마음으로든 몸으로든 간에
이 세상 어디에서도 악행을 말지라.
감각적 욕망을 끊고 마음 챙기고 알아차려
그것 결코 받들어 행하지 말지라."

☙ 탐진치를 속히 끊길 실천합니다.

✱ 무서움 경. Daruna-s(S17:1)

1. 이와 같이 나는 들었다. 한때 세존께서 사왓티에서 제다 숲의 아나타삔디까 원림에 머무셨다.

2. 거기서 세존께서 "비구들이여,"라고 비구들을 부르셨다.

"세존이시여,"라고 비구들은 세존께 응답했다. 세존께서는 이렇게 말씀했다.

3. "비구들이여, 이득과 존경과 명성은 무섭고 혹독하고 고약한 것이다. 그것은 유가안온을 얻는데 방해물이 된다.

비구들이여, 그러므로 이와 같이 공부지어야 한다. '우리는 이미 일어난 이득과 존경과 명성을 제거하리라. 그러면 일어난 이득과 존경과 명성이 우리의 마음을 사로잡아 머물지 못할 것이다.'라고 비구들이여, 그대들은 이와 같이 공부지어야 한다."

✳ 마가 경. Magha-s(S2:3)

2. 그때 신의 아들 마가가 밤이 아주 깊었을 때 아주 멋진 모습을 하고 제따 숲을 환하게 밝히면서 세존께 다가갔다. 다가가서는 세존께 **절을 올린** 뒤 한 곁에 섰다. 한 곁에 서있는 신의 아들 마가는 세존께 게송으로 여쭈었다.

"무엇을 끊은 뒤에 깊이 잠들고
　무엇을 끊고 나면 슬퍼하지 않습니까?
　어떤 하나의 법을 죽이는 것을
　당신은 허락하십니까, 고따마시여?"
[세존]
"분노를 끊은 뒤에 깊이 잠들고
　분노를 끊고 나면 슬퍼하지 않노라
　바라문이여, 분노는 뿌리에 독이 있고
　꼭대기에 꿀이 듬뿍 들어 있어서
　이런 분노를 죽이는 것을 성자들은 칭송하나니
　이것을 끊고 나면 슬퍼하지 않기 때문이니라."

⁂ 삼보이름 듣기위해 포교합니다.

✳ 노래 경. Gita-s(A5:209)

1. "비구들이여, 노래 소리를 길게 하면서 법을 암송하는 자에게는 다섯 가지 위험이 있다. 무엇이 다섯인가?"

2. "자신도 모르게 그 노래에 빠진다. 남들도 노래에 빠지고, 장자들도 '우리가 노래하는 것처럼 샤까의 아들인 사문들도 노래하는구나.'라면서 투덜대고, 노래 장단에 맞추려 할 때 삼매가 깨트려지고, 그 다음 세대들도 그들의 삿된 견해를 이어받게 된다. 비구들이여, 노래 소리를 길게 하면서 법을 암송하는 자에게는 이러한 다섯 가지 위험이 있다."

✳ 노래 소리의 경. Gita-sutta(A5:209)(전)

수행승들이여, 법문을 길게 끄는 노랫소리로 암송하면 이와 같은 다섯 가지 재난이 있다.

1. 자신도 모르게 그 소리에 애착하게 되고,

2. 타인도 그 소리에 애착되고.

3. 재가자들도 '우리가 노래하듯, 똑같이 수행자인 샤까들도 노래한다고 비난한다.

4. 음조에 매혹되어 삼매를 잃고.

5. 다음 세대들이 범례를 따를 것이다.

☞ 우리나라의 설법 특징은, 법상에서 주장자 집고 하는 게 송은 본인은 알지 모르지만, 남들이 모르고 있는 것은 확실하다. 책을 많이 쓴 필자도 못 알아들으니 신도야 어떻겠나?

필자가 생각하기엔 본인도 모르고 남도 모르는 소리로 길게 빼며. 남이 알아듣지도 못하는 게송을 읊는 것은 포교에 도움이 안 되는 헛소리와 같다.

노래하면서 음성 공양한다는 것은 포교에 도움이 안 된다. 노래는 수행에 방해가 되고, 마음의 집중에 방해가 되기 때문에 노래하고 춤추지 말라고 한 것이다. 참으로 한심한 일이 있다.

법상에서 게송을 읊지 않으면 큰 스님이 못되는 지. 꼭 법을 제대로 모르는 스님들이 길게 읊어 댄다. 길게 석가모니불을 읊는 다면 그래도 좋겠지만. 나무아미타불을 하는 것은 별로 좋지 않다.

나무아미타불을 읊조리는 것은 우리나라 대통령궁인 청와대에서 미국이나 다른 나라의 대통령을 부르고 찬탄하며, 민원(民願)을 해결해 달라는 것과 같은 이치가 아니겠는가?

철없는 어린 아이가 낯 모르는 아저씨에게 과자 달라고 쫓아가는 것과 같다. 또 과자 준다고 꾀이니까 쫓아가는 것과 다름이 없고, 다음에는 자기 집에서 자기 아버지를 두고 남의 아버지를 찾아가 돈이나 구원을 바라고 돈을 달라면 주겠는가? 거기다 보살(菩薩)을 찾는 것은 남의 나라 대통령의 부인이나 딸을 찾는 꼴이다. 이렇게 가피를 바라면 어떻게 되겠는가?

❖ 계정혜를 닦기 위해 정진합니다.

❋ 복됨 경. Bhaddaka-s(A.6:14)

1. 거기서 사리뿟따 존자는"비구들이여,"라고 비구들은 불렀다. "도반이여,"라고 비구들은 사리뿟따 존자에게 응답했다. 사리뿟따 존자는 이렇게 말하였다.

2. "도반들이여, 비구가 삶을 영위하면 할수록 복되게 죽지 못하고 복되게 임종하지 못하는 그런 삶을 삽니다. 도반들이여, 그러면 어떻게 비구가 삶을 영위하면 할수록 복되게 죽지 못하고 복되게 임종하지 못하는 그런 삶을 삽니까?"

3. "도반들이여, 여기 비구는 잡다한 일하기를 좋아하고 잡다한 일을 즐기고 잡다한 일을 하는 즐거움에 몰두합니다. 말하기를 좋아하고, 말하기를 즐기고, 말하는 즐거움에 몰두합니다.

잠자기를 좋아하고, 잠자기를 즐기고, 잠자는 즐거움에 몰두합니다. 무리 짓기를 좋아하고, 무리 짓기를 즐기고, 무리 짓는 즐거움에 몰두합니다. 교제하기를 좋아하고, 교제하기를 즐기고, 교제하는 즐거움에 몰두합니다. 사량분별을 좋아하고, 사량분별을 즐기고, 사량분별하는 즐거움에 몰두합니다.

도반들이여, 이와 같은 비구가 삶을 영위하면 할수록 복되게 죽지 못하고 복되게 임종하지 못하는 그런 삶을 삽니다.

도반들이여, 이를 일러 '비구는 자기 존재가 있음[유신有身, 오취온五取蘊]을 즐겼을 뿐, 괴로움을 종식시키기 위해 자기 존재가 있음을 버리지 않았다.'라고 합니다."

4. "도반들이여, 비구가 삶을 영위하면 할수록 복되게 죽고, 복되게 임종하는 그런 삶을 삽니다. 도반들이여, 그러면 어떻게 비구가 삶을 영위하면 할수록 복되게 죽고 복되게 임종하는 그런 삶을 삽니까?"

5. "도반들이여, 여기 비구는 잡다한 일하기를 좋아하지 않고, 잡다한 일을 즐기지 않고, 잡다한 일을 하는 즐거움에 몰두지 않습니다. 말하기를 좋아하지 않고, 말하기를 즐기지 않

고, 말하는 즐거움에 몰두하지 않습니다.

잠자기를 좋아하지 않고, 잠자기를 즐기지 않고, 잠자는 즐거움에 몰두하지 않습니다. 무리 짓기를 좋아하지 않고, 무리 짓기를 즐기지 않고, 무리 짓는 즐거움에 몰두하지 않습니다. 교제하기를 좋아하지 않고, 교제하기를 즐기지 않고, 교제하는 즐거움에 몰두하지 않습니다. 사량분별을 좋아하지 않고, 사량분별을 즐기지 않고, 사량분별하는 즐거움에 몰두하지 않습니다.

도반들이여, 이와 같은 비구가 삶을 영위하면 할수록 복되게 죽고, 복되게 임종하는 그런 삶을 삽니다. 도반들이여, 이를 일러 '비구는 열반을 즐거워하고, 괴로움을 종식시키기 위해 자기 존재가 있음을 버렸다.'라고 합니다."

❖ 부처님법 늘 배우려 독경합니다.

☞ 뜻을 알고 읽으면 쉽고, 뜻을 모르고 읽으면 평생을 배워도 모른다. 한문 경전을 뜻도 모르고 평생을 외워 댔으니 어느 앞엔들 제대로 설명을 하겠는가? 이제는 쉽고 간결한 우리의 말로 된 경전을 우리의 본사(本師)이시며 우리의 본존(本尊)이신 석가모니 부처님을 찬탄해야 한다.

너무도 잘못되고 잘못된 인식들이 있다. 지혜가 없는 사람들은 앞뒤 가리지도 않고 남이 하니까 나도 한다는 식으로 무조건 따라간다.

마치 울창한 숲에서 토끼가 풀을 뜯다가 바람 소리에 놀라 펄쩍 뛰니까 사슴이 뛰고 사슴이 뛰니까 호랑이와 사자가 잡으러 뛰고 이에 놀라 온 숲이 뛰니 서로가 왜 뛰는지도 모르고 계속 뛰는 것과 같다.

존재하지도 않는 지장보살을 만들어 대원본존(大願本尊)이라 해 놓고 극락에 조상들을 보낸다고 뛰니 너도 나도 뛰고 있다. 불교의 대원본존(大願本尊)은 석가모니부처님 한 분이다.

지장경을 읽으며 조상천도를 바라는 사람들은 조상이 천도되는지 안 되는지 알지도 못하고 남이 하니까 스님들이 말하니까 너도 나도 한다.

지장기도를 하면 조상을 더욱 미혹하게하고 부처님과 거리가 멀어지고 더 힘들게 하는 것이다.

눈을 뜬 자는 보리라! 지장이 없다는 것을, 보지도 못하는 자들이 남이 한다고 나도 하는 것과 같다.

초기경전인 〈니까야〉를 열심히 읽으면 미혹하지 않으리라. 그렇지 않으면 아함경을 읽어라.

우리나라에 선불교가 들어오며, 불입문자(不立文字) 교외별전(敎外別傳)이라는 해괴한 논리가 들어 왔다. 불입문자를 외쳐대면서, 선어록은 왜! 읽는가?

선어록을 의심 없이 열심히 읽고 읽으며 제 소리는 한마디로 못하고 남의 이야기를 앵무새처럼 저도 모르는 소리를 하고 있다.

앵무새가 노래를 따라하지만 뜻은 모른다.

사실 전등록(傳燈錄)이라는 책에 나오는 1701명의 스님들의 명단과 내용을 1700 공안이라 한다.

전등록의 저자 도원(道原)이라는 일개 스님의 말을 100%믿고 수행하는 것이 1700공안이라는 것이다. 전등록은 남송(南

宋)때 2천년을 기준으로 7~800여 년 전 써진 글이다. 자세히 보면 부처님 가르침과는 많은 차이가 있다.

도원이라는 한 사람의 저술을 믿고 일생을 거는 것은 대단히 위험한 도박이다.

이 전등록이라는 책을 자세히 읽어 보면 의심이 많이 제기된다. 전등록과 조사 어록에 평생을 매달린다면 가는 길은 뻔하다. 부처님 가르침과는 거리가 멀다.

부처님은 부처님의 가르침을 열심히 반복하여 외우고 기억하라고 하였다. 부처님의 가르침을 열심히 외우고 기억하고 되새기고 반복하며 마음에 새겨서 실천하여 꿰뚫어 알라고 하였다.

불쑥 지팡이 내밀며 후려패고, 소리나 지르며, 부처를 묻는 말에 똥 묻은 작대기라느니, 토끼에 뿔이니, 이빨에 털 났다느니, 알아듣지 못할 말을 내세워 대승(大乘)을 뛰어 넘는 최상승(最上乘) 불입문자(不立文字) 교외별전(敎外別傳)이라고 하며, 부처님의 가르침인 불교(佛敎)가 아니라 조사(祖師)의 가르침인 조교(祖敎) 또는 조도(祖道)를 내세워 새로운 종교를 탄생시켰다.

✲ 보리심에 머물기를 수행합니다.

✳ 짐 경. Bhara-s(S.22-22)

2. "비구들이여, 그대들에게 짐과 짐을 나르는 사람과 짐을 지는 것과 짐을 내려놓는 것을 설하리라."

3. "비구들이여, 어떤 것이 짐인가?

취착의 대상이 되는 다섯 가지 무더기[오취온五取蘊]라는 것이 그에 대한 대답이다. 어떤 것이 다섯인가? 취착의 대상이 되는 물질의 무더기, 취착의 대상이 되는 느낌의 무더기, 취착의 대상이 되는 인식의 무더기, 취착의 대상이 되는 심리현상들의 무더기, 취착의 대상이 되는 알음알이의 무더기이다. 비구들이여, 이것을 짐이라고 말한다."

4. "비구들이여, 그러면 어떤 것이 짐을 나르는 사람인가? 이러한 이름과 족성을 가진 사람이라는 것이 그에 대한 대답이다. 비구들이여, 이를 일러 짐을 나르는 사람이라 한다."

5. "비구들이여, 그러면 어떤 것이 짐을 지는 것인가? 그것은 갈애이니 다시 태어남을 가져오고 즐김과 탐욕이 함께하며 여기저기서 즐기는 것이다. 즉 감각적 욕망에 대한 갈애[욕애欲愛] 존재에 대한 갈애[유애有愛] 존재하지 않음에 대한 갈애[무유애無有愛]가 그것이다.

비구들이여, 이를 일러 짐을 지는 것이라 한다.

6. "비구들이여, 그러면 어떤 것이 짐을 내려놓는 것인가? 이러한 갈애가 남김없이 빛바래어 소멸함, 버림, 놓아버림, 벗어남 집착 없음이다. 비구들이여, 이를 일러 짐을 내려놓는 것이라 한다."

7. 세존께서는 이렇게 말씀하셨다. 스승이신 선서께서는 이렇게 말씀하신 뒤 다시 게송으로 이와 같이 설하셨다.
"짐은 오온(五蘊)이요.
짐을 나르는 자는 사람을 말하네,
짐을 지는 것은 세상에서 괴로움이요.
짐을 내려놓는 것은 즐거움이라네.
무거운 짐을 내려놓고

다른 짐을 지지 않는 자는
갈애를 뿌리째 뽑아버려
갈증이 풀리고 삼독의 불이 꺼지노라.”

✽ 최상의 지혜로 앎 경. Abhijana-s(S22-24)

3. “비구들이여, 물질을 최상의 지혜로 알지 못하고 철저하게 알지 못하고 탐욕이 빛바래지 못하고 제거하지 못하면 괴로움을 멸진할 수 없다.

느낌을 최상의 지혜로 …인식을 최상의 지혜로 …심리현상들을 최상의 지혜로 …알음알이를 최상의 지혜로 알지 못하고 철저하게 알지 못하면 탐욕이 빛바래지 못하고 제거하지 못하면 괴로움을 멸진할 수 없다.”

4. “비구들이여, 물질을 최상의 지혜로 알고 철저하게 알고 탐욕이 빛바래고 제거하면 괴로움을 멸진할 수 있다.

느낌을 최상의 지혜로 …인식을 최상의 지혜로 …심리현상들을 최상의 지혜로 …알음알이를 최상의 지혜로 알고 철저하게 알고 탐욕이 빛바래고 제거하면 괴로움을 멸진할 수 있다.”

✽ 아바야 경. Abhaya-s(S46:56)

『이와 같이 나는 들었다. 한때 세존께서 라자가하 독수리봉 산에 머무셨다.

그때 아바야 왕자가 세존께 다가갔다. 세존께 절을 올리고 한 곁에 앉았다. 한 곁에 앉은 아비야 왕자는 세존께 이렇게 여쭈었다.

“세존이시여, 어떤 원인과 어떤 조건 때문에 알고 봅니까?

어떻게 원인과 조건 때문에 알고 봅니까?"

"왕자여, 여기 비구는 떨쳐버림을 의자하고 탐욕의 빛바라
램을 의지하고 철저하게 버림으로 기우는 마음챙김의 깨달음
의 구성요소[염각지念覺支]를 닦는다. 그는 마음 챙김의 깨달음
의 구성요소를 닦은 마음으로 있는 그대로 알고 본다. 왕자
여, 이러한 원인과 이러한 조건과 더불어 알고 본다.

다시 왕자여, 여기 비구는 떨쳐버림을 의지하고 탐욕의 빛
바라램을 의지하고 소멸을 의지하고 철저한 마음으로 기우는
법을 간택하는 깨달음의 구성요소[택법각지擇法覺支]를 닦는
다.…

정진의 깨달음의 구성요소[정진각지精進覺支]를 닦는다.…

희열의 깨달음의 구성요소[희각지喜覺支]를 닦는다.…

고요함의 깨달음의 구성요소[경안각지輕安覺支]를 닦는다.…

삼매의 깨달음의 구성요소[정각지定覺支]를 닦는다.…

평온의 깨달음의 구성요소[사각지捨覺支]를 닦는다. 그는 평
온의 깨달음의 구성요소를 닦은 마음으로 있는 그대로 알고
본다. 왕자여, 이러한 원인과 조건 때문에 그는 알고 본다. 이
와 같이 그는 원인과 조건과 더불어 알고 본다."

"세존이시여, 그러면 이 법문을 무엇이라 부릅니까?"

"왕자여, '일곱 가지 깨달음의 구성요소[칠각지七覺支]'라 부른다."

[아바야 왕자는 라자가하의 빔비사라왕과 웃제니의 미인이었던
빠두마와띠(Padumavati)사이에 난 아들이었다. 그는 아버지를 시
해한 아자따삿뚜와는 이복형제였다. 아버지가 시해되자 출가하여
아라한이 되었다. 그의 어머니 빠두마와띠도 아들의 설법을 듣고
출가하여 무애해를 갖춘 아라한이 되었다.]

❖ 부처님을 친히 뵙길 간청합니다.

❋ 뿐니야의 경. Punniya-s(A.8:82)
(부처님의 설법을 하고, 하지 않는 이유)

1. 한 때 세존께서는 사왓티 시에 계셨다.

그때 존자 뿐니야가 세존께서 계신 곳으로 찾아왔다. 가까이 다가와서 세존께 인사드리고 한쪽으로 물러나 앉았다. 한쪽으로 물러나 앉은 존자 뿐니야는 세존께 이와 같이 말씀드렸다.

2. 세존이시여, 어떤 때는 여래께서 가르침을 기꺼이 설하시고, 어떤 때는 설하시지 않는 원인은 무엇이고 조건은 무엇입니까?

3. 뿐니야여, 수행승이 믿음을 갖추었더라도 찾아오지 않으면, 그 때 여래는 가르침을 설하지 않는다. 뿐니야여, 수행승이 믿음을 갖추고 찾아오면, 여래가 가르침을 기꺼이 설한다.

4. 뿐니야여, 수행승이 믿음을 갖추고 찾아오더라도, 가까이 앉지 않으면 그 때까지 여래는 가르침을 설하지 않는다. 뿐니야여, 수행승이 믿음을 갖추고 찾아와서, 가까이 앉으면 여래가 가르침을 기꺼이 설한다.

5. 뿐니야여, 수행승이 믿음을 갖추고 찾아와서 가까이 앉더라도 질문하지 않으면 그 때까지 여래는 가르침을 설하지 않는다. 가까이 앉아 질문하면 여래가 가르침을 기꺼이 설한다.

6. 뿐니야여, 수행승이 믿음을 갖추고, 찾아와서, 가까이 앉아, 질문하더라도, 귀를 기울여 가르침을 듣지 않는다면 그 때까지 여래는 가르침을 설하지 않는다. 뿐니야여, 수행승이

믿음을 갖추고, 찾아와서, 가까이 앉아, 질문하고, 귀를 기울여 가르침을 듣는다면 여래가 가르침을 기꺼이 설한다.

7. 뿐니야여, 수행승이 믿음을 갖추고, 찾아와서, 가까이 앉아, 질문하고, 귀를 기울여 가르침을 듣더라도, 가르침을 기억하지 않는다면 그 때까지 여래는 가르침을 설하지 않는다. 뿐니야여, 수행승이 믿음을 갖추고, 찾아와서, 가까이 앉아, 질문하고, 귀를 기울여 가르침을 듣고, 가르침을 기억한다면, 여래가 가르침을 기꺼이 설한다.

8. 뿐니야여, 수행승이 믿음을 갖추고, 찾아와서, 가까이 앉아, 질문하고, 귀를 기울여 가르침을 듣고, 가르침을 기억하더라도 기억한 가르침의 의미를 탐구하지 않는다면, 그 때까지 여래는 가르침을 설하지 않는다. 뿐니야여, 수행승이 믿음을 갖추고, 찾아와서, 가까이 앉아, 질문하고, 귀를 기울여 가르침을 듣고, 가르침을 기억하고, 가르침의 의미를 탐구한다면, 여래가 가르침을 기꺼이 설한다.

9. 뿐니야여, 수행승이 믿음을 갖추고, 찾아와서, 가까이 앉아, 질문하고, 귀를 기울여 가르침을 듣고, 가르침을 기억하더라도 기억한 가르침의 의미를 탐구하더라도, 의미를 알고 원리를 알아 가르침을 여법하게 실천하지 않으면, 그 때까지 여래는 가르침을 설하지 않는다. 뿐니야여, 수행승이 믿음을 갖추고, 찾아와서, 가까이 앉아, 질문하고, 귀를 기울여 가르침을 듣고, 가르침을 기억하고, 가르침의 의미를 탐구하고, 의미를 알고 원리를 알아 가르침을 여법하게 실천한다면 여래가 가르침을 기꺼이 설한다. 뿐니야여, 이와 같이 여덟 가지 원리를 갖출 때 오로지 여래가 가르침을 기꺼이 설한다.

＊ **해탈 경**. Vimutti-s(A.5:26)

1. "비구들이여, 다섯 가지 해탈의 조건이 있나니 거기서 비구가 방일하지 않고 근면하고 스스로 독려하며 머물 때 아직 해탈하지 않은 마음은 해탈하게 되고, 아직 다하지 못한 번뇌들은 다하게 되고, 아직 성취하지 못한 위없는 유가안온(瑜伽安穩)을 성취하게 된다. 무엇이 다섯인가?"

2. "비구들이여, 여기 스승이나 어떤 존중할 만한 동료 수행자가 비구에게 법을 설한다. 비구들이여, 스승이나 어떤 존중할 만한 동료 수행자가 법을 설할 때, 그는 그 법에 대해서 의미를 체득하고 법을 체득한다. 그가 그 법의 의미를 체득하고 법을 체득할 때 환희가 생긴다. 환희하는 자에게 희열이 생기고, 마음으로 희열을 느끼는 자의 몸은 경안하며, 몸이 경안한 자는 행복을 느끼고, 행복한 자는 마음이 삼매에 든다.

이것이 첫 번째 해탈의 조건이니 아직 해탈하지 않은 마음은 해탈하게 되고, 아직 다하지 못한 번뇌들은 다하게 되고, 아직 성취하지 못한 위없는 유가안온을 성취하게 된다."

❈ 열반락을 성취위해 명상합니다.

＊ **무상 경**. Anicca-s(S22:12)

3. "비구들이여, 물질[色]은 무상하고, 느낌[受]은 무상하고, 인식[想]은 무상하고, 심리현상들[行]은 무상하고, 알음알이[識]은 무상하다.

비구들이여, 이렇게 보는 잘 배운 성스러운 제자는 물질에 대해서도 염오(厭惡)하고 느낌에 대해서도 염오하고, 인식에

대해서도 염오하고, 심리현상에 대해서도 염오하고, 알음알이
에 대해서도 염오한다.

염오하면 탐욕이 빛바래고, 탐욕이 빛바래므로 해탈한다.
해탈하면 해탈했다는 지혜가 있다. '태어남을 다했다. 청정범
행은 성취되었다. 할 일을 다 해 마쳤다. 다시는 어떤 존재로
도 돌아오지 않을 것이다.'라고 꿰뚫어 안다."

＊ 무아 경. Anatta-s(S.22:14)

3. "비구들이여, 물질은 무아(無我)이고, 느낌은 무아이고,
인식은 무아이고 심리현상들은 무아이고 알음알이는 무아이
다."

4. "비구들이여, 이렇게 보는 잘 배운 성스러운 제자는 물
질에 대해서도 염오하고 느낌에 대해서도 염오하고, 인식에
대해서도 염오하고, 심리현상에 대해서도 염오하고, 알음알이
에 대해서도 염오한다.

염오(厭惡)하면 탐욕이 빛바래고, 탐욕이 빛바래므로 해탈
한다. 해탈하면 해탈했다는 지혜가 있다. '태어남을 다했다.
청정범행은 성취되었다. 할 일을 다 해 마쳤다. 다시는 어떤
존재로도 돌아오지 않을 것이다.'라고 꿰뚫어 안다."

＊ 무상한 것 경. Yadanica-s(S22:15)

3. "비구들이여, 물질은 무상(無常)하다. 무상한 것은 괴로
움[苦]이요, 괴로움인 것은 무아(無我)이다. 무아인 것은 '이
것은 내 것이 아니고, 이것은 내가 아니고, 이것은 나의 자아
가 아니다.'라고 있는 그대로 바른 통찰지로 봐야 한다.

느낌은 무상하다.… 인식은 무상하다.… 심리현상은 무상하다.…알음알이는 무상하다. 무상한 것은 괴로움이요, 괴로움인 것은 무아이다. 무아인 것은 '이것은 내 것이 아니고, 이것은 내가 아니고, 이것은 나의 자아가 아니다.'라고 있는 그대로 바른 통찰지로 봐야 한다."

4. "비구들이여, 이렇게 보는 잘 배운 성스러운 제자는 … 다시는 어떤 존재로도 돌아오지 않을 것이라고 꿰뚫어 안다."

✻ 괴로움인 것 경. Yamdukkha-s(S22:16)

3. "비구들이여, 물질은 괴로움이요, 괴로움인 것은 무아이다. 무아인 것은 '이것은 내 것이 아니고, 이것은 내가 아니고, 이것은 나의 자아가 아니다.'라고 있는 그대로 바른 통찰지로 봐야 한다.

느낌은… 인식은… 심리현상은…알음알이는 괴로움이요, 괴로움인 것은 무아이다. 무아인 것은 '이것은 내 것이 아니고, 이것은 내가 아니고, 이것은 나의 자아가 아니다.'라고 있는 그대로 바른 통찰지로 봐야 한다."

4. "비구들이여, 이렇게 보는 잘 배운 성스러운 제자는 … 다시는 어떤 존재로도 돌아오지 않을 것이라고 꿰뚫어 안다."

✻ 무아인 것 경. Yadanatta-s(S22:17)

3. "비구들이여, 물질은 무아(無我)이다. 무아인 것은 '이것은 내 것이 아니고, 이것은 내가 아니고, 이것은 나의 자아가 아니다.'라고 있는 그대로 바른 통찰지로 봐야 한다."

느낌은… 인식은… 심리현상은…알음알이는 무아이다. 무

아인 것은 '이것은 내 것이 아니고, 이것은 내가 아니고, 이것은 나의 자아가 아니다.'라고 있는 그대로 바른 통찰지로 봐야 한다.

4. "비구들이여, 이렇게 보는 잘 배운 성스러운 제자는 … 다시는 어떤 존재로도 돌아오지 않을 것이라고 꿰뚫어 안다."

✻ 원인 경. Hetu-s(S22:18)

3. "비구들이여, 물질은 **무상(無常)**하다. 물질이 일어나는 원인과 조건도 역시 무상하다. 비구들이여, 물질은 무상에서 발생하였나니 그 어디에 항상[常]함이 있겠는가?

느낌은 **무상**하다.… 인식은 무상하다.… 심리현상은 무상하다.…알음알이는 무상하다. 알음알이가 일어나는 원인과 조건도 역시 무상하다. 비구들이여, 알음알이는 무상에서 발생하였나니 그 어디에 항상[常]함이 있겠는가?"

4. "비구들이여, 이렇게 보는 잘 배운 성스러운 제자는 … 다시는 어떤 존재로도 돌아오지 않을 것이라고 꿰뚫어 안다."

✻ 원인 경. Hetu-s(S22:19)

3. "비구들이여, **물질은 괴로움**이다. 물질이 일어나는 원인과 조건도 역시 괴로움이다. 비구들이여, 물질은 괴로움에서 발생하였나니 그 어디에 항상[常]함이 있겠는가?

느낌은 **괴로움**이다.… 인식은 **괴로움**이다.… 심리현상은 괴로움이다.…알음알이는 괴로움이다. 알음알이가 일어나는 원인과 조건도 역시 괴로움이다. 비구들이여, 알음알이는 괴로움에서 발생하였나니 그 어디에 즐거움이 있겠는가?

4. "비구들이여, 이렇게 보는 잘 배운 성스러운 제자는 …
다시는 어떤 존재로도 돌아오지 않을 것이라고 꿰뚫어 안다."

✽ 원인 경. Hetu-s(S22:20)

3. "비구들이여, **물질은 무아**이다. 물질이 일어나는 원인과
조건도 역시 무아이다. 비구들이여, 물질은 무아인 것에서 발
생하였나니 그 어디에 **자아가** 있겠는가?

느낌은 **무아**이다.… 인식은 **무아**이다.… 심리현상은 무아이
다.…알음알이는 무아이다. 알음알이가 일어나는 원인과 조건
도 역시 무아이다. 비구들이여, 알음알이는 무아에서 발생하
였나니 그 어디에 자아가 있겠는가?"

4. "비구들이여, 이렇게 보는 잘 배운 성스러운 제자는 …
다시는 어떤 존재로도 돌아오지 않을 것이라고 꿰뚫어 안다."

✽ 초선(初禪) 경. Pathamajhana-s(S.40:1)

1. 이와 같이 나는 들었다. 한때 마하목갈라나 존자는 사왓
티에서 제따 숲의 아나타삔디까 원림에 머물렀다.

2. 거기서 마하목갈라나 존자는 "비구들이여,"라고 비구들
을 불렀다. "도반이시여,"라고 비구들은 목갈라나 존자에게
응답했다. 마하목갈라나 존자는 이렇게 말했다.

3. "도반들이여, 여기 내가 한적한 곳에 홀로 앉아 있는 중에
이런 생각이 들었습니다. '초선, 초선'이라고 하는데, 도대체
어떤 것이 초선인가?"라고

4. 도반들이여, 그런 내게 이런 생각이 들었습니다.
'여기 비구는 감각적 욕망들을 완전히 떨쳐버리고 해로운

법들을 떨쳐버린 뒤, 일으킨 생각[尋]과 지속적인 고찰[伺]이 있고, 떨쳐버렸음에서 생긴 희열[喜]과 행복[樂]이 있는 초선(初禪)에 들어 머물렀습니다. 도반들이여, 그런 내가 이와 같이 머물고 있었을 때 감각적 욕망이 함께한 인식과 마음에 집중함이 몰려 들었습니다.'

5. "도반들이여, 그때 세존께서 신통으로 다가오셔서 이렇게 말씀하셨습니다.

'목갈라나여, 목갈라나여, 초선에 대해서 방일하지 말라. 바라문이여, 초선에 마음을 안주시켜라. 초선에 마음을 하나로 만들어라. 초선에 마음이 삼매에 들게 하라.'

도반들이여, 그래서 그 뒤에 다시 나는 감각적 욕망들을 완전히 떨쳐버리고 해로운 법들을 떨쳐버린 뒤, 일으킨 생각[尋]과 지속적인 고찰[伺]이 있고, 떨쳐버렸음에서 생긴 희열[喜]과 행복[樂]이 있는 초선(初禪)에 머물렀습니다."

6. "도반들이여, 바르게 말하는 자가 말하기를 '그는 스승의 보호를 받아서 큰 신통의 지혜를 얻은 제자이다.'라고 하는 것은 바로 나를 두고 하는 말입니다."

✻ 제2선 경. Dutiyajhana-s(S40:2)

3. "도반들이여, 여기 내가 한적한 곳에 가서 홀로 앉아 있는 중에 이런 생각이 들었습니다. '제2선, 제2선'이라고 한다. 도대체 어떤 것이 제2선인가? 라고"

4. "도반들이여, 그런 내게 이런 생각이 들었습니다.

'여기 비구는 일으킨 생각과 지속적인 고찰을 가라앉혔기 때문에 더 이상 존재하지 않으며, 자기 내면의 것이고, 확신이 있으며, 마음의 단일한 상태이고, 일으킨 생각과 지속적인 고찰은 없고, 삼매에서 생긴 희열과 행복이 있는 제2선(이선(二禪)에 들어 머문다. 이를 일러 제2선이라 한다.'

도반들이여, 그래서 나는 일으킨 생각과 지속적인 고찰을 가라앉혔기 때문에 더 이상 존재하지 않으며, 자기 내면의 것이고, 확신이 있으며, 마음의 단일한 상태이고, 일으킨 생각과 지속적인 고찰이 없고, 삼매에서 생긴 희열과 행복이 있는 제2선에 들어 머물렀습니다. 도반들이여, 그런 내가 이와 같이 머물고 있었을 때 일으킨 생각이 함께한 인식과 마음에 집중함에 몰려들었습니다."

5. "도반들이여, 그때 세존께서 신통으로 다가오셔서 이렇게 말씀하셨습니다.

'목갈라나여, 목갈라나여, 제2선에 대해서 방일하지 말라. 바라문이여, 제2선에 마음을 안주시켜라. 제2선에 마음을 하나로 만들어라. 제3선에 마음이 삼매에 들게 하라.'

도반들이여, 그래서 그 뒤에 다시 나는 일으킨 생각과 지속적인 고찰을 가라앉혔기 때문에 더 이상 존재하지 않으며, 자기 내면의 것이고, 확신이 있으며, 마음의 단일한 상태이고, 일으킨 생각과 지속적인 고찰은 없고, 삼매에서 생긴 희열과 행복이 있는 제2선에 들어 머물렀습니다.

6. "도반들이여, 바르게 말하는 자가 말하기를 '그는 스승의 보호를 받아서 큰 신통의 지혜를 얻은 제자이다.'라고 하는 것은 바로 나를 두고 하는 말입니다."

※ **제3선 경**. Tatiyajhana-s(S40:3)

3. "도반들이여, 여기 내가 한적한 곳에 가서 홀로 앉아 있는 중에 이런 생각이 들었습니다. '제3선, 제3선'이라고 한다. 도대체 어떤 것이 제3선인가?'라고"

4. "도반들이여, 그런 내게 이런 생각이 들었습니다.

'여기 비구는 희열이 빛바랬기 때문에 평온하게 머물고, 마음 챙기고 알아차리며 몸으로 행복을 경험한다. 이 선禪 때문에 '평온하고 마음 챙기며 행복하게 머문다.'라고 성자들이 묘사하는 제3선에 들어 머문다. 이를 일러 제3선이라 한다.'

도반들이여, 그래서 나는 희열이 빛바랬기 때문에 평온하게 머물고, 마음 챙기고 알아차리며 몸으로 행복을 경험하였습니다. 이 선禪 때문에 '평온하고 마음 챙기며 행복하게 머문다.'라고 성자들이 묘사하는 제3선에 들어 머물렀습니다. 도반들이여 그런 내가 이와같이 머물고 있었을 때 희열이 함께한 인식과 마음에 집중함이 몰려들었습니다."

5. "도반들이여, 그때 세존께서 신통으로 다가오셔서 이렇게 말씀하셨습니다.

'목갈라나여, 목갈라나여, 제3선에 대해서 방일하지 말라. 바라문이여, 제3선에 마음을 안주시켜라. 제3선에 마음을 하나로 만들어라. 제3선에 마음이 삼매에 들게 하라.'

도반들이여, 그래서 그 뒤에 다시 나는 희열이 빛바랬기 때문에 평온하게 머물고, 마음 챙기고 알아차리며 몸으로 행복을 경험하였습니다. 이 선禪 때문에 '평온하고 마음 챙기며 행복하게 머문다.'라고 성자들이 묘사하는 제3선에 들어 머물렀습니다."

6. "도반들이여, 바르게 말하는 자가 말하기를 '그는 스승의 보호를 받아서 큰 신통의 지혜를 얻은 제자이다.'라고 하는 것은 바로 나를 두고 하는 말입니다."

✻ 제4선 경. Catutthajhana-s(S40:4)

3. "도반들이여, 여기 내가 한적한 곳에 가서 홀로 앉아 있는 중에 이런 생각이 들었습니다. '제4선, 제4선'이라고 한다. 도대체 어떤 것이 제4선인가?' 라고"

4. "도반들이여, 그런 내게 이런 생각이 들었습니다.

'여기 비구는 행복도 버리고 괴로움도 버리고, 아울러 그 이전에 이미 기쁨과 슬픔이 소멸되었으므로 괴롭지도 즐겁지도 않으며, 평온으로 인해 마음 챙김이 청정한[사념청정捨念淸淨] 제4선에 들어 머문다. 이를 일러 제4선이라 한다.'

도반들이여, 그래서 나는 행복도 버리고 괴로움도 버리고, 아울러 그 이전에 이미 기쁨과 슬픔이 소멸되었으므로 괴롭지도 즐겁지도 않으며, 평온으로 인해 마음 챙김이 청정한[사념청정捨念淸淨] 제4선에 들어 머물렀습니다. 도반들이여, 그런 내가 이와 같이 머물고 있었을 때 행복이 함께한 인식과 마음에 집중함이 몰려들었습니다.

5. "도반들이여, 그때 세존께서 신통으로 다가오셔서 이렇게 말씀하셨습니다.

'목갈라나여, 목갈라나여, 제4선에 대해서 방일하지 말라. 바라문이여, 제4선에 마음을 안주시켜라. 제4선에 마음을 하나로 만들어라. 제4선에 마음이 삼매에 들게 하라.'

도반들이여, 그래서 그 뒤에 나는 행복도 버리고 괴로움도 버리고, 아울러 그 이전에 이미 기쁨과 슬픔이 소멸되었으므로 괴롭지도 즐겁지도 않으며, 평온으로 인해 마음 챙김이 청정한[사념청정捨念淸淨] 제4선에 들어 머물렀습니다."

6. "도반들이여, 바르게 말하는 자가 말하기를 '그는 스승의 보호를 받아서 큰 신통의 지혜를 얻은 제자이다.'라고 하는 것은 바로 나를 두고 하는 말입니다."

✱ 공무변처 경. Akasanancayaatana-s(S40:5)

3. "도반들이여, 여기 내가 한적한 곳에 가서 홀로 앉아 있는 중에 이런 생각이 들었습니다. '공무변처, 공무변처'라고 한다. 그런데 도대체 어떤 것이 공무변처인가?'라고"

4. "도반들이여, 그런 내게 이런 생각이 들었습니다.

'여기 비구는 물질에 대한 인식을 완전히 초월하고 부딪힘의 인식을 소멸하고 갖가지 인식을 마음에 집중하지 않기 때문에 '무한한 허공'이라고 하면서 공무변처에 들어 머문다. 이를 일러 공무변처라 한다.'

도반들이여, 그래서 물질에 대한 인식을 완전히 초월하고 부딪힘의 인식을 완전히 소멸하고 갖가지 인식을 마음에 집중하지 않기 때문에 '무한한 허공'이라고 하면서 공무변처에 들어 머물렀습니다. 도반들이여, 그런 내가 이와 같이 머물고 있었을 때 물질에 대한 인식과 마음에 집중함이 몰려들었습니다."

5. "도반들이여, 그때 세존께서 신통으로 다가오셔서 이렇게 말씀하셨습니다.

'목갈라나여, 목갈라나여, 공무변처에 대해서 방일하지 말라.

바라문이여, 공무변처에 마음을 안주시켜라. 공무변처에 마음을 하나로 만들어라. 공무변처에 마음이 삼매에 들게 하라.'
도반들이여, 그래서 그 뒤에 다시 나는 물질에 대한 인식을 완전히 초월하고 부딪힘의 인식을 소멸하고 갖가지 인식을 마음에 집중하지 않기 때문에 '무한한 허공'이라고 하면서 공무변처에 들어 머물렀습니다."
6. "도반들이여, 바르게 말하는 자가 말하기를 '그는 스승의 보호를 받아서 큰 신통의 지혜를 얻은 제자이다.'라고 하는 것은 바로 나를 두고 하는 말입니다."

✽ 식무변처 경. Vinnanancayatana-s(S40:6)

3. "도반들이여, 여기 내가 한적한 곳에 가서 홀로 앉아 있는 중에 이런 생각이 들었습니다. '식무변처, 식무변처'라고 한다. 그런데 도대체 어떤 것이 식무변처인가?'라고"
4. "도반들이여, 그런 내게 이런 생각이 들었습니다.
'여기 비구는 공무변처를 완전히 초월하여 '무한한 알음알이'라고 하면서 식무변처에 들어 머문다. 이를 일러 식무변처라 한다.'
도반들이여, 그래서 나는 공무변처를 완전히 초월하여 '무한한 알음알이'라고 하면서 식무변처에 머물렀습니다. 도반들이여, 그런 내가 이와 같이 머물고 있었을 때 공무변처에 대한 인식과 마음에 집중함이 몰려들었습니다."
5. "도반들이여, 그때 세존께서 신통으로 다가오셔서 이렇게 말씀하셨습니다.
'목갈라나여, 목갈라나여, 식무변처에 대해서 방일하지 말라.

바라문이여, 식무변처에 마음을 안주시켜라. 식무변처에 마음을 하나로 만들어라. 식무변처에 마음이 삼매에 들게 하라.'
도반들이어, 그래서 그 뒤에 다시 나는 공무변처를 완전히 초월하여 '무한한 알음알이'라고 하면서 식무변처에 머물렀습니다."

6. "도반들이여, 바르게 말하는 자가 말하기를 '그는 스승의 보호를 받아서 큰 신통의 지혜를 얻은 제자이다.'라고 하는 것은 바로 나를 두고 하는 말입니다."

✳ 무소유처 경. Akincannayatana-s(S40:7)

3. "도반들이여, 여기 내가 한적한 곳에 가서 홀로 앉아 있는 중에 이런 생각이 들었습니다. '무소유처, 무소유처'라고 한다. 그런데 도대체 어떤 것이 무소유처인가?'라고"

4. "도반들이여, 그런 내게 이런 생각이 들었습니다.
'여기 비구는 식무변처를 완전히 초월하여 '아무것도 없다.'라고 하면서 무소유처에 들어 머문다. 이를 일러 무소유처라 한다.'
도반들이어, 그래서 나는 식무변처를 완전히 초월하여 '아무것도 없다.'라고 하면서 무소유처에 들어 머물렀습니다. 도반들이여, 그런 내가 이와 같이 머물고 있었을 때 식무변처에 대한 인식과 마음에 집중함이 몰려들었습니다."

5. "도반들이여, 그때 세존께서 신통으로 다가오셔서 이렇게 말씀하셨습니다.
'목갈라나여, 목갈라나여, 무소유처에 대해서 방일하지 말라. 바라문이여, 무소유처에 마음을 안주시켜라. 무소유처에 마음

을 하나로 만들어라. 무소유처에 마음이 삼매에 들게 하라.'

도반들이어, 그래서 그 뒤에 나는 식무변처를 완전히 초월하여 '아무것도 없다.'라고 하면서 무소유처에 들어 머물렀습니다."

6. "도반들이여, 바르게 말하는 자가 말하기를 '그는 스승의 보호를 받아서 큰 신통의 지혜를 얻은 제자이다.'라고 하는 것은 바로 나를 두고 하는 말입니다."

✻ 비상비비상처 경. Nevasannanasannayatana-s(S40:8)

3. "도반들이여, 여기 내가 한적한 곳에 가서 홀로 앉아 있는 중에 이런 생각이 들었습니다. '비상비비상처, 비상비비상처'라고 한다. 그런데 도대체 어떤 것이 비상비비상처인가?'라고"

4. "도반들이여, 그런 내게 이런 생각이 들었습니다.

'여기 비구는 무소유처를 완전히 초월하여 비상비비상처에 들어 머문다. 이를 일러 비상비비상처라 한다.'

도반들이여, 그래서 나는 무소유처를 완전히 초월하여 비상비비상처에 들어 머물렀습니다. 도반들이여, 그런 내가 이와 같이 머물고 있었을 대 무소유처에 대한 인식과 마음에 집중함이 몰려들었습니다."

5. "도반들이여, 그때 세존께서 신통으로 다가오셔서 이렇게 말씀하셨습니다.

'목갈라나여, 목갈라나여, 비상비비상처에 대해서 방일하지 말라. 바라문이여, 비상비비상처에 마음을 안주시켜라. 비상비비상처에 마음을 하나로 만들어라. 비상비비상처에 마음이 삼매에 들게 하라.'

도반들이여, 그래서 그 뒤에 다시 나는 무소유처를 완전히 초월하여 비상비비상처에 들어 머물렀습니다."

6. "도반들이여, 바르게 말하는 자가 말하기를 '그는 스승의 보호를 받아서 큰 신통의 지혜를 얻은 제자이다.'라고 하는 것은 바로 나를 두고 하는 말입니다."

⁂ 모든 중생 성불하길 축원합니다.

☞ 우리 모두 잘되어야 내가 잘 된다. 이것이 이타(利他)의 발원이다. 이 세상은 혼자 사는 것이 아니다. 풀 한 포기 나무 한 구루 주위의 모든 환경이 아주 소중하다.

생명이 있는 모든 축생들이 전생에 우리와 같은 인간이었거나 부모형제였거나 천신이었을 수도 있다.

우리 또한 잘못된 생각 잘못된 견해로 축생이 될 수도 있고, 지금도 축생만도 못한 삶을 사는 사람들도 있다. 혹 잘산다고 하더라도 전생에 천상에서 타락한 사람도 있을 것이다. 천상득죄지하인간(天上得罪地下人間)이라는 옛말이 생각난다. 하늘에서 죄를 짓고 인간 세상에 떨어졌다는 이야기이다.

지금 발버둥치고 아웅다웅하며 잘 먹고 잘살아봐야 고작 길어야 100년이고 성인(成人)으로서 자립하여 사람구실하고 사는 것은 길어야 5~6십년이다. 죄짓고 잘못하면 수십억 내지 몇 백겁을 지옥에서 축생에서 살아야 하고, 법문 듣고 부처님 찬탄하고 보시 잘하면 수백억겁을 천상에서 안락하고, 수행 잘하여 열반에 들어 윤회의 단막이 끝난다.

그래서 우리는 항상 모든 중생이 바른 견해와 바른 생각으

로 바른 삶을 영위할 수 있도록 부처님의 혜명을 비춰지게끔
가르침을 광포(廣布)해야 한다.

포교는 바로 불국토가 되는 성불의 씨앗이 되는 것이다. 축
원하는 마음이 성취의 마음이다. 친구 따라 강남 간다는 말이
있다. 우리 모두 수행의 도반이 되어 성불의 길로 가기를 축
원하자.

** 우주평화 실현위해 자비합니다.

☞ 아! 인류에게 차라리 신앙이 없었다면 잔혹한 전쟁도 없
었을 것이다. 9.11테러, 자살폭탄테러, 십자군 전쟁, 서구의 모
든 전쟁이 사악한 미신에서 비롯된 종교전쟁이다. 진정한 인
류평화와 우주 평화가 실현되려면 부처님 가르침인 자비가
실현 되는 길뿐이 없다.

보스턴 마라톤 폭탄테러 사건! 이 모두가 맹신이 빚어낸 참
사이다. 이슬람교나 기독교는 같은 맥락의 하느님을 믿고 있
다. 이슬람교의 하느님이라는 〈알라〉와 기독교의 하느님이라
는 〈여호와〉는 같은 존재이다. 이슬람교에서 믿는 인류의 조
상도 아담과 아브라함이고 기독교에서 믿는 인류의 조상도
아담과 아브라함이다. 이 둘의 종교는 고양이와 살쾡이와 같
은 것으로 교리를 구분하기 어려운 것이다.

지금도 한국에서 사찰에 불을 지르고 조상을 매도하고 온
갖 작태를 부리고 있다.

자비는 인내만이 자비가 아니다. 철없는 아이가 불장난으로
집에 불을 지필 때, 부모의 매서운 회초리가 오히려 자비가
되는 것이다.

사악한 미신을 매섭게 훈계하는 것이 진정한 자비가 아니겠는가? 팔자의 저서〈사악한 악마를 왜, 하느님이라 하는가?〉〈천지창조의 비밀〉 바른 포교가 바로 자비하는 것이다.

٭٭ 가없는 중생을 다 건지오리다.
끝없는 번뇌를 다 끊으오리다.
한없는 법문을 다 배우오리다.
위없는 불도를 다 이루오리다.

☞ 위 글은 사홍서원의 내용이다. 사실 엄밀히 살펴보면 사홍서원의 순서가 이치에 맞지 않다. 부처를 이루기 전에 중생부터 구제한다는 것이 잘못된 것이 아닌가? 수영도 못하는 사람이 물에 빠진 사람을 건지겠다는 것은 만용이 아닐까?

수영도 못하는 사람이 어쩌다 저도 모르게 큰 소리 치고 나면, 어쩔 수 없이 물에 뛰어 들게 될 것이다. 그것은 바로 죽음이다. 공부도 허황되고 서원도 허황되면 들뜨게 되어 효험이 없다.

번뇌를 끊으려면 끊는 방법을 배워야 한다. 그래서 부처님의 말씀인 법문부터 배워야 한다. 부처님 법문을 들으면 번뇌의 멸진을 안다. 탐욕의 미세한 부분까지의 멸진, 성냄의 미세한 부분까지의 멸진, 어리석음의 미세한 부분까지의 멸진이 번뇌를 끊는 것이다.

번뇌를 끊고 나면 바로 아라한인 불도를 이루는 것이다. 불도를 이루어야 중생을 구제할 것이 아닌가?

순서를 다시 정한다면

1. **한없는 법문을 다 배우오리다.**
2. **끝없는 번뇌를 다 끊으오리다.**
3. **위없는 불도를 다 이루오리다.**
4. **가없는 중생을 다 건지오리다.**

라고 해야 맞지 않을까. 이렇게 하면 배워야 하겠다는 의무감 때문에 법회에도 많이 참석하게 될 것이고. 중생부터 구제한다는 실현 가능성 희박한 들뜬 중압감보다는 실현 가능한 법회의 참석이 훨씬 쉬울 것이다.

탐욕의 멸진, 성냄의 멸진, 어리석음의 멸진이 번뇌를 끊는 것이라고 부처님께서 말씀하시지 않았던가. 번뇌의 소멸 없이는 아라한이 될 수 없다.

✲✲ **마음속의 법문을 배우오리다.**

　　마음속의 번뇌를 끊으오리다.

　　마음속의 불도를 이루오리다.

　　미혹한맘 중생을 건지오리다.

　　발원을 마치고 삼보님께 귀의합니다.

　　거룩한 부처님께 귀의합니다.

　　거룩한 가르침에 귀의합니다.

　　거룩한 스님들께 귀의합니다. （3번）

　　sadhu!（**사두**）（3번）

✳ 불설장아함경. 제10권 8. 삼취경(三聚經)

"악한 세계를 향해 나가는 여섯 가지 법과 선한 세계를 향해 나아가는 여섯 가지 법과 열반을 향해 나아가는 여섯 가지 법이 있다.

어떤 것이 악한 세계를 향해 나아가는 여섯 가지 법인가? 여섯 가지 불경(不敬)을 말 한다. 즉
　① 부처님을 공경하지 않고,
　② 법을 공경하지 않고,
　③ 승단을 공경하지 않고,
　④ 계율을 공경하지 않으며,
　⑤ 선정(禪定)을 공경하지 않으며,
　⑥ 부모를 공경하지 않는 것이다.

어떤 것이 선한 세계를 향해 나아가는 여섯 가지 법인가?
　① 부처를 공경하고,　② 법을 공경하고
　③ 승단을 공경하고,　④ 계율을 공경하며
　⑤ 선정을 공경하고,　⑥ 부모를 공경하는 것이다.

어떤 것이 열반을 향해 나아가는 여섯 가지 법인가? 여섯 가지 사념(思念)으로서
　① 부처를 생각하고,　② 법을 생각하고,
　③ 승단을 생각하고,　④ 계율을 생각하며,
　⑤ 보시를 생각하고,　⑥ 하늘을 생각하는 것이다.

팔생법(八生法)

1. 도는 마땅히 욕심이 적은 것으로서, 욕심이 많음은 도가 아니다.

2. 도는 마땅히 만족할 줄 아는 것으로서, 만족함이 없으면 도가 아니다.

3. 도는 마땅히 한가하고 고요한 것으로서, 여럿이 즐기는 것은 도가 아니다.

4. 도는 마땅히 스스로 지키는 것으로서, 희롱하고 웃고 하는 것은 도가 아니다.

5. 도는 마땅히 정진하는 것으로서, 게으른 것은 도가 아니다.

6. 도는 마땅히 생각을 오로지 하는 것으로서, 많이 있는 것은 도가 아니다.

7. 도는 마땅히 뜻을 안정시키는 것으로서, 뜻이 산란한 것은 도가 아니다.

8. 도는 마땅히 **지혜로운** 것으로서, **어리석음**은 도가 아니다.

후 기(後記)

✳ 쐐기 경. Ani-sutta.(S20:7)

3. "비구들이여, 옛날에 '다사라하들에게 '아나까'라는 타악기가 있었다. 그 '아나까'에 금이 가면 다사라하들은 다른 쐐기를 덧댔다. 비구들이여, 이렇게 하여 그 아나까 타악기의 원래 표면은 사라져버리고 덧댄 쐐기들이 쌓인 것만 남게 되는 때가 도래하였다."

4. "비구들이여, 미래의 비구들도 이와 같이 될 것이다. 그들은 여래가 설했던 가르침이 깊고, 뜻도 깊고, 출세간(出世間)적이고, 공함[空性]과 관련된 경들을 외우면 그것을 듣지 않고, 귀 기울이지 않고, 잘 알아서 마음에 새기지 않고, 그 법들을 잘 이해해야 하고 정통해야 한다고 생각하지 않을 것이다.

그러나 시인(詩人)이 지었고, 아름다운 시어를 가졌고, 외도(外道)들이 지었고, 그들의 제자들이 설한 경들을 사람들이 외우면 비구들이 그것을 듣고, 귀 기울이고, 잘 알아서 마음에 새기고, 그 법들을 잘 이해해야 하고 정통해야 한다고 생각할 것이다.

비구들이여, 이와 같이 여래가 설했고, 가르침이 깊고, 뜻도 깊고, 출세간(出世間)적이고, 공함[空性]과 관련된 경들은 사라지게 될 것이다."

☞ 위의 빠알리 장경인 〈상윳따 니까야〉에 나오는 말씀은 작금(昨今)의 한국불교내지는 대승이라는 변질된 불교에 나타나는 현상을 지적한 내용일 것이다.

※ **비밀 경**. Paticchanna-s(A.3:129)[**대림스님역**]

1. "비구들이여, 세 가지는 비밀리에 행한다. 드러내지 않는다. 무엇이 셋인가?

비구들이여, 여인은 비밀리에 행한다. 드러내지 않는다. 비구들이여, 바라문들의 **주문**[**만뜨라. 진언**]은 비밀리 행한다. 드러내지 않는다. 비구들이여, 삿된 견해는 비밀리에 행한다. 드러내지 않는다. 비구들이여, 이러한 세 가지는 비밀리에 행한다. 드러내지 않는다."

2. "비구들이여, 세 가지는 사방으로 드러내 비춘다. 숨기지 않는다. 무엇이 셋인가?

비구들이여, 둥근 달은 드러내어 비춘다. 숨기지 않는다. 둥근 태양은 드러내어 비춘다. 숨기지 않는다. 비구들이여, 여래가 설한 법과 율은 드러내어 비춘다. 숨기지 않는다.

비구들이여 이러한 세 가지는 사방으로 드러내어 비춘다. 숨기지 않는다."

※ **은폐 경**. (A.3:129)[**전 재성 박사 역**]

1. [세존] "수행승들이여, 이와 같은 세 가지는 은폐되어 있지, 개방되어 있지 않다. 세 가지란 무엇인가? 여인은 은폐되어 있지, 개방되어 있지 않다. 바라문의 **주문**(呪文:**만뜨라**)은 은폐되어 있지, 개방되어 있지 않다. 잘못된 견해는 은폐되어 있지, 개방되어 있지 않다. 수행승들이여, 이와 같은 세 가지는 은폐되어있지 개방되어 있지 않다.

2. 수행승들이여, 이와 같은 세 가지는 개방되어 있지, 은폐되지 않는다. 세 가지란 무엇인가? 월륜[태양]은 개방되어 있

지, 은폐되어 있지 않다. 일륜[달]은 개방되어있지 은폐되어
있지 않다. 여래가 설한 가르침과 계율은 개방되어 있지, 은
폐되어 있지 않다. 수행승들이여, 이와 같은 세 가지는 개방
되어있지 은폐되어있지 않다.”

✱ 증일아함경 제12권 22. 삼공양품.[4]

『이와 같이 들었다.

어느 때 부처님께서 사위국 기수급고독원에 계셨다.

그때 세존께서 모든 비구들에게 말씀하셨다.

“세 가지 일이 있는데, 덮어두면 미묘한데 드러내면 미묘하
지 않다. 어떤 것이 그 세 가지 일인가? 첫째는 여인이니 덮
어두면 미묘하지만 드러내면 미묘하지 않다. 둘째는 바라문
의 **주술**(呪術:**만뜨라 진언**)이니 덮어두면 미묘하지만 드러내
면 미묘하지 않다. 셋째는 삿된 소견으로 짓는 업(業)이니 덮
어두면 미묘하지만 드러내면 미묘하지 않다. 비구들이여, 이
것을 일러 세 가지 일이 있는데 덮어두면 미묘하지만 드러내
면 미묘하지 않다고 하는 것이다.

또 세 가지 일이 있는데, 드러나면 미묘하지만 덮어두면 미
묘하지 않다. 어떤 것이 세 가지 일인가?

첫째는 해와 달이니 드러나면 미묘한데 덮어두면 미묘하지
않다. 나머지는 여래의 법과 말씀이니, 드러나면 미묘하지만
덮어두면 미묘하지 않다. 비구들아, 이것이 드러나면 미묘하
지만 덮어두면 미묘하지 않다고 한 세 가지 일이니라.”

그때 세존께서 곧 이런 게송을 말씀하셨다.

“여자와 **주술**(呪術:**진언**)

삿된 소견으로 짓는 착하지 못한 행(行)

세상의 이 세 가지 법은

덮어 숨기면 가장 묘한 것이다.

널리 비추는 저 해와 달과

그리고 여래의 바른 법과 말씀.

세상의 이 세 가지 법은

드러내야 가장 묘한 것이다."

"그러므로 모든 비구들아, 너희들은 마땅히 여래의 법을 밝게 드러내고 덮어버리지 않게 해야 한다. 모든 비구들아 마땅히 이와 같이 배워야 한다."

그때 모든 비구들은 부처님의 말씀을 듣고 기뻐하며 받들어 행하였다.』

☞ 아함경과 니까야에 부처님께서 분명하게 금기한 주술(呪術)적인 진언(眞言)이나 만뜨라라는 다라니를 외우는 것은 **삿된 소견으로 착하지 못한 행이라고** 분명히 말씀하셨다. 온갖 다라니를 진언(眞言: 진실한 말)이라는 말로 미화하여 주술을 외워대는 한국불교의 현장이 아닐까 생각한다.

삿된 소견의 착하지 못한 행은 결국 나쁜 행위로 지옥으로 가는 것이다. 잘못된 기도를 피눈물 나게 열심히 해서 지옥에 가면 되겠는가? **어리석음이란 이렇게 무서운 것이다.**

덮어두면 미묘하고 드러내면 미묘하지 않는 3가지가 있다. 첫째는 여자이고, 둘째는 **주술(呪術: 탄뜨라)이며**, 셋째는 삿된 소견이다.

드러내면 미묘하고 덮어두면 미묘하지 않는 3가지가 있다.

첫째는 태양이고, 둘째는 달빛이며, 셋째는 **부처님**의 가르침
이다.

여자와, 주술[대다라니]과, 삿된 소견으로 짓는 착하지 못
한 행(行). 세상의 이 3가지 법은 덮어 숨기면 가장 묘한 것
이다.

널리 비추는 저 해와 달과 그리고 여래(如來)의 바른 법과
말씀, 세상의 이 3가지 법은 **드러내야 가장 묘한** 것이다.

☞ **지금은 숨긴다고 해서 숨겨지는 시대가** 아니다. 본인도
모르는 일이 들어나는 시대다. 백일하에 드러난 사실을 일반
세속인들도 인정하고 고치는 것이 진정한 양심인데. 하물며
종교인이라는 사람들이 더구나 수행자라는 사람들이 고치지
않는다면, 정말 부처님과 하늘에 부끄러운 일이고, 더구나 불
교인은 더욱 그러하다.

☞ 이제는 드러난 사실을 먹고사는 이익을 위하여 버리지
않는다면 탐착이 엄청 강한 쇠고집이다. 하루 빨리 잘못된 것
은 버리고 수정하여 본연의 궤도로 가는 것이 진정한 수행자
며 불자(佛子)가 아니겠는가?

☞ 우리 한국에 부처님의 가르침에 의한 실천적 통찰력에
의한 수행을 하고 있는가? 의문을 제기하지 않을 수 없다. 불
교가 이 땅에 들어 온지 1600여년이라고 하지만, 검증 되지
않은 채 중국을 통하여 들어 온 것이 사실이다.

☞ 우리 한국 불교의 주된 기도 방법은 관음 신앙에 의한 천
수경 「신묘장구대다라니」 이다. 모든 기도의식(儀式)에 천수
경 신묘장구대다라니를 우선 봉창(奉唱)하니. 한국불교는 틀
림없이 관음신앙이라고 보아도 지나친 이야기는 아닐 것이다.

또한 거기에 곁들여 제사와 천도(薦度)의식엔 반드시 지장 보살을 찾으니 관음과 지장, 양대 신앙이라고 보아야 하지 않을까? 중소 사찰들은 석가모니불상을 모셔 놓고 양쪽에 관음상과 지장상을 모셔 놓았다.

문제는 바로 여기에 있다. 검증할 수도 없고, 검증되지 않은 신앙이 문제이다.

이미 공부를 좀 한 스님이나 학자라면 「신묘장구대다라니」는 인도 힌두교의 삼신(三神)인 브라흐마 신(神), 비슈누 신(神), 시바 신(神)의 찬양(讚揚) 예찬(禮讚)문이라는 것을 알고 있다.

빠알리 경전인 니까야를 세계최초 완전 복원 번역하였다는 전재성 박사, 민희식 교수, 동국대 정각(문상련)스님의 천수경 대다라니 번역서엔 분명히 인도 힌두교의 삼신인 브라흐마 신과 비슈누 신과 시바 신인 삼신(三神)의 찬양문(讚揚文)으로 되어 있다.

☞ 검증 할 수도 없었던 시대, 검증도 되지 않았던 시대, 인도 힌두교의 삼신(三神)의 찬양문인 대다라니를 불철주야 외워대며 관세음보살의 가피를 입었느니 영험이 어떠니 하며 신명나게 자랑한다면, 아는 사람들에게는 얼마나 웃기는 이야기인가? 모르면 약이라는 말이 맞는가 보다.

☞ 필자의 저서 〈절·염불·사리〉는 누적 3만부를 출판했고 〈염불의 위신력〉도 5천부를 판매했다. 이 책을 많은 사람들이 읽고, 감명 받아 '대다라니'를 몇 천내지 몇 만 독을 했을 것이다. 이 책을 읽고 매일 1000배씩 절을 한다는 스님이 있다는 이야길, 필자가 출가하였을 때 도반스님께 직접 들은 이야기다.

필자도 다라니를 불교에 귀의하기 전부터 읽고 외웠다. 필자는 대학시절에 주역(周易)을 배우며 암송했다. 육효(六爻)의 천금부(千金賦)와 하지장(何知章)을, 기문둔갑(奇門遁甲)의 연파조수가(煙波釣叟歌)를 얼마나 외웠는지 45년이 지난 지금에도 불교에 입문하여 35년 전에 완전히 버린 상태인데도 많은 부분이 그대로 외워지고 있다. 기문이나 육효를 권위 있게 배웠기 때문에 신병(神病)이라는 영가병을 조금은 알 수 있었다.

그 퇴치 방법이 선생님께 배우길 옥추경(玉樞經)과 부적과 다라니 주문을 읽는 것이었다. 어떻든 정성이 지극했던지 효험은 있었다. 찬물에 목욕제계하는 정성과 믿음이, 그래서 그때도 불교인은 아니지만 신묘장구대다라니를 뜻도 모르고 불철주야 외우고 다녔다.

몇 년 전까지도 매일 몇 번씩은 해왔다. 왜냐하면 아침 점심 저녁 기도는 필수적으로 매일 했으니까! 더구나 출가한 몸으로 모든 의식행사에 참석할 땐 어쩔 수 없이 해야만 하고 기도할 때도 해야만 했으니까. 몰랐을 때이니까. 또 **대체 방안**이 없으니까.

〈절·염불·사리〉〈염불의 위신력〉을 써서 책속에 신묘장구대다라니를 다른 책에 써진 대로 그대로 옮겨 놓아 극찬(極讚)했다. 남의 영험을 또는 어떤 스님의 법문에서 다른 스님의 영험을 말하면 그대로 옮겨 놓았다.

이런 식의 법문과 이런 식의 기록을 그대로 사실을 확인도 않고 이 2가지 책을 쓴 것이다. 이제는 사실을 알고부터 고뇌한 끝에 두 책을 절판 시켰고, 책을 폐기 시켰다. 내 마음에 얼마나 많은 자괴(自愧)스런 고뇌가 있었겠는가. 상상도 못할 일이다.

지금은 석가모니 부처님 찬탄문을 내 스스로 지어 아침 점심 저녁으로 독송한다.

☞ 알고 보니 신묘장구대다라니를 법당에서 독송하는 것은

☞ 이는 마치 법당에 모셔진 불상 앞에서 기독교의 여호와께 기도문을 외우는 것이나 다름없다.

「거룩한 여호와 하느님 아버지시여, 천지를 창조하고 우주를 주관하는 여호와 하느님 아버지시여, 전지전능한 당신의 힘을 믿습니다. 성부(聖父)와 성자(聖子)와 성신(聖神)께 기도하나이다. 그리고 예수그리스도의 이름으로 아멘」

이렇게 한다면 당신은 어떻게 생각하시겠습니까?

☞ 불교의 발생지인 인도에서 불교가 이슬람교도들과 힌두교에 의해 자취를 감추듯, 앞으로 불교의 교세가 약화되어 천주교에 흡수 통합되고, 교리가 엉터리인 천주교(기독교)는 불교나 그 외의 유교나 도교의 사상을 접목시켜 토착화 하려고 발버둥 칠 것이다.

조직과 포교가 빈약한 불교는 천주교를 등에 업고 **천주불교**라는 최상승보다 더 높다는 최고상승의 새로운 대승보다 높은 초대승불교가 탄생할 것이다.

대한불교 조계종에서 벌어지고 있는 일이, 앞으로 이런 일들을 가능케 하고 있고 가능케 할 것이다. 지금 그 전초작업이 〈21세기 아쇼까 선언〉이라는〈종교평화선언〉이다. 불교는 원래 평화적인 종교인데 무엇을 더 평화를 선언한다는 말인가?

매일 싸우는 중끼리 싸우지 말고 평화선언을 하자고 한다

면 좋은 일이다. 그러나 외부에, 천주(기독)교에 대고 평화선언을 한다면 이는 마치 힘없는 약자가 강자에게 항복하는 것과 같은 것이다.

연약한 토끼가 사납고 음흉한 늑대한테 싸우지 말고 서로 잘 지내자고 애교를 부리는 것은, 고통 없이 잡숴 주세요, 하는 것과 같지 않을까?

더구나 어느 승려는 자기정화를 통한 불교쇄신이나 힘을 키울 생각은 않고 〈생명평화경(經)〉이라는 이상한 것을 지어 모든 종교는 같다는 엉뚱한 소리로 아양 떨며 애교부리며 울어대고 깨갱 짖어댄다.

☠ 생명평화경의 내용을 읽어보자 ☠

『나는 다음과 같이 들었습니다.

눈 내리는 한밤중에 진리의 스승께서 말씀하셨습니다.

생명평화의 벗들이여!

생명평화 길의 근본이 되는 존재의 실상인

상호 의존성과 상호 변화성의 우주적 진리를

말하리니 그대들은 귀 기울여 잘 듣고,

깊이 사유 음미할지니라.

이것이 있음을 조건으로 저것이 있게 되고,

저것이 있음을 조건으로 이것이 있게 되며,

이것이 없음을 조건으로 저것이 없게 되고,

저것이 없음을 조건으로 이것이 없게 되느니라.

상호 의존성과 상호 변화성의 진리를 따라

생성, 소멸, 순환하는 존재의 실상인 이 사실은,

현재에도 그러하고, 과거에도 그러하며,
미래에도 그러하느니라.
생명평화의 벗들이여!
자연은 뭇 생명의 의지처이고,
뭇 생명은 자연에 의지하여
살아가는 공동체 존재이니라.
이웃 나라는 우리나라의 의지처이고,
우리나라는 이웃 나라에 의지하여
살아가는 국가 공동체이니라.
이웃 종교는 우리 종교의 의지처이고, 우리 종교는
이웃 종교에 의지하여 살아가는 종교 공동체이니라.
이웃 마을은 우리 마을의 의지처이고,
우리 마을은 이웃 마을에 의지하여
살아가는 고향 공동체이니라.
이웃 가족은 우리 가족의 의지처이고,
우리 가족은 이웃 가족에 의지하여
살아가는 가족 공동체이니라.
그대는 내 생명의 어버이시고
나는 그대에 의지하여 살아가는 공동체 생명이니라.
진리의 존재인 뭇 생명은 진리의 길을 걸을 때
비로소 평화로워지고 행복해지나니,
그대들은 깊이 사유 음미하여 실행할지니라.
생명평화의 벗들이여!
서로 의지하고 변화하며 존재하는 생명의 진리는
우리 모두의 영원한 길이니, 지금 진리의 길에 눈뜨는

524

달관과 진리의 길에 어울리는 자족의 삶을 살지니라.
생명의 고향인 자연을 병들게 하는
진리를 외면한 인간 중심의 이기적 삶을 버리고
우주 자연을 내 생명의 하느님으로 대하는
달관과 자족의 삶을 살지니라.
우리나라의 의지처인 이웃 나라를 불안하게 하는,
진리를 외면한 내 나라 중심의 이기적 삶을 버리고
이웃 나라를 내 나라의 하느님으로 대하는
달관과 자족의 삶을 살지니라.
우리 종교의 의지처인 이웃 종교를 불안하게 하는,
진리를 외면한 내 종교 중심의 이기적 삶을 버리고
이웃 종교를 내 종교의 하느님으로 대하는
달관과 자족의 삶을 살지니라.
우리 마을의 의지처인 이웃 마을을 불안하게 하는,
진리를 외면한 내 마을 중심의 이기적 삶을 버리고
이웃 마을을 우리 마을의 하느님으로 대하는
달관과 자족의 삶을 살지니라.
우리 가족의 의지처인 이웃 가족을 불안하게 하는,
진리를 외면한 내 가족 중심의 이기적 삶을 버리고
이웃 가족을 내 가족의 하느님으로 대하는
달관과 자족의 삶을 살지니라.
내 삶의 의지처인 상대를 불안하게 하는,
진리를 외면한 자기중심의 이기적 삶을 버리고
상대를 내 삶의 하느님으로 대하는
달관과 자족의 삶을 살지니라.

내 생명의 의지처인 우주 자연과
내 나라의 의지처인 이웃 나라와
내 종교의 의지처인 이웃 종교와
내 마을의 의지처인 이웃 마을과
내 가족의 의지처인 이웃 가족과
내 자신의 의지처인 그대의 개성과 가치의
존귀함과 고마움과 소중함에 대하여
지극히 겸허한 마음으로 존중하고 감사하고
찬탄하는 달관과 자족의 삶을 살지니라.
존재의 실상인 진리란
상호 의존성과 상호 변화성을 뜻할 뿐
그 밖의 다른 것이 아니므로
지금 여기에서 누구나 이해하고 실현하고
증명할 수 있도록 해야 하느니라.
진리의 길은, 현재의 삶을 진지하게 성찰할 때
그 실상이 드러나고 진리의 서원을 세울 때 생명평화의
삶이 실현되나니 항상 깨어 있도록 할지니라.
생명평화경은 지금 여기
너와 나의 삶의 실상을 비추어보는 거울이니
항상 잘 받아 지니고 기억하여 어긋나지
않도록 할지니라.
거룩하십니다. 진리의 스승이시여!
진리의 가르침을 귀 기울여 잘 듣겠나이다.
깊이 사유 음미하겠나이다.
온몸과 마음을 다하여 실행하겠나이다.』〈생명평화경 끝〉

☞ 미혹한 자에게는 글이 그럴듯하게 보인다. 〈이웃 종교는 우리 종교의 의지처이고, 우리 종교는 이웃 종교에 의지하여 살아가는 종교 공동체이니라.〉이 얼마나 황당한 말인가? 종교의 근본 사상이 다른데 무슨 이웃이고 공동체인가, 언제부터 불교가 천주(기독)교에 의지하며 살아갔고 기독교가 불교에 의지하며 교세를 확장했는가?

"이웃 종교를 내 종교의 하느님으로 대하는 달관과 자족의 삶을 살지니라."이 대목은 기독교인에게 하는 이야기 같지만 이것은 오히려 불교인들을 현혹시키고 혼란스럽게 하는 말이다.

다음 글은 요즈음 잘나가는 ○○ 스님의

❖ 〈멈추면 비로소 ○○○ 것들.〉이라는 책에서

"예수님의 사랑과 부처님의 사랑과 자비하심이 모든 것을 다시 원만하게 되돌려 주신 것이에요, 그분들의 사랑과 자비함을 믿고 지금 용서하지 못한 사람이 있다면 나를 위해 용서하세요."

(○○ 스님의 저서 중에서)

어느 독자가 카톡을 통하여 전달해온 글이다.

❖ 이 글에[○○스님] 대한 어느 스님의 답장이다.

"하나님의 사랑이 아니라 예수님의 사랑이라니 공감이 되네요. 하나님 사랑이라면 용서가 어려울 텐데요. 스님 반갑습니다. 송○스님이."

이 스님도 예수와 부처님을 구분 못하는 것 같다. 스님들의 안목과 수준이 이정도면 일반인은 오죽하겠는가?

이 책에 예수 이야기를 한다는 것이 더럽지만 어쩔 수 없이 해야겠다.

누가복음 19**장** 27**절**

27. 나(예수)의 왕 됨을 원치 아니하던 저 **원수들을** 이리로 끌어다가 **내 앞에서 죽여라.**

❖ 〈성경 곳곳에 예수의 저주가 많아 일일이 기록을 하자면 책 한권이 된다.〉

마태복음 10**장** 34 ~ 38

내가(예수) 세상에 **화평을** 주러 온 줄로 생각하지 말라 화평이 아니요 **칼을 주러** 왔노라 내가 온 것은 사람이 그 아비와, 딸이 어미와, 며느리가 시어미와 **불화하게 하려함이니 사람의 원수가 자기 집안 식구니라.** 아비나 어미를 나보다 더 사랑하는 자는 내게 합당치 아니하고 아들이나 딸을 나보다 더 사랑하는 자도 내게 합당치 아니하고 또 자기 십자가를 지고 나를 좇지 않는 자도 내게 합당치 아니 하니라

❖ 〈지금도 교인들로 인하여 가족과 일가친척의 화목이 파괴되고 있지 않은가?〉

마태복음 19**장** 29**절**

내(예수) 이름을 위하여 집이나 형제나 자매나 부모나 자식이나 전토(田土)를 버린 자마다 여러 배를 받고 또 영생을 상속하리라.

❖ 〈이 말에 속아 얼마나 많은 사람들이 재산을 탕진하고 가정이 파괴되었던가? 아는 사람은 다 안다.〉

성경. 신명기 13**장**6~10**절**

"다른 신을 믿으면 **사랑하는 아내나 아들이나 딸** · 형제 · 친구 가릴 것 없이 긍휼히 보지 말며 애석히 여기지 말며 덮어 숨기지 말고, **용서 없이 돌로 쳐 죽여라.**

에레미야 19**장** 9~10**절**

"아들 · 딸 · 친구를 **잡아 그 고기를 먹게** 하겠다.

❖ 이런 흉악한 천주교(기독교)의 예수와 부처님의 자비를 비교하는 자체가 큰 죄이다.

☞ 어떻든 한국 불교는 깨지는 그릇이요. 쏟아지는 물이다. 이것이 **힌두**불교가 **천주**불교로 바뀌어가는 한 과정이라고 보면 되지 않을까? 조계종의 일부 승려들에게서 일어나고 있는 일이다.

부처님이 왜! 파사현정(破邪顯正)을 했을까? 부처님과 부처님의 제자들은 왜 육사외도(六師外道)를 타파(打破)했을까? 부처님의 성도(成道)를 왜, 수하정각상(樹下正覺相)이라고 하지 않고, 수하항마상(樹下降魔相)이라고 했을까? 진리에는 털끝만치의 오차도 없는 것이다. 나무아래에서 바르게 깨달았다고 하지 않고, 왜! 나무아래에서 마구니들을 항복받았다고 했을까?

지금까지 불교도들은 자신도 모르게 **힌두교**를 하고 있었기 때문에 부처님 가르침에 우매해졌다. 더구나 생명평화경 같은 것은 부처님 가르침과는 어긋난 사상을 불교인양 평화인양 떠드는 것은 불교신도를 천주(기독)교에 넘겨주는 것과 같은 것이다.

불교도가 평화선언을 한다고 천주(기독)교 신도가 불교는 평화적이고 우호적이며 좋은 종교라고 생각하며 개종하는 일은 없을 것이다. 지금 일어나고 있는 일이 바로 천주교로의 대이동이다. 그 첫째 공로자가 ○정스님이라고 생각한다. 둘째는 ○적스님이며, 셋째는 ○○스님 넷째 생명평화경도 한 목할 것이다.

이분들 덕에 깨우치기 보다는 오히려 불교에 우매해진 신도가 모든 종교는 같은 것이라고 생각하여 믿기만 하면 천당간다는 쉬운 천주교로 개종하는 일이 더 많아 졌고, 많아 질

것이다. 시장 한복판에 가봐라 온통 기독교인이다. 불교인은 만나보기 어렵다.

☞ 참으로 이상하다. 목사나 신부들은 그들의 책이나 설교 중에 단 한마디도 부처님의 자비나 불교에 대한 이야기가 없다. 있다면 오로지 무차별 공격으로 근거 없이 우상숭배라고 깔아뭉개고 비방하고 비하하는 문구와 말투이다.

"예수는 하느님 아들이고 석가는 사람의 아들이다.""불신(不信＝佛信)지옥 예수천당"이라는 웃기는 코메디 하며! 스님에게까지 달려들어 선교하고 사찰 안에 들어와 기도하는 광신적인 태도에 언제까지 짝사랑으로 손짓 할 것인가?

☞ 불교인이 더구나 머리 깎은 스님이 부처님 이야기만 하면 되지 얼어 죽을 예수이야기는 왜하는가? 제대로 알지도 못하면서 저 집 개가 짖으니까 이 집 개가 짖는 꼴이다. 예수이야기 하면서 유식한 체 떠들지만 무지(無智)가 통통 뛰는 소리다.

☞ 각설하고 대다수의 미신적 신앙일수록 교세를 확장하기 위하여 영험이나 신비의 체험을 이야기 하며 간증하고 있다. 불교에서 이 신비의 체험을 가지고 불법(佛法)을 대변한다거나 불교의 진수인양 이야기하면 부처님 가르침과는 근본이 먼 것이다.

미신적 대표의 신앙 일수록 신비나 영험을 통한 간증을 하고 있다.

무속인(巫俗人)이 시퍼런 작두를 맨발로 타는 것은 신들려서 그렇다고 비하하며, 신들린 박수가 머리 깎고 스님 행세로

530

신비스럽지도 않으면서 신비스러운 체 제대로 알지도 못하면서 아는 체 몇 마디 떠들면 영명한 것인가?

목사가 신들려 방언하고 헛소리로 떠들며, 엉터리 속임수로 간증하면 하느님의 능력인가?『한겨레신문 2013. 02. 28 13:19 수정 : 2013.03.01 04:07 개신교 소종파, 성상납·혼음 '피갈이'정말? 한국에 **하느님 20명, 재림예수 50명** 있다는 기사가 나왔다. 이들은 모두 엉터리 신비의 간증을 통하여 이룩한 신도확장의 쾌거이다.』라고…

☞ 이 모두가 잡신 들린 귀신이 재림예수이며. 자기가 하느님이라고 착각하고 있는 것이다. 불교에서도 마찬가지이다. 어느 신심이 돈독한 재가 수행자가 참선을 몇 십 년 했고, 꿈속에서 예전에 본 관음보살이나 지금 꿈에서 보이는 관음보살이 똑같다는 꿈속의 이야기를 하며 엉뚱한 소리를 한다.

이것이 교인들과 다를 바가 없는 것이다. 이런 식의 똑같은 이야기를 한다면 잡신 들려 하느님을 보았다는 것이나 같은 것이다. 지금의 불교는 기독교와 똑같은 타력신앙이 되어 버렸다. 여호와에게 비는 것이나 시바 신을 예찬하고 비는 것이나 그게 그거 아닌가!

우리나라엔 기독교의 하나님이라고 자칭하는 자가 20명 재림예수가 50명이란다 누가 아니라고 증명할 것이며 누가 그렇다고 인정할 것인가? 문고리만 잡고도 미쳐서[미치다至] 빌면 효험이 나는 것이다.

『지도무난(至道無難)이란. 지극한 도는 어려움이 없다.』고 해석한다. 지극이 무엇인가? 지극한 도에 어려움이 없는 것이 아니라, 도를 이루면, 도에 이르러, 도에 도달하면, 어려움이 없다는 것이다. 일단은 미치면[至] 이루어진다.

☞ 기독교인을 교화하기가 어려운 것처럼, 불교인 교화하기도 더욱 어렵다. 식자우환(識字憂患)이라는 말이 있듯이, 글 속에 빠져 이치를 따져 볼 겨를도 없이 글을 맹신하다 보면, 알지 못하고 골수에 배어 헤어나지 못한다. 옛 고승이 어떻고 선지식이 어떻고 지장경이 어쩌고 법화경이 어쩌고 대다라니가 어쩌고 하는 불교인을 가르치기는 정말 더 어렵다. 맛은 혀가 보는 것이지 수저가 보는 것은 아니니까!

☞ 이제 과거의 발자취를 돌아보는 성찰이 필요하다. 뜻도 알지 못하는 온갖 주술을 진언(眞言)이라는 명제 하에 대다라니를 평생을 몇 천 번 내지 몇 만 번은 족히 외웠을 신도나 스님들은 수도 헤아릴 수 없이 많다. 과연 이 뜻도 모르는 주술(呪術)을 외웠을 때, 평생 불교를 제대로 이야기 하는 신도나 스님이 몇 명이나 될까?

☞ 다라니의 대표적 영험담에는 꼭 **수월스님** 이야기가 나온다. 영험이란 옛 아낙네들이 장독대에 정안수 떠 놓고 치성으로 빌면,… 현재에도 부모들의 간절한 믿음에 나타나는 현상도 많이 있다.

몇 천만 명의 신도와 몇 수십~수백만 명의 수행자가 외웠을 온갖 주술적 진언을 겨우 한두 명의 스님의 영험담에 의존하고 매달리는 것이 얼마나 깨달음이 빈약한 불교인가?

자신의 깨달음에 의한 신통력이 아닐 바에는 모두 신들려 나오는 영험에 불과한 것으로 수행자가 바랄 것이 못된다.

☞ 필자가 배꼽잡고 하루 종일 웃은 일이 있었다.

「옴 사르마라 저저르나라 훔훔」 이라는 자작적인 진언 아닌 엉터리 진언을 만들었다.

계속 아픔을 호소하는 어느 신도에게 이 진언을 한 시간만 집중적으로 하면 나을 것이라고 했다. 그런데 정말 효과가 좋다고 했다. 얼마나 웃기는가?

진언이란 모르면 약이다. 이 뜻은 엄살기가 있는 것 같아서, **「엄살마라 저절로 난다.」** 를 옴 자와 훔 자를 넣어 알아차리지 못하게 한 것뿐이다.

한국불교는 엄밀히 따지면 불상(佛像)을 내걸고 불교라는 이름의 **힌두교 신앙을** 하고 있는 **힌두불교**요. 도교(道敎)사상과 접목된 **신선불교**로, 완전 위경인 지장경을 신봉하며 조상천도를, 또는 영가천도를 한다고 떠드는 **무속불교**로 귀신 팔아먹는 장사에 지나지 않는 행위로 부처님 말씀과는 거리가 멀다.

그러므로 한국 불교가 쇠퇴하고 망하는 이유가 여기 있다. 엄밀히 따지면 한국불교가 망하고 쇠퇴하는 것이 아니다. 한국엔 순수불교는 없었으니까. 한국의 **힌두불교**내지는 **무속불교**가 쇠퇴하고 망하는 것이다.

차라리 힌두불교 내지는 무속불교보다는 우리의 국조(國祖)인 단군의 홍익인간(弘益人間) 사상이 들어 있는 **단군불교**가 더 낫지 않을까? 단군과 산신을 모셔 놓은 진짜 순수 **무교(巫敎)** 가 사람들을 절에 보내는 포교역할을 오히려 많이 하고 있다.

작금(昨今)의 힌두불교내지는 무속불교의 미신적 행위와

기독교의 미신적 행위와 무엇이 다를까?

저- 서양의 완전 사악하고 미신적이고 엉터리 교리(敎理)인 천주(기독)교는 겉으로 보기엔 귀신장사는 하지 않는 것으로 보인다, 존재하지도 않는 하나님이라는 완전 귀신 장사를 하는 것이 이들인데, 믿음이라는 수식으로 하나님장사를 하니 지식인들이 보기엔 오히려 무속불교보단 과학적으로 보일 것이다.

그러므로 깊이를 모르는 지식인들이나 일반인들이 천주교(기독)를 선호하고 조직적인 맹신의 수적(數的) 무리에 어쩔 수 없이 당하는 것이다.

그래서 앞으로 종교평화 선언으로 **기독불교**내지는 **천주불교**가 탄생하여 법당 안에서 예수의 상이나 마리아 상이 모셔지고 기독교의 주기도문을 외울 날이 얼마 남지 않았다고 보여 진다.

지금 성북동 길상사에는 마리아 상도 있고, 어느 스님은 불교 신자가 극락을 묻는 말에 '**믿는 자에게 복이 있나니 천국이 저의 것이라.**'는 기독경의 이야기를 하고 있다.

대다수의 스님이나 불자들은 기독교와 천주교를 구분 못하고, 천주교는 불교와 비슷하고 좋은 종교로 알고 있다. 인터넷에서 기독교는 **개독**, 천주교는 **천독**이라 한다. **개독보다** 무서운 것이 **천독**이라고 한다.

이 말은 기독교나 천주교는 **조물주인 부모가 같고** 발생지가 같고, **근본교리가 같고, 같은 교과서**를 사용하는 형제이다. 그런데 천주교는 카멜레온 같이 보호색을 띠고 변신하며 토착화하고 있기 때문에 기독교보다 천주교가 더 무섭다는 것이다.

한국에서 구한말 신유사옥 때, 천주교 신도를 천진암이라는 절에 숨겨줬다가 발각되어 스님들도 모두 참살당하고 천주인도 모두 참살당하니 그 절이 천주교인이 순직한 성지라고 빼앗아 차고 있는 것이 천진암 사건이 아닌가!

이것이 배은망덕(背恩忘德)이다. 물에 빠진 놈 살려줬더니 보따리 내놓으라고 하는 것보다 더 무서운 날강도로의 변신이다.

앞으로 불교는 천주교의 전당이 될 것이다. 왜냐하면 이들도 천주교 교회를 불교와 같이 재래식 기와 한옥으로 절과 같이 짓고 있으며, 49재의 제사의식이나 염주 돌리기 등등을, 불교의식 따라 하기, 불교 용어도 사용하기 때문이다. 교육이 안 된 불교신도가 뭘 알겠는가. 일부 멍청한 스님들 중엔 천주교와 기독교를 다른 종교로 알고, 천주교를 불교와는 비슷한 종교로 알고 있다는데 문제가 심각한 것이다.

이들은 망한 절을 사들여 절 안에 있던 불상을 마리아상으로 교체하고 있다.

어떻든 천주교(기독)인은 1년만 교회에 다녀도 구설(口舌)이 따발총이 되어 설교를 잘하고, 불교는 2~30년, 또는 평생을 다녀도 벙어리 냉가슴이다. 왜 그럴까 뜻도 모르는 주술을 평생 외워대니 그럴 수밖에 더 있겠는가!

이제 한두 번만 읽으면 뜻을 알 수 있고, 반복하면 기도의 효험이 나타나고, 우리의 마음이 고요히 정화됨을 느낄 수 있는, 알아듣기 쉽고 이해하기 쉽고 실천하기 쉬운 우리의 본사(本師)『석가모니 부처님의 찬탄 기도 수행 성취 문』을 읽고 인류 평화와 행복을 위하여 부처님의 가르침을 바르게 펴쳐 수행과 포교에 매진할 때가 아닌가.

＊ **깔라마 경.** Kalama-s(A3:65)

3. "깔라마들이여, 그대들은 당연히 미덥지 못하고 의심스러울 것이다. 깔라마들이여, 소문으로 들었다 해서, 대대로 전승되어 온다고 해서, '그렇다 하더라.'고 해서, 우리의 성전에 써 있다고 해서, 논리적이라고 해서, 추론에 의해서, 이유가 적절하다고 해서, 우리가 사색하여 얻은 견해와 일치한다고 해서, 유력한 사람이 한 말이라 해서, 혹은 '이 사문은 우리의 스승이시다.'라는 생각 때문에 진실이라고 받아들이지 말라. 그대로 따르지는 말라."

☞ 위에 말씀은 작금(昨今)의 실태에 해당되는 말이다. 어느 큰스님이 말했다고 해서. 유명한 스님이 지금까지 외웠다고 해서, 옛 고승들이 했다고 해서, 위경인 경전에 있다고 해서 지금까지 해왔으니까, 어쩔 수 없이 스님들이 하기 때문에 한다는 식으로 한다면, 결국 이런 못난 스님도 시간이 지나면 고승이 되는 것이다.

다섯 가지 보시는 복을 얻지 못하고 나쁜 곳에 간다.
　① 칼을[무기] 남에게 주는 것.
　② 독약을 남에게 주는 것.
　③ 들소를[맹수] 남에게 주는 것.
　④ 음녀(淫女)를 남에게 주는 것.
　⑤ **귀신사당[교회]을 짓는 것.**

☞ 우리나라에서 지금 법당을 짓고 있는 일도 불교 의식(儀式)을 고치지 않는 한, 힌두교 사당을 짓는 일과 같은 것으로

536

귀신 사당 짓는 일이나 마찬가지다.

대웅전에 석가모니 부처님을 모셔 놓고 기독교 주기도문을 외우는 것과 힌두교 시바 신을 찬양하는 대다라니를 독송하는 것과 어떻게 다른가? 다르다면 다르다고 말해보라?

만약 대다라니를 읽는 것이 기독교의 주기도문을 읽는 것과 똑같은 행위라면 불교 의식을 고치지 않는 한, 절을 짓는다는 것은 힌두교 사당인 귀신 사당을 짓는 일과 별 차이가 없다. 절 짓고 지옥가면 되겠는가?

❖ 다음은 인터넷에서 얻은 자료이다 ❖

신묘장구대다라니 한글 번역

자비로우신 푸른 목의 **관자재님**을 예찬하는 진언

01, 삼보[브라흐마 신, 비슈누 신, 시바 신]께 귀의하나이다.

02, 성스러운 관자재님께, 보살님께, 큰 보살님께, 대자대비하신 분께 귀의하나이다.

03, 옴! 일체의 위난으로부터 구제해 주시는 분께, 그 분께 귀의하나이다.

04, 이에, 성 관자재[시바 신]이시여, 당신의 (중생구제의 위업을 행하신) 청경을 우러르나이다.

05, (성 관자재님을 예찬하여) 이 다라니를 염송하옵니다.

06, (이 다라니는) 일체의 소망을 성취케 하고, 복을 받게 하며, 무적이며, 일체 중생이 윤회하는 삼유(三有)의 길을 청정케 하는 것이옵니다.

07, 이 진언은 이러하오니: 옴! 빛이여! 빛과 같은 지혜여! 세
속을 초월하신 분이시여! 오소서, 하리[비쉬누 신]이시여!

08, 대보살님이시여! 이 진언을 기억해 주소서, 기억해 주소서!

09, (중생구제의 위업을) 행하소서, 행하소서! (그 위업을)
이루소서! 이루소서!

10, 수호하소서! 수호하소서! 승리자시여, 위대한 승리자시여!

11, 지지(支持)하소서, 지지하소서, 대지를 받치고 있는 신이시여!

12, 움직이소서! 움직이소서! 번뇌를 여읜 청정한 님이시여!
청정한 해탈로 이끄소서!

13, 바라옵나니. 어서 오소서! 세상을 다스리는 분이시여!

14, 탐욕의 독을 소멸케 하옵소서!

15, 노여움의 독을 소멸케 하옵소서!

16, 어리석음의 독을 소멸케 하옵소서!

17, 번뇌를 없애주소서! 배꼽에서 연꽃이 피어나는 연화성존
하리[비슈누 신]이시여! 연화성존(하리; 비슈누 신)의 배
꼽에서 피어난 연꽃 속에서 탄생하는 브라흐마 신.

18, 감로의 법을 주소서! 지혜의 빛이 모든 곳에 이르게 하소서!

19, 깨달은 분이시여, 깨달은 분이시여, 깨닫게 하소서, 깨닫게
하소서!

20, 자비심 깊은 청경성존(靑頸聖尊: 시바 신)이시여! 애욕
(의 공허한 본질)을 성찰하시고 크게 기뻐하시는 분에게
공경을! 성취케 하소서!

21, 성취하신 분께 비나이다! 크게 성취하신 분께 비나이다!
요가를 성취하신 자재자[시바 신]께 비나이다! 청경성존

(靑頸聖尊: 시바 신)이시여, 성취케 하소서!

22, 산돼지 얼굴, 사자 얼굴로 현신하시는 분[비슈누 신]께 경배 하옵니다, 성취케 하소서!

23, 손에 연꽃을 드신 분[비슈누 신]께 경배하옵니다. 성취케 하소서!

24, (무기로) 원반을 드신 분[비슈누 신]께 경배하옵니다. 성취케 하소서!

25, 소라나팔 소리로 깨우쳐 주시는 분께 경배하옵니다. 성취케 하소서!

26, 큰 곤봉을 지닌 분[비슈누 신]께 경배하옵니다. 성취케 하소서!

27, 왼쪽 어깨에 흑사슴 가죽을 걸치신 분[시바 신]께 경배하옵니다. 성취케 하소서!

28, 호랑이 가죽 옷을 두른 분[시바 신]께 경배하옵니다. 성취케 하소서!

29, 삼보[브라흐마 신, 비슈누 신, 시바 신]께 귀의하여 받드나이다.

30, 거룩하신 관자재[시바 신과 비슈누 신]님께 귀의하나이다. 옴! 이 모든 신묘한 주문이 원만히 이루어지게 하소서! 이루어 주시옵소서!

위에 〈신묘장구대다라니〉 번역 내용은 국내최초 완역은 천수경(민희식 교수 저, 블루리본)에서 담아온 글이다.

〈요가의 성취자 청경성존 시바 신이 왼쪽 어깨에 <u>사슴 가죽을 걸치고</u>
<u>호랑이 가죽을 깔고 앉아</u> 요가를 수행하고 있다.
요가의 자세는 연화좌(결가부좌)이다.〉

〈비슈누 신이 4가지 상징물인 연꽃, 원반, 소라나팔, 곤봉을 들고 있다.〉

1. 닐라칸타(nilakantha): 푸른 목의 신 = 시바 신
2. 싯다 유예새바라(siddha-yogesvara): 요가를 성취하신 분 =시바 신
3. 가릿나 이나(krsna-ajina): 흑사슴 가죽을 걸치신 분= 시바 신
4. 호랑이가죽 옷을 두른 분 = 시바 신
5. 바나마하따(padmahasta): 손에 연꽃을 든 분 = 비슈누 신
6. 자가라 욕다(cakra-yudha): 원반을 드신 분 = 비슈누 신
7. 상카삽다네 모다나(Sankha-sabda nibodhana):
   소라나팔소리로 깨우쳐주시는 분 = 비시누 신
8. 마하라 구타 다라(maha-lakuta-dhara): 큰 곤봉을 든 분 =
   비슈누 신

『신묘장구대다라니 어구 어디에도 관세음보살님에 대한 언급은 없다! 신묘장구대다라니는 힌두교 시바신과 비슈누 신에 대한 예찬이다!

신묘장구대다라니, 그 뜻을 알고서는 석가모니 부처님 전에서 독송하지 못할 내용이다!

그런데 그것은 놀랍게도 힌두교의 '시바'와 '비슈누'를 의미하였다. 이에 대한 근거로서 천수다라니를 중국에 소개한 삼장법사의 대당서역기(大唐西域記)의 예를 들고 있다.

대당서역기에 관자재보살이 머문다는 남인도의 보타락가산에 대한 다음과 같은 내용이 있다고 한다.

"秣羅矩吒國(말라구타국)의 남쪽 끝에 秣剌耶山(말자야산)이 있다...〈중략〉... 말자야山 동쪽에 布呾落迦山(보달낙가산)이 있다. 산길은 위험하고 암곡은 험준하다. 山頂(산정)에 연못이 있으며....〈중략〉... 연못 옆에는 돌로 된 天宮이 있다. 觀

自在菩薩(관자재보살)이 왕래하며 머무는 곳이다. 보살을 보고자 하는 사람은 身命(신명)을 돌보지 않고 강물을 건너 산에 오른다. …〈중략〉… 그런데 산 밑의 주민으로서 모습을 보고자 기도드리면 觀自在菩薩은 때로는 自在天(자재천)의 모습으로, 때로는 塗灰外道(도회외도)의 모습으로 되어 기원하는 사람을 위로하면서 願(원)을 성취시켜 주기도 한다.』

(삼장법사, 대당서역기) (인터넷 끝)

❖ **다음 글도 천수경 다라니에 대한 인터넷상에 올라온 글이다.**

과거 서양에서는 성서는 반드시 라틴어로 된 것만을 읽어야 했다. 일반 민중이 쉽게 읽고 이해할 수 있는 영역성서를 읽는 것은 크나큰 범죄행위로 여겨졌다.

만일 라틴어 성서 이외의 독일어나 영어로 되어 읽기 쉬운 성서를 읽다가 발각되면 화형에 처하여졌다.

당시 지식수준이 극히 낮고 대부분 문맹이었던 일반 민중들은 교회에서 신부가 라틴어 성서를 읽고 풀이해주는 데에 전적으로 의존할 수밖에 없었다.

그래서 신부는 살아있는 신처럼 권위 있는 존재로 군림할 수 있었다. 만일 일반 민중들이 누구나 이해하기 쉬운 영어나 독일어 성서를 읽게 된다면, 예수의 가르침을 누구나 이해하게 된다면, 신부의 권위는 거기서 끝장이 나게 되는 것이었다.

예수가 라틴어 성서만을 읽어야 한다고 말한 적이 있던가? 예수가 일반민중이 무식하여 반드시 신부의 입을 통해서 예수의 가르침을 들어야 한다고 말한 적이 있던가?

예수를 팔아 기득권을 누리던 세력이 밥그릇 빼앗기지 않으려고 저지른 만행으로 영어성서를 읽다가 발각되어 종교재판이란 이름으로 수없이 많은 사람들이 화형을 당하였다.

예수를 믿고 안 믿고는 자유이다. 성서의 내용을 믿고 안 믿고는 자유이다. 성서를 라틴어로 읽던 영어로 읽던 독일어로 읽던 한글로 읽던 그건 모두 각자의 자유이다.

한국에 천수경 신묘장구대다라니가 전래되어 독송 된지 1300년을 넘는다.

그동안 신묘장구대다라니를 뜻도 모른 채 해석하도록 하지도 못하게 하고 독송만 해왔다. 소위 당(唐) 현장법사의 〈오종불번(五種不飜)이란 장벽이 가로막아왔기 때문이었다.

오종불번 : 번역하지 않는 5가지 이유.

① '다라니'와 같이 비밀한 뜻이 있는 것.

② '바가범'과 같이 많은 의미를 포함하는 것.

③ '염부수'와 같이 인도에만 있고 타국에는 존재하지 않는 것.

④ '아뇩다라삼먁삼보리'와 같이 이미 그 의미가 두루 알려져 있는 것.

⑤ '반야'와 같이 지혜라고 번역하면 경박하기 때문에 존중한 의미를 잃을 경우

그러나 ①다라니와 같이 비밀한 뜻이 있는 것이라는 이유는 어불성설이다. 시아본사 석가모니부처님께서 비밀한 뜻을 알지도 말고, 무조건 독송만 하라고 하신 적이 있던가?

석가모니부처님께서는 그와 반대로 자등명(自燈明) 법등명(法燈明) 자귀의(自歸依) 법귀의(法歸依)이라 하여 뜻을 '한 자, 한 자'모두 이해하고 새기도록 당부하시지 않으셨던가?

　석가모니부처님께서 신묘장구대다라니를 말씀하시거나 독송하라고 하신 적이 있던가?

　신묘장구대다라니를 해석하지 않기를 바라는 사람들, 또한 일반민중이 신묘장구대다라니의 뜻을 알지 못하고 독송만하기를 바라는 사람들은 석가모니부처님을 진정으로 위하는 사람들인가, 아닌가?

　석가모니부처님의 뜻에 따라 수행 정진하고자 하는 진정한 불자라면 신묘장구대다라니의 뜻을 알고 수행해야 할까, 아니면 그 뜻이 어떠한 뜻일 지라도 사실을 외면하고 무조건 독송만 해야 할까?

　이제는 진지하게 논의를 시작해야 할 때라고 생각한다.

　☞ 이상은 인터넷 상에 있는 글을 그대로 옮겨 온 것이다. 본문에서 말했듯이 〈보살들은 아직 깨닫기 전의 아라한이 못된 신(神)들이다. 천신들로 막강한 힘을 가진 분들이라 보면 될 것 같다.〉

　부처님께서도 아직 완전한 깨달음을 얻기 전에 보살이었다고 밝히고 있다. 아라한은 완전히 깨달은 멸진의 상태로 부처님도 아라한의 한분이다. 더는 재생의 근거가 없는 완전한 해탈자이다. 보살은 깨닫기 전의 천신(天神)들이 부처님의 교화로 된 것이라 보면 된다.

　아직 석가모니부처님이 완전한 깨달음을 얻기 전에 도리천에서 계실 때에 보살이라고는 부르지만 엄밀히 따져보면 중생의 눈으로 볼 수 없는 천신(天神)으로 있었던 것이 아니겠는가.

544

그래서 개중에 관법(觀法)에 능통한 대승논사가 있었다면 부처님께 교화 받은 천신을 보살들로 보았을 것이고 타방의 아미타불을 보았을 것이다. 그래서 유입된 것이 대승이라고 생각한다.

아미타불이 없다든지 관세음보살이 없다는 것은 아니다. 확실히 존재하는 불보살이라 할지라도 굳이 우리의 신앙의 대상으로 삼을 필요는 없다.

우리는 석가모니불만 찾으면 되고 수행법이나 기도의 가피도 확실하다.

오히려 토속적인 산신(山神)에 대한 기도, 용왕(龍王)에 대한 기도가 오히려 가려움을 긁어주고 아픔을 어루만져 주는데 더 효과가 있을 수도 있다. 신중(神衆)단이 이것을 대신해주고 있지 않는가?

✳ 아따나띠야 경. 디가 니까야 (D32) 제3권
  (알아듣지 못하는 다라니가 아님)

✳ 아따나띠야 보호주
  --- 사대천왕(四大天王)들의 출현 ---

『이와 같이 나는 들었다. 한때 세존께서는 라자가하의 독수리봉 산에 머무셨다. 그때 사대천왕(四大天王)들이 많은 약카 군대와 많은 간답바 군대와 많은 꿈반다 군대와 많은 **용의** 군대와 사방에 보호를 확고하게 하고 사방에 군대의 벽을 확고하게 하고 사방에 파수꾼들을 확고하게 한 뒤 밤이 아주 깊었을 때 아주 멋진 모습을 하고 전체 독수리봉 산을 환하게 밝히고 부처님께 다가왔다. 다가와서는 세존께 절을 올린 뒤 한 곁에 앉았다.

윗사나와 대천왕(大天王)은 세존께서 허락하신 것으로 안 뒤 바로 그 시각에 이 아따나따야 보호주를 읊었다.

"눈을 가지셨고 길상을 가지신
윗빠시 **부처님께 귀위하기를**. (비바시불)
모든 존재를 연민하시는
시키 **부처님께 귀의하기를**. (시기불)

씻어낸 분이요 고행자이신
윗사부 **부처님께 귀의하기를**. (비사부불)
악마의 군대를 정복하신
까꾸산다 **부처님께 귀의하기를**. (구나함모니불)

청정범행을 닦은 바라문이신
꼬나가마 **부처님께 귀의하기를**. (구루손불)
모든 곳 모든 것으로부터 해탈하신
깟사빠 **부처님께 귀의하기를**. (가섭불)

몸에서 광명을 내뿜고 길상을 가지셨으며
이 법을 설하셨고
모든 괴로움을 몰아내신
석가모니 부처님께 귀의하기를.

세상에 완전한 평화를 얻었으며
있는 그대로 여실히 통찰하였으니
그분들은 중상모략이 없고
위대하고 오염원이 없으시다.

이제 신과 인간들에게 이익을 주시고
지혜와 복덕을 구족하셨으며

546

위대하고 오염원이 없으신
석가모니 부처님께 귀의할 것이니

태양의 아들이요 크고 둥근 태양이 솟아오르는 곳.
그곳으로부터 태양이 솟아오를 때
그를 가리는 밤은 소멸하리라,
그곳으로부터 태양이 솟아오를 때
낮이라 일컬어지며
거기에 깊은 호수요 물이 넘실대는 바다가 있나니
사람들은 이와 같이 거기서 그것을
물이 넘실대는 바다라 알고 있으며
이곳을 두고 사람들은
"이것이 바로 동쪽방향이다"라고 부릅니다.

이 방향을 보호하는 **대천왕**의 명성을 가진 분으로
건달바들의 주인이요 다따랏타의 이름을 가졌으며
건달바들이 앞에 모시는 분이니
그는 그들의 춤과 노래를 즐깁니다.
그에게는 많은 아들이 있는데
모두 같은 이름을 가졌다고 들었으며
80명, 10명 한명인데
큰 힘을 가진 인드라라는 이름을 사용합니다.

그들도 부처님을 뵙고 태양의 후예인
부처님께 멀리서부터 절을 하나니
위대하고 오염원이 없으신 분
좋은 태생을 가지신 **인간인 당신께 귀의합니다.**
최고의 인간인 당신께 귀의합니다.

유익함으로 우리를 살펴보시니
비인간들도 당신께 예배합니다.

우리는 끊임없이 이런 말을 듣습니다.
'당신은 승자인 부처님께 예배합니까,'라고
그래서 우리는 이렇게 예배하나니
우리는 승자인 **부처님께 예배합니다.**
지혜와 복덕을 구족하신 **부처님께 예배합니다.**

아귀라고 불러지는 중상모략하고 뒤통수를 때리고
생명을 죽이며 강도요 도적이요 교활한 자들이
사는 곳 이곳을 두고 사람들은
'이것이 바로 남쪽방향이다.'라고 부릅니다.

이 방향을 보호하는 대천왕은 명성을 가진 분으로
꿈반다들의 주인이요 위룰하라는 이름을 가졌으며
꿈반다들이 앞에서 모시는 분이니
그는 그들의 춤과 노래를 즐깁니다.
그에게는 많은 아들이 있는데
모두 같은 이름을 가졌다고 들었으며
80명, 10명 한명인데
큰 힘을 가진 인드라라는 이름을 사용합니다.

그들도 부처님을 뵙고 태양의 후예인
부처님께 멀리서부터 절을 하나니
위대하고 오염원이 없으신 분
좋은 태생을 가지신 인간인 당신께 귀의합니다.
최고의 인간인 당신께 귀의합니다.
유익함으로 우리를 살펴보시니

비인간들도 당신께 예배합니다.

우리는 끊임없이 이런 말을 듣습니다.
'당신은 승자인 부처님께 예배합니까.'라고
그래서 우리는 이렇게 예배하나니
우리는 승자인 **부처님께 예배합니다.**
영지와 실천을 구족하신 **부처님께 예배합니다.**

태양의 아들이요 크고 둥근 태양이 지는 곳.
그곳에서 태양이 질 때 낮도 소멸하며
그곳에서 태양이 질 때
장막을 가진 밤이라고 일컬어지며
거기에 깊은 호수요 물이 넘실대는 바다가 있나니
사람들은 이와 같이 거기서 그것을
물이 넘실대는 바다라 알고 있으며
이곳을 두고 사람들은
"이것이 바로 서쪽방향이다"라고 부릅니다.

이 방향을 보호하는 대천왕은 명성을 가진 분으로
용들의 주인이요 위루빡카라는 이름을 가졌으며
용들이 앞에서 모시는 분이니
그는 그들의 춤과 노래를 즐깁니다.
그에게는 많은 아들이 있는데
모두 같은 이름을 가졌다고 들었으며
80명, 10명 한명인데
큰 힘을 가진 인드라라는 이름을 사용합니다.

그들도 부처님을 뵙고 태양의 후예인
부처님께 멀리서부터 절을 하나니

위대하고 오염원이 없으신 분
좋은 태생을 가지신 인간인 당신께 귀의합니다.
최고의 인간인 당신께 귀의합니다.
유익함으로 우리를 살펴보시니
비인간들도 당신께 예배합니다.

우리는 끊임없이 이런 말을 듣습니다.
'당신은 승자인 부처님께 예배합니까.'라고
그래서 우리는 이렇게 예배하나니
우리는 승자인 **부처님께 예배합니다.**
지혜와 복덕을 구족하신 **부처님께 예배합니다.**

"북구루 지방이 있고 마하네루 탑이 아름다운 곳.
거기서는 인간들에겐 내 것이 없고
여인을 소유하지 않으며
씨앗을 뿌리지 않고 쟁기질하지 않습니다.
농사를 짓지 않아도 익는 쌀을 인간들이 먹습니다.
겨도 없고 왕겨도 없으며
깨끗하고 향기로운 쌀 열매니
그냥 솥에 넣어 요리한 다음 음식을 먹습니다.

소를 하나의 발굽만 가진 말처럼 만들어서
이리저리 타고 다닙니다.
그들은 탈것에 올라서 모든 방향으로 다니며
왕에게 봉사하나니, 코끼리 타고 말을 타고
천상수레가 마련되어 있으며
명성 가진 대천왕(大天王) 궁전에 누워 쉬고
가마타고 다닙니다.
그에게는 도시들이 있나니 허공에 잘 지어졌습니다.

550

세존이시여, 대천왕(大天王) 꾸웨라에게는
위사나라는 수도가 있나니 그래서
대천왕(大天王) 꾸웨라는 웻사와나라고 불립니다.

거기에는 다라니라는 호수가 있어서
그곳으로부터 구름은 비를 내리고
비는 그곳으로부터 퍼져나갑니다.
거기에는 바가리라와따라는 집회장이 있나니
거기서 약카들은 모입니다.
거기에는 항상 열매가 열리는 나무들이 있어서
갖가지 새들의 무리가 함께 있습니다.

공작과 왜가리의 노래 소리와 뻐꾸기 등의
아름다운 소리들로 가득하고
거기에는 지와 새의 '오래사세요.'라는 소리가 있고
'마음을 여세요. 라고 소리 내는 새가 있으며
꿩들과 꿀리라까와 숲의 두루미가 있고
거기에는 참새와 구관조 소리가 있고
지팡이 든 동자라 불리는 새가 있어
꾸웨라의 연못은 모든 시간에 항상 아름답습니다.
이곳을 두고 사람들은
'이것이 바로 북쪽 방향이다.'라고 부릅니다.

이 방향을 보호하는 대천왕은 명성을 가진 분으로
약카들의 주인이요 꾸웨라라는 이름을 가졌으며
약카들이 앞에서 모시는 분이니
그는 그들의 춤과 노래를 즐깁니다.
그에게는 많은 아들이 있는데
모두 같은 이름을 가졌다고 들었으며

80명, 10명 한명인데
큰 힘을 가진 인드라라는 이름을 사용합니다.

그들도 부처님을 뵙고 태양의 후예인
부처님께 멀리서부터 절을 하나니
위대하고 오염원이 없으신 분
좋은 태생을 가지신 인간인 당신께 귀의합니다.
최고의 인간인 당신께 귀의합니다.
유익함으로 우리를 살펴보시니
비인간들도 당신께 예배합니다.

우리는 끊임없이 이런 말을 듣습니다.
'당신은 승자인 부처님께 예배합니까,'라고
그래서 우리는 이렇게 예배하나니
우리는 승자인 **부처님께 예배합니다.**
지혜와 복덕을 구족하신 **부처님께 예배합니다.**

아따나띠야 보호주의 공덕

세존이시여, 이것이 바로 그 아따나띠야 보호주이니 이것은 비구들과 비구니들과 청신사들과 청신녀들을 안전하게 보호받게 하고 해코지를 당하지 않게 하고 편안하게 머물게 할 것입니다.』

☞ **이 아따나띠야** 보호주는 진언이라는 알아듣지 못하는 다라니가 아니다. 알아듣고 뜻을 알 수 있는 것이다. 사대천왕들이 부처님께 귀의한 모든 사람들을 보호해 준다는 내용이다.

대장경의 기원

우리나라 최초의 대장경은 고려 현종 때 거란의 침입을 격퇴하고자 중국 **송**나라 **관판대장경(官版大藏經)의** 내용과 체제를 토대로 간행했다. 이를 초조대장경(初雕大藏經)이라고 한다.

초조대장경판은 대구의 팔공산 부인사에 보관하여 오다가 아깝게도 고종 19년(1232)에 살리타이(撒禮塔)가 이끄는 몽골 2차 침입 때 의천(義天)의 고려속장경과 함께 불타버리고 만다.

고려는 대장도감을 새로이 설치하고, 고종 23년(1236)부터 38년(1251)년까지 장장 16년간에 걸쳐 다시 대장경을 조성했다.

해인사에는 팔만대장경, 고려대장경(高麗大藏經), 또는 재조고려대장경(再彫高麗大藏經)등으로 부르는 81,258장의 대장경판이 1962년 12월 20일 국보 32호로 지정되어 보관되고 있다.

중국의 최초의 대장경은 송(宋) 태조 971년에 장종신(張從信)이라는 사람에게 황제가 명령을 하여 사천성의 성도에서 판목(版木)을 새겼다. 대장경은 북송판대장경 또는 송본(宋本), 성도의 옛 이름을 따서 촉판대장경(蜀版大藏經), 개보칙판대장경(開寶勅版大藏經), 관판대장경(官版大藏經) 이라고도 한다. 그 후에 금나라의 금장대장경(金藏大藏經), 원나라의 원장대장경(元藏大藏經), 명나라의 **명장대장경**(明藏大藏經), 청나라의 청장대장경(淸藏大藏經)등 중국에서 활발한 대장경의 편찬이 이루어 졌다.

일본은 우리의 대장경을 비롯한 지금까지의 간행된 대장경을 바탕으로 1881~1885년 사이에 만든 축쇄대장경(縮刷大藏經)과 1922년~1934년까지 13년이 걸려 완성한 것이 〈대정신수대장경(大正新修大藏經)〉이다. 일본은 **대정신수대장경**이 만들어진지 2,000년을 기준으로 **66년 전에** 만들어 진 것이다,

이런 관계로 현재의 고려대장경에서 육사(六邪)외도문헌인 상키야학파의 문헌도 보이고, 일본의 대정신수대장경에서는 심지어 기독교의 일파인 네스토리우스파의 문헌도 보이기 때문이다.

지장경의 본래 이름은 지장보살본원경(地藏菩薩本願經)이라고 한다. 지장경을 번역한 사람은 실차난타(實叉難陀)라고 알려져 있는데 명나라 이전에 만들어진 대장경 목록엔 지장경이 없고 이후에 만들어진 대장경에 들어 있으므로 고려의 팔만대장경에도 지장경은 없다.

명나라 이전의 대장경 목록에는 없으므로 현재 불자들 사이에서 독송되고 있는 지장경은 현장법사가 번역했다는 지장십륜경(地藏十輪經)을 토대로 하여 결집(結集)된 것으로 짐작된다.

명장대장경(明藏大藏經)은, 명나라 대장경이므로, 명나라(明. 1368~1644년)는 원나라 몽골의 패망으로 조선(1392~1910년)보다 24년 먼저 세워진 나라이므로 명장대장경(明藏大藏經)은 조선 초기나 중기에 만들어 졌다고 보아야 한다.

이렇게 볼 때에 지장경은 중국에서 최 근자에 만들어진 위경이 분명하다. 지장십륜경이라는 것도 현장법사가 번역했다

고 하지만, 붓다가 말씀한 것이 아니라. 고대인도의 승려들이 만든 것으로 위경이다. 점찰선악업보경(占察善惡業報經)과 지장경은. 붓다와는 무관한 자들이 그들의 필요에 의하여 만든 경으로 위경이다.

누가 번역했는지를 모를 때는 짐작하여 무명의 글들을 한꺼번에 제목을 바꾸어버렸다고 한다. 예를 들어 무명 번역자의 글이 있는데, 구마라집의 글과 비슷하면 번역자로 구마라집, 현장법사 또는 실차난타(實叉難陀)가 번역했다는 식으로 이름을 써 넣는 형식으로 하였다는 것이다.

〈자료수집 인터넷〉

가장 최 근자에 지어진 위경인 지장경을 열심히 읽으며 조상 천도(薦度)를 한다고 난리이니 얼마나 어리석은 일인가? 아무리 문체(文體)가 현란하고 미사려구(美辭麗句)로 꽉 차 휘황찬란해도 위경은 위조지폐와 같은 것으로 정법에서는 못 써먹고 천계(天界)에서도 통하질 않는 것이다. 관(觀)을 통하여 영계(靈界)를 보면 지장보살은 없으므로 아예 천도가 되지 않는다.

물론 위경이라도 천도만 잘된다면 무슨 문제가 필요하겠는가? 천도가 되지 않고 잡신(雜神) 들리는 사람, 접신(接神)이 많으니 문제이다.

위조지폐와 위조된 경전인 위경(僞經)과 무엇이 다를까? 위조지폐는 정교하면 정교할수록 알아보기가 어렵고, 죄(罪) 또한 무겁다. 모르는 사람에게는 써 먹지만, 아는 사람에게는 못써먹는다.

필자인 본인도 과거에 포교원을 운영하며 정말 열심히 지장경을 읽으며 외우고 정근을 했다. 과연 몇 명이 몇 가지나 성취 되었나 묻고 싶다. 만에 하나 혹 천도가 되었다고 하더라도 지장보살을 불러서 된 것이 아니다.

관음시식을 하다보면 필수적으로 삼보통청인 석가모니불을 부르게 되고 관세음보살을 부르게 되고 아미타불로 장엄염불을 하니 거기서 덕을 보는 것이다.

✽ 지장경의 간략한 내용(진리에 대해 솔직 하자!)

부처님의 탑이나 절이나 혹 부처님의 형상 내지는 보살 성문벽지불 등의 형상을 만나서 몸소 경영하고 마련하여 공양을 올리고 보시하게 되면 이 국왕들은 **삼겁(三劫) 동안 제석천(帝釋天)의 하느님이** 되어 뛰어난 묘한 즐거움을 받게 될 것이다.

(부처님께 공양올리고 자애의 마음을 닦으면 국왕이 아니라 일반인도 하느님이 되는 것은 맞다. 급고독장자도 하느님이 되었으니까! 그러나 보살과는 관계가 없다.)

✽ 보시한 복리를 법계에 회향하게 되면 이 대국의 왕들은 십겁(十劫) 중에 항상 **대범천(大梵天) 하느님**이 될 것이다.
(대범천은 보시의 힘이 아니라 선정(禪定)의 힘으로 가는 곳이다.)

✽ 대자심을 발하여 의약과 음식과 와구를 보시하여 그들을 안락하게 한다면 이와 같은 복과 이익은 가장 불가사의하여 **일백겁** 중을 항상 **정거천(淨居天)의 하느님이** 되며, … 이백겁 중을 항상 **육욕천(六欲天)의 하느님**이 되고 마침내는 **불**

도를 성취하여 영원토록 악도에 떨어지지 아니하며, 백 천생 중의 귀에 **고통스러운 소리도 들리지** 아니할 것이다.

(부처님은 영원을 가르치지 않았다. 영원토록 이것은 엉터리 사견이다. 소리가 들리지 않으면 귀머거리지. 정거천의 4선정(禪定)에 의해서 가는 곳이다.)

✻ 어찌 **제석천 하느님과 범천(大梵天) 하느님과 전륜왕이** 되는 갚음뿐이겠느냐

✻ 이와 같은 무리들은 삼십 중생을 항상 **소국의 왕이** 되고 단월의 사람은 <u>**항상 전륜왕이**</u> 되어 도리어 선법으로 모든 소국의 왕을 교화할 것이다.

(나라 수 보다 전륜성왕이나 하느님이 더 많겠다. 범천은 제3선(禪)의 선정에 의해서만 갈수 있는 곳이다.)

✻ 지장보살의 **이름을 얻어** 들어서 한 소리만 귓가를 스치더라도 이 모든 중생은 **영원히 삼악도의** 고통에 떨어지지 아니하거든 … 일체의 **죄상이** 모두 다 **소멸될** 것이다.』

(부처님께 보시하라는 전초의 작업이 결국은 지장보살로 연결된다. 영원이란 없다. 완전 엉터리다. 죄업은 깨닫기 전에 소멸은 없다.)

✻ 향과 꽃과 의복과 보배와 음식을 가지고 공양하며 첨례하면 이 선남자와 선여인 등은 소원을 속히 성취하여 **영원히 장애가** 없을 것이다.

(부처님 말씀에 영원이란 없다. 결국 울어내는 방법으로 완전 엉터리다.)

✻ **지장의 이름자를** 사람이 듣거나 형상을 보고 첨례하는 자나 향과 꽃과 의복과 음식을 바치거나 공양하여 이것을 법계에 회향하면 필경에 **성불하여 생사를** 초월한다.

(지장을 부르는 한 영원히 성불 못하고 생사를 초월 못한다. 오히려 사견(邪見)으로 지옥에 간다.)

✽ 지장의 형상을 보고 이 경을 듣거나 독송하며 향과 꽃과 음식과 의복과 진보로 보시하며 공양하고 찬탄하고 첨례하면 28가지 이익을 얻게 된다.

1) 하늘과 용이 두호하기를 생각하며, (신장님은 오히려 싫어함)

2) 선한 과보가 날로 증가되며, (어리석지)

3) 성인의 높은 인(因)을 모을 것이며, (엉터리)

4) 보리심이 퇴전 하지 않을 것이며, (사람에 따라)

5) 의식이 풍족할 것이며, (오히려 일이 막힘.)

6) 질병이 들지 않을 것이며, (병에 걸리지 않는 사람이 있나?)

7) 물과 불의 재난을 여윌 것이며, (엉터리)

8) 도적의 액난이 없을 것이며, (엉터리)

9) 사람이 보고 공경할 것이며, (나부터 우습게 본다.)

10) 귀신이 돕고 지킬 것이며, (오히려 신들린다.)

11) **여자는 남자의 몸**으로 바뀔 것이며, (엉터리)

12) **왕과 대신의 딸**이 될 것이며, (엉터리)

13) 단정한 상호를 얻을 것이며, (글쎄?)

14) 천상에 나는 일이 많을 것이며, (엉터리)

15) 혹 **제왕이** 될 것이며, (나라보다 왕이 더 많겠다.)

16) 숙세의 **지혜와 명을 통할** 것이며, (멍청이 됨)

17) **구하는 것은 모두 얻을** 것이며,
　　　(부처님 말씀과는 거리가 멀다. 구하는 마음에 오히려 지옥 간다.)

18) 권속들이 기뻐할 것이며, (멍청이라 비웃지!)

19) 모든 횡액이 소멸할 것이며, (엉터리)

20) 업보를 **영원히** 제거할 것이며, (정말 엉터리)

21) 가는 곳마다 다 통할 것이며, (정말 엉터리)

22) 밤에 꿈이 편안할 것이며, (오히려 꿈자리가 뒤숭숭함)
23) 선대의 죽은 사람이 고통에서 벗어날 것이며,
   (이것은 정말 잘못 된 말이다. 부처님 가르침이 아니다.)
24) 숙세의 복을 받아서 날 것이며, (정말 엉터리)
25) 모든 성인이 찬탄하실 것이며, (비웃는다.)
26) 근기가 예리하고 총명해질 것이며, (황당한 말씀)
27) 사랑하고 불쌍히 여기는 마음이 넉넉할 것이며,
28) 필경에는 **성불할** 것이다. (지장은 영원히 못함)

＊ 현재와 미래에 천룡과 귀신이 지장보살의 명호를 듣고 **지장보살의 형상에 배례하며** 혹 지장보살의 본원(本願) 등에 관한 일을 듣고 수행하고 찬탄하며 첨례하게 되면 **7가지의** 이익을 얻는다.
1) 빨리 성지에 뛰어 오를 것이며, (거리가 멀어)
2) **악업이 소멸될** 것이며, (지어진 업은 받아야 소멸됨)
3) 모든 부처님이 보호하여 임할 것이요,
   (위조된 위경에 어찌 부처님이 보호하고 임할 것인가?)
4) 보리심이 물러나지 않을 것이며,
5) 본력이 증가하고 깊어질 것이며, (아니다)
6) 숙세의 운명을 모두 통할 것이며, (황당. 멍청이)
7) 필경에 **성불하게** 되는 것이다. (아예 못함)

☞ 대한불교의 메카라고 할 수 있는 조계사에 서의현씨가 총무원장 할 때 조계사 법당 뒤에 지장보살과 도교에나 있는 10대 명왕을 조성하여 명부전을 지었다. 명부전 짓고 조계사 난동 사태가 벌어지지 않았나? 2~3년마다 터지는 조계종 승

려 비리와 악순환의 고리, …

지장경은 죄 많은 사람들의 보상심리를 이용해서 재물을 축재하는데 써먹은 위로경이다. 이제 참다운 불교가 무엇인지 알아야 할 때가 되지 않았는가!

✽ 지장경의 모순

☞ 지장경에서 가장 두드러진 대목은 육신으로 계신 석가모니부처님의 육신이 입멸하시고, 다음에 육신으로 오실 미륵부처님과의 공백 기간에 중생제도를 위한 위촉을 지장보살에게 했다는 것이다.

그렇다면 지장보살은 육신으로 계셔야 한다. 그런데 지장보살 역시 육신이 아닌 어떤 가상적 영적 존재로서의 화신으로 나툰다는 이야기이다. 그러면 석가모니부처님 또한 영적으로 법신을 바탕으로 한 보신과 화신의 존재로써 우주에 충만하시기 때문에 누구에게 중생 교화를 위한 위촉을 할 필요가 없는 것이다.

중생교화를 지장보살에게 위촉했다면 석가의 법력은 이미 없는 것으로 법신(法身)보신(報身)화신(化身)의 의미는 없는 것이다. 그렇다면 석가모니 불교가 없든지 아니면 지장보살은 꾸며진 이야기이다.

☞ 영가천도 의식을 할 때 관음시식(觀音施食)을 하는데, 관세음보살을 부르지 않고 지장보살을 부르는 것은 이치에 맞지 않다. 지장보살을 찾으려면 지장시식(地藏施食)이라고 하여야 맞지 않을까?

　더구나 상단의 주불(主佛)이 아미타불이거나 석가모니불인데도 지장보살을 부르는 것은, 김씨 집에 가서 이씨 집 하인이나 지배인을 찾는 것과 같지 않은가? 그러니 더더욱 황당한 일이 아닐 수 없다.

　지금 삼매에 들어 정관(正觀)을 하는 여러 명의 지인들도 지장보살을 보았다는 사람은 한명도 없다. 사관(邪觀)을 하여 신들리면 헛것을 보며 속고 있는 것이다. 통하면 의식이 자유로워 입체적으로 만들어 볼 수도 있는데, 거기에 속으면 오랜 세월 헤매는 것이다. 만들어 봐서 접신이 될 바엔 아예 못 보는 것이 좋다.

✽ 구병시식(救病施食)이란

　구병(救病)이란 병으로부터 구원한다는 뜻이요, 시식(施食)이란 먹을 것을 베푼다는 뜻이다. 즉 귀신으로 인하여 생긴 병, 영가 병을 고치기 위하여 영가에게, 귀신에게 먹을 것을 베풀어 먹여주고 환자로부터 떠나게 한다는 뜻이다.

　영계를 보는 사람, 즉 영가를 잘 보는 사람에게는, 통(通)한 사람에게는, 싱거운 이야기이다. 먹어서 떠날 정도의 귀신 영가라면 원한이 적은 영가이다.

　통한 사람에게는 구병시식 따윈 필요 없다. 천도도 몇 분 내에 끝내는데, 뭐! 말을 7마리 그리고 7가지 음식을 7개씩 놓고, 팥을 뿌리는 등의 번거로운 일이 필요하겠는가?

　그러나 영가를 보지 못하고 통하지 못한 사람에게는 때에 따라서 구병시식을 할 수도 있다. 문제는 영가(靈駕) 병인지 아닌지 구분도 못하고 보지 못하는 상태에서 막연히 한다는 것도 걱정이지 않는가?

아무리 영가천도를 많이 해도 병을 고치지 못하다가 눈 밝은 사람에게 가서 영가 천도를 하면 그 자리에서 깨끗이 완치되는 수도 있다. 보지 못하면 어려운 것이다.

공영방송에서 1,000일간 조상의 영가천도를 하고, 구병시식을 한다고 불교방송이나 불교TV방송에서 광고를 하며, 지장기도와 지장경을 읽으라고 하는 스님들의 무지가 좀 지나치지 않았나 생각한다. 신도들은 스님이면 누구나 영가를 보는 것으로 착각하는데, 그렇지 않다. 당사자에게 물어 보아라.

✱ 잘못된 법당구조

대체적으로 대웅전(大雄殿)엔 주불(主佛)이 석가모니불이고 좌보처(左補處)에 문수보살과 우보처(右補處)에 보현보살을, 극락전이나 미타전에는 주불(主佛)이 아미타불과 좌보처(左補處)에 관세음보살과 우보처(右補處)에 대세지보살을 모시는 것이 통례이다.

그런데 언제부터인지 모르지만, 주불(主佛)이 석가모니불이거나 아미타불인데도 관세음보살상과 지장보살상을 모시는 것은 이치에 맞지 않다. 관세음보살님은 중생의 소원을 지장보살은 영가의 천도를 잘하는 것으로 알고 있지만 그렇지 않고 오히려 안 된다.

불보살님은 어느 분이나 중생의 소원을 들어주고 어느 분이나 영가의 천도를 잘 할 수 있는 분들이다. 지장보살과 영가천도는 하등에 관계가 없다. 영가는 부처님의 광명을 보고 환희하여 올라가는 것이다.

법규와 정통이 무시되면 법체(法體)가 살아나지 않는 것이다. 지장보살과 관세음보살을 보처(補處)로 모신 절은 정통을 모르는 절이다.

남방불교에는 오르지 석가모니불상 뿐이다. 그런데 이들의 나라는 모두 불교가 국교인 나라들이다. 우리도 오르지 석가모니불을 주불(主佛)로 모시는 불국토가 되길 바랄뿐이다.

✱ 보지 못하고 알지 못하며 남을 속이지 말라.

알지 못하며 남을 가르친다는 것은 큰 죄가 된다. 길을 모르며 길을 가르쳐 주는 것과 똑같다. 믿음의 부분에 있어서 이치에도 맞지 않는 내용을 부처님 말씀이라고, 위경인 지장경에 있다고 호도하면 안 된다.

위경이란 자신의 일기장에 엉터리도 써놓고 이렇게 써져 있다고 하는 것과 같다.

공부하는 사람은 자기가 알지 못하면 오직 자기 공부에만 힘써서 알려고 하여야지 자신도 모르며 남을 가르쳐서는 안 된다. 자기가 자기 자신을 속이는 줄 모르고 속이는 일이야말로 가장 큰 속임이며 죄이다.

본 사람이 아니라고 하는데, 보지 못한 사람이 꿈을 꾸었다고, 꿈이 어떻다고 그렇다고 박박 우기면 이것이 병통이 아닌가?

보지 못한 사람이 천도 운운하는 것은 장님이 색깔을 운운하는 것과 같다. 보지 못하며 보는 사람을 신들렸느니 어쩌고 하면서 우습게 여기면 어떻게 되겠는가? 보는 것이 정상인가? 못 보는 것이 정상인가?

✽ 지장정근을 하면 오히려 영가가 들어오지 못하게 신장님들이 문을 막고 있다. 왜 그럴까? 위경이기 때문이다. 하지만 천도만 잘 된다면 무슨 시비가 필요하겠는가! 지장기도를 해서는 아예 <u>천도가 되지 않는다는데</u> 문제가 있다. 이것은 관을 통하여 보고하는 이야기이다.

불교의 본존(本尊)인 부처님, 즉 석가모니 부처님 명호를 부르지 않고, 천도가 되지 않는 황당한 지장기도를 해야 할 필요가 있는가?

천도가 제일 잘되는 정근은 '석가모니불'정근이 제일이다. 천도가 잘 된다. 관음시식에 웬 지장보살인가? 오로지 석가모니불을 정근하길 바란다.

소원성취나 건강발원은 자기 내면에서 나오는 자체신기(自體神氣)현상으로 자신(自身)의 신기(神氣)인 <u>자신(自神)</u>에 의해서 자기정신(自己精神)의 자신(自神)이 이루어내는 **정성의 극치인** 것이다.

참선을 할 때나 기도할 때 마장이 들어오는 것도 결국은 자기의식에서 발동하는 내면의 욕구가 자신(自神)의 욕구가 발생할 때 생기는 것이다.

이때 석가모니불을 정근하거나 부처님의 가르침인 무상(無常)을 관하면 일체의 마장(魔障)이 침범치 못하고, 온갖 선신과 사대천왕이나 천룡팔부신장님들이 보호해주고 자기정화가 잘되기 때문에 우리의 본사 석가모니불 정근이 제일 좋은 것이다.

✻ 불교란 무엇인가?

불교란 부처님의 가르침이다. 무엇이 부처님 가르침의 최초 전법의 말씀이며, 무엇이 마지막 말씀인가? 처음의 말씀은 교진여 등 5명의 비구에게 가르친 것이며, 최후의 말씀은 입멸(入滅) 직전에 120살 먹은 마지막 제자인 수발다에게 하신 말씀이다.

처음도 중간도 마지막도 삼법인(三法印)과 네 가지 성스러운 진리인 사성제(四聖諦)와 여덟 가지 바른 길인 팔정도(八正道)를 가르치셨다.

고(苦) = 모든 것은 무상하여 영원하지 않으므로 이것이 괴로움이라는 것을 즉시 알아야 한다. 집(集) = 이것이 괴로움의 일어남이다. 이것이 괴로움의 소멸(滅)이다. 이것이 괴로움의 소멸로 인도하는 도 닦음이다. 이에 이르게 하는 방법인 8가지 도[八正道]이다.

바르게 보고 알아라, 바르게 사유하라, 바른 말을 하여라. 바른 행위를 하여라. 바른 생활 즉 바른 직업을 가져라. 바른 노력을 하라. 바르게 마음을 집중하고 챙겨라, 바른 삼매를 들어라.

✻ 삼법인(三法印)

법인(法印)이란 진리의 인감(印鑑)이다. 법의 도장이다. 그 누구도 위조할 수 없고, 만들어 질 수 없는 국가의 권위와 정통성을 상징하는 국새(國璽)요, 왕의 옥새(玉璽)와 같은 것이며, 개인의 재산을 보호하는 인감(印鑑) 도장과 같은 것이다.

법인(法印)이란 부처님의 가르침의 핵심인 법의 도장이다. 삼법인(三法印)을 바탕으로 사성제와 팔정도가 있는 것이다.

삼법인(三法印)은 무엇인가?
　①무상(無常)　②고(苦)　③무아(無我)이다.
　①제행무상(諸行無常)　②일체개고(一切皆苦)　③제법무아(諸法無我)이다.

　무상(無常：아닛짜) 일체의 형성된 것은 무상하므로 영원하지 않다. 고(苦：둑카) 일체의 형성된 것은 무상하므로 괴롭다'라고, 무아(無我：아낫따) 일체의 사실은 괴로움으로 실체가 없다'라고 한다.

　움직이고 지어진 것은 영원하지 않고, 영원하지 않으므로 괴롭고, 괴로움에는 실체적 존재가 없으므로 무아(無我)라 한다. 무아(無我)라는 바른 인식을 할 때 깨달음인 마음의 해탈(心解脫)과 지혜의 해탈(慧解脫)을 증득한다고 하였다.

　그런데 지장보살을 부르면 악업(惡業)이 **영원히 소멸** 되느니, **영원히 장애**(障碍)가 없느니 어쩌고저쩌고 떠드는 이들은 사실 신도들보다도 더 많은 장애와 고통을 겪으면서 비참한 말로 속에 죽어가고 있는 이들! 큰스님이라는 분들은 불교와는 거리가 먼 사견외도(邪見外道)들의 떠드는 소리를 흉내 내는 것이다.

　＊ 불교에 본존(本尊)은 석가모니 부처님 한분인데, 어찌 존재하지도 않는 지장(地藏)을 만들어 대원본존(大願本尊)이라하는가? 지장보살의 원력이라는 중생제도는, 죄 많은 중생을 들뜨게 하는 허구이다.

　옛 고승이라는 이름 있는 분들이나, 현재의 큰 스님이라는 이름 있는 분들과 별 차이가 있는 것은 아니다. 시간이 지나면 현재 종단의 직위를 행사하는 큰 스님이라는 분들도 도가 높아 고승이 되는 것이 아니라 직함 때문에 고승이 될 것이니까!

위경은 부처님을 모독하는 일로 지은 사람이나 읽는 사람이나 똑같이 나쁜 행이며 나쁜 행은 지옥에 가는 것이다. 그릇된 것을 어리석은 자들 100명이 모두가 옳다고 우긴다고 옳게 되는 것은 아니다.

위조지폐는 만드는 사람도 걸리고, 그것을 알건 모르건 계속 사용하다 보면 죄를 짓게 된다. 세속에선 영창이지만 저승에선 지옥이다. 위경도 이와 같은 것이다.

보살의 정의를 다시 한 번 한다면 부처님의 직 제자인 아라한들은 부처님과 함께 같이 생활하며 살아온 역사적 사실의 실존인물이라는 점이다.

보살들은 부처님과 함께 살아오며 같이 생활한 사실이 전혀 없다. 보살은 실존 인물이 아니며 가상적 인물로서 천신(天神)들의 인격화 한 것이라 보아야 한다. 보살들은 부처님이나 제자들과 한 시대에 같이 살았던 실제적 인물이 단 한 명도 없다. 대승에서나 볼 수 있는 일로 과거의 무수한 부처님들이 출현 할 때 마다 나타나는 신적(神的) 존재이다.

특히 지장보살의 이야기도 지구상에서의 이야기가 아니라 도리천(忉利天)에서부터 부처님의 설법으로 시작된다. 과거 생각할 수도 없는 무량겁 전의 각화정자재왕여래(覺華定自在王如來) 때의 지장보살 이야기다. 역사적 사실이 없는 가상적 가공인물이다.

각화정자재왕여래(覺華定自在王如來)라는 부처님이 계셨다면, 부처님이 직접 말씀하신 부처님의 계보인 과거칠불(七佛)의 이전이었을 것이다. 참으로 허구의 위경이 아니겠는가? 이 위경을 지은 사람도 지옥에 가있고 이것을 신봉하는 사람들도 지옥에 가있는 것이 자명하지 않겠는가?

필자는 1980년에 〈우주인과 예수〉라는 책을 처음 출판했다. 이 책의 탈고는 1977년 이었다. 무려 3년을 원고를 끌고 다녔다. 전국 각지에 있는 출판사에 출판을 의뢰할 때마다 "누구 망하는 꼴 보려고 그래, 맞아 죽을 일 있어, 미친놈."이라는 거칠고 삭막한 소리를 많이 들었다.

모두가 기독교에 대해서 겁을 먹고 감히 기독교에 대한 반론의 제기를 엄두도 못 냈던 것이다. 그 당시 박대통령시절, 대한불교 전국신도회 회장이었던 이후락 대통령 비서실장도 이 원고를 그때 신도회 사무총장이었던 이〇호씨를 통하여 보았다. 결국 도움을 못 받고 3년 후에 빚을 내어 자비로 출판사를 차려 출판했다.

서구에는 기독교 비판서적이 많았지만, 국내에선 최초의 책이었으며, 그 후 여기에 힘입어 우후죽순으로 기독교의 비판서적이 국내에도 많이 나왔다.

〈우주인과 예수〉가 출판되지 않았다면 겁을 먹고 아직까지도 기독교에 대한 반론의 책이나 안티가 없었을 것이다. 알고 있어도 겁을 먹으면 실행하기가 어렵다.

이 책이 나오면 기독교가 무너질 줄 알았다. 들뜨고 멍청한 이 사람이 고민을 했다. 기독교가 망하면 이 기독교인들은 무엇을 믿어야 하나? 생각이 여기에 미치자

그 대안으로 불교의 신행교과서를 써야겠다고 생각하여 〈우주인과 예수〉가 출판되기 전에 불교서적을 탐독했다. 동국대학교에서 나온 〈불교성전〉이 한글로는 제일 간결하고 깨끗하고 이해가 쉬웠다. 그런데 불교성전에는 기독교인이 보기엔 너무 차원이 다르다. 왜냐하면 이들의 관념 속엔 천지창

조와 전능한 신이다.

그래서 우주관과 자연관 신관을 과학적으로 철학적으로 주역의 음양사상과 곁들여 부처님의 연기법에 접목시켜 〈모든 것은 오직 마음에서〉라는 책을 교과서 적으로 먼저 집필해 놓았다.

기독교가 망할 것이라고 생각하여 〈성경속의 비밀〉을 썼는데, 아주 특이한 책이니 10만 명 이상의 독자가 읽으면 사회적 이슈가 되어 기독교인은 창피해서 교회에 나가지 않을 것이라 생각했다.

그런데 이것은 큰 착오였다. 책은 의외로 팔리지 않았다. 책이 잘 팔릴 것이라 생각한 것은 이제까지 기독교의 비판서적이 없었다는 점 등등, 여러 가지 가설이 있을 때 의외로 책이 잘 팔리는 계기가 될 수도 있었다.

그런데 현실은 달랐다. 〈성경속의 비밀〉이라고 하니까 불교인은 〈성경〉이란 말에 알르레기 반응을 나타내어 읽을 생각조차 않고, 오히려 나에게 왜 이런 책을 썼냐는 차가운 눈초리를 주는 사람들이 많았다.

기독교인은 조직이 잘 되어, 전국 교회에 금서(禁書)로 낙인찍어 못 박았다. 일반인은 종교서적에 관심이 없으니, 무수한 기사와 광고에도 불구하고 팔리지 않았다.

할 수 없이 나는 어차피 망한 것, 〈우주인과 예수〉라고 책명을 바꾸고 표지를 갈았다. 2,000부의 책을 전국 대학 도서관과 대학 총장과 학장 정치인 유명 인사들에게 우편으로 나눠줬다.

그런데 의외로 황산덕 전 문교부·법무장관, 이항녕 전 홍대 총장, 서돈각 전 경북대 총장, 조병일 전 법무부장관, 박원서 변호사 임승국 교수 이일청 고대 교수 등등이 외에 많은 저명 인사들이 격려와 찬사를 서평 비슷하게 편지를 보내 왔다.

그 편지 내용을 조그만 책자로 인쇄해 조계사 앞에 배포하니까 그때서야 스님들이 관심을 갖고 팔아주었다. 3년에 걸쳐 2만5천부를 팔았다.

세상에 만약이란 없지만, 2만 5천명이 다 읽기만 했어도 파급효과가 컸을 것이다. 2만 5천부를 팔았지만 내가 생각하기엔 5천명도 안 읽었을 것이다.

왜냐하면 스님들이 지혜 없이 책을 사다가 서재에 재어놨기 때문이다. 이유를 물으니 이 책이 기독교인들에 의해서 절판될 때를 대비해서 비치했다는 것이다. 이쯤 되면 알아볼 징조 아닌가?

신도들에게 읽게끔 홍보하고 본인들도 읽어야 하는데 전혀 홍보도 안 돼 있고, 본인들도 읽지 않았다고 본다. 만나서 몇 마디 해보면 아는 것이니까.

아무리 좋은 책이라도 읽히지 않으면 소용없다. 아무리 나쁜 책이라도 많이 읽히면 영향이 큰 것이다.

부처님의 원음이 담긴 '니까야'도 읽히지 않으면 무슨 소용이 있겠는가? 위경이 많이 읽히면 진경으로 둔갑하고, 진경도 읽히지 않으면 사장되는 것이다. 부처님의 원음이 담긴 니까야를 널리 읽히도록 불자들은 힘을 모아야 한다.

이 책도 출판하기 조심스러운 것은 기존의 기득권을 가진 스님들과 수익에 관계되는 많은 전각들 이미 머릿속에 관념의 틀이 박혀 인식의 전환이 어려운 신도들!

계속되는 불교방송에서의 엉터리 지장보살법문과 그 속에서 벗어나지 못하는 불자들을 보며 불교의 앞날을 걱정해 본다.

〈사악한 악마를 왜 하느님이라 하는가?〉

〈천지창조의 비밀〉〈땡초괴담〉

〈멋진 죽음과 개죽음〉도 읽었으면 좋겠다.